\ **실무**와 **사례**로 살펴본 /

특허심판

심판의 핵심이론 및
실체적 프로세스를 중심으로

김민희 저

pnc
publishing and culture
피앤씨미디어

『특허심판』을 발간하면서

어느덧 시간이 지나 심판장이 된 지 내년 3월이면 만 4년이 되고, 수석심판장이 된 지도 1년이 되었기에 그동안 심판장으로서의 미천한 경험과 지식을 토대로 심판에 관한 실체적 정보를 필요로 하는 사람들과 공유하고 싶었다.

2013년에 담당 심판부가 전기·통신 전문심판부로 지정되었기에 특히 통신 분야 특허분쟁에 관한 심판의 전문성을 제고하고자 노력하였고, 전문심판부로서의 전문성과 신뢰성을 쌓아간다는 겸허한 자세로 심판에 임하고 있다.

담당 심판분야가 IT기술이므로 심판당사자는 주로 퀄컴, 알카텔루슨트 등과 같은 글로벌 기업의 심판청구가 많으며, 글로벌 외국기업 간, 삼성과 엘지, 대기업과 중소기업 간의 심판분쟁 사건이 많았다. 한편으로는 드물지만 개인이 직접 심판당사자가 되어서 특허심판을 수행하는 것을 지켜보기도 하였다.

어느 기업이나 개인이든 심판을 이기기 위해서 경험이 많은 특허전문가를 선임해 심판을 수행한다. 이 경우 심판대리의 질은 높아지고 승소할 가능성도 높아진다. 안타까운 것은 심판에 관한 전문지식과 경험을 갖춘 전문가가 그리 많지 않다는 것이다. 특히 심판경험이 부족한 대리인이 심판을 수행하면서 심판의 승패에 많은 영향을 주는 것을 목격하였고 아쉬운 점도 많았다.

이에 저자는 심판경험 및 정보의 부족으로 심판실무 및 이론에 익숙지 못한 심판대리인, 심판당사자 또는 특허관련 전공자 및 수습 변리사들을 위하여 특허심판의 필수이론과 실제사례를 통해 심판을 실체적으로 이해할 수 있는 적정한 양(?)의 핵심실무지침서 형태인 책자를 발간하고자 했으며, 동시에 심판경험이 없는 심사관이나 초임심판관을 대상으로 심판교육 자료로도 활용하고 싶었다. 그러나 한정된 시간과 본질적 능력의 한계로 나 자신과의 적당한 합의(?)를 통해 특허심판에 관한 예비실무지침서로써 부끄럽게 이 책자를 우선 내놓는다.

특허심판에 관한 경험과 정보를 여러 사람과 공유하고자 했던 마음을 넓은 아량으로 헤아려 주시기 바라며, 부족하고 잘못된 부분은 차후 보충해 나갈 것이다. 책자 발간에 격려를 준 아내 윤정, 신진균 심판원장, 전영상 심판관 그리고 저와 함께 심판을 같이해 온 심판관들에게 감사의 마음을 표한다.

2015. 11. 늦은 가을 심판8부 심판장실에서

김 민 희

이 책의 주요내용 및 활용방법

이 책은 그 주제에 따라 크게 네 부분으로 나누어져 있다. 제1장 특허심판의 개관, 제2장 심판절차의 일반, 제3장 특허심판의 주요판례 및 제4장 특허심판의 주요사례로 구성되어 있다.

제1장은 특허심판의 특징과 그 종류 그리고 특허심판의 주체에 관한 것이다. 특수한 행정심판인 특허심판의 법적 성질과 그 심급구조의 개념을 파악할 수 있으며, 특허심판의 종류와 특허심판원의 기술분야별 심판부 구성을 살펴보았고, 특허심판의 실질적인 주체인 심판당사자를 판례와 함께 알아보았다.

제2장은 심판절차의 일반으로 특허심판이 심판청구인에 의해 어떻게 청구되어서 어떠한 절차를 통해 심리가 진행이 되고, 심판합의체의 본안심리에 따라 어떻게 특허심판이 종료되는지에 관하여 기술하였다. 특히 특허심판의 본안심리에서 최근 중요시되고 있는 특허심판의 구술심리의 실체를 각종 기재서식과 통지서 및 구술심리조서 작성 예 등을 통하여 심판의 심결이 어떻게 생성되는지를 알아보았다. 제1장과 제2장은 특허심판의 개관을 이해하기 위한 관한 기본이론의 장으로 활용될 수 있다.

제3장은 특허심판의 주요판례로 심판에서 당사자들이 자신의 주장을 관철시키기 위하여 자주 인용하는 판례와 심판합의체가 심결에서 판단의 기준으로 삼는 판례들을 쟁점별로 정리한 장이다. 과거 대법원 판례부터 최근까지 특허심판 및 심결취소소송에서 현재 활용되고 판단의 기준이 되는 판례들을 정리하였다. 심판당사자나 대리인으로서는 꼭 숙지해야 할 핵심판례들이다.

제4장은 이 책의 핵심부분이라 할 수 있는 특허심판의 주요사례에 관한 것

으로 저자가 나름대로 주요심판별 실제사례를 수집하여 정리한 것이다. 특허심판에서 자주 발생하는 심판당사자 간 주요쟁점 사안을 중심으로 기술하였다. 그 예로 거절결정불복심판의 사례에서는 출원시 심사관의 거절이유 및 거절결정, 그에 따른 출원인의 명세서 보정 등을 통해서 본 심판원, 특허법원 및 대법원의 판단을 정리하였다. 당사자계 심판에서는 무효심판청구시 정정청구와 그에 따른 심판원, 특허법원 및 대법원의 각 판단을 실체적으로 기재하였다. 제4장은 제3장과 관련하여 특허심판의 쟁점사례를 해결할 판례를 기준으로 심판의 구체적 쟁점사례의 분석 및 연구에도 도움이 될 것이다.

이 책이 특허심판에 관심이 있는 여러 사람들에게 조금이라도 도움이 되었으면 한다.

차 례

제 1 장 특허심판의 개관

제 2 장 심판절차의 일반

제 3 장 특허심판의 주요판례

제 4 장 특허심판의 주요사례

제1장 PATENT TRIAL

특허심판의 개관

CHAPTER 01

특허심판의 개관

『특허심판』이라 함은 특허청에 출원되어 심사청구된 발명에 대하여 특허청 심사관이 행한 거절결정의 처분 또는 등록처분된 특허발명의 유·무효 여부 등에 관한 분쟁을 신속·정확하게 해결하기 위하여 특허심판원 심판의 합의체에서 행해지는 특별한 행정심판을 말한다.

일반적으로 행정심판은 행정기관의 위법 또는 부당한 공권력의 행사·불행사 등으로 인해서 발생한 행정상 법률관계의 분쟁을 법원이 아닌 행정기관인 행정심판위원회에서 심리·판단하는 행정쟁송절차 중의 하나로 다른 법률에 특별한 규정이 없는 경우에는 행정심판법을 따르고 있다.

특별한 행정심판제도로서의 특허심판은 특허법 제7장 심판 제132조의2【특허심판원】에서 제176조【특허거절결정 등의 취소】에 그 법적 근거를 두고 있으며 특허법이 정한 일정한 심판절차 및 요건에 따라 심리(審理)를 진행하여 최종적으로는 『심결(審決)』이라는 행정처분으로서 이루어진다.

특허심판은 일반 행정쟁송과는 달리 심판을 청구할 수 있는 사항에 관한 소(訴)는 반드시 심판절차를 거치도록 규정하여 필요적 심판전치(審判前置)를 채택하고 있으며(특허법 제186조【심결 등에 대한 소】 제6항), 심결에 관한 소는 특허법원을 전속관할(專屬管轄)로 하고(특허법 제186조【심결 등에 대한 소】 제1항), 심결에 대해서는 특허법에 정해진 절차에 따라 특허법원에 불복소송을 제기하는 이외에 행정심판법이나 행정소송법 등 다른 법률에 의하여 불복할 수 없도록 규정하고 있다(특허법 제224조의2【불복의 제한】).

특허심판은 특별히 사법부가 아닌 행정부 소속인 특허심판원 심판의 합의체에서 이루어지는 행정상의 쟁송절차이기는 하나 특허심판의 심리(審理)에 관한 사항 중 조서(調書)나 당사자 신문(訊問)(특허법 제154조), 증거조사 및 증거보전(특허법 제157조), 심판비용(특허법 제165조) 및 재심(再審)의 청구(특허법 제178조) 등은 민사소송법을 준용하며 그 외 심판에 관한 제반 절차가 엄격히 규정되어 있어서 준사법적(準司法的)인 성격을 가진다고 할 수 있다.

이러한 특허심판 제도를 특허법에서 별도로 두고 있는 이유는 『발명』이라는 기술적 사상의 객체인 특허권이 전문적인 기술내용을 바탕으로 법에서 정한 엄격한 심사를 거쳐 등록 여부가 결정되고, 이에 대한 처분의 적법성 및 관련 분쟁을 신속·정확하게 해결하기 위해서는 기술에 대한 전문지식과 특허요건 판단에 심사경험을 갖춘 독립된 심판의 합의체에 의해 재판의 전심절차로서 전문성 있는 판단이 무엇보다 요구되기 때문일 것이다.

제1절 특허심판의 특징

1. 심판의 독립성

특허심판원의 심판관은 특허청 소속 국가공무원이지만 심판사건의 처리에 있어서는 특허청장 또는 특허심판원장의 지휘나 감독을 받지 않고 직무상 독립하여 심판하며(특허법 제143조【심판관】 제3항), 특허심판의 최종 판단인 심결의 위법성 또는 합법성에 대해서는 특허법원의 판결에 따라 결정되고, 최종적으로는 대법원의 판결로서 심결의 적법 여부가 결정된다.

또한, 특허법 제217조【특허출원·심사·심판·재심서류 또는 특허원부 등의 반출과 공개금지】 제2항은 "특허출원·심사·심판이나 재심으로 계속중에 있는 사건의 내용 또는 특허여부결정·심결이나 결정의 내용에 관하여는 감정·증언 또는 질의에 응답할 수 없다."고 규정함으로써 특허청 소속 상급자나 상급기관(감사원, 국회, 법원 등)이 특허심판의 심결에 대하여 간섭하거나 지시 또는 명령 및 외부 압력들을 배제시킬 수 있는 명문의 법 규정을 두어 심판의 독립성을 보장하고 있다.

2. 심판의 법적 성질

심판의 합의체가 내리는 심결이라는 처분행위는 특허청 소속기관인 특허심판원이 행하는 행정처분으로서 형식적으로는 행정행위로서의 성질을 가지는 것이나 그 처분의 내용은 일반 행정심판보다 자유재량의 여지가 적고 특허법이라는 법률에 기속된 처분이며, 심판 진행관련 절차도 특허법원의 전심절차로서 당사자 간 대심적 구조를 가지고 있어서 민사소송법상의 재판절차 규정을 상당 부분 준용하여 엄격한 절차를 거쳐서 판단되므로 준사법적인 행정처분이다.

민사소송은 당사자주의 및 변론주의가 원칙적으로 적용되므로 당사자가 주장하지 아니한 사항에 대해서는 심리·판결을 할 수 없지만, 특허심판은 특허법 제159조【직권심리】 제1항에 "당사자 또는 참가인이 신청하지 아니한 이유에 대하여도 이를 심리할 수 있다. 이 경우 당사자 및 참가인에게 기간을 정하여 그 이유에 대하여 의견을 진술할 수 있는 기회를 주어야 한다."는 규정 등으로 볼 때 일정 범위 내에서 적극적인 직권심리가 가능하고, 판결의 효력이 원칙적으로 당사자에게만 상대적으로 미치는 민사소송과는 달리 심결의 효력은 당사자뿐만 아니라 제3자에게도 미치는 대세적(對世的)인 효력을 가지고 있다.

3. 심판의 심급구조

특허관련 분쟁은 소송물, 즉 심판이나 재판의 대상물에 따라 심결취소소송

(특허소송), 특허행정소송 및 특허침해소송으로 구분될 수 있다.

심결취소소송은 특허청 심사관이 행한 거절결정의 처분 또는 등록처분된 특허발명의 유·무효 여부 등에 관한 특허심판(거절결정불복심판, 특허무효심판 등)의 심결의 결과에 대한 불복이 있는 경우 특허법원(제1심)을 통해 불복의 소가 제기되고 대법원(제2심)이 최종심(最終審)이 되는 소위 특허소송을 말한다.

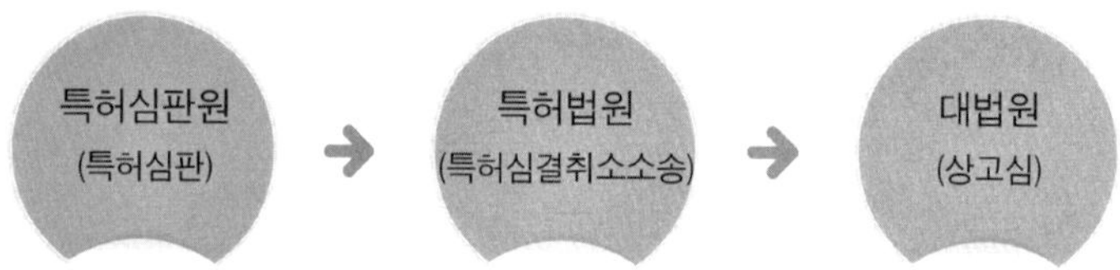

〔심판정책과, 특허심판원 소개 자료, 2015〕

특허행정소송은 특허청의 일반적인 행정처분인 특허서류의 반려 또는 특허권의 수용과 같은 행정청으로서의 특허청이 행하는 일반 행정처분에 대한 분쟁해결 절차로 특허법에 별도의 불복규정이 없으므로 임의적으로 행정심판을 통하거나 행정법원(제1심), 고등법원(제2심) 및 대법원(제3심)으로 소가 진행된다.

특허침해소송은 특허침해에 따른 손해배상, 침해금지, 가처분과 관련된 분쟁해결절차로 민사소송법 절차로서 진행되며 올해까지 지방법원, 고등법원 및 대법원으로 소가 진행되었으나, 내년(2016. 1.)부터는 1심이 고등법원이 설치된 5개 지역의 지방법원, 그리고 항소심은 특허법원으로 관할이 집중되고 이에 따른 상고심은 대법원이 관할하도록 2015. 11. 12. 국회에서 법원조직법과 민사소송법 개정안이 통과되었다(2016년 1월부터는 특허법원이 심결취소소송과 특허침해소송을 모두 관할하게 되었다.).

제 2 절 특허심판의 종류

특허심판은 일반적으로 특허청 심사관의 처분에 대하여 다툼이 있는 경우 특허청을 상대로 심판을 청구하는 결정계 심판(거절결정불복심판 등)과 특허발명에 대하여 특허권자와 이해관계자 당사자 간에 분쟁이 있는 경우 심판청구를 하는 당사자계 심판(특허무효심판 등)이 있다.

1. 결정계 심판

결정계 심판은 출원인의 특허출원에 대하여 특허청 심사관의 등록결정이 아닌 거절결정의 처분에 불복하거나 특허권자가 등록처분된 특허발명 명세서에 정정이 필요한 경우에 심판의 당사자로서 출원인 또는 특허권자가 심판의 청구인이 되어서 당사자계 심판처럼 청구인과 피청구인이라는 대립구조를 취하지 않고(청구인만 존재) 특허청을 상대로 하여 그 처분 또는 정정의 당부를 다투는 심판을 말한다.

대표적인 결정계 심판으로서는 심사관의 거절결정 처분에 대하여 출원인이 불복하여 제기하는 거절결정불복심판과 특허권자가 특허발명 명세서상에 오기나 정정을 요청하는 정정심판이 있다.

종 류	의 의	청구인
거절결정 불복심판	거절결정을 받은 자가 이에 불복하여 제기하는 심판	거절결정 받은 출원인
정정심판	특허권자가 무효사유 등을 극복하기 위해 자기 특허발명의 정정을 청구하는 심판	권리자

특히 심판실무에서 결정계 심판의 대부분을 차지하는 거절결정불복심판은 심사국 해당기술분야 심사관이 출원발명에 대하여 거절이유통지에 따른 거절결정을 한 경우 이에 불복하여 다시 특허등록을 받을 수 있도록 청구하는 심판으로, 심판관은 당초 출원발명에 대한 심사관의 거절이유 타당성과 함께 적법한 의견제출의 기회를 부여했는지를 주로 심리하지만 그 외에도 특허등록 여부와 관련한 직권심리가 가능하다.

2. 당사자계 심판

당사자계 심판은 이미 설정등록된 특허발명(특허권)의 분쟁과 관련하여 민사소송의 원고(原告)와 피고(被告)처럼 심판의 직접적인 이해당사자가 청구인과 피청구인으로 나누어져 당사자가 대립되는 구조로 진행되는 심판을 말한다.

대표적인 당사자계 심판으로는 특허무효심판과 권리범위확인심판이며 이외에도 결정계 심판과 대비되는 정정무효심판, 의약 허가관련 특허권의 존속기간 연장등록의 무효심판, 특허발명의 이용·저촉에 따른 통상실시권허여심판이 있다.

종 류	의 의	청구인
무효심판	설정등록된 특허권을 법에서 정한 무효사유를 이유로 그 효력을 상실시키는 심판	이해관계인 또는 심사관
권리범위 확인심판	특허발명의 보호범위(속하는지, 속하지 않는지)를 확인하기 위하여 청구하는 심판	권리자(적극) 이해관계인(소극)

특히 심판실무에서 당사자계 심판의 대부분을 차지하는 특허무효심판과 권리범위확인심판은 특허침해소송인 민사 또는 형사소송과 직접적으로 관련된 전형적인 당사자계 심판이다. 특허무효심판이나 권리범위확인심판에 있어서도 심판관은 심판의 당사자가 신청하지 아니한 이유에 대하여도 이를 직권으로 심리할 수 있는데 이 경우 당사자에게 기간을 정하여 그 이유에 대하여 의견을 진술할 수 있는 기회를 주어야 한다.

3. 구별의 실익

결정계 심판은 심판절차에 있어서 심판의 참가제도가 없으나 당사자계 심판은 이와 달리 다른 심판의 계속 중에 자신의 법률상의 이익을 위하여 그 심판의 심리가 종결될 때까지 심판의 당사자로서 심판에 참가하거나 당사자 일방을 보조하기 위하여 심판에 참여할 수 있는 참가제도가 있다(특허법 제155조【참가】).

결정계 심판의 심판비용은 청구인이 부담하는 것이 원칙이나 당사자계 심판의 심판비용은 심판의 패소자가 부담하는 것이 원칙이고, 결정계 심판의 인용심결은 그 심판의 성격상 불복할 수 없지만, 당사자계 심판은 인용심결에 대하여 불복할 수 있다.

결정계 심판은 당사자계 심판과 달리 피청구인 없기 때문에 당사자계 심판처럼 심판의 청구가 있는 때에는 청구서의 부본(副本)을 피청구인에게 송달하고 기간을 정하여 답변서를 제출할 수 있는 기회를 주거나 답변서를 수리한 때에는 그 부본을 청구인에게 송달하여야 하는 부본 송달 및 답변서 제출에 관한 규정(특허법 제147조【답변서 제출 등】)이 적용되지 않는다.

결정계 심판의 인용심결은 심판원으로부터 심결등본(審決謄本)이 송달된 때에 확정되며, 당사자계 심판은 심판원으로부터 인용심결(認容審決) 등본이 송달된 날로부터 30일이 경과하여야만 확정된다. 결정계 심판이나 당사자계 심판 모두의 기각심결(棄却審決)은 심결의 등본을 송달받은 날로부터 30일 이내에 특허법원에 소를 제기하면 심결취소 여부에 대한 소가 진행된다.

결정계 심판은 그 성격상 특허법에 의한 심판의 심결이 확정된 때에는 그 사건에 대하여는 누구든지 동일사실 및 동일증거에 의하여 다시 심판을 청구할 수 없는 소위 일사부재리(一事不再理)는 적용되지 않으나, 당사자계 심판은 동일한 심판이 반복적으로 청구됨으로써 야기될 수 있는 심판상의 불경제(不經濟) 및 심결의 상호 저촉·모순을 방지하여 법적 안정성을 추구하기 위하여 일사부재리의 원칙이 적용된다.

제 3 절 특허심판의 주체

1. 특허심판원

특허심판원은 특허청 소속기관으로서 특허분쟁과 관련된 특허심판 사무를 처리하고 있다. 특허심판 외에도 실용신안, 상표 및 디자인에 관한 심판사무를 관장한다. 특허심판원이 특허심판에 관하여 특허법원의 전심절차로서 준사법적인 성격을 가진 심판기관이지만 특허청 소속기관이라는 점에서 사법부가 아닌 행정기관이라는 점에 특징이 있다.

특허심판원에는 원장과 심판관을 두고 특허심판원의 조직과 정원 및 운영에 관하여 필요한 사항은 대통령령으로 정한다(특허법 제132조의2【특허심판원】). 특허심판원 원장은 심판관의 자격이 있는 자로 보하며, 특히 법률적·기술적 판단에 있어서 매우 중요하고 또한 사회적 영향이 큰 심판사건(예를 들면 사회적 이유였던 LG화학과 SK이노베이션 간 전기차 배터리의 핵심 소재인 분리막 제조기술 관련 특허무효심판 등) 대하여는 특허심판원장도 심판의 합의체로서 심판장이 될 수 있다.

가. 심판부

현재 특허심판원에는 11개의 심판부가 있으며 11명의 심판장과 90여 명의 심판관이 있다. 11개 심판부 중 7개 심판부가 특허(실용신안)에 관한 심판부이고 나머지 4개는 상표 및 디자인 관련 심판부이다.

특허심판부는 3개의 전문기술 심판부와 4개의 복합기술 심판부로 구성되어 있으며, 전문기술부는 다시 기계(금속건설), 화학(생명공학) 및 전기(통신)분야로 나누어져 있고, 나머지 4개 복합기술 심판부는 전문기술부에 속하지 않는 기술, 즉 복합기술들을 다음 심판부 조직표에서 보는 바와 같이 나누어서 심판하고 있다(2015. 11. 기준이며, 내년 상반기에 기계, 화학, 전기 각 2개의 전문기술 심판부와 1개의 복합기술 심판부로 재조정될 예정이다).

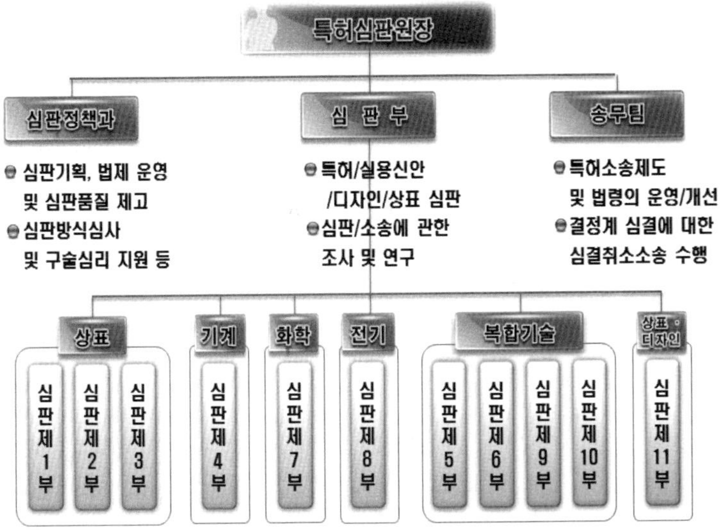

전문심판부(특허)			복합심판부(특허)			
4부	7부	8부	5부	6부	9부	10부
국토환경 주거기반 공조기계 공작기계	정밀화학 약품화학 바이오	통신네트워크 이동통신 컴퓨터시스템 디지털방송	금속 정밀부품	농수산식품 고분자섬유	디스플레이	IT융합 계측분석 의료기술 자동차융합
			사무기기 생활가전 주거생활 가공시스템 반도체 로봇자동화 응용소재 스마트그리드			

〔심판정책과, 특허심판원 소개 자료, 2015〕

나. 심판장

특허심판의 심판장은 위 도표에서 분류된 기술분야별로 각 심판부에 1명씩 보임되며 그 심판부에 배정된 심판사건 관련 사무를 총괄한다. 특허법 제145조【심판장】 규정에 의하면 특허심판원장은 각 심판사건에 대하여 3인 또는 5인의 심판관으로 형성되는 심판의 합의체를 구성할 심판관을 지정하여야 하고, 지정된 심판관 중에서 1인을 심판장으로 지정하도록 되어 있다.

심판장이 될 수 있는 자는 특허청 또는 그 소속기관의 3급 일반직 국가공무원 또는 고위공무원단에 속하는 일반직 공무원으로서 심판관의 자격을 갖춘 자로서 소정 경력 이상의 심사 또는 심판사무에 종사한 자가 될 수 있다. 일반적으로 고위공무원단에 속하는 국장급 공무원이 심판장으로 보임되고 있다.

심판장은 심판청구서의 보정명령 및 이에 따른 심판청구서의 각하, 심판청구서 및 답변서 부본의 송달, 심판의 심리, 당사자 신청이나 직권에 의한 증거조사나 증거보전, 심판의 서면 또는 구술심리 진행 등에 있어서 총괄적인 지휘권을 가지며 그에 따른 책임권한을 가졌다고 볼 수 있다.

다. 심판관

특허심판의 경우 심판관은 각 심판부의 기술분류별로 보통 8명 내지 10명으로 구성되어 있으며, 심판관의 자격은 대통령령으로 규정하고 있다. 심판관이 될 수 있는 자는 특허청 또는 그 소속기관의 4급 이상의 일반직 국가공무원 또는 고위공무원단에 속하는 일반직공무원 중 소정 기간 심사·심판업무에 종사하였거나 특허법원에서 기술심리관으로 재직한 자 중 국제지식재산연수원에서 심판관 연수과정을 수료한 자를 대상으로 임명하고 있다.

심판은 3인 또는 5인의 심판관으로 구성되는 합의체로 심판을 하게 되는데 주로 3인 합의체로 이루어지며, 각 심판사건에 대하여 특허심판원장은 합의체를 구성할 심판관을 지정하고, 심판장도 심판관으로 심판사건에 대하여 합의체의 구성원으로 지정된다. 심판관 합의체의 합의는 과반수에 의해 결정하며 합의는 공개하지 아니한다(특허법 제146조【심판관 합의체】). 심판실무에서는 심판장을 제외한 심판관은 심판관 자격이 있는 자 중 4급 과장급 일반직공무원 또는 4급 복수직 서기관으로 구성되고 있다.

심판관은 특허심판원의 소속공무원으로서 일반 행정사무상으로는 특허심판원장의 지휘감독을 받지만 심판의 독립성을 확보하기 위하여 심판에 있어서는 직무상 독립하여 심판한다(특허법 제143조【심판관】 제3항). 또한 특허청 내·외부는 물론 상급기관으로부터 심판결과에 영향을 미칠 부당한 압력을 배제하기 위하여 심사·심판이나 재심으로 계속 중에 있는 사건의 내용 또는 특허여부결정·심결이나 결정의 내용에 관하여는 감정·증언 또는 질의에 응답할 수 없다(특허법 제217조【특허출원·심사·심판·재심서류 또는 특허원부 등의 반출과 공개금지】 제2항)는 규정을 두고 있어서 심판에 관한 직무의 독립성을 보장하고 있다.

심판관은 공정하고 전문성 있는 심판업무를 수행하기 위하여 위와 같이 직무의 독립성이 보장되는 규정도 있지만, 반면 심판관으로부터 심판의 공정성을 보장받기 어려운 경우에, 즉 심판관 자신이 구체적인 심판사건에 있어서 심판 당사자의 배우자이거나 친족관계에 있는 등 특수한 관계를 갖거나 심판사건 자체와 관련하여 그 심판사건의 전심(前審)으로서 심사 또는 심판에 관여한 경우에는 법률의 규정에 의거 당연히 심판관이 그 심판으로부터 배제되는 심판관의 제척(除斥)에 관한 규정(특허법 제148조【심판관의 제척】) 및 심판 당사자의 신청에 따라 그 심판에 관여할 수 없는 심판관의 기피(忌避)에 관한 규정(특허법 제150조【심판관의 기피】)을 두고 있다.

2. 심판의 당사자

특허심판에 있어서『당사자(當事者)』라 함은 자신의 이름으로 심판을 청구하거나 청구를 요구받는 자를 말하며 흔히 심판에서 청구인과 피청구인으로 부른다. 따라서 미성년자의 친권자인 법정대리인(法定代理人) 또는 변리사(변호사)와 같은 임의대리인(任意代理人)은 심판의 당사자인 본인의 이름으로 심판을 청구하거나 청구를 요구받는 자가 아니고 법률상 또는 계약에 의하여 본인을 대리하는 대리인으로서 심판을 수행하므로 심판의 당사자가 아니다.

심판의 당사자는 특허관련 분쟁이 발생한 경우 당사자가 기본적으로 심판절차를 수행할 수 있는 권리능력 또는 절차능력을 갖추고 있는지 그리고 심판이 청구되면 적법한 심판의 당사자로서 당사자 확정이 적법하게 이루어졌는지와 관련하여 본안심결로 나아가기 위한 전제요건인 심판청구요건과 직접적으로 연결될 뿐만 아니라, 최종적으로는 특허심판의 결과인 심결을 누구에게 내려 어떠한 심결의 효력을 미칠지에 대한 것과 관련이 있다.

특허심판에 있어서 적법한 심판의 당사자가 되기 위해서는 현실적으로 당사자가 존재하여야 할 것이고 심판 당사자로서 당사자 능력 및 적격성을 구비해야 할 것이다. 적법한 심판의 당사자에 관한 사항은 심판청구요건으로서 본안심결의 전제요건이자 직권조사에 관한 사항이다.

특허심판의 당사자 능력 및 적격에 관한 사항은 특허법에 직접적으로 규정되어 있지 않으므로 이에 관해서는 특허권과 특허법의 재산권적인 성질에 비추어 재산법의 모법인 민법과 이에 관한 소송절차를 다루는 민사소송법상의 당사자 능력 및 적격의 요건을 적용한다.

가. 당사자 능력

특허심판에 있어서 당사자 능력은 심판절차의 주체가 될 수 있는 일반적 능력 또는 자격을 말한다. 즉 심판의 당사자로서 스스로 심판절차를 밟는 데 필요한 일반적 능력을 의미하며 이는 민법상의 권리능력(權利能力)에 해당한다.

일반적으로 권리능력을 가진 자, 자연인(自然人)이나 법인(法人)은 당사자 능력이 있다. 다만 권리능력(법인격)이 없는 사단(社團)이나 재단(財團)이 대표자 또는 관리인이 정하져 있는 경우에는 그 사단 또는 재단의 이름으로 출원심사의 청구인, 심판의 청구인 및 피청구인이 될 수 있다고 규정(특허법 제4조【법인이 아닌 사단 등】)하고 있어 권리능력이 없는 경우에도 예외적으로 당사자 능력을 인정하고 있다.

나. 당사자 적격

국가기관의 권리능력 : 경북대학교는 법인격을 인정할 수 없으므로 심판에서 권리능력이 없다.

국가는 법률에 특별한 규정은 없지만 법인으로 의제되어 권리주체가 된다. 한편, 입법부, 사법부 및 행정 각부는 물론, 그 산하기관과 소속기관, 국립연구 기관, 대학 등은 법인격이 없으므로 특허에 관한 권리의 주체가 될 수 없다. 특허법에서는 특허출원의 주체가 될 수 있는 자나 당사자 능력에 관한 규정을 따로 두고 있지 않으므로 특허권과 특허법의 성질에 비추어 민법과 민사소송법에 따라 거기에서 정하고 있는 **권리능력과 당사자 능력이 있는 자라야 특허출원인이나 그 심판, 소송의 당사자가 될 수 있다**고 할 것인바, 이 사건 출원인인 경북대학교는 국립대학으로서 민사법상의 권리능력이나 당사자 능력이 없음이 명백하므로 특허출원인이나 항고심판청구인, 상고인이 될 수 없다 할 것이다. 국가기관인 경북대학교를 통하여 국가를 출원인으로 하려는 의도였다면 '대한민국' 명의로, 그렇지 않고 그 총장 개인을 출원인으로 하고자 했을 경우에는 그 개인 명의로 출원과 심판청구인의 명의를 보정하여 당사자 표시를 바로 잡도록 하였어야 할 것이다(대법원 1997. 9. 26. 선고 96후825 판결).

특허심판에서 당사자 적격이라 함은 해당 심판절차의 주체가 되어서 정당한 심판의 당사자로서 심판을 수행하고 본안심결을 받기에 적합한 자격을 말하며 당사자 적격이 있는 자를 정당한 당사자라고 한다.

거절결정불복심판에서는 특허거절결정을 받은 출원인, 정정심판에서는 특허발명을 정정하려는 특허권자가 각각 당사자 적격을 가지고 있고, 특허무효심판에서는 심판의 청구인으로서 이해관계인 또는 특허청 심사관, 피청구인으로서는 특허권자가 당사자 적격을 가진다.

권리범위확인심판에서는 그것이 적극적 권리범위확인심판인 경우는 특허권자(전용실시권자 포함)가 청구인, 정당한 권한 없이 특허발명과 대비되는 확인대상발명을 실시하는 자가 피청구인으로서 당사자 적격을 가지고, 소극적 권리범위확인심판인 경우는 특허발명과 대비되는 확인대상발명을 실시할 예정이거나 실시하고 있는 자가 청구인, 특허발명의 권리자인 특허권자가 피청구인으로서 당사자 적격이 있다.

회사정리법에 따른 당사자 적격: 정리회사 아닌 정리회사의 관리인에게 (피)청구인 적격 있다.

▶ **회사정리법**에 의한 정리절차개시 결정이 있는 때에는 회사사업의 경영과 재산의 관리 및 처분을 하는 **권리는 관리인**에게 전속하며 정리회사가 상표권자인 상표의 등록취소를 청구하는 심판에 있어서 **정리회사는 피청구인이 될 수 없고 오로지 관리인만이 피청구인 적격**이 있다(대법원 1995. 1. 12. 선고 93후1414 판결).

▶ 피고 명의의 **실용신안에 관한 등록무효의 심결을 구하는 이 건 심판에서는 정리회사인 피고는 피청구인 적격이 없고 관리인만이 그 적격이 있다**고 할 것이므로, 특허심판원으로서는 청구인에게 이 건 심판이 정리회사인 피고와 그 관리인 중 누구를 상대로 하는 것인지를 명백히 하도록 하여 **정리회사인 피고를 상대로 하는 것이라면 이 건 심판청구는 부적법**하므로 본안에 관한여 판단함이 없이 청구를 **각하**하여야 하고, 관리인을 상대로 하는 것이라면 피청구인의 명칭을 보정하도록 하여 관리인을 피청구인으로 하는 심결을 하였어야 할 것이다. 따라서 이 건 심결은 **피청구인 적격이 없는 피고를 피심판청구인으로 한 것**이어서 이 건 등록고안이 무효인지에 관하여 나아가 판단할 필요없이 **위법**하다(특허법원 1999. 9. 10. 선고 99허4163 판결).

심판의 청구인 또는 피청구인이 2인 이상인 소위 공동심판의 청구에 있어서 특허법은 "동일한 특허권에 관하여 특허무효심판, 정정무효심판 또는 권리범위확인심판을 청구하는 자가 2인 이상이면 모두가 공동으로 심판을 청구할 수 있고,[1] 공유인 특허권의 특허권자에 대하여 심판을 청구할 때에는 공유자 모두를 피청구인으로 하여야 하며, 특허권 또는 특허를 받을 수 있는 권리의 공유자가 그 공유인 권리에 관하여 심판을 청구할 때에는 공유자 모두가 공동으로 청구하여야 한다."는 공동심판에서의 당사자 적격에 관한 사항을 규정하고 있다(특허법 제139조【공동심판의 청구 등】).

다. 이해관계인

특허법은 특허무효심판(특허법 제133조), 권리범위확인심판(특허법 제135조), 정정무효심판(특허법 제137조)에서 해당 심판을 청구할 수 있는 적격자로서 특허발명의 권리자(특허권자)와 대립되는 구조의 당사자인 이해관계인(利害關係人)을 인정하고 있다.

『이해관계인』이란 일반적으로 특정한 사실에 관하여 법률상의 이해(利害)를 가진 자를 말한다. 즉 그 사실의 여하에 따라 자기의 권리·의무에 직접적인 손해나 이익의 영향을 받는 자이다.

1) 다만, 공동으로 심판을 청구하는 경우에는 청구취지가 동일해야 한다. 즉 특허무효심판에 있어서 특허발명은 2개 이상의 청구항들로 구성될 수 있으므로 동일한 특허권이라도 청구항을 달리하여 무효심판을 청구하는 경우는 공동심판을 청구할 수 없고, 동일한 특허권에 동일한 청구항을 무효심판으로 청구한 경우가 가능하다.

이해관계가 없는 자의 심판청구는 부적법한 청구로서 심결로 각하되고, 이해관계의 존부에 대한 판단은 심판관 직권조사사항으로써 이해관계 존부(存否)의 판단시점은 심판 청구시(請求時)가 아닌 심결시(審決時)를 기준으로 판단한다. 따라서 심판청구시 이해관계가 성립된 심판청구도 그 심판계속 중이나 심결시에 이해관계가 소멸되었다면 이 역시 부적합 심판청구가 되어 심결각하(審決却下)된다.

이해관계인 : 권리의 대항을 받거나 받을 염려가 있는 직접적이고도 현실적인 이해관계가 있는 자

▶ 특허**무효심판**을 청구할 수 있는 이해관계인이란 당해 특허발명의 권리존속으로 인하여 그 권리자로부터 **권리의 대항을 받거나 받을 염려가 있어 그 피해를 받는 직접적이고도 현실적인 이해관계가 있는 사람**을 말하고, 이에는 당해 **특허발명과 같은 종류의 물품을 제조·판매하거나 제조·판매할 자도 포**함된다(대법원 2010. 1. 28. 선고 2007후1022 판결).

▶ 특허권과 같은 이른바 산업재산권에 관한 **소극적 권리범위확인심판**에 있어서의 심판을 청구할 수 있는 이해관계인이라 함은 등록**권리자 등으로부터 권리의 대항을 받아 업무상 손해를 받고 있거나 손해를 받을 염려가 있는 자**를 말하고, 이러한 이해관계인에는 권리범위에 속하는지 여부에 관하여 **분쟁이 생길 염려가 있는 대상물을 제조·판매·사용하는 것을 업으로 하고 있는 자**에 한하지 아니하고 그 업무의 성질상 장래에 그러한 **물품을 업으로 제조·판매·사용하리라고 추측이 갈 수 있는 자**도 포함된다 할 것이다(대법원 2000. 4. 11. 선고 97후3241 판결).

▶ 무효심판을 청구할 수 있는 이해관계인이라 함은 당해 등록실용신안과 동종의 물품을 제조·판매하거나 제조·판매할 업자로서 당해 등록실용신안의 권리족속으로 인하여 그 권리자로부터 권리의 대항을 받거나 받을 염려가 있어 그 **피해를 직접적이고도 현실적인 이해관계가 있는 사람을 말하나 이에는 장차 제조·판매할 것을 현실로 희망하는 자도 포함**된다고 할 것이며 **이해관계인인 여부는 심결시를 기준으로 판단**하여야 한다(대법원 1984. 3. 27. 선고 81후59 판결).

3. 심판의 참가인

심판의 참가인(參加人)이란 다른 심판의 당사자 간 계속 중인 심판에 법률상의 이해관계 있는 제3자가 자신의 이익을 위하여 심리가 종결될 때까지 스스로 그 심판의 당사자가 되어 심판에 참여하거나 또는 그 심판의 당사자 일방을 보조하기 위하여 심판에 참여하는 자를 말한다.

이러한 심판의 참가인 제도를 두고 있는 이유는 법률상 자신의 권리·의무에 이해관계가 있는 제3자로 하여금 진행 중인 심판사건에서 함께 다툴 수 있는 기회를 부여하여 분쟁의 합일적인 해결과 아울러 심판의 적정성 및 경제성을 도모하려는 데 그 취지가 있다.

특허심판에 있어서 참가가 인정되는 심판은 당사자계 심판에 한하며, 거절결정불복심판과 같은 결정계 심판은 참가가 허용되지 않는다(특허법 제171조【특허거절결정에 대한 심판의 특칙】).

심판의 참가에는 당사자 참가와 보조 참가가 있는데, 당사자 참가란 특허법 제139조(【공동심판의 청구 등】) 제1항에 따라 공동으로서 심판을 청구할 수 있는 자가 다른 당사자 간 계속 중인 심판에 참여하는 형태의 공동청구인으로서 청구인측 참가를 말하고, 보조 참가란 심판의 결과에 이해관계를 가진 자가 당사자 어느 일방을 보조하기 위하여 심판에 참가하는 형태로 당사자 참가와는 달리 심판의 당사자인 청구인측 또는 피청구인측 어느 쪽에도 참가할 수 있다(특허법 제155조【참가】).

심판의 참가인 요건으로는 우선적으로 심판의 당사자에서 살펴본 바와 같이 심판절차를 일반적으로 수행하기 위한 기본적인 요건인 당사자 능력이 있어야 하고, 심판의 참가에 대한 법률상의 이해관계인 참가의 이익, 즉 당사자 참가는 공동으로 심판을 청구할 수 있는 당사자 적격에 상응하는 이해관계가 필요하며, 보조 참가의 경우는 그 심판의 결과에 대한 구체적 이해관계가 요구되고, 무엇보다도 심판의 참가를 위한 해당 심판의 당사자 간 심판이 계속 중이며 심리종결 전이어야 한다.

제2장 PATENT TRIAL

심판절차의 일반

CHAPTER 02 심판절차의 일반

특허심판을 청구하는 자는 심판청구서와 필요한 첨부서류를 특허심판원장에게 제출하여야 하며 특허심판원장이 이를 수리하게 되면 심판절차가 개시된다. 특허심판원 내부적으로 심판절차에 관한 일반적인 심판사무처리는 특허청 훈령인 심판사무취급규정에 의하고 심판사무취급규정에서 정하지 아니한 사항에 대하여는 특허심판원에 발행한 심판편람의 해당 내용을 참고하여 처리하고 있다.

특허심판원 내에 심판정책과는 심판청구와 관련된 서류의 접수·처리·발송 등 전산처리에 필요한 모든 사항을 심판/특허소송사무시스템에 전산입력하여 사건처리의 경과를 기록·관리하고 있다(심판사무취급규정 제3조).

심판에 관한 서면서류 및 전자적 기록매체(플로피디스크 또는 광디스크 등)·모형·견본 및 증거물은 심판정책과 또는 특허청 서울사무소 출원등록과에서 접수한다. 심판정책과 또는 출원등록과는 심판에 관한 서류 등이 제출되면 필요한 사항을 심판사무처리시스템에 전산 입력한 후 접수일자, 제출인의 성명, 건명, 접수번호 등이 기재된 접수증을 교부한다(심판사무취급규정 제4조).

심판정책과는 심판청구가 있을 때에는 이를 접수하여 당사자사건, 거절결정불복사건, 정정심판사건 등으로 구분하여 제출일의 순위에 따라 부여된 심판번호를 청구인에게 서면 또는 정보통신망을 이용하여 통지하고 있다. 사건의 구분에 있어서 당사자 사건은 "당"으로, 거절결정불복 사건은 "원"으로, 정정심판 청구사건은 "정"으로 각각 약칭하여 표시한다(심판사무취급규정 제9조).

특허심판의 절차는 결정계 심판과 당사자계 심판 각 특성에 따라 진행되지만 공통적인 심판의 일반적 절차의 흐름은 [심판청구 → 방식심사 → 심판번호 및 심판관 지정 → (심판청구요건) 적법성 심리 → 본안심리(서면 또는 구술심리) → 심리종결] 순으로 진행된다.

[거절결정불복사건의 심판절차]

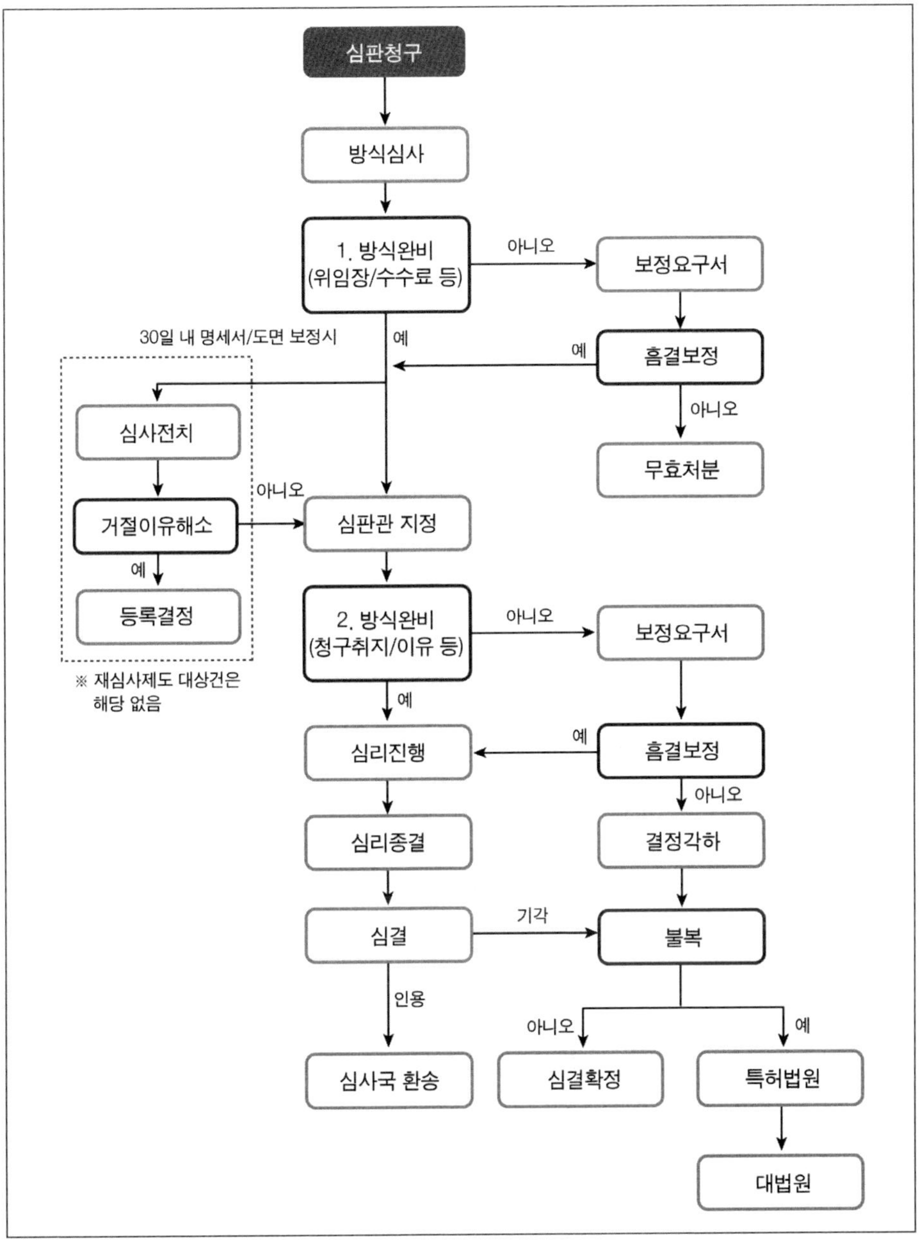

[당사자계 사건의 심판절차]

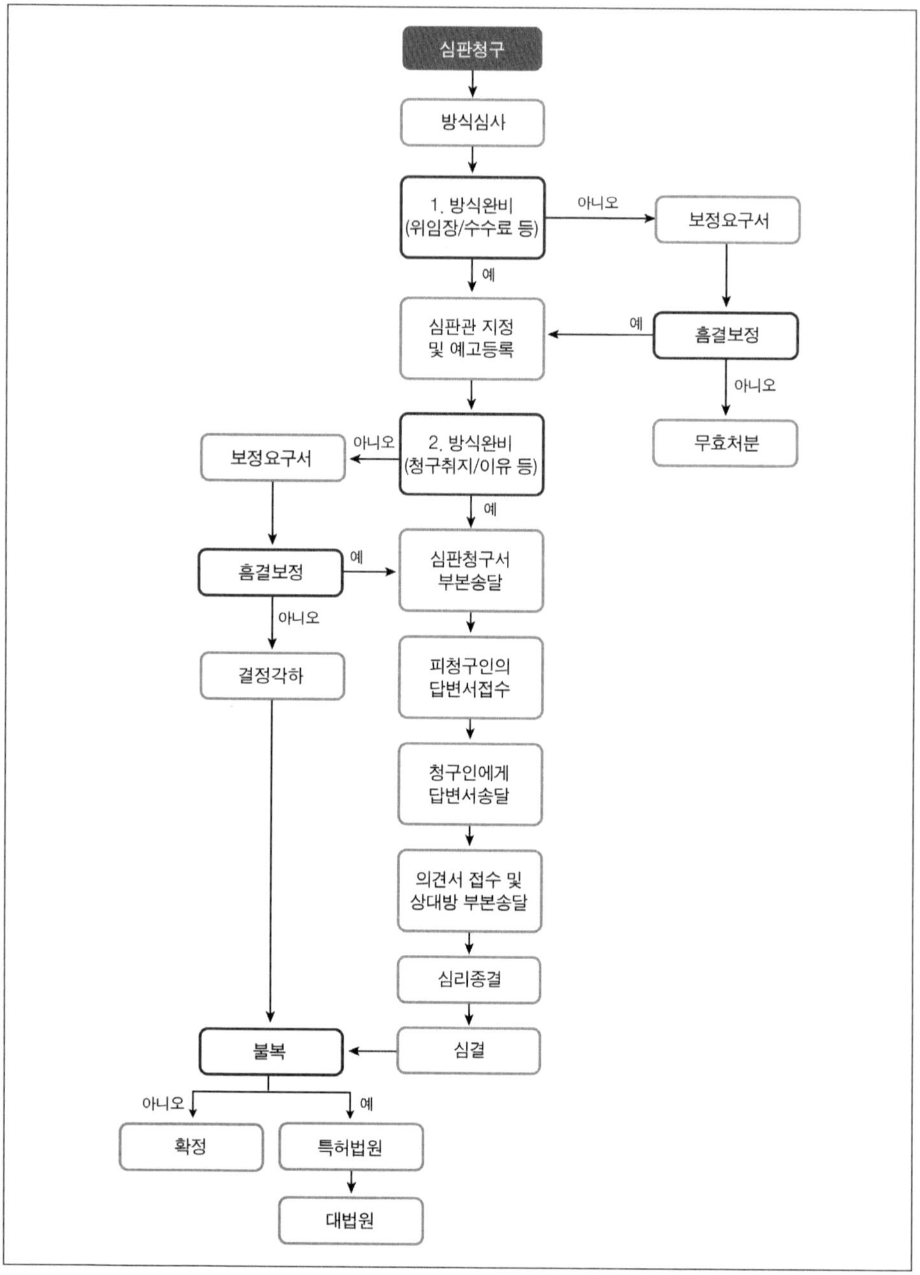

제1절 특허심판의 청구

1. 심판청구서 접수

특허심판원에 심판을 청구하는 자, 즉 청구인이 자신의 심판청구가 심판의 합의체로부터 받아들여지는 심판청구의 인용심결을 받기 위해서는 우선적으로 심판청구서를 작성하여야 하며, 그 심판청구서는 첫째, 법령이 정하는 형식적인 기재요건을 충족해야 하고, 둘째, 소정의 심판 수수료를 납부해야 하며, 셋째, 심판청구의 법적 요건을 충족해야 함은 물론, 넷째, 청구인 주장의 타당성을 적절한 증거로서 입증(立證)이 되도록 작성되어야 한다.

가. 심판청구서 기재

특허법 제140조【심판청구방식】 제1항 규정에 의하면 심판을 청구하고자 하는 자는 아래 기재한 심판청구서를 특허심판원장에게 제출하여야 한다.

> 1. 당사자의 성명 및 주소(법인인 경우에는 그 명칭 및 영업소의 소재지)
> 1의2. 대리인이 있는 경우에는 그 대리인의 성명 및 주소나 영업소의 소재지
> (대리인이 특허법인·특허법인(유한)인 경우에는 그 명칭, 사무소의 소재지 및 지정된 변리사의 성명)
> 2. 심판사건의 표시
> 3. 청구의 취지 및 그 이유

여기서, 심판사건의 표시에는 특허출원번호 또는 특허(등록)번호와 심판의 종류를 기재하는 것으로 거절결정불복심판은 "특허출원 제00−0000−0000000호의 거절결정불복심판", 특허무효심판은 "특허 제0000000호의 등록무효심판"으로 기재한다.

청구의 취지는 어떠한 청구취지인가를 인식할 수 있는 정도이면 충분하며[1)]

---

1) 대법원 1987. 11. 10. 선고 86후72,73 판결.

청구인이 해당 심판청구로부터 구하고자 하는 법률효과를 기재하는데 보통 청구인이 바라는 심결의 주문을 간략히 기재한다. 예를 들면, 거절결정불복심판에서는 "원결정을 취소한다. 0000년 특허출원 제0000000호는 특허결정한다."라고 기재하고, 특허무효심판인 경우는 "특허 제0000000호 발명의 특허를 무효로 한다. 심판비용은 피청구인의 부담으로 한다."라고 기재한다.

청구의 이유에는 그 청구원인이 특정될 수 있는 정도로 기재하면 족한 것이고 반드시 그 청구이유를 도출하게 된 과정을 상세히 기재하여야만 하는 것은 아니나,[2] 청구취지에 따른 주장과 이를 뒷받침할 증거 그리고 그 증거사실에 관한 사항을 구체적이고도 특정될 수 있도록 항목별로 명확히 기재하는 것이 바람직하다.[3]

이외에도 권리범위 확인심판을 청구할 때에는 특허발명과 대비될 수 있는 확인대상발명의 설명서 및 필요한 도면을 첨부하여야 하고(특허법 제140조【심판청구방식】 제3항), 정정심판을 청구할 때에는 심판청구서에 정정한 명세서 또는 도면을 첨부하여야 한다(특허법 제140조【심판청구방식】 제5항).

나. 거절결정불복심판 청구서 기재서식 예

【서류명】	심판청구서
【청구인】	주식회사 □ □ □
【대리인】	□ □ □
【사건의 표시】	
【심판의 종류】	거절결정불복심판
【출원번호】	10-2015-0000000
【거절결정등본수령일자】	2015.00.00
【청구의 취지】	"원결정을 취소한다. 2015년 특허출원 제0000000호는 이를

2) 특허법원 1998. 6. 25. 선고 98허1259 판결.

3) 심판청구서에는 "추후제출 또는 별지 참조"로 기재하여 그 청구이유를 추후 보충하거나 별지를 이용하여 따로 기재하는 것이 일반적이다.

특허결정한다."라는 심결을 구함

【청구의 이유】 추후제출

【취지】 위와 같이 특허심판원장에게 제출합니다.
대리인 ㅁㅁㅁ

【수수료】 000,000원

다. 특허무효심판 청구서 기재서식 예

【서류명】 심판청구서

【청구인】 주식회사 ㅁㅁㅁ

【대리인】 ㅁㅁㅁ

【피청구인】 김ㅁㅁ

【대리인】 이ㅁㅁ

【사건의 표시】
【심판의 종류】 무효심판
【특허(등록)번호】 10-0000000

【청구의 취지】 "특허 제0000000호를 무효로 한다. 심판비용은 피청구인의 부담으로 한다."라는 심결을 구함

【청구의 이유】 추후제출

【취지】 위와 같이 특허심판원장에게 제출합니다.
대리인 ㅁㅁㅁ

【수수료】 000,000원

2. 심판청구서 보정

가. 원 칙

심판 청구인이 특허법 제140조【심판청구방식】 제1항의 규정에 따라 제출된 심판청구서는 그 요지(要旨)를 변경하지 않는 범위 내에서 보정(補正)을 할 수 있다(특허법 제140조【심판청구방식】 제2항). 심판청구서의 요지는 심판의 당사자와 심판의 대상을 의미하며 당사자, 사건의 표시 및 청구의 취지 부분이 해당된다.

심판청구서의 요지변경을 제한하는 것은 요지의 변경을 쉽게 인정할 경우 심판절차의 지연을 초래하거나 피청구인의 방어권 행사를 곤란케 할 우려가 있기 때문이다.[4)]

심판청구서의 변경할 수 없는 요지라 함은 청구의 취지 및 이유 등 심판청구서 전체의 취지를 살펴보아 등록된 권리를 중심으로 하여 적어도 그 동일성을 해하지 아니하는 범위 내의 것을 말한다.[5)]

나. 예 외

심판 청구인이 원칙적으로 특허법 제140조【심판청구방식】 제1항의 규정에 따라 제출한 심판청구서의 보정은 그 요지를 변경할 수 없지만 다음의 어느 하나에 해당하는 경우에는 예외를 두고 있다(특허법 제140조【심판청구방식】 제2항 각호).

첫째, 당사자 중 특허권자의 기재를 바로잡기 위하여 보정(추가하는 것을 포함한다.)하는 경우,

둘째, 청구의 이유를 보정하는 경우,

셋째, 특허권자 또는 전용실시권자가 청구인으로서 청구한 권리범위확인심판에서 심판청구서의 확인대상발명(청구인이 주장하는 피청구인의 발명을 말한다.)의 설명서 및 도면에 대하여 피청구인이 자신이 실제로 실시하고 있는 발명과 비교하

4) 대법원 2012. 5. 24. 선고 2012후344 판결.

5) 대법원 1987. 1. 20. 선고 85후119 판결.

여 다르다고 주장하는 경우에 청구인이 피청구인의 실시발명과 동일하게 하기 위하여 심판청구서의 확인대상발명의 설명서 및 도면을 보정하는 경우이다.[7)]

다. 요지변경 사례

〈심판청구서의 보정이 있는 경우 요지변경 판단방법[6)]〉

당사자 보정	청구인 및 피청구인의 보정은 심판청구서 전 취지를 통해 합리적으로 해석되는 자와 동일성을 유지하는 경우를 제외하고 요지변경 다만, 2009. 1. 30. 이후 심판청구건부터 결정계 심판에서 청구인의 기재를 바로잡거나 추가하는 경우 및 당사자계 심판에서 특허(실용신안)권자의 기재를 추가하는 보정은 요지변경으로 보지 않음(이는 권리자의 기재를 바로잡는 경우 예외적으로 요지변경을 허용하는 것이므로, 권리자에 해당하지 않는 무효심판(정정 무효심판)의 청구인, 소극적 권리범위확인심판의 청구인, 적극적 권리범위확인심판의 피청구인 등의 보정은 동일성을 유지하는 경우에만 보정이 허용됨
사건표시 보정	출원번호 또는 권리번호의 표시에 잘못이 있어 이것을 보정한 때는 그 잘못이 단순히 오기 등과 같이 그 보정에 의하여 심판청구의 대상의 동일성을 잃지 아니하는 경우에 한하여 요지변경으로 하지 아니함
청구취지 보정	심판청구의 대상인 특허번호 등의 보정의 경우 번호의 표시에 잘못이 있어 이것을 보정할 때는 그 잘못이 단순히 오기 등과 같이 그 보정에 의하여 심판청구의 대상의 동일성을 잃지 아니하는 경우에 한하여 요지변경으로 하지 아니함 무효심판의 대상이 된 청구항 기재발명을 다른 청구항 기재발명으로 등으로 변경하는 보정은 요지변경 특허의 무효심판청구의 대상이 된 특허발명이 정정심판의 결과에 의하여 정정된 경우 정정 후의 특허발명을 심판청구의 대상으로 변경하는 보정은 요지변경으로 보지 아니함 정정무효심판의 청구를 특허(등록)무효심판의 청구로 하는 보정은 요지변경
기타 요지변경사례	심판 청구서를 보정하면서 앞의 당사자 보정에서 허용되는 경우를 제외하고 당사자를 추가하거나 실질적으로 당사자를 변경하는 것은 심판에서 허용될 수 없음 무효심판청구를 권리범위확인심판으로 변경하거나, 동일한 특허에 관한 것이라고

---

6) 특허심판원, 심판편람, 2014년 제11판, 146~147쪽 참조.

7) 이는 상대적으로 청구인이 자기 스스로 실시하거나 또는 실시예정 중인 실시(예정)발명을 확인대상발명으로 쉽게 특정할 수 있는 소극적 권리범위확인심판에 비하여, 적극적 권리범위확인심판은 청구인 자신이 아닌 피청구인이 현실적으로 실시하고 있는 실시발명에 대하여 청구인이 그 실시발명을 확인대상발명으로 특정 및 실시입증에 따른 책임부담을 완화시켜 소극적 권리범위확인심판과의 균형성을 꾀하기 위한 입법적 취지이다.

	하더라도 무효심판의 대상이 되는 청구항을 바꾸거나 그 대상이 되는 청구항을 추가하는 것은 청구취지의 변경으로서 허용되지 아니함 여러 청구항의 무효를 구하다가 그중 일부 청구항에 대한 청구를 취하하고 나머지 항에 대한 무효를 구하는 것은 청구취지의 감축으로서 허용됨(특허법 제161조【심판청구의 취하】 제2항). 이 경우 피청구인이 답변서를 제출한 경우라면 동의를 얻어야 함 • 구술심리기일에서 청구인이 일부취하를 진술하고 피청구인이 동의를 진술하면 심판사무관은 이를 조서에 기재하고, 심판청구는 그 부분에 대해서 일부취하된 것으로 처리됨

심판청구서 보정의 정도 : 심판청구 전체적 취지에 비추어 발명의 동일성이 유지되면 요지변경 아님

"심판청구서의 보정은 그 요지를 변경할 수 없다."는 규정의 취지는 요지의 변경을 쉽게 인정할 경우 심판절차의 지연을 초래하거나 피청구인의 방어권 행사를 곤란케 할 우려가 있다는 데 있으므로 그 보정의 정도가 심판청구서에 첨부된 도면 및 설명서에 표현된 구조의 불명확한 부분을 구체화한 것이거나 처음부터 당연히 있어야 할 구성부분을 부가한 것에 지나지 아니하여 심판청구의 전체적 취지에 비추어 볼 때 그 발명(고안)의 동일성이 유지된다고 인정되는 경우에는 위 규정에서 말하는 요지의 변경에 해당하지 않는다(대법원 2012. 5. 24. 선고 2012후344, 대법원 1990. 1. 23. 선고 89후179 판결 등 참조)

3. 중복심판청구 금지

가. 입법취지

특허법 제154조【심리 등】 제8항은 "심판에 관하여는 민사소송법 제259조를 준용한다."고 규정하고 있다. 민사소송법 제259조는 중복된 소제기의 금지에 관해 규정한 것으로 "법원에 계속되어 있는 사건에 대하여 당사자는 다시 소를 제기하지 못한다."는 소위 중복제소(重複提訴)의 금지 또는 이중제소(二重提訴)의 금지라고도 한다.

이미 사건이 법원에 계속되어 있을 때에는 그와 동일한 사건에 대하여 당사자는 다시 소를 제기하지 못하는 것으로 중복제소에 따른 소의 남용을 방지하여 이를 통해 소송경제를 도모하고 판결의 모순·저촉을 방지하기 위함이다.[8)]

8) 만약 중복소제기에 해당하는 경우 후소법원(後訴法院)은 소를 부적법 각하하는 판결을 해

이를 심판에 적용하면 "특허심판원에 계속되어 있는 사건에 대하여 당사자는 다시 심판을 청구하지 못한다."는 것으로 이미 계속되고 있는 심판사건에 대하여 다시 심판청구를 허용함은 심판청구의 남용으로서 심판경제상 바람직하지 않고 심결의 모순·저촉을 방지하기 위함일 것이다.

나. 심판실무

특허법 제154조 제8항은 중복된 소제기의 금지에 관한 민사소송법 제259조를 준용함으로써 심판에 있어서 중복심판청구금지를 분명히 규정하였다. 이는 심판실무상 중복된 심판청구의 경우 소권의 남용에 관한 법리 및 중복제소금지의 관한 일반 법리에 따라 심판각하(審判却下) 처리하여 오던 관행을 입법적으로 뒷받침하기 위한 것이다.[9)]

이때, 특허심판원에 심판청구가 중복된 경우뿐만 아니라 심결에 대한 불복소송이 특허법원(대법원)에 제기된 후 다시 동일한 심판청구를 하는 경우에도 중복심판에 해당한다고 본다. 즉, 심판사건이 심급(審級)을 달리하여 진행 중이더라도 중복심판청구라 보고 있다.[10)]

다. 요건 및 효과

중복심판청구 금지의 요건으로는 우선 전청구(前請求)의 계속 중에 후청구(後請求)를 제기하였을 것이며, 당사자가 동일하여야 하며, 청구(심판대상)가 동일해야 한다.

중복심판청구에 해당하는지 여부는 직권조사사항(職權調査事項)으로서 이에 해당하면 심판의 합의체는 후심판(後審判) 청구를 부적합한 심판청구로서 심결각하 한다(특허법 제142조【보정불능한 심판청구의 심결각하】).

야 한다.

9) 심판편람, 154쪽.

10) 심판편람, 155쪽 참조.

제 2 절 특허심판의 진행

심판청구서가 특허심판원에 제출되면 심판정책과 방식담당 직원은 심판청구서 및 심판에 관한 절차가 법령에 정한 방식에 적합한지 여부를 심사한다. 이를 방식심사[11]라 하며 여기에는 심판청구방식에 관한 사항, 행위능력 및 대리권에 관한 사항, 법령에서 정하는 방식에 위반된 사항 및 수수료 납부 등에 관해 심사를 하게 된다.

심판실무적으로는 본안심리에 들어가기 전에 소정의 심판방식 요건을 구비하고 있는지 여부에 대하여 심판정책과 직원에 의한 방식심사와 심판합의체의 주심심판관에 의한 방식심리로 구분할 수 있다.

심판관련 서류에 대한 방식심사는 먼저 심판정책과에서 특허심판원장 명의로 이를 수행한다. 그러나 심판정책과에서 절차상 흠결에 대한 방식심사를 누락한 경우에는 실체심판을 심리하는 심판부의 주심심판관이 심판장 명의로 수행하게 된다.

1. 방식심리

방식심리란 주심심판관이 심판장 명의로 심판청구서 등이 법령에 정한 방식에 적합한지 여부를 심리하는 것을 말한다. 우선 심판청구인은 심판청구서를 특허법 제140조【심판청구방식】 제1항 본문의 규정에 따라 특허심판원장에게 제출하여야 하고, 심판청구서가 방식에 위반된 경우에는 특허법 제46조【절차의 보정】의 규정에 의하여 특허심판원장은 보정을 명할 수 있다.

한편, 특허심판원장으로부터 심판사건에 관한 심판의 합의체가 지정되면 그 심판사건은 특허심판원장으로부터 심판장에 넘겨지게 되고 심판장이 방식심리를

11) 이하 심판편람, 35~37쪽 참조.

한다. 심판장은 보정사항이 있는 경우 보정을 명하며, 보정하지 않을 경우 결정으로 심판청구서를 각하하여야 한다(특허법 제141조【심판청구의 각하】 제2항).

가. 심리대상

심판장은 다음의 사항에 위반된 경우에는 기간을 정하여 그 흠결의 보정을 명하여야 한다.

1. 심판청구서가 기재방식에 위반된 경우(특허법 제140조【심판청구방식】 제1항, 제3항, 제4항, 제5항), 제140의2【특허거절결정에 대한 심판청구방식】 제1항)
2. 행위능력 없는 자가 특허에 관한 절차를 밟거나(특허법 제3조【미성년자 등의 행위 능력】 제1항) 절차를 밟을 것을 위임받은 대리인(임의대리인)의 대리권의 범위에 흠결이 있는 경우(특허법 제6조【대리권의 범위】)
3. 납부해야 할 수수료를 납부하지 아니한 경우(특허법 제82조【수수료】 제1항)
4. 특허법 또는 특허법에 의한 명령이 정하는 방식에 위반한 경우

나. 결정각하

심판장은 보정명령을 받은 자가 지정된 기간에 보정을 하지 아니하면 결정으로 심판청구를 각하하여야 한다. 이 결정은 서면으로 하여야 하며 그 이유를 붙여야 한다(특허법 제141조【심판청구의 각하】 제2항, 제3항).

다. 불복방법

심판장의 심판청구서에 대한 결정각하에 대하여 불복하고자 하는 자는 결정등본을 송달받은 날로부터 30일 이내에 특허법원에 소를 제기할 수 있다(특허 제186조【심결 등에 대한 소】). 이 경우 특허청장을 피고로 한다.

[청구의 이유를 기재 누락한 경우 보정요구서 통지 사례]

특허심판원

第8부

보 정 요 구 서

청 구 인 성 명 □□□
주 소 서울 □□구 □□로 00, □□아파트 □동 □□호

대 리 인 성 명 □□□
주 소 서울 □□구 □□로 00, □□호

심 판 번 호 2015원0000

사 건 표 시 2013년 특허출원 제00000호 거절결정불복

보정할 서류 거절결정불복 심판청구서

1. **위 심판사건에 관하여 다음 흠결사항을 상기 제출기일까지 보정하시기 바랍니다.**

흠 결 사 항

− 청구의 이유 기재 누락

2015. 4. 9.

심판장 □□□

[보정기간이 경과된 경우 결정각하 사례]

특허심판원

제8부

결 정

심 판 번 호 2015원0000

사 건 표 시 2013년 특허출원 제00000호 "ㅁㅁㅁㅁ장치"의 거절결정불복

청 구 인 ㅁㅁㅁ
서울 ㅁㅁ구 ㅁㅁ로 00, ㅁㅁ아파트 ㅁ동 ㅁㅁ호
위 청구인의 대리인 변리사 ㅁㅁㅁ
서울 ㅁㅁ구 ㅁㅁ로 00, ㅁㅁ호

원 결 정 2015. 1. 31. 거절결정

결 정 일 2015. 4. 30.

주 문

이 사건 심판청구서를 각하한다.

이 유

청구인은 이 사건 심판청구를 함에 있어 심판청구서에 청구의 이유를 기재하지 아니하여 심판장은 그 기간을 정하여 그 흠결의 보정을 명하였음에도 불구하고 지정된 기간(2015. 4. 9.) 내에 이를 보정하지 아니하였음이 명백하다.

그러므로 특허법 제141조 제2항의 규정에 의하여 이 사건 심판청구서를 각하하기로 하여 주문과 같이 결정한다.

심판장 □□□

2. 적법성심리

적법성심리란 심판합의체가 심판청구 자체의 적법성 여부를 심리하는 것으로 심판청구가 적법해지기 위하여 갖추어야 할 심판청구요건 내지 적법요건에 대한 심리를 말한다. 이러한 심판청구요건의 흠결이 있으면 심판합의체는 본안심리를 하지 않고 심결로써 각하한다(특허법 제142조【보정할 수 없는 심판청구의 심결각하】).

가. 심리대상

심판청구요건 내지 적법요건의 흠결로 인해 심판청구가 부적법해지는 경우로서 다음과 같은 사항은 심판합의체의 심결각하의 대상이 된다.

1. 특허심판사항이 아닌 심판청구
2. 실존하지 않는 자를 당사자로 하는 심판청구
3. 당사자 능력이 없는 자의 심판청구
4. 당사자 적격이 없는 자의 심판청구
5. 일사부재리 원칙에 위반한 심판청구
6. 심판청구시 적법한 심판청구였으나 심판청구 후 대상출원이 취하·포기되어 심판 대상물이 소멸한 경우
7. 심판청구기간 경과 후의 심판청구
8. 심결확정 전에 재심이 청구되었거나 재심사유가 아닌 것을 이유로 하여 재심청구한 경우
9. 중복심판청구금지의 원칙에 위반된 경우
10. 기타 부적법한 심판청구로서 그 흠결을 보정할 수 없는 경우

나. 심결각하

심판합의체는 적법성 심리결과 심판청구가 부적법하고 그 흠결을 보정할 수 없을 때에는 피청구인에게 답변서 제출의 기회를 주지 아니하고 심결로써 이를 각하할 수 있다(특허법 제142조【보정할 수 없는 심판청구의 심결각하】).

다. 불복방법

심판합의체의 심결각하에 대하여 불복하고자 하는 자는 심결등본을 송달받은 날로부터 30일 이내에 특허법원에 소를 제기할 수 있다(특허 제186조【심결 등에 대한 소】). 이 경우 결정계 심판은 특허청장을, 당사자계 심판은 원심판의 피청구인을 피고로 한다.

[심판청구 후 심판대상물이 소멸한 경우 심결각하 사례]

특허심판원

제8부

심 결

심 판 번 호　2015원0000

사 건 표 시　2013년 특허출원 제00000호 "ㅁㅁㅁㅁ장치"의 거절결정불복

청 구 인　ㅁㅁㅁ
서울 ㅁㅁ구 ㅁㅁ로 00, ㅁㅁ아파트 ㅁ동 ㅁㅁ호
위 청구인의 대리인 변리사 ㅁㅁㅁ
서울 ㅁㅁ구 ㅁㅁ로 00, ㅁㅁ호

원 결 정　2015. 1. 31. 거절결정

심 결 일　2015. 7. 12.

주 문

이 사건 심판청구를 각하한다.

청 구 취 지

원결정을 취소한다. 2013년 특허출원 제00000호를 특허결정한다.

이 유

청구인은 이 사건 심판을 청구한 후인 2015. 6. 30. 이 사건 출원을 취하하였는바, 이 사건 심판청구는 심판의 대상물이 없는 부적법한 청구로서 그 흠결을 보정할 수 없는 경우에 해당한다.

따라서, 특허법 제142조의 규정에 의하여 이 사건 심판청구를 각하하기로 하고 주문과 같이 심결한다.

심판장 심판관 □□□
주 심 심판관 □□□
심판관 □□□

〈방식심리 vs. 적법성심리 비교〉12)

구 분		방식심리 (제141조【심판청구의 각하】)	적법성심리 (특허법 제142조【심판청구의 심결각하】)
의의		심판청구서가 법령에 정한 방식에 적합한지 여부를 심리하는 것으로 심판장 단독명의로 처리	심판합의체가 심판청구 자체의 적법성 여부를 심리하는 것
요건	주체	심판장	심판합의체
	대상	1. 심판청구서 기재방식 위반(특 §140①③④⑤ 또는 특 §140의2① 위반) • 당사자 성명 및 주소 기재방식 위반 • 출원인 코드 미기재 또는 오기재 • 대리인 미기재 또는 오기재 • 심판사건 오기재 • 청구이유 미기재 • 권리범위 확인심판 청구시 설명서 및 필요한 도면 미첨부 • 정정심판에서 명세서 또는 도면 미첨부 • 기타 절차 하자 사항	부적법한 심판청구로서 흠결을 보정할 수 없는 경우 1. 특허심판사항이 아닌 심판청구 2. 실존하지 않는 자를 당사자로 하는 심판청구 3. 당사자 능력이 없는 자의 심판 청구 4. 당사자 적격이 없는 자의 심판청구, 즉 공유자 중의 일부만을 심판의 당사자로 하거나 이해관계 없는 자가 한 심판청구 5. 일사부재리에 위반된 경우 6. 특허심판원에 이미 계속 중인 사건에 대한 동일한 심판청구(민소법 §259 준용)

12) 심판편람, 36~37쪽.

요건	대상	2. 심판에 관한 절차 위반 ① 행위능력 위반(특 §3) ② 대리권 흠결(특 §6) ③ 수수료 미납 ④ 이 법에서 정한 방식 위반	7. 심판청구시에는 적법한 심판청구였으나 심판청구 후 대상출원이 취하·포기되어 심판대상물이 소멸한 경우 8. 심판청구기간 경과 후의 심판청구 9. 심결확정 전에 재심청구되거나, 재심사유가 아닌 것을 이유로 재심청구한 경우 10. 기타 부적법한 심판청구로 그 흠결을 보정할 수 없는 경우
절차		보정기회 부여	피청구인에 답변서 제출기회 부여하지 않고 심결각하 가능. 단, 보정 가능한 것이라면 보정기회 부여해야 함
효과		심판청구서 결정각하	심판청구 심결각하
불복		• 각하결정등본을 송달받은 날로부터 30일 이내에 특허법원에 소 제기 • 특허청장이 피고	• 각하결정등본을 송달받은 날로부터 30일 이내에 특허법원에 소 제기 • 결정계 심판은 특허청장, 당사자계 심판은 원심판의 피청구인이 피고

3. 본안심리

심판이 청구되어 우선적으로 심판정책과 방식심사 담당자에 의한 특허심판원장 명의의 소정의 심판청구방식 요건에 따른 방식심사, 심판합의체가 지정되어 주심심판관의 심판청구서에 대한 심판장 명의의 방식심리에 따른 결정각하 그리고 심판합의체 명의로써 심판청구 자체의 적법성에 대한 적법성심리 결과에 따른 심결각하 등과 같은 특별한 사정이 없으면 심리가 진행되는데, 즉 본안심리(本案審理)에 들어가게 된다.

본안심리란 청구인의 심판청구가 이유 있는지 여부를 심판합의체가 실질적으로 심리하는 것으로서, 심판청구에 대한 최종적인 심결을 도출하기 위하여 심결의 기초가 되는 사실과 법률관계를 조사 내지 수집하거나 그에 따른 증거 및 관련 기록 등을 구체적으로 살펴보는 심판의 실체적 모든 과정을 의미한다고 볼 수 있다.

본안심리는 심결을 내리는데 기초가 되는 증거자료를 수집하기 위한 심판의 가장 핵심적인 절차이며, 심리의 방법은 서면에 의한 서면심리와 구술에 의한 구술심리가 있다. 한편, 민사소송은 변론에 있어 구술심리를 원칙으로 하고 있고, 서면심리를 보충하고 있다(민사소송법 제134조【변론의 필요성】 및 민사소송규칙 제28조【변론의 방법】).

심판의 심리에 대해서는 특허법 제154조【심리 등】 제1항 내지 제9항에 걸쳐 규정하고 있는데, 위 법조항은 심판이 구술심리 또는 서면심리로 진행될 수 있으며, 구술심리 공개의 원칙, 기일과 장소, 그 취지의 송달 및 조서의 작성에 관한 사항을 규정하고 있다.

특히 제8항 "심판에 관하여는 「민사소송법」 제143조【통역】· 제259조【중복된 소제기의 금지】· 제299조【소명의 방법】 및 제367조【당사자신문】를 준용한다."는 부분 및 제7항 "조서에 관하여는 「민사소송법」 제153조【형식적 기재사항】· 제154조【실질적 기재사항】 및 제156조【서면 등의 인용·첨부】부터 제160조【다른 조서에 준용하는 규정】를 준용한다."고 규정되어 있어 심판의 심리는 민사소송법상 소송절차 진행에 있어 당사자주의(當事者主義)의 변론(辯論)에 관한 사항을 다수 준용하고 있지만, 민사소송과 달리 심판의 결과는 당사자뿐만 아니라 제3자에게도 영향을 미치는 대세효(對世效)와 특허제도의 공익적 측면에서 직권주의(職權主義)에 따른 심리적 요소의 색체가 강하다.

가. 심리방식

심판은 구술심리 또는 서면심리로 한다. 다만, 당사자가 구술심리를 신청하였을 때에는 서면심리만으로 결정할 수 있다고 인정되는 경우 외에는 구술심리를 하여야 한다(특허법 제154조【심리 등】 제1항). 구술심리는 일반적으로 당사자의 신청이 있는 때에는 심판부가 구술심리를 하지 못할 특별한 사정이 없는 한 구술심리를 열어야 하고, 실무적으로 당사자의 신청이 없는 경우에도 심판부가 필요하다고 생각되는 경우에는 당사자들에게 그 취지를 통지하여 구술심리를 개최할 수 있다.

(1) 서면심리

서면심리란 심판을 서면에 의하여 심리를 진행하는 방식으로써 심판실무에서는 대부분이 서면심리를 하고 있다. 특허심판의 주요 다툼들이 대체로 출원발명이나 특허발명의 특허성 또는 유효성에 따른 서면증거 및 특허청구범위 해석에 관한 것으로 심판 당사자가 제출한 증거나 기록 등의 서면을 중심으로 심판의 심리를 진행하기 때문이다.

서면심리는 서증(書證)이나 관련 기록 등이 심판서류로 제출되면 전자문서로 기록·보전되므로 언제든지 심판합의체가 기록된 내용을 열람 및 확인이 가능하고, 구술심리를 하기 위한 기일 및 장소를 정하는 등의 제반 노력 및 심판정에 나갈 필요가 전혀 없고, 서면에 표시된 기재 내용을 보다 객관적으로 이해하고 해석할 수 있는 장점이 있다.

반면에 서면심리는 서증이나 관련 기록 등이 명확히 기재되어 있지 않거나 증인신문 또는 관련 증거조사 등이 추가적으로 필요한 경우에 심리가 지연되어 심판의 신속성이 결여될 수 있고, 당사자의 불명료한 기재에 따른 사실관계 등의 실체파악이 어렵고, 심판 서류 및 기록이 방대해져 쟁점파악이 어려워질 수 있으며, 복잡하고 미묘한 사안의 쟁점에 대해서 당사자로부터의 사실관계 등을 직접적으로 파악하여 확인할 수 없다는 단점도 있다.

심판실무적으로 결정계 심판은 전적으로 서면심리에 의하여 심판을 진행하며, 당사자계 심판도 쟁점이 많아 서면심리만으로 심판을 하기에 부적합한 것은 구술심리를 일단 하더라도 구술심리 후에 심판장의 석명권(釋明權)[13] 행사 등과

13) 석명권은 원래 민사소송법 제186조【석명권·구문권 등】가 법원에 부여한 권한으로 법원이 사건의 진상을 명확하게 하기 위하여 당사자에게 사실상 또는 법률상 사항에 대하여 보다 설명할 수 있는 기회를 주고 입증을 촉구할 수 있는 권한으로, 특허심판원도 해당 심판사건의 실체적 진실파악 및 합리적 해결을 위하여 심판과 관련된 사실적·법률적 사항에 대하여 당사자에게 보다 구체적인 설명진술의 기회를 주고 이에 따른 추가적인 증거 및 자료 제출에 관하여 입증을 촉구하는 수단으로 활용하고 있다.

관련해 당사자로부터 제출된 증거나 기록 등을 서면으로 최종 검토해야 되기 때문에 특허심판의 심리는 실체적으로 서면심리를 하고 있는 실정이다.

(2) 구술심리[14)]

구술심리란 심판의 당사자가 심판정에 출석하여 심판의 합의체인 심판부 앞에서 구술, 즉 말로써 사실 또는 법률상 사항에 대하여 진술한 것을 토대로 심판을 진행하는 방식으로 심판의 쟁점사항을 당사자 앞에서 조기에 정리할 수 있는 심리방식이다. 일반적으로 당사자계 심판사건 중 서면심리를 진행하다가 당사자의 신청이나 주심심판관 또는 심판장이 구술심리의 필요성이 인정되는 경우에 선택적으로 구술심리가 개최되고 있다.

구술심리에 의하면 심판부가 당사자 또는 증인의 진술을 직접 들을 수 있어 즉각적인 질문을 통해 사실관계를 파악하여 모순된 사항을 쉽게 발견하고 의문스러운 점을 밝힐 수 있어 서면심리에 비하여 상대적으로 쟁점파악이 용이하고, 파악한 쟁점에 대해서는 추가로 증거조사를 집중시킬 수 있으므로 신속하고 정확한 심판을 할 수 있다는 장점이 있다.

또한 당사자로서는 서면으로 진술이 어려웠던 쟁점사항을 심판부 앞에서 진술함으로써 서면보다 효율적인 공격·방어가 가능할 뿐만 아니라 구술심리 진행에 따른 심리의 진행정도 및 심결의 방향도 어느 정도 예측할 수 있다는 면도 있다. 심판부로서도 심리를 진행시키면서 당사자 간 쟁점사항들을 좁혀나가 화해를 유도함으로써 심판청구를 취하시키거나 궁극적으로는 최적의 사건해결을 도모할 수도 있다.

그러나 구술심리는 심판부가 구술심리 기일 및 장소 그에 따른 통지의 노력, 기일인 심판정에 심판합의체, 사건의 당사자 또는 증인들이 출석해야 하는 번거로움이 있고, 심판정에서 진술한 모든 내용을 정확히 기록하고 보전하기가 그리 용이하지 않고, 당사자의 진술이 명료하지 아니한 경우 쟁점해결에 필요한 사실관계 등이 더욱 복잡해져 심리가 지연될 수 있다는 단점을 가지고 있다.

---

14) 이하 구체적 관련 내용은 심판편람, 제10편 구술심리, 285~354쪽 참조.

〈 구술심리 심판정 및 좌석 배치도 〉

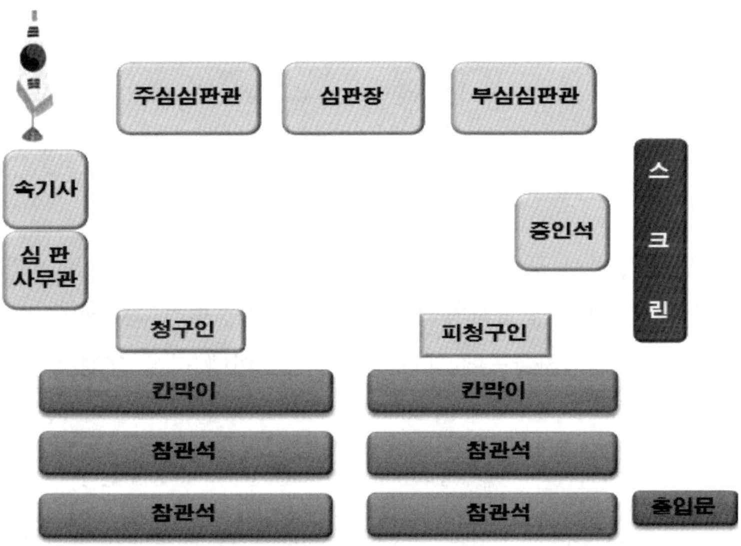

[심판정책과, 특허심판원 소개 자료, 2015]

구술심리는 협의의 구술심리와 광의의 구술심리로 나눌 수 있는데, 협의의 구술심리는 심판정에서 개최되는 당사자들의 심판의 청구이유에 대한 공방(攻防)만을 의미하나, 광의의 구술심리는 심판정에서 이러한 당사자들의 공방 외에 증인신문(證人訊問), 감정(鑑定), 검증(檢證) 및 증거보전(證據保全) 등의 제반 절차를 포함한다. 심판실무적으로는 몇몇 심판사건들을 제외하고는 주로 협의의 구술심리가 진행되는 것이 대다수이다.

㈎ 법적 의의

민사소송에 있어 구술변론은 법원에서 법률의 규정에 따라 일정한 절차하에 행해지고, 판결절차 있어서는 구술변론을 반드시 열어야 하며(민사소송법 제134조【변론의 필요성】), 당사자의 주장을 법적으로 유효하게 하기 위해서는 구술에 의한 진술이 필요하다(민사소송규칙 제28조【변론의 방법】[15]). 이를 소위 구술주의(口述主義)라 한다.

이에 반해 특허심판원에서의 심리는 앞서 살펴본 바와 같이 서면 또는 구술심리에 의해 행하는 것이 가능하기 때문에 구술심리가 행해진 때의 주장뿐만 아니라 서면으로 주장되어 제출된 것 모두 특허심판에 있어 법률적으로 유효하게 진술된 것이 된다.

특허심판에 있어서 구술심리는 심판합의체(특히 심판장 및 주심심판관)가 구술심리기일에 따른 심판정에서 당사자 및 증인에게 구술심리기일 전까지의 서면심리에 따른 심판관련 쟁점사항들에 대한 심문[16] 및 이에 따른 쟁점사항들의 정리

15) 민사소송규칙 제28조【변론의 방법】 ① 변론은 당사자가 말로 중요한 사실상 또는 법률상 사항에 대하여 진술하거나, 법원이 당사자에게 말로 해당사항을 확인하는 방식으로 한다. ② 법원은 변론에서 당사자에게 중요한 사실상 또는 법률상 쟁점에 관하여 의견을 진술할 기회를 주어야 한다.

16) 심판장은 심판에 관하여 당사자를 심문할 수 있다(특허법 제147조【답변서 제출 등】 제3항). 심문(審問)이라 함은 일반적으로 어떤 사항 또는 문제에 관하여 진술하게 하는 것으로 질문과 같은 의미이며, 특히 납득할 수 있도록 상세하게 진술하도록 하는 의미가 포함되어 있다. 또한, 심문은 "자세히 따져 묻는다."는 뜻으로 법원이 당사자나 그 밖의 이해관계가 있는 사람에게 서면이나 구두로 개별적으로 진술할 기회를 주는 것을 말하고, 신문(訊問)은 "알고 있는 사실을 캐어 묻는다."는 뜻으로 법원 또는 당사자가 증인·반대당사자 등에 말로 물어 조사하는 것을 말한다. 증인신문, 당사자신문 등이 여기에 해당한다. 심판편람, 275쪽.

등을 할 수 있다는 점에서 구술심리의 실질적인 의의가 있다.

㈏ 신청 및 준비

① 신청대상건

구술심리는 당사자계 심판사건들을 대상으로 하는데 통상적으로 당사자가 구술심리를 신청한 사건이나 당사자계 심판 중 심판장이 필요하다고 인정하는 사건에 대해서 이루어진다.

심판사무취급규정 제39조의2【구술심리를 행해야 하는 사건 등】에서 심판장은 ㉮ 일방당사자 또는 쌍방당사자가 구술심리를 신청한 사건, ㉯ 쌍방당사자가 대리인이 없는 사건, ㉰ 석명권행사를 위하여 구술심리가 필요하다고 인정되는 사건에 대해서는 구술심리를 행하도록 규정하고 있다. 다만, 위 경우에도 심판장은 서면심리만으로 결정할 수 있다고 인정되는 때에는 구술심리를 아니할 수 있다.

일반적으로 구술심리를 개최할 필요성이 높은 심판사건의 예를 들면 다음과 같다.[17)]

㉮ 일방당사자 또는 쌍방당사자가 구술심리를 신청한 사건
㉯ 쌍방당사자가 대리인이 없는 사건
㉰ 침해소송이 계속되는 사건 중 필요하다고 인정하는 사건
㉱ 청구이유가 불분명하거나 주장에 관한 근거가 불명확한 사건
㉲ 발명 또는 증거에 대한 당사자의 설명이 필요한 사건
㉳ 증거조사, 증인신문, 검증을 동반한 사건
㉴ 효율적인 심리를 위하여 심판장이 필요하다고 인정하는 사건

② 신청서 접수

심판장은 당사자의 신청이 있거나 직권에 의하여 구술심리의 개최 여부를 결정한다. 구술심리를 하고자 하는 심판의 당사자는 심판사건신청서(특허법 시행규칙 제33호 서식)를 특허심판원장 또는 심판장에게 제출하여야 한다(특허법 시행규칙 제

17) 심판편람, 291쪽.

65조【구술심리】).

〔서식33〕 심판사건 신청서

심판사건 신청서

【신청구분】 □심판관 제척 □심판관 기피 □심판참가 □증거보전(조사)
☑구술심리 □증인 □현장검증 □심리재개
【심판번호】
【제출인】
【성명(명칭)】
【출원인코드】
【사건과의 관계】
【대리인】 000
【성명(명칭)】
【대리인코드】
【신청의 이유】 특허법 시행규칙 제65조·실용신안법 시행규칙 제17조·디자인보호법 시행규칙 제77조·상표법 시행규칙 제78조의 규정에 의하여 위와 같이 신청서를 제출합니다.
위와 같이 특허심판원장(심판장)에게 제출합니다.
대리인 00 (서명 또는 인)
【첨부서류】 대리인에 의하여 절차를 밟는 경우 그 대리권을 증명하는 서류 1통

③ 기일 지정

심판장은 구술심리로 심판을 할 경우에는 그 기일 및 장소를 정하고, 그 취지를 적은 서면을 당사자 및 참가인에게 송달하여야 한다. 다만, 해당 사건의 이전 심리에 출석한 당사자 및 참가인에게 알렸을 때에는 그러하지 아니하다(특허법 제154조【심리 등】 제4항).[18)]

당사자의 구술심리 신청이 있는 사건에 대하여 구술심리를 행하는 경우에는

18) 한편 심판장은 기일변경에 대한 당사자의 신청이 있거나 심판부의 사정이 있는 경우는 직권으로 기일변경을 할 수 있다(특허법 제15조【기간의 연장 등】 제3항).

심판사건신청서를 인계받은 날 또는 답변서 제출기간 만료일 중 나중의 날로부터 15일 이내에 구술심리기일, 개정 시간 및 장소를 지정하여 기일지정통지서를 당사자에게 통지하여야 한다.[19]

심판실무적으로 주심심판관은 심판의 당사자 및 심판장과 부심의 일정을 고려하여 심판정의 사용가능 여부를 확인하고 최종적으로 심판장으로부터 기일을 확정받아 심판장의 명의로 구술심리 기일 및 장소를 당사자에게 구술심리기일지정통지서에 의해 통지한다.

〈 구술심리기일통지서 서식 〉

특 허 심 판 원

제 0 부

구술심리기일지정통지서

청 구 인	성명
	주소
대 리 인	성명
	주소
피 청 구 인	성명
	주소
대 리 인	성명
	주소
심 판 번 호	2015당0000
사건의 표시	특허 제10001호 무효

위 심판사건에 관하여 특허법 제154조 제4항의 규정에 의하여 구술심리기일 및 장소를 다음과 같이 지정하였으니 출석하시기 바라며, 구술심리진술요지를 기재한 서면 1통을 2015. 00. 00.까지 제출하시기 바랍니다.

일　　시　2015. 00. 00. 14：00

19) 기술설명회 개최 신청이 있는 사건에 대하여도 위와 같은 절차를 준용한다.

장　　소　　특허심판원 심판정1(정부대전청사 2동 1501호실)

※ 개정 10분 전까지 출석하고, 출석 후 개정 전에는 15층 1501호 대기실에서 대기하여 주십시오.

2015.　.　.

심판장 000

구술심리기일지정통지서에는 당사자가 구술심리기일 당일 진술할 내용을 정리한 구술심리진술요지서를 구술심리기일 1주일 전까지 제출하도록 구술심리기일지정통지서에 기재한다. 심판장은 필요한 경우 구술심리기일지정통지서와 함께 또는 독립적으로 구술심리기일지정일 전까지 구술심리에서 특별히 심판부가 쟁점이 될 심문사항이 있다거나 당자사 간 공방이 효율적으로 이루어질 수 있도록 쟁점을 간략히 정리하여 당사자에게 쟁점심문서를 통지할 수 있다(심판사무취급규정 제40조【구술심리기일의 지정】 제2항).

[구술심리 쟁점심문서 예문 및 서식]

특허심판원

제 0 부

구술심리 쟁점심문서

청 구 인　성 명
　　　　　주 소
대 리 인　성 명
　　　　　주 소
피 청 구 인　성 명
　　　　　주 소
대 리 인　성 명
　　　　　주 소
심 판 번 호　2015당0000

사건의 표시　　무효심판 특허 제0000000호

○○○○년 ○○월 ○○일 개최되는 구술심리의 주요 심리사항에 대하여 아래와 같이 통지합니다.

— 아 래 —

1. 이 사건 특허발명과 비교대상발명 1(갑 제2호증)의 구성 4의 대비 및 균등 여부
2. 비교대상발명 2(갑 제3호증)의 증거성립 여부
3. 비교대상발명 3(갑 제4호증)의 이 사건 특허발명 출원전 공지 여부

20 .　.　.

심판장

④ 진술요지서 제출

구술심리기일지정통지서를 받은 당사자는 당사자의 주장 및 주요 증거의 요지 등 구술변론을 할 내용을 정리하여 구술심리 진술요지서를 미리 제출하여야 한다. 구술심리 진술요지서는 구술심리기일 1주일 전까지 제출하여 심판합의체와 상대방 당사자가 충분히 검토할 수 있도록 하는 것이 바람직하다.

[무효심판 구술심리진술요지서 표지 및 목차 내용 예시]

<table>
<tr><td>

구술심리진술요지서

특허무효심판 2015당0000
2015년 0월 0일 14시 심판정 1

청구인 □□□
대리인 □□□

</td></tr>
</table>

<table>
<tr><td>

목 차

Ⅰ. 이 사건 특허발명의 요지
Ⅱ. 이 사건 상세한 설명 기재불비의 무효사유
Ⅲ. 이 사건 청구범위 기재불비의 무효사유
Ⅳ. 이 사건 진보성 흠결에 대한 무효사유
Ⅴ. 결 론

</td></tr>
</table>

⑤ 기일 변경 및 취소

심판장은 기일변경에 대한 당사자의 신청이 있거나 심판부의 사정이 있는 경우는 직권으로 기일변경을 할 수 있다(특허법 제15조【기간의 연장 등】 제3항 및 심판사무취급규정 제41조【구술심리기일의 변경】). 이 경우에 심판장은 당사자(대리인이 있는 경우에는 대리인)에게 구술심리기일변경통지서로 통지한다.

증인·감정인 등 당사자 외의 사람에 대하여 출석요구를 한 후에 그 기일이 변경된 때에는 바로 그 취지를 출석요구를 받은 사람에게 통지하여야 하며 심판청구의 취하, 그 밖의 사정으로 그 기일을 실시하지 아니하게 된 경우에도 동일하다(심판사무취급규정 제43조【증인 등에 대한 기일변경통지】).

당사자가 구술심리기일의 변경을 신청하고자 하는 때에는 기일변경신청서에 기일변경이 필요한 사유를 밝히고 그 사유를 소명하는 자료를 첨부하여 제출한다. 기일변경신청서는 서면으로 작성하거나 특허심판원 홈페이지에서 다운받아 전자문서로 제출한다.

기일변경신청서에 상대방의 동의가 표시되어 있을 때에는 통상적으로 기일변경신청을 인정하지만, ㉮ 대리인이 없는 당사자, 대리인 또는 증인이 질병으로서 의사의 진단서가 첨부되고 출석할 수 없는 이유가 명백한 경우, ㉯ 기일이 이보다 먼저 지정된 법원의 기일과 경합하는 경우, ㉰ 대리인이 없는 당사자 또는 증인이 공무 또는 기타 부득이한 사정으로 출석할 수 없는 이유가 명백한 경우, ㉱ 기타 위의 사유에 준하는 이유로 제3자의 증명서가 첨부되어 심판장이 정당한 이유라고 인정한 경우는 상대방의 동의가 없어도 기일변경신청을 인정할 수 있다.

반면 ㉮ 당사자 1인에 2인 이상의 대리인이 있고 대리인 중 1인에게 기일변경신청의 이유가 생겼을 경우, ㉯ 지정기일 직전에 기일변경신청이 있어 증인 등 지정기일에 출석할 자에게 연락할 수 없는 경우에는 상대방의 동의 여부를 불문하고 기일변경신청을 인정하지 아니한다.[20]

심판장은 필요한 경우 직권으로 지정 또는 변경된 구술심리기일을 취소할 수 있다. 구술심리기일을 취소하는 경우 심판장은 구술심리기일취소통지서로 통지한다(심판사무취급규정 제42의2【구술심리기일의 취소】).

㈐ 내용 및 진행

① 주요내용[21]

구술심리는 당사자의 청구취지 진술, 당사자의 공격과 방어, 증인신문 및 심판부의 심문이 주된 것이다.

20) 심판편람, 301쪽.
21) 이하 심판편람, 287~288쪽 참조.

㉮ 청구취지의 진술(본안신청)

본안신청은 청구인이 심판청구서의 청구취지에 해당하는 심결을 구한다는 뜻을 진술함으로써 시작된다. 피청구인은 본안신청에 대하여 청구각하·청구기각의 심결을 구하는 신청을 하게 된다.

특허심판절차에서는 민사소송과 달리 서면으로 제출된 심판청구서 및 답변서 등은 구술심리에서 진술하지 않아도 유효하므로, 이 절차는 심판장의 지휘하에 생략할 수도 있다.

㉯ 당사자의 주장 및 증거조사(공격방어방법)

청구취지를 진술한 후 당사자는 본격적으로 청구취지를 뒷받침하는 공격과 방어를 하게 된다. 공격방어방법이라 함은 신청을 뒷받침하기 위해 제출하는 일체의 심판자료를 말한다.

청구인이 제출하는 자료를 공격방법이라 하고, 피청구인이 제출하는 자료를 방어방법이라 하는데, 이를 합하여 공격방어방법이라 부른다. 공격방어방법은 당사자의 주장, 부인(否認) 및 증거신청이 주된 것이다.

증거신청은 다툼이 있는 사실에 대하여 필요한데, 상대방이 부인하는 사실에 대해 심판관으로 하여금 자신의 주장이 진실이라는 확신을 얻게 하기 위한 행위이다. 증거신청은 심판부에 의한 증거조사가 개시되기 전까지는 임의로 철회할 수 있다. 증거신청에 대해 상대방은 부적법, 불필요, 증거능력의 흠결 등을 이유로 하여 각하를 구하거나 증거력이 없으므로 증거조사결과를 채택하지 말아달라는 항변을 할 수 있다. 특허심판에 있어서는 심판의 신속·경제성을 고려하여 통상 구술심리기일에 증거조사절차도 함께 이루어진다.

㉰ 심판장의 심문

당사자의 주장 이외에 심판장은 직권으로 당사자 및 증인에 대해 심문할 수 있다. 심판장이 주로 심문하는 사항의 예는 다음 표의 내용과 같다.

<table>
<tr><th colspan="2"></th><th>주 요 심 문 사 항</th></tr>
<tr><td colspan="2">무 효 심 판</td><td>• 다수의 비교대상발명들 중 어떠한 비교대상발명의 결합으로 이 사건 특허발명의 진보성이 없음을 주장하는지 여부
• 이 사건 특허발명과 가장 근접한 비교대상발명은 어떤 것으로 특정할 수 있는지 여부
• 이 사건 특허발명의 정정청구로 인해 청구범위가 축소되었는데 이 사건 특허발명의 무효사유로서 당초 진보성 외에 신규성 없음을 계속해서 주장하는지 여부</td></tr>
<tr><td rowspan="2">권리범위
확인심판</td><td>적극</td><td>• 확인대상발명을 어떻게 특정했고 그 실시는 어떻게 입증할 것인지 여부
• 확인대상발명의 실시입증에 대한 피청구인의 반론 및 실시주장발명의 입증 여부
• 확인대상발명을 피청구인의 실시주장발명으로 보정할 것인지의 여부
• 확인대상발명과 실시주장발명의 과제해결의 원리, 차이점 및 균등 여부</td></tr>
<tr><td>소극</td><td>• 확인대상발명을 실시 중인지 또는 실시 예정인지 여부
• 확인대상발명이 이 사건 특허발명의 권리범위에 속하지 않는다는 취지가 확인대상발명이 자유실시의 기술인지 아니면 이 사건 특허발명이 공지의 기술이라는 것인지 여부
• 확인대상발명의 보정이 요지변경인지 여부</td></tr>
<tr><td colspan="2">공 통</td><td>• 증거인부에 다툼이 있는 경우 그 증거의 성립성 및 증거력에 대한 양 당사자의 진술 및 증인신청 여부
• 당사자 간 쟁점이 해결된 사항, 불필요한 주장 및 상호 모순되는 주장·진술에 대한 취하·철회 여부
• 이 사건특허발명과 비교대상발명의 구성의 차이점 및 그에 따른 작용효과의 구체적 대비
• 이 사건 특허발명의 구성일부가 공지의 기술인지 또는 주지관용기술인지 여부 및 이에 따른 입증방법</td></tr>
</table>

상기 위의 심문사항들 외에 심판장 또는 심판관은 해당 심판사건의 최적의 해결을 위하여 당사자 간 공격·방어에 따른 쟁점 및 법률관계를 정리하여 화해 또는 심판청구 취하를 권고하거나 합리적이고 적정한 심판사건 해결에 필요한 사실적·법률적 사항에 관하여 폭넓게 심문할 수 있다.

당사자의 주장이 불명확하거나 제출된 증거의 입증취지가 명확하지 않은 경우에 심판장은 직권으로 당사자 및 증인에게 심문할 수 있으며, 때에 따라서는 발명의 기술내용이 복잡하거나 배경기술 및 이론 등이 복잡하여 심판 당사자 또는 대리인이 설명하기 어려운 경우에는 심판의 공정성과 객관성을 담보하는 측면에서 구술심리에 참여한 현장의 기술자 또는 기술 담당자에게 직권으로 심문할 수도 있다.

② 구술심리 진행[22)]

특허심판원에서의 구술심리는 대다수가 증인신문 없는 구술심리이므로 이를 중심으로 살펴보고, 증인신문이 있는 경우와 당사자 일방 또는 쌍방이 불출석한 경우를 간략히 살펴보도록 한다.

㉮ 통상적 구술심리 진행

구술심리 진행순서	구술심리 진행순서에 따른 주요 내용
1. 개 정	심판합의체가 입장하면 심판사무관은 심판정 내 출석자 및 방청인을 모두 기립하게 하고, 심판합의체가 배석 후 출석자 및 방청인을 착석하도록 한다.
2. 출석자 확인	심판장은 출석자를 확인한다. 출석자 중 ㉠ 당사자가 아닌 발명자 또는 고안자 ㉡ 법인이 당사자인 경우에 있어서 그 법인의 대표자가 아닌 임원 내지 직원인 경우에는 위임장을 제출하는 경우에만 당사자의 대리인(참고인)으로서 인정한다.
3. 구술심리 진행관련 주의사항 고지 (생략가능)	심판장은 구술심리 진행과 관련된 주의사항을 당사자에게 알린다. 심판사무관이 개정 전에 미리 '구술심리 진행시 주의사항'을 서면으로 배포하므로, 심판장은 주의사항 낭독을 생략할 수 있다. 또한, 심판장은 당해사건의 구술심리에서 중점적으로 다루어야 할 사항을 밝히고 생략해도 좋은 사항, 중점적으로 설명하여야 할 사항 등을 요청할 수 있다.
4. 증거인부 및 내용 확인	필요한 경우 서증번호를 정리하고, 제출된 서증의 형식적 증거력의 조사를 위하여 상대방에게 진정성립을 인정하는지 여부를 묻는다. 상대방이 서증의 진정성립을 다투지 아니하는 때에는 심판장은 굳이 인부의 진술을 촉구하지 아니하여도 되지만, 당해 문서의 성립이나 내용에 관하여 다툼이 있고 이것이 그 사건의 쟁점과 관련이 있는 경우에는 증거인부의 의견을 진술하게 하여야 한다. 확인서, 사진 등이 증거자료로 제출되어 그 형식적 증거력에 다툼이 있는 경우 그 내용을 확인한다.
5. 청구취지 및 이유의 요지 진술	심판장은 청구인(또는 대리인)에게 청구취지 및 이유의 요지를 진술하게 한다. 청구인은 청구취지 및 그 이유 요지를 간단히 진술한다. 이어서 피청구인(또는 대리인)에게 답변의 취지 및 그 이유의 요지를 진술하게 한다.
6. 청구인 진술	청구인은 피청구인의 진술에 대한 반론, 청구의 이유에 있어 강조하고 싶은 것을 정리해서 진술한다. 청구인은 피청구인과의 쟁점에 대하여 심판부에 석명하거나 진술한 내용을 보충적으로나 추가적으로 설명한다.

22) 자세한 것은 심판편람, 302~324쪽 참조.

7. 피청구인 진술	피청구인은 청구인의 반론에 대한 의견 및 청구인과의 쟁점사항 다툼에 대하여 심판부에 석명하거나 피청구인이 진술한 내용을 보충적으로나 추가적으로 설명한다. 나머지 사항은 위 청구인의 진술과 같다.
8. 추가의견 및 답변 진술	피청구인측이 진술한 답변에 대해 청구인측이 의견을 개진하고 그 의견에 대한 답변이 있으면 피청구인측이 그것을 진술하게 한다.
9. 심판장의 심문	심판장은 당사자를 심문할 수 있다. 심판관도 심판장에게 허락을 득하고 당사자를 심문할 수 있다(심판장이 주심과 부심으로 하여금 심문하도록 할 수 있다.).
10. 추가진술 기회 부여	심판장은 청구인, 피청구인에게 보충하여 진술할 사항이 있는지 확인한다.
11. 기일지정과 서면심리의 고지	구술심리 이후 추가적인 서류 및 증거제출이 필요한 경우 제출기일과 함께 심결 예정시기를 고지한다. 구술심리를 통하여 충분한 쟁점정리가 이루어져 추가로 심리할 필요가 없다고 판단되고 양 당사자가 동의할 경우에는 보충 서류의 제출 요청을 생략할 수 있다.
12. 폐 정	심판장은 구술심리를 종료함을 알리고 폐정한다. 심판사무관은 심판합의체가 퇴정할 때까지 출석자 및 방청인을 기립하도록 한다.

㉯ 증인이 있는 구술심리 진행

증인신문이 필요한 구술심리의 진행은 앞에서 살펴본 증인신문이 없는 통상의 구술심리의 진행인 "1. 개정부터 8. 추가의견 및 답변 진술"과 동일하고, 심판장이 사건의 성격 및 쟁점에 따라 "9. 심판장의 심문" 전·후로 "10. 증인신문 개시 내지 17. 증인신문 종료"의 절차가 추가된다고 볼 수 있다.

구술심리 진행순서	증인이 있는 구술심리 진행순서에 따른 주요 내용
1. ~ 9.	통상의 구술심리 진행절차와 동일
10. 증인신문 개시	심판장은 사건의 성격 및 쟁점에 따라 증인신문을 양 당사자의 진술 전·후나 심판장의 심문 전·후에 할 수 있다.
11. 증인 확인	심판장은 신분증과 증인 얼굴을 비교 확인한다. 증인의 이름, 나이, 주소 및 직업을 확인한다. 증인과 증인신문을 신청한 당사자와의 관계를 질의한다.
12. 증인의 선서 및 서명	심판장은 증인에게 선서의 취지를 설명하고, 위증할 때에는 특허법 제227조【위증죄】[23]에 의하여 처벌받을 수 있음을 경고한 후 선서하게 한다.

23) 특허법 제227조【위증죄】 ① 이 법에 따라 선서한 증인, 감정인 또는 통역인이 특허심판원

13. 증인에 대한 주의사항 고지	심판장은 다음과 같이 증인에게 주의사항을 알려준다. "증인은 자기가 경험한 것만을 증언하고 자신의 의견은 말하지 않도록 하시기 바랍니다. 증인은 묻는 것만을 대답하도록 해 주십시오. 증인의 비밀에 관한 것이나 자신에게 불리한 증언 등은 거부할 수 있으므로 그때마다 신청해 주십시오."
14. 증인신문신청한 당사자에 의한 주신문	심판장은 증인신청인으로 하여금 주심문을 먼저 하도록 하고, 다음에 상대방 당사자가 반대신문을 하도록 한다. 심판장은 언제든지 신문할 수 있으며, 주신문에서는 유도신문을 삼가고, 일문일답의 형식으로 증언할 수 있도록 주의를 준다.
15. 상대방 당사자에 의한 반대신문	상대방 당사자에게 반대신문하도록 한다. 반대신문에서 주신문에 나타나지 아니한 새로운 사항에 관하여 신문하고자 하는 때에는 심판장의 허락을 받아야 한다.
16. 증인에 대한 추가신문	심판장은 증인신청인이 추가로 신문할 사항이 있는지 확인한다. 필요한 경우 심판장이 증인에게 질문할 수도 있다.
17. 증인신문 종료	증인에 대한 주·부심 심판관의 의향을 확인하고 증인신문을 종료한다.
18. 구술심리 재개	증인신문이 끝나면 구술심리를 재개한다.
19. 추가진술 기회 부여	심판장은 청구인, 피청구인에게 보충하여 진술할 사항이 있는지 확인한다.
20. 기일지정과 서면심리의 고지	구술심리 이후 추가적인 서류 및 증거제출이 필요한 경우 제출기일과 함께 심결예정시기를 고지한다. 구술심리를 통하여 충분한 쟁점정리가 이루어져 추가로 심리할 필요가 없다고 판단되고 양 당사자가 동의할 경우에는 보충 서류의 제출 요청을 생략할 수 있다.
21. 폐 정	심판장은 구술심리를 종료함을 알리고 폐정한다. 심판사무관은 심판합의체가 퇴정할 때까지 출석자 및 방청인을 기립하도록 한다.

㉰ 당사자 불출석에 따른 진행[24]

㉠ 당사자 일방의 불출석

심판장은 구술심리기일에 당사자(참가인을 포함한다.) 중 일방이 출석하지 않더라도 구술심리를 개최할 수 있으므로(특허법 제158조【심판의 진행】)[25] 출석한 당사자

에 대하여 거짓으로 진술·감정 또는 통역을 한 경우에는 5년 이하의 징역 또는 1천만원 이하의 벌금에 처한다.

② 제1항에 따른 죄를 범한 자가 그 사건의 심결이 확정되기 전에 자수한 경우에는 그 형을 감경 또는 면제할 수 있다.

24) 심판편람, 321~322쪽.

25) 특허법 제158조【심판의 진행】 심판장은 당사자 또는 참가인이 법정기간 또는 지정기간에 절차를 밟지 아니하거나 제154조 제4항에 따른 기일에 출석하지 아니하여도 심판을 진행

에 대하여 구술심리를 진행한다. 심판사무관은 구술심리조서에 출석하지 아니한 당사자의 불출석을 기재한다.

㉡ 당사자 쌍방의 불출석

구술심리기일에 당사자 쌍방이 출석하지 아니한 경우에는 구술심리를 할 수 없으므로 불출석 사실을 기재한 구술심리조서를 작성한다. 당사자 쌍방이 불출석한 경우에도 민사소송법 제295조【당사자가 출석하지 아니한 경우의 증거조사】[26] 에 의해 증인신문이 가능하다.

당사자 쌍방은 출석하지 아니하였으나 증인이 출석한 경우에는 증인신문을 행하고 불출석의 사실을 기재한 구술심리조서와 증인신문조서를 각각 작성한다.

㉢ 증인의 불출석

구술심리기일에 증인신문을 함께 행할 예정이었던 경우에 증인이 출석하지 않은 때는 구술심리조서만을 작성한다. 증인이 출석요구를 받고 기일에 출석할 수 없을 경우에는 바로 그 사유를 밝혀 신고하여야 한다.

특허심판원으로부터 증인, 감정인 또는 통역인으로 출석요구를 받은 자가 정당한 이유 없이 출석에 응하지 않거나 선서·진술·증언·감정 또는 통역을 거부한 자와 민사소송법 제299조【소명의 방법】 제2항,[27] 제367조【당사자신문】[28]에 의하여 선서를 한 자로서 허위진술을 한 자에게 50만원 이하의 과태료를 부과한다(특허법 제232조【과태료】).[29]

할 수 있다.

특허법 제154조【심리 등】 ④ 심판장은 제1항에 따라 구술심리로 심판을 할 경우에는 그 기일 및 장소를 정하고, 그 취지를 적은 서면을 당사자 및 참가인에게 송달하여야 한다. 다만, 해당 사건의 이전 심리에 출석한 당사자 및 참가인에게 알렸을 때에는 그러하지 아니하다.

26) 민사소송법 제295조【당사자가 출석하지 아니한 경우의 증거조사】 증거조사는 당사자가 기일에 출석하지 아니한 때에도 할 수 있다.

27) 민사소송법 제299조【소명의 방법】 ② 법원은 당사자 또는 법정대리인으로 하여금 보증금을 공탁하게 하거나, 그 주장이 진실하다는 것을 선서하게 하여 소명에 갈음할 수 있다.

28) 민사소송법 제367조【당사자신문】 법원은 직권으로 또는 당사자의 신청에 따라 당사자 본인을 신문할 수 있다. 이 경우 당사자에게 선서를 하게 하여야 한다.

29) 특허법 제232조【과태료】 ① 다음 각 호의 어느 하나에 해당하는 자에게는 50만원 이하의

㉣ 증인신청인 또는 상대편 당사자의 불출석

증인신문에 있어서 증인신문을 신청한 측의 당사자가 출석하고 있는 때는 출석한 당사자에게 신문하게 한다. 반면, 증인신문을 신청한 측이 불출석이고 그 상대방이 출석하고 있는 때는 신청인 측이 제출한 증인신문사항에 기초하여 심판장이 증인신문을 하고, 상대방에게 반대신문기회를 줄 수 있다(민사소송규칙 제90조【주신문을 할 당사자가 출석하지 아니한 경우의 신문】).[30]

㉤ 통 역

구술심리에서는 국어를 사용하여야 하므로(특허법시행규칙 제65조【구술심리】 제2항)[31] 구술심리에 참여하는 사람이 우리말을 하지 못하거나, 듣거나 말하는 데 장애가 있으면 통역인에게 통역하게 하여야 한다. 다만, 위와 같은 장애가 있는 사람에게는 문자로 질문하거나 진술하게 할 수 있다. 통역인에게는 감정인에 관한 규정을 준용한다(민사소송법 제143조【통역】).[32]

㉥ 청구취지의 일부취하

구술심리 중 청구인이 청구취지를 일부취하하는 경우 심판장은 피청구인에게 동의 여부를 묻는다. 피청구인이 동의하면, 심판장은 청구취지가 일부취하되었음을 확인하고 심판사무관에게 조서에 기재할 것을 명한다.

과태료를 부과한다.

1. 「민사소송법」 제299조 제2항 및 같은 법 제367조에 따라 선서를 한 자로서 특허심판원에 대하여 거짓 진술을 한 자
2. 특허심판원으로부터 증거조사 또는 증거보전에 관하여 서류나 그 밖의 물건 제출 또는 제시의 명령을 받은 자로서 정당한 이유 없이 그 명령에 따르지 아니한 자
3. 특허심판원으로부터 증인·감정인 또는 통역인으로 소환된 자로서 정당한 이유 없이 소환에 따르지 아니하거나 선서·진술·증언·감정 또는 통역을 거부한 자

② 제1항에 따른 과태료는 대통령령으로 정하는 바에 따라 특허청장이 부과·징수한다.

30) 민사소송규칙 제90조【주신문을 할 당사자가 출석하지 아니한 경우의 신문】 증인신문을 신청한 당사자가 신문기일에 출석하지 아니한 경우에는 재판장이 그 당사자에 갈음하여 신문을 할 수 있다.

31) 특허법시행규칙 제65조【구술심리】 ② 구술심리에 있어서는 국어를 사용하여야 한다.

32) 민사소송법 제143조【통역】 ① 변론에 참여하는 사람이 우리말을 하지 못하거나, 듣거나 말하는 데 장애가 있으면 통역인에게 통역하게 하여야 한다. 다만, 위와 같은 장애가 있는 사람에게는 문자로 질문하거나 진술하게 할 수 있다.
② 통역인에게는 이 법의 감정인에 관한 규정을 준용한다.

(라) 구술심리조서

심판장은 구술심리를 지휘 또는 진행하면서 구술심리 중에 심판사건의 해결에 있어서 당사자의 중요한 사실적·법률적 주장·진술 또는 당사자들에게 석명을 명하는 사항에 대해서 심판사무관으로 하여금 조서작성을 명할 수 있다.

구술심리조서는 심판부에게 심판사건의 합의를 도출하기 전에 구술심리에 있어서 어떠한 쟁점들이 당사자들로부터 주장되고 진술되었는지 그리고 어떠한 사항들에 대하여 심판부가 석명을 요구하였는지를 일목요연하게 정리한 증명문서일 뿐만 아니라 심판 당사자들과 심결취소소송을 담당하는 법원에게도 심판에서 어떠한 사항들이 주장되고 쟁점이 되었는지를 알려주는 증명문서로서의 중요한 역할도 한다.

① 조서의 작성

심판장은 구술심리로 심판을 할 경우에는 특허심판원장이 지정한 직원(심판사무관)에게 기일마다 심리의 요지와 그 밖에 필요한 사항을 적은 조서를 작성하게 하여한 한다(특허법 제154조【심리 등】 제5항).

조서는 구술심리 기일에 있어서 심판당사자의 주장 및 쟁점에 대한 내용이 무엇인지를 명확하게 정리함과 동시에 이것에 관하여 확실하게 증명하는 문서로써 남기는 것을 목적으로 하여 작성된다.

② 조서의 기재사항

구술심리조서에는 사건번호, 심판관 및 출석한 당사자 및 대리인의 성명, 심리의 일시 및 장소 등의 형식적 기재사항 외에 실질적 기재사항으로서 당사자, 대리인 및 참가인의 진술, 심판장이 기재를 명한 사항 및 당사자 또는 참가인의 진술사항이 기재된다.[33)]

---

33) 민사소송법 제153조【형식적 기재사항】 조서에는 법원사무관 등이 다음 각호의 사항을 적고, 재판장과 법원사무관 등이 기명날인한다. 다만, 재판장이 기명날인할 수 없는 사유가 있는 때에는 합의부원이 그 사유를 적은 뒤에 기명날인하며, 법관 모두가 기명날인할 수 없는 사유가 있는 때에는 법원사무관 등이 그 사유를 적는다.
1. 사건의 표시
2. 법관과 법원사무관 등의 성명
3. 출석한 검사의 성명

구술심리조서에는 구술심리에서 당사자가 진술한 것의 내용 전부를 조서에 기재하는 것은 아니다. 당사자의 진술내용 전부는 차후 속기사에 의해 속기록으로 복기되기 때문이다.

특히 심판장은 구술심리 중에 당사자가 의견서 등의 서면에 기재되어 있지 않은 사항을 주장하거나 진술한 경우에 그러한 것들이 심결의 결과에 영향을 미칠 수 있다고 판단되면 심판사무관으로 하여금 반드시 조서에 기재되도록 한다.

또한 구술심리조서는 심판의 주요쟁점에 대하여 당사자가 서면으로 주장하지 못했던 사항 및 구술심리 중에 새롭게 부각된 쟁점·주장 등을 구술심리조서에 작성하므로써 심결의 결론에 기초가 될 증명문서로서의 역할도 그 의의가 있다.

③ 조서의 증명력[34)]

조서가 무효가 아닌 한 구술심리의 방식에 관한 규정이 지켜졌다는 것은 조서의 기재에 의하여만 증명할 수 있다(민사소송법 제158조【조서의 증명력】).[35)] 조서에 기재가 있으면 그 사실은 있는 것으로 인정되고, 조서에 없으면 그 사실은 존재하지 않는 것으로 된다.

변론의 방식에 관한 사항이 아닌 사항인 구술심리진술의 내용, 증인의 선서나 진술내용 등은 법정증거력이 인정되지 아니하며 증거가 되는데 그친다. 다만,

---

4. 출석한 당사자·대리인·통역인과 출석하지 아니한 당사자의 성명
5. 변론의 날짜와 장소
6. 변론의 공개 여부와 공개하지 아니한 경우에는 그 이유

민사소송법 제154조【실질적 기재사항】 조서에는 변론의 요지를 적되, 특히 다음 각호의 사항을 분명히 하여야 한다.

1. 화해, 청구의 포기·인낙, 소의 취하와 자백
2. 증인·감정인의 선서와 진술
3. 검증의 결과
4. 재판장이 적도록 명한 사항과 당사자의 청구에 따라 적는 것을 허락한 사항
5. 서면으로 작성되지 아니한 재판
6. 재판의 선고

34) 심판편람, 289쪽.

35) 민사소송법 제158조【조서의 증명력】 변론방식에 관한 규정이 지켜졌다는 것은 조서로만 증명할 수 있다. 다만, 조서가 없어진 때에는 그러하지 아니하다.

조서는 엄격한 형식하에 국가기관이 작성하는 것이기 때문에 특별한 사정이 없는 한 진실한 것이라는 강한 증명력을 가진다.

[상세한 내용이 기재되어 있는 구술심리조서 작성 예시]

특허심판원

제8부

구술심리조서

심 판 번 호 2015당0000 **일 시**: 2015. 01. 10. 14:00

사건의 표시 특허 제1234567호『휴대단말기간의 ㅁㅁㅁ방법』의 무효

심 판 장 심판관 김민희 **장 소**: 특허심판원 심판정1 (정부대전청사 2동 1501호)

주 심 심판관 ㅁㅁㅁ

심 판 관 ㅁㅁㅁ **공개여부**: 공개

심판사무관 ㅁㅁㅁ

청 구 인 성 명 ㅁㅁㅁ **미출석**

대 리 인 성 명 ㅁㅁㅁ **출석**

피 청 구 인 성 명 ㅁㅁㅁ **미출석**

대 리 인 성 명 ㅁㅁㅁ **출석**

Ⅰ. 당사자의 주장

1. 청구인 주장의 요지

o 비교대상발명 1의 공개일은 신뢰할 수 있음

- 제출된 비교대상발명 1은 ETSI 홈페이지에 2003년 3월 이전에 공개되었으며, 피청구인측의 비교대상발명 1의 공개일에 대한 주장은 구술심리기일에 처음 주장하는 것으로, 이에 대한 입증자료를 추후 서면으로 제출하겠음

o 이 사건 특허 제1항, 제29항, 제45항, 제62항 발명은 비교대상발명 1, 2, 3에 의해 신규성 내지 진보성이 부정됨

- 이 사건 특허 제1항 발명은 비교대상발명 1, 2, 3에 의해 신규성 내지 진보성이 부정됨
  * 이 사건 특허발명의 청구항에는 프리앰블에 어떤 신호가 포함되는지에 대한 특정이 되어 있지, PRACH 메시지가 붙는 것에 대한 언급이 없고, 그에 대한 효과도 명세서에서 찾아볼 수 없음
  * 다수의 전력레벨로 다수의 세그먼트를 가지는 접속 버스트 신호가 PRACH 신호 메시지가 붙지 않는 구조라는 피청구인의 주장은 근거없음
- 이 사건 특허 제45항 발명은 비교대상발명 1, 2, 3에 의해 신규성 내지 진보성이 부정됨
  * 이 사건 특허 제45항 발명의 '한 개 이상의 원격 CDMA 지국에 대해 CDMA기지국으로부터 제어신호를 송신'하는 단계의 '한 개 이상'은 한 개를 포함함
  * '제어신호'는 상세한 설명에 기재된 것과 같이 제한적으로 해석될 수 없고, CDMA 기지국에서 원격 CDMA지국으로 전송하는 일반적인 전력제어신호를 의미하는데, 비교대상발명 2에 이런 구성이 개시됨
  * 청구인은 침해소송에서는 '제어신호'를 전력제어신호로 주장한 바 있음

o 이 사건 특허 제62항 발명의 정정은 적법하지 않음
- 이 사건 특허 제62항 발명의 정정은 명세서 기재에 근거한 것이 아님
- 이 사건 특허 제62항 발명의 정정에 의해 '전력제어정보'의 의미가 실질적으로 변경됨
  * 정정 전에는 TPC 명령을 포함하는 기지국에 송신하는 전력제어정보가 정정 후에 폐쇄루프 전력제어 프리앰블이 수신되는 동안 기지국에서 송신하는 전력제어정보로 한정됨

2. 피청구인 주장의 요지

o 비교대상발명 1의 공개일은 신뢰할 수 없음
- 비교대상발명 1의 커버에 나타나있는 날짜는 공개일이 아니라, 편집자에게 자료가 전송되는 날짜로 판단됨
  * 청구인이 제출한 비교대상발명 1은 ETSI에서 검색되지 않으며, 비교대상발명 1과 유사한 시기에 작성된 관련 기술분야 문서를 살펴보면, 커버의 날짜(Cover Date)는 2001-03-31, 생성일(Creation Date)은 2001-04-23로 되어 있으므로 비교대상발명 1 또한 마찬가지로 커버의 날짜와 문서생성일은 상이할 것으로 판단됨

o 이 사건 특허 제1항, 제29항, 제45항, 제62항 발명은 비교대상발명 1, 2, 3에 의해 신규성 내지 진보성이 부정되지 않음
- 이 사건 특허 제1항 발명은 비교대상발명 1, 2, 3에 의해 신규성 내지 진보성이 부정되지 않음

* 종래 기술에서 프리앰블 메시지와 PRACH 메시지가 같이 전송되는 것과 달리 이 사건 특허 제1항 발명은 프리앰블 메시지만 전송시키다 ACK 메시지를 수신한 후에 PRACH 메시지를 보내는 구성이며, 청구항에 다수의 세그먼트들을 가지는 접속 버스트 신호로 표현됨
* 비교대상발명 2, 3은 이러한 구성에 대한 기재 없음
* 비교대상발명 1은 문서 성립의 진정성을 인정할 수 없음

- 이 사건 특허 제45항 발명은 비교대상발명 1, 2, 3에 의해 신규성 내지 진보성이 부정되지 않음
  * 이 사건 특허 제45항 발명의 제어신호는 이 사건 특허명세서에 기재되어 있는 실시예와 같이 다운링크 공통 제어 채널상에서 제어신호를 통해 대역폭 관리기능을 구현하는 구성으로 해석해야 함
  * 이 사건 특허 제45항 발명의 제어신호는 '한 개 이상'의 원격 CDMA 지국에 대해 송신되나, 비교대상발명의 제어신호는 '하나의' 원격 CDMA 지국에 대해 송신됨
  * 비교대상발명들에는 확인신호를 수신한 사용자 단말 등이 기지국으로부터 업링크의 대역폭 관리를 위해 송신하는 '제어신호'를 수신하는 구성 미개시

o 이 사건 특허 제62항 발명의 정정은 적법함

- 이 사건 특허 제62항 발명의 정정은 명세서 기재에 근거한 것임
  * 발명의 상세한 설명 및 도면 16의 기재로부터 정정 전 '전력제어정보'는 폐쇄루프 전력제어용 프리앰블 송신구간에 전송되는 전력제어정보'를 의미하므로 명확히 한정한 것에 해당함

Ⅱ. 사건의 쟁점 및 심판부 질의사항

1. 사건의 쟁점

o 이 사건 특허 제1항, 제29항, 제45항, 제62항 발명이 비교대상발명 1, 2, 3에 의해 신규성 내지 진보성이 부정되는지 여부

o 이 사건 특허 제62항 발명의 정정이 적법한지 여부

2. 심판부 질의사항

o 정정과 관련하여 이 사건 특허발명의 상세한 설명에는 확인신호 수신 후 별도의 데이터 수신단계 없이 전력제어 프리앰블을 송신한다고 되어 있는데 그 이유가 무엇인지 질의

- 피청구인은 이 사건 특허발명의 도 16에 DPCH는 할당된 채널을 의미하므로, 채널할당을 위한 메시지가 송수신되는 것은 당연하므로 생략되었다고 답변

o 정정과 관련하여 이 사건 특허발명은 폐쇄루프 전력제어 프리앰블에 다수의 전력제어 명령이 포함된다고 되어 있어 일반적인 프리앰블 신호와 상이하게 사용되는 것인데, 이 점에 대해서 어떻게 생각하는지 질의

- 피청구인은 폐쇄루프 전력제어는 당업계의 기술상식이며, 이 사건 특허발명의 도16의 프리앰블구간을 살펴보면 복수개의 다수 전력레벨을 갖는 신호로 구성되어 있으므로 폐쇄루프 전력제어를 하고 있다고 보아야 한다고 답변

Ⅲ. 심판장 지시사항

1. 조서 기재사항

o 피청구인은 청구인이 제출한 비교대상발명 1의 문서 성립에 이의를 제기했고, 청구인은 이에 대하여 추후 입증하겠다고 진술함

o 피청구인은 비교대상발명 3의 문서 형식적 증거력은 인정하나, 그 내용에 담겨있는 실질적 증거력에 대해서는 부인한다고 진술함

o 양 당사자는 이 사건 특허발명 제45항 및 제62항에서 구성요소 1 내지 3에 대해서는 다투지 아니하며, 피청구인은 구성요소 4에 대해서 이 사건 특허발명의 특징이 있다고 주장하나, 청구인은 구성요소 4까지도 기술적 특징이 없다고 진술함

o 청구인은 이 사건 비교대상발명들에 있어서 가장 근접한 선행기술은 비교대상발명 1, 2, 3의 순이며, 만약 비교대상발명 1의 문서성립이 인정되지 않는다면 비교대상발명 2가 가장 근접한 선행기술이라고 생각하고 각각에 대해서 신규성 및 진보성 결함을 주장한다고 진술함

2. 심판장 석명사항

o 청구인은 비교대상발명 1의 공개일을 입증할 수 있는 자료를 제출할 것

o 청구인은 비교대상발명 2에 페루프 전력제어에 관한 기재가 있는지 여부 및 이 사건 특허발명의 페루프 전력제어와 어떤 관련이 있는지에 대한 자료 제출할 것

o 피청구인은 이 사건 특허 제1항 발명의 다수의 전력 레벨로 다수의 세그먼트를 가지는 접속 버스트 신호가 PRACH 신호 메시지가 붙지 않는 구조를 말하는 것이라는 근거를 서면으로 제출할 것

3. 심판장 고지사항

o 청구인은 석명사항에 대해 1월 27일까지 제출할 것

o 피청구인은 이 사건 특허 제62항 발명의 정정이 인정되지 않아 정정불인정통지서를 수신하게 되는 경우 그에 대한 의견을 2월 3일까지 제출할 것

o 특별한 사정이 없으면 2월말까지 심결할 것

심판주무관 □ □ □

심 판 장 김 민 희

[간략한 기재내용의 구술심리조서 작성 예시]

특허심판원

제8부

구술심리조서

심 판 번 호	2015당0000	일 시 :	2015. 01. 10. 14 : 00
사건의 표시	특허 제1234567호『휴대단말기간의 ㅁㅁㅁ방법』의 무효		
심 판 장	심판관 김민희	장 소 :	특허심판원 심판정1 (정부대전청사 2동 1501호)
주 심	심판관 ㅁㅁㅁ 심판관 ㅁㅁㅁ	공개여부 :	공개
심판사무관	ㅁㅁㅁ		
청 구 인	성 명 ㅁㅁㅁ		미출석
대 리 인	성 명 ㅁㅁㅁ		출석
피 청 구 인	성 명 ㅁㅁㅁ		미출석
대 리 인	성 명 ㅁㅁㅁ		출석

Ⅰ. 당사자의 주장

1. 청구인 주장의 요지 : 「이 사건 특허발명은 무효가 되어야 함」

o 이 사건 특허발명은 모인대상발명과 실질적으로 동일함

o 이 사건 특허발명은 무권리자인 피청구인이 특허출원하여 등록받은 것임

2. 피청구인 주장의 요지 : 「이 사건 심판청구는 기각되어야 함」

o 이 사건 특허발명은 모인대상발명과 실질적으로 동일하지 않음
o 이 사건 특허발명은 지원사업의 사업수행 범위에서 벗어나는 것임

Ⅱ. 사건의 쟁점 및 심판부 석명사항

1. 사건의 쟁점

o 이 사건 특허발명과 모인대상발명의 동일성 여부

2. 심판부 석명사항

o 이 사건 제1항 발명에서 '충전거치대에 그룹 ID를 설정하는 PC 또는 POS'의 구성은 모인대상발명에는 없는 구성임. 청구인은 이 구성이 이 사건 특허출원당시 주지관용기술이라는 주장을 입증할 수 있는 증거자료를 추가로 제출할 것

Ⅲ. 심판장 지시사항

1. 조서기재 사항

o 양 당사자는 각 당사자가 제출한 증거성립의 여부에 대해서 다툼이 없다고 진술함
o 청구인은 심판청구서에서 이 사건 제7항 내지 제9항 등록특허에 대해 청구인이 제출한 갑 제10호증이 모인대상발명에 포함된다는 주장을 철회한다고 진술함

2. 심판장 고지사항

o 청구인은 심판부 석명사항 및 추가 자료를 2015년 7월 23일까지 제출하고, 피청구인은 이에 대한 답변서를 2015년 7월 30일까지 제출할 것
o 양 당사자가 추가 제출한 자료에 큰 쟁점이 없다면 이 사건 심판은 2015년 8월 말까지 심리종결할 것이고, 다툼이 있다면 추가 구술심리가 있을 수 있다고 예고함

심판주무관 □ □ □

심 판 장 김 민 희

(마) 구술심리 심문사례

구술심리의 진행은 심판장이 사전에 심판합의체와 충분히 검토한 후 쟁점을 추려 구술심리에서 당사자에게 어떠한 심문 및 질의를 할 것인가를 정리하고 구술심리를 진행한다. 심판합의체의 심문은 쟁점에 따라 다양한 형태로 이루어질 수 있다.

① 무효심판 시나리오

구술심리 질문요지서

참석자를 확인하겠습니다.

1. 참석자 확인

청구인측 참석자 누구십니까?, 피청구인측 참석자 누구십니까?

지금부터 특허 제000,000호 2015당000 무효심판에 관한 구술심리를 시작하겠습니다.

구술심리와 관련하여 양 당사자 대리인은 사건과 직접적인 쟁점 및 심판부의 심문에 대해서만 간결하고도 명료하게 진술해 주시기 바랍니다.

2. 청구인 및 피청구인 진술이 있겠습니다.(생략가능)

청구인과 피청구인은 최종서면과 구술심리진술서대로 진술하시는 것이지요?

3. 심판장의 심문

① 우선 피청구인, 이 사건 특허발명의 특징적인 구성으로 “높은 홀이동도와 낮은 캐리어밀도”를 주장하고 있는데, 홀이동도를 높게 하고 캐리어밀도를 낮게 설정한 이유는 무엇입니까?

② 결정화된 ITO막을 얻기 위해서는 막두께가 150nm 이상 두껍게 하는 것이 상식이었고, 50nm 이하로 얇은 경우에는 단시간의 가열처리로는 결정화가 어려웠다는 것은 기술적으로 무슨 의미죠?

③ 피청구인, 이 사건 특허발명의 효과와 관련하여 “광투과율이 가열처리 전과 비교

하여 약 1.5 내지 4% 향상된다고 했는데, 광투과율 향상이 이 정도 수치로 향상되기 위해서는 어떤 구성상의 곤란성이 있었습니까?

④ "완전결정화"와 "결정질"의 기술적 의미에 대해서 논의해 보죠.
우선 피청구인 진술하세요. 그리고 청구인 반론하십시오.

⑤ 청구인, 피청구인은 주장하기를 비교대상발명1과 관련하여 실시예들과 비교예는 퇴적속도에 따라 스퍼터딩 후 비저항과 가열처리 후 비저항이 다르기 때문에 이 사건 특허발명과 대비할 수 없다고 주장하는데, 이에 대한 의견은?

⑥ 양 당사자 구술심리진술요지서를 보면서 몇 가지 질문을 드리겠습니다.

4. 주심 추가적으로 심문할 사항 있나요?(생략가능)

5. 양 당사자 최종적으로 진술하고자 하는 것이 남아 있나요?

6. 마무리

양 당사자, 심판장이 석명요구한 것 외에 추가적으로 제출한 증거나 서류는 없지요?

(제출된 서류를 검토한 후) 특별한 사정이 없는 한 심결은 7월중으로 내려질 것입니다.

그럼 이상으로 특허 제000,000호 2015당000 무효심판에 관한 구술심리를 마치도록 하겠습니다.

② 권리범위확인심판(소극) 시나리오

구술심리 질문요지서

참석자를 확인하겠습니다.

1. 참석자 확인

청구인측 참석자 누구십니까?, 피청구인측 참석자 누구십니까?

지금부터 특허 제000,,000호 2015당000 권리범위확인심판에 관한 구술심리를 시작하겠습니다.

구술심리와 관련하여 양당사자 대리인은 사건과 직접적인 쟁점 및 심판부의 심문에 대해서만 간결하고도 명료하게 진술해 주시기 바랍니다.

2. 청구인 및 피청구인 진술이 있겠습니다.(생략가능)

(청구인과 피청구인은 심판청구서와 답변서 및 그에 따른 의견서대로 진술하시는 것이지요?)

3. 심판장의 심문

① 피청구인은 이 사건 특허발명의 요지를 간단히 진술해 주십시오.
- 가장 핵심적인 구성 및 그에 따른 기술적 효과는 무엇입니까?
- RTP포트는 논리적인 포트입니까? 물리적인 포트입니까?
- 포트번호를 변경한다고 동시접속자가 비약적으로 증가합니까? (청구인의 반론을 듣는다.)

② 청구인은 확인대상발명을 어떻게 실시하고 있고 그 실시의 입증은 무엇인가요?
- 확인대상발명의 특정은 어떻게 한 것인가요?
- 특정에 대하여 피청구인 반론을 제기하시죠.

4. 주심 추가적으로 심문할 사항 있나요?(생략가능)

5. 양 당사자 최종적으로 진술하고자 하는 것이 남아 있나요?

6. 마무리

양 당사자, 심판장이 석명요구한 것 외에 추가적으로 제출한 증거나 서류는 없지요?

(제출된 서류를 검토한 후) 특별한 사정이 없는 한 심결은 10월 말까지 내려질 것입니다.

그럼 이상으로 특허 제000,000호 2015당000 권리범위확인심판에 관한 구술심리를 마치도록 하겠습니다.

(바) 원격영상구술심리[36)]

심판관이 당사자·증인의 진술을 직접 듣는 기존의 구술심리는 신속하고 정확한 심판을 할 수 있는 장점이 있는 반면, 수도권의 심판당사자들이 대전 심판정으로 내려오거나, 심판부와 지원인력이 서울 심판정으로 가야 하는 번거로움이 있었다. 이에 따른 불편함을 해소하기 위하여 심판당사자를 동영상과 음성을 동시에 송수신하는 장치가 갖추어진 원격지의 심판정에 출석시켜 구술심리를 개최할 수 있도록 하였다.

심판사무취급규정 제39조의4【원격화상구술심리】에 따라 ⓐ 특허심판원 소재지 이외의 장소에서 구술심리를 할 수 있는 사건(심판사무취급규정 제39조의3), ⓑ 당사자계 사건으로서 구술심리 개최 시 추가적인 증거제출이 없는 사건에 대해 당사자의 일방 또는 쌍방의 신청이 있는 경우 원격영상구술심리를 개최할 수 있다.

원격영상구술심리는 심판관계인이 특허심판원 소재지의 심판정에 출석하여 진행한 구술심리로 간주하며, 원격영상구술심리를 하는 경우에는 그 취지 및 심판관계인이 출석한 심판정을 구별하여 조서에 기재한다.

현재 실무적으로는 상표심판사건을 중심으로 원격영상구술심리가 개최되고 있으며, 특허심판 사건 중 쟁점이 단순하여 당사자의 진술만으로도 심리가 가능한 사건 위주로 원격영상구술심리가 행해지고 있다.

36) 심판편람, 286쪽.

〈 영상구술심리 시설 〉

〔심판정책과, 특허심판원 소개 자료, 2015〕

(사) 기술설명회와의 비교

기술설명회는 특허심판사건의 쟁점을 신속하게 파악하기 위하여 당사자와 심판관의 참석하에 이루어지는 것으로 조기에 심판을 종결하기 위하여 개최되는 것이라는 점에서 일응 구술심리와 유사하다. 그러나 기술설명회는 글자 그대로 발명의 기술적 사항 및 쟁점 위주로 주심 심판관이 심리를 주관한다는 점에서 심판합의체가 심리를 주관하는 구술심리와는 차이점이 다소 있다.

기술설명회는 당사자계 심판보다는 결정계 심판, 특히 심사관의 거절결정불복심판에 관한 기술적인 쟁점에 대하여 주심심판관이 출원인 또는 그 대리인, 심지어는 발명자로부터 출원발명에 대한 정확한 기술이해 및 심사관과 출원인 간의 기술쟁점에 대하여 자유로운 의견교환 형식으로 개최되고 있다.

물론 당사자계 사건에서도 양 당사자 간 기술적·법률적 쟁점이 많은 경우에 구술심리를 개최하기 전 쟁점을 단순화하기 위하여 기술설명회를 개최할 수도 있고, 때에 따라서는 기술설명회 개최결과 추가적인 구술심리가 필요하지 않다고 판단되면 구술심리를 개최하지 않고 기술설명회를 중심으로 하여서 쟁점을 정리하고 심리를 종결할 수 있다.

기술설명회와 구술심리는 다음과 같은 차이가 있다고 보면 된다. 첫째, 구술심리는 합의체 심판관이 모두 참석하는 데 비하여, 기술설명회는 주심심판관만 참석해도 된다. 그러나 사건의 성질에 따라서 주심과 부심, 주심과 심판장 또는 심판관 합의체 모두가 참석할 수도 있다.

둘째, 구술심리는 심판정에서 개최되는 데 비하여, 기술설명회는 심판관 면담실, 심판정, 심판장실, 특허청 서울사무소 등에서도 가능하다. 즉, 기술설명회 장소의 제한은 실질적으로 없다고 볼 수 있다.

셋째, 증인신문은 일반적으로 구술심리와 함께 실시되며, 당사자·증인이 진술할 때는 선서 등의 엄격한 형식 하에 진행된다. 이에 비하여, 기술설명회에서는 증인신문을 실시하지 않으며, 당사자가 진술할 때도 형식적 절차 없이 심판관 또는 심판장의 지휘하에 자유롭게 할 수 있다.

넷째, 구술심리는 개최 후에 심판사무관이 정해진 형식의 구술심리조서를 작성하는데 비하여, 기술설명회는 심판관이 비교적 자유로운 형식의 기술설명회 결과보고서를 작성한다.

[결정계 심판의 기술설명회 결과보고서 예시]

특허심판원

제8부

기술설명회 결과보고서

심 판 번 호 2015원0000 **개최일시** : 2015. 01. 10. 14 : 00

사건의 표시 2014년 특허출원 제000000호 『무선통신방법』의 거절결정불복

장 소 서울 기술설명회2(서울사무소 5층)

공 개 여 부 비공개

(참여)심판관 심판관 □ □ □

청 구 인 성 명 □ □ □ **미출석**

주 소 □ □ □ □ □ □ □ □ □

대 리 인 성 명 □ □ □ **출석**

주 소 □ □ □ □ □ □ □ □ □

1. 청구인측 대리인 주장의 요지

o 이 사건 출원발명에서는 핸드오버 명령어인 RRC접속 재설정 메시지가 무선 링크 실패 타이머들 및 상수들에 대한 UE 특정(specified) 설정 파라미터를 포함하는지 여부에 따라 무선 링크 실패 타이머 및 상수를 디폴트 값으로 할지 또는 UE 특정 설정 파라미터로 할지를 결정하는 데 비해, 비교대상발명에는 이와 같은 기술이 전혀 개시되어 있지 않다는 점에서 양 발명 간에는 차이가 있음

2. 쟁점 사항

o 비교대상발명에는 무선 링크 실패 타이머 및 상수를 디폴트 값으로 할지 또는 UE 특정 설정 파라미터로 할지를 선택하는 구성이 명시적으로 기재되어 있지 않지만, 비교대상발명의 타이머들 및 상수들의 값을 결정하는 세 가지 방안 중에서 제3방안에는 무선 링크 실패 타이머 및 상수들에 대한 디폴트값을 설정하고, 핸드오버

명령 메시지에 선택적인 정보요소로 타이머들 및 상수들에 대한 특정 값을 포함하는 구성이 제시되어 있으므로, 이와 같은 구성으로부터 통상의 기술자라면 이 사건 출원발명의 무선 링크 실패 타이머 및 상수들의 값을 선택하는 구성을 용이하게 도출할 수 있는지 여부에 대해 검토해볼 필요가 있음.

주심 심판관 □ □ □

[당사자계 심판의 기술설명회 결과보고서 예시]

특허심판원

제8부

기술설명회 결과보고서

심 판 번 호 2015원0000 **개최일시 :** 2015. 01. 10. 14 : 00

사건의 표시 특허 제000000호『무선통신방법』의 무효

장 소 서울 기술설명회2(서울사무소 5층)

공 개 여 부 비공개

(참여)심판관 심판관 □ □ □

청 구 인	성 명 □ □ □	**미출석**
	주 소 □ □ □ □ □ □	□ □ □
대 리 인	성 명 □ □ □	**출석**
	주 소 □ □ □ □ □ □ □ □ □	
피 청 구 인	성 명 □ □ □	**미출석**
	주 소 □ □ □ □ □ □ □ □ □	
대 리 인	성 명 □ □ □	**출석**
	주 소 □ □ □ □ □ □ □ □ □	

1. 주요 논의사항

o 청구인 및 피청구인의 주장 정리 및 주요 쟁점에 대한 질의

2. 청구인의 주장 정리

o 비교대상발명 1(갑 제3호증)는 이 사건 제1항 특허발명의 신규성과 진보성이 모두 없음을 주장하는 증거로서 사용한다.
o 이 사건 제2항 내지 제5항 특허발명과 관련하여 비교대상발명 4(갑 제6호증)와 비교대상발명 5(갑 제7호증)을 들어 진보성을 부정하는 주장은 철회한다.

2. 피구인의 주장 정리

o 비교대상발명 1(갑 제3호증)은 인터넷 블로그의 해당 내용을 캡처한 것으로 이 사건 특허발명의 출원전 공지의 기술로 인정할 수 없다.
o 이 사건 특허발명 제1항 내지 제5항은 비교대상발명 각각 또는 어떠한 결합으로도 발명의 신규성과 진보성이 인정되는 특허발명이다.

주심 심판관 □ □ □

[기술설명회와 구술심리의 차이점]

	기술설명회	구술심리
대상사건	결정계 심판, 당사자계 심판	당사자계 심판
참석범위	주심심판관[37]	심판관 합의체
개최장소	심판관 면담실, 서울사무소 등	심판정(대전, 서울)
진행방식	주심심판관하에 자유롭게 진행	심판장의 지휘하에 엄격한 형식에 의거 진행
진행내용	당사자의 기술설명, 심판관의 질의 및 당사자 답변 등	당사자의 공격방어, 심판부의 신문, 증인신문, 감정, 검증, 증거보전 절차 등
결과 및 공개 여부	기술설명회 결과보고서(비공개)	구술심리조서(열람가능)

37) 통상 기술설명회는 주심심판관 참여하에 진행하지만 심판사건의 성질에 따라서 심판장이 주심심판관과 부심심판관을 같이 참여시킬 수도 있고, 또는 주심심판관과 심판장이 같이 참여할 수도 있다.

나. 직권주의

민사소송은 주로 당사자가 자유로이 처분할 수 있는 개인의 이익에 관한 분쟁의 해결을 목적으로 하는 것이므로 소송의 주도권을 당사자가 가지고 원고와 피고가 서로 대립하여 공격·방어를 하고, 법원은 당사자가 신청하지 아니한 사항에 대해서는 판결하지 못하는(민사소송법 제203조【처분권주의】[38]) 소위 당사자주의가 기본원칙이다.

이에 대하여 특허심판은 당사자 간 개인의 이익에 관한 분쟁의 해결 외에도 심판제도 자체의 공익적인 측면에 있어서 그 심결의 효력이 널리 제3자에게도 미치고 대세적인 영향이 크므로 이러한 당사자주의적 규정을 준용하지 않고 심판청구가 된 후에는 취하가 없는 한 당사자의 의사와는 어느 정도 무관하게 심판관이 직권에 의하여 적극적으로 사건에 개입하고 주도하여 심리를 진행하는 비중이 크다.[39]

그러므로 심판절차의 특징의 하나는 민사소송과 달리 공익적 측면에서 직권주의적 요소가 강하다는 점이며, 이에는 직권탐지주의(職權探知主義)와 직권진행주의(職權進行主義)로 나누어 볼 수 있다.

(1) 직권탐지주의

『직권탐지주의』란 심판관이 심판당사자의 주장에 구속되지 아니하고 직권으로 심판에 있어서 필요한 사실을 수집·탐지하여 심결의 기초로 삼을 수 있는 것을 말한다.

이는 심판의 필요에 따라서 심판당사자의 신청이 없는 경우라도 직권으로 심판관련 자료를 탐지하고 조사를 할 수 있다는 것이지, 모든 경우에 반드시 직권에 의하여 탐지를 하여 증거조사를 하여야 한다는 취지는 아니다.[40] 즉 직권탐

---

38) 민사소송법 제203조【처분권주의】 법원은 당사자가 신청하지 아니한 사항에 대하여는 판결하지 못한다.

39) 심판편람, 268쪽.

40) 대법원 1995. 11. 24. 선고 93후107 판결. 그리고 대법원 1993. 5. 11. 선고 92후2090 판결

지는 심판절차에 있어서 심판합의체의 권한이지 절대적인 의무는 아니다. 그러나 심결의 결론에 영향을 끼칠 수 있는 중요한 사실이나 증거라면 직권으로 탐지하여 조사해야 하는 것이 바람직하다.

특허법에서 당사자의 신청이나 의사와는 관계없이 심판관이 심결의 기초자료를 직권에 의하여 적극적으로 수집하는 것으로서는 직권증거조사 및 직권증거보전(특허법 제157조【증거조사 및 증거보전】 제1항),[41] 당사자 또는 참가인이 신청하지 아니한 이유에 대한 심리(특허법 제159조【직권심리】 제1항),[42] 거절결정이유와 다른 거절이유의 발견(특허법 제170조【심사규정의 특허거절결정에 대한 심판에의 준용】)[43] 등에서 직권탐지주의가 도입되어 있다.[44]

하지만 특허심판의 특수성에 기인한 직권탐지주의에도 그 제한[45]은 있다. 심결은 공익적 성격과 대세적 효력를 가지는 것이므로 직권탐지주의에 의하여 심판사건의 실체적 진실의 발견에 노력하는 것이나 심판청구인이 신청하지 아니한 청구취지에 대하여는 심리할 수 없으며(특허법 제159조【직권심리】 제2항),[46] 당사자

은 " … (중략) … 구 특허법(1990. 1. 13. 법률 제4207호로 전문 개정되기 전의 것) 제116조【증거조사】 제1항이 심판에 있어서 직권으로 증거조사를 할 수 있다고 규정하고 있으나 이는 직권에 의하여 증거조사를 하여야 할 의무를 심판관에게 부여하고 있는 것이 아니므로 직권으로 사실조회를 하지 아니하였다 하여 채증법칙위배라고 할 수 없다."라고 하였다.

41) 특허법 제157조【증거조사 및 증거보전】 ① 심판에서는 당사자, 참가인 또는 이해관계인의 신청에 의하여 또는 **직권**으로 증거조사나 증거보전을 할 수 있다.

42) 특허법 제159조【직권심리】 ① 심판에서는 당사자 또는 참가인이 신청하지 아니한 이유에 대해서도 심리할 수 있다. 이 경우 당사자 및 참가인에게 기간을 정하여 그 이유에 대하여 의견을 진술할 수 있는 기회를 주어야 한다.

43) 특허법 제170조【심사규정의 특허거절결정에 대한 심판에의 준용】 ① 특허거절결정에 대한 심판에 관하여는 제47조 제1항 제1호·제2호, 제51조, 제63조【거절이유통지】, 제63조의2 및 제66조를 준용한다. 이 경우 제51조 제1항 본문 중 "제47조 제1항 제2호 및 제3호에 따른 보정"은 "제47조 제1항 제2호에 따른 보정(제132조의3의 특허거절결정에 대한 심판청구 전에 한 것은 제외한다.)"으로, 제63조의2 본문 중 "특허청장"은 "특허심판원장"으로 본다. ② 제1항에 따라 준용되는 제63조는 특허거절결정의 이유와 다른 거절이유를 발견한 경우에만 적용한다.

44) 심판편람, 269쪽.

45) 이하 심판편람, 271쪽.

46) 특허법 제159조【직권심리】 ② 심판에서는 청구인이 신청하지 아니한 청구의 취지에 대해서는 심리할 수 없다.

또는 참가인이 신청하지 아니한 이유에 대하여 심리한 때는 그 심리의 결과를 당사자 및 참가인에 통지하여 의견진술의 기회를 주어야 한다(특허법 제159조 제1항).[47]

결정계 사건에 대한 심판에서는 거절이유를 통지하고 의견서를 제출할 기회를 주어야 하며(특허법 제170조 제2항),[48] 정정심판에서는 정정불인정이유를 통지하고 의견서를 제출할 기회를 주어야 한다(특허법 제136조【정정심판】 제5항).[49]

한편, 심판요건은 일반적으로 직권조사사항이므로 이에 관한 당사자의 주장은 직권조사를 촉구하는 의미로 해석된다. 또한 심리면에서는 직권심리주의에 따라 당사자 또는 참가인이 신청하지 않은 이유에 대해서도 심리할 수 있으며, 당사자 간에 분쟁이 없는 사실이라도 독자적으로 판단할 수 있다. 따라서 심결의 기초가 되는 자료를 당사자의 태도와는 무관하게 심판관이 직권으로 수집하는 직권조사 등도 시행된다.[50]

직권탐지주의에서는 당사자의 주장책임이 배제되므로 당사자의 변론은 특허심판원의 직권탐지를 보완하는 데 그치고 당사자가 주장하지 않는 사실도 직권으로 수집하여 심결의 기초로 삼을 수 있다.[51]

심판에 있어서 직권탐지주의 : 필요에 따라 직권조사는 가능, 실질적 의견제출기회는 주어야 함

- 심판에 있어서 **심판의 귀취(歸趣)에 영향을 주는 증거**는 당사자의 신청 또는 **직권에 의하여 증거조사를 하고 심리 판단하여야 한다**(대법원 1970. 7. 28. 선고 70후26 판결).
- 심판에서 직권으로 증거조사를 할 수 있다는 것은 **심판의 필요에 따라** 당사자 간의 신청이 없어도 **직**

47) 특허법 제159조【직권심리】 ① 심판에서는 당사자 또는 참가인이 신청하지 아니한 이유에 대해서도 심리할 수 있다. 이 경우 당사자 및 참가인에게 기간을 정하여 그 이유에 대하여 의견을 진술할 수 있는 기회를 주어야 한다.

48) 특허법 제170조【심사규정의 특허거절결정에 대한 심판에의 준용】 ② 제1항에 따라 준용되는 제63조는 특허거절결정의 이유와 다른 거절이유를 발견한 경우에만 적용한다.

49) 특허법 제136조【정정심판】 ⑤ 심판관은 제1항에 따른 심판청구가 다음 각 호의 어느 하나에 해당한다고 인정하는 경우에는 청구인에게 그 이유를 통지하고, 기간을 정하여 의견서를 제출할 수 있는 기회를 주어야 한다.

50) 김원준, 특허법 Patent Law, 新論社(2013), 343쪽.

51) 김원준, 343쪽.

권으로 증거조사를 할 수 있음을 규정한 것뿐이고 모든 경우에 반드시 직권에 의하여 증거조사를 하여야 한다는 취지는 아니므로 심판제도가 **직권심리주의를 채택하고 있다는 이유로 그 입증책임을 전가할 수 없다**(대법원 1992. 3. 31. 선고 91후1595 판결, 대법원 1974. 5. 28. 선고 73후30 판결).

▶ 구 특허법상 심판에서 직권으로 증거조사를 하고 **조사결과를 당사자에게 송달하는 절차를 밟지 않았다고 하더라도 당사자가 그 증거조사결과를 알고 이에 대한 의견진술의 기회를 가졌으면** 그 심판에서 그 **증거조사결과를 증거로 채용**할 수 있는 것이라고 봄이 상당하다(대법원 1976. 3. 9. 선고 74후8 판결).

▶ 구 특허법(1990. 1. 13. 법률 제4207호로 개정되기 전의 것) 제116조 제6항은 심판의 적정을 기하여 심판제도의 신용을 유지하기 위하여 준수하지 않으면 안된다는 공익상의 요구에 기인하는 이른바 **강행규정**이라 할 것이므로 의견서 제출의 기회가 주어지지 아니한 채 직권으로 이루어진 증거조사나 증거보전은 **형식상으로는 이러한 의견서 제출의 기회가 주어지지 아니하였어도 실질적으로는 이러한 기회가 주어졌다고 볼 수 있을 만한 특별한 사정이 없는 한 위법**한 것으로서 허용되지 않는다(대법원 1996. 2. 9. 선고 94후241 판결).

▶ 당사자 일방이 관련 사건으로 인하여 그 증거의 존재 및 내용을 알고 있었던 경우, 이 정도의 사정만으로는 실질적으로 당사자에게 의견서 제출의 기회가 주어졌다고 보기 어렵다(대법원 1996. 2. 9. 선고 94후241 판결).

(2) 직권진행주의

『직권진행주의』란 심판절차를 진행하는 데 있어서 당사자가 심판절차의 중심이기보다는 심판관이 직권으로 심판절차의 주도권을 가지는 것을 의미한다. 심판장(심판관)은 심판이 적법한 기재요건을 구비하여 청구되었는지 등의 형식적 기재사항에 관하여 그 적법 여부를 판단할 권한이 있고, 심판의 실체심리에 들어가서는 심판의 절차적 진행을 지휘·감독한다.

또한, 심판장은 당사자 또는 참가인이 법정기간 또는 지정기간 내에 절차를 밟지 아니하거나 구술심리 기일에 출석하지 아니하여도 심판을 직권으로 진행할 수 있다(특허법 제158조【심판의 진행】).

이에 따라 특허심판에서는 당사자주의 또는 변론주의를 기본원칙으로 하는 민사소송과 달리 구술심리 기일에 당사자 일방만이 출석한 경우에도 구술심리를 직권에 의하여 진행하며, 참석한 일방 당사자의 진술을 듣고, 심판부의 심문 등을 통해 심판의 쟁점사항을 파악한 후 구술심리를 종료할 수 있다.

특허심판에서 직권으로 구술심리를 진행한다 하여 구술심리 기일에 참석하지 아니한 당사자에게 민사소송법상의 불출석에 따른 자백간주(自白看做)[52]나 소 취하간주(訴取下看做)[53]의 불이익이 적용된다고 볼 수 없다. 다만, 심판실무에 있어서 구술심리기일에 일방 당사자가 참석하지 아니한 경우에 그 불출석에 따른 쟁점사항들의 사실상 확정 및 법률상의 판단을 심판관 합의체가 완전히 배제할 수는 없을 것이다.[54]

이 외에도 심판관은 당사자 양쪽 또는 어느 한쪽이 동일한 둘 이상의 심판에 대하여 심리 또는 심결을 병합하거나 분리할 수 있다(특허법 제160조【심리·심결의 병합 또는 분리】).

다. 증거조사[55]

특허심판은 법의 해석 및 적용이라는 형식으로 특허권에 관한 분쟁을 해결

52) 민사소송법 제150조【자백간주】 ① 당사자가 변론에서 상대방이 주장하는 사실을 명백히 다투지 아니한 때에는 그 사실을 자백한 것으로 본다. 다만, 변론 전체의 취지로 보아 그 사실에 대하여 다툰 것으로 인정되는 경우에는 그러하지 아니하다.
② 상대방이 주장한 사실에 대하여 알지 못한다고 진술한 때에는 그 사실을 다툰 것으로 추정한다.
③ **당사자가 변론기일에 출석하지 아니하는 경우**에는 제1항의 규정을 준용한다. 다만, 공시송달의 방법으로 기일통지서를 송달받은 당사자가 출석하지 아니한 경우에는 그러하지 아니하다.

53) 민사소송법 제268조【양쪽 당사자가 출석하지 아니한 경우】 ① 양쪽 당사자가 변론기일에 출석하지 아니하거나 출석하였다 하더라도 변론하지 아니한 때에는 재판장은 다시 변론기일을 정하여 양쪽 당사자에게 통지하여야 한다.
② 제1항의 새 변론기일 또는 그 뒤에 열린 변론기일에 **양쪽 당사자가 출석하지 아니하거나 출석하였다 하더라도 변론하지 아니한 때에는** 1월 이내에 기일지정신청을 하지 아니하면 **소를 취하한 것으로 본다.**
③ 제2항의 기일지정신청에 따라 정한 변론기일 또는 그 뒤의 변론기일에 양쪽 당사자가 출석하지 아니하거나 출석하였다 하더라도 변론하지 아니한 때에는 소를 취하한 것으로 본다.
④ 상소심의 소송절차에는 제1항 내지 제3항의 규정을 준용한다. 다만, 상소심에서는 상소를 취하한 것으로 본다.

54) 특허심판에서 양쪽 당사자의 신청이나 심판부의 필요에 의해 구술심리를 개최하기로 하였으나 구술심리 기일에 사정에 의거 양쪽 당사자가 모두 불출석한 경우는 구술심리를 진행하지 않고 서면심리로 대체하여 심판을 진행한다. 앞에서 살펴본 민사소송법 제150조나 제268조처럼 구술심리 기일 불출석에 따른 법적 효과에 대한 규정은 특허법에 규정되어 있지 않다.

55) 이하 증거조사에 관한 내용은 정상조·박성수, 특허법 주해Ⅱ, 박영사, 2010, 612~614쪽 참조.

하는 절차로서 법규를 해석하거나 적용하기 위하여 사실관계를 먼저 확정할 필요가 있다. 증거[56]는 이러한 사실관계를 확정짓는 구체적 자료로서 심판관을 심판절차에서 이러한 증거를 조사할 것이 요구된다.

특허법은 심판에서 신청 또는 직권으로 증거조사를 할 수 있다는 취지를 규정하고 있다(특허법 제157조【증거조사 및 증거보전】 제1항).[57] 여기서 『증거조사』란 심판관의 심증형성을 위하여 법정의 절차에 따라 인적·물적 증거의 내용을 오관의 작용에 의하여 지각하는 심판원의 소송행위를 말한다.[58]

특허법은 심판에서의 증거조사는 민사소송법의 증거조사에 관한 규정을 준용한다고 규정하고 있다(특허법 제157조【증거조사 및 증거보전】 제2항). 이와 관련하여 민사소송법의 어떤 규정을 준용하는지 구체적으로 특정하고 있지 않지만, 민사소송법 제2편【제1심의 소송절차】 제3장【증거】 제1절【총칙】 내지 제7절【그 밖의 증거】(민사소송법 제288조【불요증사실】[59] 내지 제374조【그 밖의 증거】[60])를 원칙적으로 적용할 것

56) 증거(證據)는 사실인정의 기초자료서 매우 중요한데 소송법상 세 가지 뜻으로 쓰인다. 첫째, 증거란 당사자가 법원으로 하여금 확신을 가지게 하기 위하여 그 조사를 구하거나 또는 법원이 확신을 얻기 위하여 조사할 유형물 또는 사람, 즉 증거방법을 뜻할 때가 있다. 증거방법 중 증인·감정인·당사자본인은 인적 증거이며, 문서나 검증물은 물적 증거이다. 둘째, 증거는 이러한 증거방법으로부터 법원이 감득(感得)하게 된 자료내용, 즉 증거자료를 가리킬 수도 있는데 여기서 증거자료라고 하면 법관이 오관의 작용에 의한 인식에 의하여 증거방법으로부터 감득한 내용이므로 증언, 감정의견, 당사자의 진술, 문서 등에 포함된 의미내용을 뜻한다. 셋째, 증거는 결과적으로 법원이 증거자료에 의하여 확신을 얻은 원인(증거원인) 다시 말하면 증거조사의 결과와 당사자의 변론의 전취지를 고려한 일체의 소송에서 나타난 상황을 뜻하는 경우도 있다. 송상현·박익환, 민사소송법(신정5판), 박영사, 2008, 510쪽. 또한 법률적용을 뒷받침하기 위하여 제출되는 자료는 참고자료로서 증거자료와는 구분되어야 하며, 법률, 시행령, 시행규칙, 판결문, 심결문, 심사기준 등이 있다. 심판편람, 205쪽.

57) 특허법 제157조【증거조사 및 증거보전】 ① 심판에서는 당사자, 참가인 또는 이해관계인의 신청에 의하여 또는 직권으로 증거조사나 증거보전을 할 수 있다.

58) 이와 달리 『증거보전』은 심판계속 전 또는 심판계속 중에 특정의 증거를 미리 조사해 두었다가 본 심판에서 사실인정에 쓰기 위한 증거조사방법으로서, 본 심판에서 정상적인 증거조사를 할 때까지 기다리고 있다가는 조사가 불가능하게 되거나 곤란하게 될 염려가 있는 증거를 미리 조사하여 그 결과를 보전하여 두려는 절차이다.

59) 민사소송법 제288조【불요증사실】 법원에서 당사자가 자백한 사실과 현저한 사실은 증명을 필요로 하지 아니한다. 다만, 진실에 어긋나는 자백은 그것이 착오로 말미암은 것임을 증명한 때에는 취소할 수 있다.

60) 민사소송법 제374조【그 밖의 증거】 도면·사진·녹음테이프·비디오테이프·컴퓨터용 자기디스크, 그 밖에 정보를 담기 위하여 만들어진 물건으로서 문서가 아닌 증거의 조사에 관

이다. 다만, 특허심판은 직권주의를 채택하고 있으므로 민사소송법의 위 규정 중 당사자주의에 관련되는 규정은 준용되지 않는다고 보아야 할 것이다.[61)]

또한, 특허법 제157조【증거조사 및 증거보전】 제2항 단서는 이러한 민사소송법상의 증거에 관한 규정을 준용하는 것을 원칙으로 하면서도 단서에 과태료의 결정, 구인(拘引)을 명하는 행위, 보증금을 공탁하게 하는 행위에 대해서는 심판관이 이를 못하도록 규제하고 있다. 이는 법관의 전권사항이며 당사자에게 강제할 실효성이 없는 심판관의 권한 밖의 행위이기 때문이다.

(1) 증거조사의 신청

특허법에 의하면 증거조사는 당사자, 참가인 또는 이해관계인의 신청에 의하여 또는 직권으로 할 수 있으므로(특허법 제157조【증거조사 및 증거보전】 제1항), 당사자는 심판부에 대하여 증거조사를 신청할 수 있다.[62)]

증거조사 신청에 대해 증거조사를 하여야 한다고 판단될 때에는 증거조사를 한다는 취지의 결정을 하며, 이에 대해서는 부수적 심판이므로 불복할 수 없다.[63)]

한 사항은 제3절【감정】 내지 제5절【검증】의 규정에 준하여 대법원규칙으로 정한다.

61) 민사소송법에서의 증거조사에 관한 규정 중 특허심판에서 준용될 수 없는 대표적 규정들은 특허심판이 변론주의가 아닌 직권탐지주의를 채택하고 있으므로 민사소송법 제288조【불요증사실】 중 재판상 자백, 심판관이 보증금을 공탁하게 하는 행위를 할 수 없으므로 민사소송법 제300조【보증금의 몰취】, 과태료 결정과 관련된 민사소송법 제301조【거짓 진술에 대한 제재】 등일 것이다.

62) 증거조사 외에 증거보전(證據保全) 절차가 있다. 증거보전은 심판절차에서 통상의 증거조사시 까지 기다리면 그 조사가 불능 또는 곤란하게 될 염려가 있는 특정의 증거에 대하여 사전에 조사하여 그 결과를 보전하여 두는 절차로서, 증거보전을 하기 위해서는 증거보전의 필요성이 있어야 한다. 따라서 미리 증거조사를 하지 아니하면 증거가 멸실되어 조사가 불가능하거나 시간이 경과함에 따라 조사가 더 곤란하게 되거나 현상이 변경될 염려가 있는 경우라야 한다. 정상조·박성수, 616쪽. 증거보전신청은 심판청구 전에는 특허심판원장에게 하여야 하고, 심판계속 중에는 그 사건의 심판장에게 하여야 한다(특허법 제157조【증거조사 및 증거보전】 제3항). 증거보전은 당사자 신청 외에 직권으로 할 수 있으며(특허법 제157조 제1항), 만일 직권으로 증거보전을 한 경우, 심판장은 그 결과를 당사자, 참가인 또는 이해관계인에게 송달하고 기간을 정하여 의견서제출의 기회를 주어야 한다(특허법 제157조 제5항). 심판실무에서는 증거보전의 절차는 거의 발생하지 아니하므로 증거보전에 대한 자세한 설명은 생략하기로 한다.

63) 임병웅, 이지 특허법(제10판), 한빛지적소유권센터, 962쪽.

(2) 직권에 의한 증거조사

증거조사는 당사자 등의 신청 외에 심판장이 직권으로 할 수 있다. 즉, 심판장은 당사자가 신청한 증거의 조사에 의하더라도 심증을 얻을 수 없거나 기타 필요하다고 인정할 때에는 직권으로 증거조사를 할 수 있는데, 이것은 실체적 진실 발견을 위하여 직권으로 증거조사를 할 권능을 심판장에게 부여한 것이지 의무는 아니다. 그러나 그것이 심판의 귀추에 영향을 주는 중요한 증거라면 이를 조사하지 아니하면 위법하게 된다.[64]

직권으로 증거를 조사한 경우, 심판장은 그 결과를 당사자·참가인 또는 이해관계인에게 송달하고 기간을 정하여 의견서 제출의 기회를 주어야 한다(특허법 제157조【증거조사 및 증거보전】 제5항).[65] 이 역시 심판의 적정을 기하여 심판제도의 신용을 유지하기 위하여 준수하지 않으면 안된다는 공익상의 요구에 기인하는 이른바 강행규정이다.[66]

(3) 증거조사의 내용

증거조사에는 증인신문(證人訊問), 당사자신문(當事者訊問), 감정(鑑定), 서증(書證), 검증(檢證) 등이 있다.

㈎ 증인신문

증인신문은 심판관이 증인을 신문하여 그 증언으로부터 증거자료를 얻는 증거조사방법이다. 특허심판의 경우 증인신문은 절차의 번잡성과 심리의 집중을 위하여 구술심리와 병행하여 실시하는 것이 통상적이다.

당사자 본인, 그 법정대리인, 법인 및 단체의 대표자 외에는 모두 증인 능력을 가지며, 위 사람들은 증인신문이 아니라 당사자신문절차에 신문을 받는다. 증

64) 대법원 1970. 7. 28. 선고 70후26 판결.

65) 특허법 제157조【증거조사 및 증거보전】 ⑤ 심판장은 제1항에 따라 직권으로 증거조사나 증거보전을 하였을 때에는 그 결과를 당사자, 참가인 또는 이해관계인에게 통지하고, 기간을 정하여 의견서를 제출할 수 있는 기회를 주어야 한다.

66) 대법원 1984. 2. 28. 선고 81후10 판결, 대법원 1996. 2. 9. 선고 94후241 판결.

인은 신문에 앞서 선서의 의무가 있다.[67]

(나) 당사자신문

당사자신문은 당사자 또는 그 법정대리인 등을 증인과 동일한 방법으로 사실을 진술하게 한 후 그 진술로부터 증거자료를 얻는 증거조사방법으로서 다른 증거조사에 의한 증거방법이 없거나 기타 증거방법만으로는 충분한 사실확정을 얻을 수 없을 경우에 허용되는 보충적인 증거조사방법이다.

(다) 감 정

감정은 특별한 학식과 경험을 가진 자에게 그 전문지식이나 학식, 경험을 이용하여 법규, 내용, 경험칙 등에 관한 자신의 의견을 보고하게 하여 그것으로부터 증거자료를 얻는 증거방법이다.

(라) 서 증

서증은 문자 또는 기타 부호로서 사상을 표시한 문서의 기재 내용을 증거로 하는 증거조사방법이다. 문자는 작성명의인(作成名義人)의 의사(意思)에 기초하여 진정하게 작성된 것이라는 형식적 증거력과 문서 내용이 요증사실을 증명하기에 적합한 가치를 가져야 한다는 실질적 증거력이 있어야 한다.

(마) 검 증

검증은 심판관이 직접적으로 자신의 오관의 작용에 의하여 사물의 형상, 현상을 검사하여 그 결과를 증거자료로 하는 증거조사방법이다. 심판실무에서는 심판부의 직권이나 당사자의 신청에 따라 심판물과 관련된 현장검증이 종종 이루어지고 있다.

---

67) 민사소송법 제319조【선서의 의무】 재판장은 증인에게 신문에 앞서 선서를 하게 하여야 한다. 다만, 특별한 사유가 있는 때에는 신문한 뒤에 선서를 하게 할 수 있다.

제 3 절 특허심판의 종료

심판청구인의 심판청구에 의하여 개시된 심판절차는 만약 청구인의 해당 심판청구의 취하가 없다면 일반적으로는 심판합의체의 심판대상물에 관한 최종 판단의 결과인 심결로서 종료된다.

심결에는 청구인의 심판청구에 관한 심판합의체의 심판결과 및 그 결과에 이르게 된 판단사유와 심판비용을 누가 부담할지가 적시되어 있다. 그리고 이러한 심결의 결과에 불만이 있는 경우에는 심결에 대한 취소소송을 특허법원에 제기하면 되고, 일정기간 내에 제기하지 않으면 심결이 확정된다.

1. 심판청구의 취하

가. 의 의

심판청구의 취하(取下)는 심판청구인이 심판청구의 전부 또는 일부를 철회하는 의사표시(意思表示)로써, 청구인이 심판청구를 취하하면 그 심판청구가 없었던 처음의 상태로 돌아가기 때문에 그 심판청구는 원래 없었던 것으로 간주되므로(특허법 제161조【심판청구의 취하】 제3항)[68] 차후 동일한 청구취지로 심판청구를 다시 할 수 있다.

나. 취하의 요건

(1) 취하의 대상

청구인이 심판청구의 전부를 취하의 대상으로 할 수도 있고(특히, 심판의 종료를 원할 경우), 특허발명의 청구범위가 복수의 청구항들로 이루어진 경우 특허무효

68) 특허법 제161조【심판청구의 취하】 ③ 제1항 또는 제2항에 따른 취하가 있으면 그 심판청구 또는 그 청구항에 대한 심판청구는 없었던 것으로 본다.

심판(특허법 제133조) 또는 권리범위확인심판(특허법 제135조)에서는 청구항마다 취하할 수 있으므로(특허법 제161조【심판청구의 취하】 제2항)[69] 심판청구의 일부로서 취하할 수 있다.[70]

다른 심판에서도 심판청구의 일부를 취하할 수 있는지에 대해서는 특허법에 규정이 없으므로 일부 취하가 인정되지 아니한다고 보는 것이 타당하고, 다만 두 개 이상의 정정사항에 대하여 하나의 정정심판이 청구되어 있는 경우에 있어서는 그중의 일부사항에 대하여 삭제를 하는 것은 인정한다.[71]

(2) 상대방의 동의

심판청구의 취하는 심판 상대방인 피청구인의 답변서 제출이 없는 경우에는 피청구인의 동의 없어도 취하할 수 있으나, 상대방인 피청구인으로부터 답변서의 제출이 있는 때에는 그의 동의를 얻어야 한다(특허법 제161조【심판청구의 취하】 제1항).[72]

이는 피청구인이 답변서를 제출한 이상 청구인의 심판청구에 적극적으로 대응할 태도를 보인 것으로 보아야 할 것이고, 따라서 피심판청구인에게도 심판을 유지하는데 적극적인 이해관계가 있다고 보아야 하며 피심판청구인에게 청구된 심판의 본안심결(청구기각심결)을 받을 수 있는 권리가 생겼다고 할 수 있기 때문이다.[73]

심판실무적으로 피청구인으로부터 답변서와 청구인으로부터 취하서가 동시에 제출되었을 경우에는 피청구인이 청구인의 심판청구에 대해 적극적으로 대처를 하겠다는 취지이므로 답변서와 같은 날짜로 접수된 취하서는 반려를 하고 피

69) 특허법 제161조【심판청구의 취하】 ② 둘 이상의 청구항에 관하여 제133조 제1항의 무효심판 또는 제135조의 권리범위확인심판을 청구하였을 때에는 청구항마다 취하할 수 있다.

70) 이 경우는 심판청구인이 심판청구를 최종적으로 종료할 의사는 없고 심판청구를 계속 진행시키면서 당초 청구항 전체에 대하여 심판을 청구하였으나 청구항 모두에 대하여 심판부로부터 인용심결을 기대하기가 어렵거나 또는 특정 청구항만의 인용심결을 얻어도 청구인이 소기의 심판청구의 목적이 달성되는 경우에 행해진다.

71) 심판편람, 343쪽.

72) 특허법 제161조【심판청구의 취하】 ① 심판청구는 심결이 확정될 때까지 취하할 수 있다. 다만, 답변서가 제출된 후에는 상대방의 동의를 받아야 한다.

73) 임병웅, 965쪽.

청구인의 심판취하에 대한 동의서를 첨부하여 제출하도록 하고 있다.[74)]

(3) 취하의 시기

심판청구는 심결이 확정될 때까지 취하할 수 있다(특허법 제161조【심판청구의 취하】 제1항) 따라서, 특허심판원의 심결 후에 특허법원 또는 대법원에 해당 심판의 심결에 관한 소송이 계속 중인 경우에도 심결이 확정되기 전까지는 청구인은 심판청구를 취하할 수 있다.

다. 취하의 효과

심판청구가 취하되면 그 심판청구 또는 그 청구항에 대한 심판청구는 처음부터 없었던 것으로 본다(특허법 제161조【심판청구의 취하】 제1항).

심판청구인에 의하여 피청구인인 상대방의 답변서 제출이 있기 전에 취하서가 제출 접수되었다면 그 접수시에 취하의 효력이 발생하였다 볼 것이며, 취하는 하자(瑕疵) 있는 의사표시 또는 착오(錯誤)로 인한 의사표시라는 이유로 취소할 수 없다.[75)]

심판청구 취하의 효력 발생 시기 및 취하의 취소 : 취하서 접수시 발생하며 취하의 취소는 불가
심판청구인 회사를 대표할 권한이 있는 것으로 인정될 만한 전무이사직(상법 제395조 참조)에 있었음은 심판청구인이 스스로 주장하는 바이고 등기되어 있지 않은 이사라 하더라도 이는 심판청구인 회사의 내부적 사정에 불과한 것이고, 다음에 항고심판청구의 취하는 그 통지가 상대방에 도달하였을 때 그 효력이 발생한다는 주장은 특허법 제120조 및 동법 제118조에 의하여 준용되는 심판청구 취하에 관한 동법 제110조를 오해한 것이니(**상대방인 피심판청구인의 답변서 제출이 있기 전에 취하서가 제출 접수된 이 사건에 있어서는 그 접수시에 취하의 효력이 발생**하였다고 볼 것이다.) 반대의 견해를 전제로 한 논지는 이유 없는 것이고, 무릇 **민법상의 법률행위에 관한 규정은 민사소송법상의 소송행위에는 특별한 규정 기타 특별한 사정이 없는 한 적용될 수 없다**고 볼 것이요 민사소송에 있어 소 또는 항소를 취하하는 **소송행위가 정당한 당사자에 의하여 이루어진 것이 사실인 이상**에는 그 소 또는 항소를 취하함에 있어서 타인으로부터 기망을 당하였다던가 또는 법률행위의 내용의 중요한 부분에 착오가 있다 하여 민법 제109조 또는 제110조에 의하여 위 소송행위를 취하할 수는 없는 것이라 함이 본원의 판례

74) 심판편람, 337쪽.
75) 대법원 1970. 6. 30. 선고 70후7 판결.

(대법원 1964. 9. 15. 선고 64다92 판결)이므로 **민사소송법의 규정을 준용하는 이 사건 항고심판청구의 취하에 있어** 소론과 같이 금강스레트공업주식회사 대표이사(상대방인 피심판청구인 회사의 대표이사도 아니다.)의 **기망에 의하여 취하서가 제출되었다 하여 심판청구인에 의하여 이루어진 취하를 취소할 수 없다** 할 것이다(대법원 1970. 6. 30. 선고 70후7 판결).

심판청구가 적법하게 취하되면 심판은 종료되어 처음부터 심판청구가 없었던 것으로 되기 때문에 일단은 당사자 간 심판분쟁이 형식적으로 종결되었다고 볼 수 있지만, 이는 최종적인 심판분쟁의 해결 상태는 아니므로 심판청구의 취하 후에 동일한 청구취지와 이유로 피청구인을 상대로 다시 심판을 청구할 수 있다.

또한, 심판의 당사자 참가가 있는 경우에는 특허법 제155조【참가】 제2항에서 "참가인(參加人)은 피참가인이 그 심판의 청구를 취하한 후에도 심판절차를 속행할 수 있다."라고 규정하고 있어서 심판청구인인 피참가인이 심판청구를 취하하여도 해당 심판은 종료되지 않고 당사자 참가인이 심판의 청구인이 되어 심판절차를 계속 진행할 수 있다.[76)]

한편, 당사자 사이에 심판을 취하하기로 한다는 내용의 합의가 이루어졌다면 그 취하서를 심판부(또는 기록이 있는 대법원)에 제출하지 아니한 이상 심판청구로 인하여 사건이 종결되지는 아니하나, 당사자 사이에 심판을 취하하기로 하는 합의를 함으로써 특별한 사정이 없는 한 심판이나 소송을 계속 유지할 법률상의 이익은 소멸되었다 할 것이므로 심판청구는 각하되어야 하며,[77)] 적법하게 이루어

76) 임병웅, 966쪽 참조.

77) "당사자 사이에 심판을 취하하기로 한다는 내용의 합의가 이루어졌다면 그 취하서를 심판부(또는 기록이 있는 대법원)에 제출하지 아니한 이상 심판청구로 인하여 사건이 종결되지는 아니하나, 당사자 사이에 심판을 취하하기로 하는 합의를 함으로써 특별한 사정이 없는 한 심판이나 소송을 계속 유지할 법률상의 이익은 소멸되었다고 할 것이다. 기록에 의하면, 이 사건 권리범위 확인심판의 당사자들은 상고심 계속 중인 1997. 2. 17. 이 사건 심판청구를 취하하기로 약정한 사실이 분명하므로, 이로써 심판청구인으로서는 이 사건 심판이나 소송을 계속 유지할 법률상의 이익이 없게 되었다 할 것이고, 따라서 원심심결과 특허청 심판소의 초심심결(1995. 3. 15. 94당270 심결)은 이 점에서 그대로 유지될 수 없으므로 이를 모두 파기하고, 이 법원이 직접 심판하기로 하여 위와 같이 법률상 이익이 없음을 이유로 하여 이 사건 심판청구를 각하하며, 심판총비용과 상고비용은 심판청구인의 부담으로 하기로 하여 관여 법관의 일치된 의견으로 주문과 같이 판결한다(대법원 1997. 9. 5. 선고 96후1743 판결).

진 심판청구취하의 효력은 취하서가 제출되어 접수한 시점에 발생하는 것이고, 심판청구취하가 있는 때에는 그 심판청구가 없었던 것으로 되므로 이와 관련된 심결취소소송 사건은 그 취소를 구할 대상이 존재하지 않게 되어 부적법하므로 소가 각하된다.[78]

라. 심판청구의 포기 등

특허심판에서 심판청구인의 심판청구의 취하에 의하여 심판이 계속되지 않고 심결 없이 종료된다는 것은 앞에서 살펴본 바와 같다. 그렇다면 민사소송에서 판결에 의하지 않고 소송이 종료되는 소취하(訴取下), 청구의 포기(抛棄), 청구의 인낙(認諾), 재판상 화해(和解)에 대한 개념을 간략히 살펴본 후 특허심판에서도 이를 적용해 심판청구의 포기 등이 가능한지에 관하여 살펴본다.

(1) 소취하

소의 취하는 원고가 법원에 대하여 요구한 심판의 전부 또는 일부를 철회하는 소송상의 법률행위이다(민사소송법 제266조【소의 취하】 제1항).[79] 소의 취하는 판결에 의하지 아니하고 원고인 소송당사자의 행위에 의한 소송종료원인의 하나로서 소의 계속을 소급적으로 소멸시킨다(민사소송법 제267조【소취하의 효과】 제1항).[80]

특허심판에서 심판청구의 취하는 민사소송에서의 소취하의 개념을 심판제도의 취지에 맞게 도입한 것이기 때문에 그에 따른 법률 효과가 실질적으로 동일한 것이다.

---

78) 심판편람, 341쪽. "이 사건 등록고안(등록번호 제93039호)의 등록무효를 구하는 이 사건 심판(97당26)의 청구는 그 심결의 취소를 구하는 이 사건 소송이 이 법원에 계속 중인 1999. 9. 15.에 취하되었으므로, 이 사건 소는 그 취소를 구할 대상이 존재하지 않게 되어 부적법하게 되었고, 따라서 원심판결은 이 점에서 그대로 유지될 수 없어 이를 파기하고, 이 법원이 직접 심판하기로 하여 위와 같은 이유로 이 사건 소를 각하하며, 소송총비용은 패소자의 부담으로 하여 주문과 같이 판결한다(대법원 2001. 4. 24. 선고 98후2849 판결).

79) 민사소송법 제266조【소의 취하】 ① 소는 판결이 확정될 때까지 그 전부나 일부를 취하할 수 있다.

80) 민사소송법 제267조【소취하의 효과】 ① 취하된 부분에 대하여는 소가 처음부터 계속되지 아니한 것으로 본다.

(2) 청구의 포기·인낙[81]

청구의 포기는 원고가 변론 또는 준비절차에서 스스로 자기의 소송상 청구가 이유 없음을 자인하는 법원에 대한 일반적 진술이고, 반대로 청구의 인락은 피고가 자기에 대한 원고의 청구가 이유 있다고 승인하는 법원에 대한 소송상 진술이다. 이는 원고·피고가 각기 입장을 달리할 뿐 각자의 주장이 이유 없다고 하여 전면적으로 자기에게 불리한 진술을 하는 점에서 동일한 효과를 가진다.

청구의 포기나 인낙은 심판의 대상인 소송물 자체에 관한 진술임에 대하여, 자백(自白)은 개개의 주장이나 선결적 권리관계 또는 사실을 대상으로 하는 진술이므로 서로 다르다.

청구의 포기·인낙은 자기에게 불리한 진술이라는 점에서 자백과 공통되나, 전자는 사법상의 청구 자체가 대상인데 대하여 후자는 개개의 사실이나 선결적 권리관계이고, 전자는 청구의 당부(當否)에 대한 심판을 필요로 하지 않고 그 진술을 조서(調書)에 기재하면 확정판결과 동일한 효력이 발생하는 데 반하여 후자는 자백사실을 기초로 청구의 당부를 심판해야 하며, 청구포기는 원고만이, 청구인락은 피고만이 할 수 있으나 자백은 원고·피고 양 당사자가 할 수 있다.

(3) 소송상 화해

법원은 소송의 정도와 관계없이 화해를 권고할 수 있고(민사소송법 제145조【화해의 권고】 제1항),[82] 당사자도 소송의 계속 중에는 언제든 화해할 수 있으며, 이에 기인하여 작성된 화해조서는 확정판결과 동일한 효력이 있다(민사소송법 제220조【화해, 청구의 포기·인낙조서의 효력】).[83]

소송상 화해는 당사자 쌍방이 소송계속 중 기일에서 청구에 대한 주장에 관하여 서로 양보한 결과를 법원에 대하여 진술함으로써 소송을 종료시키기로 한

81) 송상현·박익환, 491~492쪽.

82) 민사소송법 제145조【화해의 권고】 ① 법원은 소송의 정도와 관계없이 화해를 권고하거나, 수명법관 또는 수탁판사로 하여금 화해를 권고하게 할 수 있다.

83) 민사소송법 제220조【화해, 청구의 포기·인낙조서의 효력】 화해, 청구의 포기·인낙을 변론조서·변론준비기일조서에 적은 때에는 그 조서는 확정판결과 같은 효력을 가진다.

합의로서, 제소전(提訴前) 화해는 소송계속을 전제로 하지 아니하므로 소송종결의 효과를 발생하지 아니하고, 화해계약은 기일 외에서 하는 화해로 집행력이 없다는 점에서 소송상 화해와는 다르다.[84)]

(4) 개념별 구분

소의 취하는 피고의 동의에 따라 심판신청을 소급적으로 철회하는 진술로써 그 후에 뒤따르는 절차진행이 없으므로 처음부터 사건이 계속하지 아니한 것과 동일한 효력이 생긴다. 이에 대하여 청구의 포기는 심판신청 후 자기의 청구가 이유 없다는 진술로써 소송물에 대한 처분행위라는 점에서 소의 취하와 본질적으로 다르다. 따라서 청구포기의 경우는 분쟁을 실체적으로 해결하는 것이므로 다시 소를 제기할 수 없으나 소의 취하의 경우에는 종국판결선고 후의 취하가 아닌 한 다시 소를 제기할 수 있다.[85)]

청구의 포기·인낙은 판결에 의하지 아니하고 소송을 종료시킨다는 점에서 소송상 화해 및 소취하와 공통된다. 다만, 청구의 포기·인낙은 당사자의 일방적 의사를 분쟁해결의 기준으로 삼으나, 소송상 화해는 당사자 쌍방의 양면적 합의를 토대로 이루어진다.[86)]

또한, 청구의 포기와 소의 취하는 모두 원고의 소송물 처분의사를 분쟁해결 기준으로 삼아 소송을 종료시키지만, 청구의 포기는 소송상 청구에 대한 불이익한 진술인데 대하여 소의 취하는 심판신청의 철회로서 일체의 소송행위를 소급적으로 소멸시킨다.[87)]

결국, 특허심판에서 심판청구의 취하는 민사소송상의 소취하의 법적 개념을 도입한 것으로 민사소송법상의 소취하의 법적 효과와 실질적으로 동일하고, 민사소송법상의 청구의 포기·인낙 및 소송상 화해는 특허심판의 직권주의적 요소와

84) 송상현·박익환, 495~496쪽.
85) 송상현·박익환, 482~483쪽.
86) 송상현·박익환, 492쪽. 소송상 화해의 전제가 되는 진술내용은 화해의 본질상 당사자 쌍방의 호양(互讓)이 필요하므로 단순히 소송종료의 합의만 하는 경우에는 소취하의 합의라고 봄이 옳다. 송상현·박익환, 496쪽.
87) 송상현·박익환, 492쪽.

공익적 성격으로 인하여 인정되지 않는다.

다만, 심판계속 중의 화해와 관련하여 심판청구인이 적법한 절차에 의하여 피청구인의 동의를 얻거나 양 당사자 사이의 화해 또는 합의에 의하여 심판청구에 대한 심판청구 취하서를 제출하여야만 비로서 심결 없이 심판이 종료된다. 만약 심판을 취하하기로 양 당사자 간 화해 또는 합의가 이루어졌지만 심판청구 취하서를 제출하지 않은 경우는 심판을 계속해서 유지할 법률상의 이익이 소멸된 것임으로 심판청구를 각하하면 된다.[88]

(5) 심판청구의 포기

앞에서 살펴보았지만 특허심판에서는 민사소송과는 달리 청구의 포기에 관한 규정이 없으며 직권주의적 심리요소가 강하여 당사자의 심판물에 대한 자유로운 처분이 허용되지 아니하므로 청구인이 심판청구를 포기하거나 포기의사를 밝혀도 그 자체로 심판은 종료하지 않는다.

만약 심판청구인이 심판을 종료시킬 목적으로 심판청구 포기서를 제출한 경우는 그 기재내용에 따라 심판실무는 다음과 같이 처리한다.[89]

심판청구 포기서의 내용이 취하로 해석되는 경우에 그것이 취하의 의사가 있으면 정식으로 취하절차를 받도록 절차를 진행시키고, 만약 상대방으로부터 답변서 제출이 있는 경우라면 상대방의 동의서를 첨부하여 심판청구의 취하서가

88) "당사자 사이에 심판을 취하하기로 한다는 내용의 합의가 이루어졌다면 그 취하서를 심판부에 제출하지 아니한 이상 심판청구로 인하여 사건이 종결되지는 아니하나, 당사자 사이에 심판을 취하하기로 하는 합의를 함으로써 특별한 사정이 없는 한 심판이나 소송을 계속 유지할 법률상의 이익은 소멸되었다고 판단되면 심판청구를 각하한다(대법원 1997. 9. 5. 선고 96후1743 판결). 심판실무적으로는 심판의 계속 중에 양 당사자가 심판을 더 이상 지속할 이유가 없거나 사정에 의하여 심판청구를 취하하기로 화해 또는 합의한 것을 심판부에 통지하는 경우는 심판청구인에게 상대방의 동의서를 얻어서 심판청구 취하서를 제출하도록 유도하고 있고, 양 당사자가 심판를 종료하기로 화해 또는 합의하였음에도 불구하고 심판청구 취하서를 제출하기가 힘든 사정이 있는 경우에는 약식으로 기술설명회나 구술심리를 통해서 양 당사자 간 합의에 의하여 심판을 종료하기로 한 진술내용을 기술설명회 보고서나 구술심리조서에 작성토록 하여 그 기재사실에 따라 심판을 더 이상 지속할 법률상 이익이 없다 하여 심판청구를 각하한다.

89) 심판편람, 345쪽.

정식적으로 제출되도록 하며, 제출이 되면 심판청구의 상대방 동의 여부 관련 자료를 확인하고 심판을 종료한다.

만약 심판대상물의 공지사실의 입증이 간행물에 의한 경우 및 공지사실에 관한 증인조사가 끝난 후에 심판청구인으로부터 포기서가 제출된 경우에는 포기서에 관계없이 증거에 의하여 본안을 심리진행할 수 있다.

2. 심결에 의한 종료

가. 심리종결통지

(1) 심리종결예정시기 통지

㈎ 의 의

특허심판은 구술심리를 개최하여 구술심리를 진행하더라도 결국 서면심리에 의하여 최종적으로 심판의 결과물인 심결로써 종료되므로 심판의 심리가 언제쯤 종결될 예정인가가 당사자 사이에선 무척 궁금한 사항이다.

특히 특허무효심판인 경우에는 무효를 주장하고 그에 따른 증거를 제출하여야 하는 무효심판 청구인 입장에서는 무효를 주장할 수 있는 새로운 증거 및 새로운 무효이유가 시간이 경과될수록 계속해서 나올 수 있고, 이에 따라 무효심판 청구의 상대방인 피청구인은 언제 자신의 특허가 무효가 될지 모른다는 권리자로서의 불안정한 상태가 계속 지속될 수 있기 때문이다.

그러므로 심판의 당사자로써 관련 증거제출 및 주장과 답변을 언제까지 하여야 하고, 또한 심판부의 실체적 심리가 언제 종결될 것이며 그에 따른 심결이 언제쯤 나올 수 있을 것인가에 대한 심리종결 및 심결일자에 관한 최소한의 대략적인 시기의 예측이 필요하다.

이에 심판의 당사자에게 심리종결의 시기에 대한 예측가능성을 높여주어 당사자가 필요한 주장을 충분히 할 수 있도록 함과 동시에 심판관의 심판사건에 대한 심리의 충실도도 아울러 높일 수 있도록 하고자 2000년 5월부터 「심리종결예정시기 통지」 제도를 도입하여 실시하고 있다.

(나) 법적 효력

심리종결예정시기 통지제도는 법정절차가 아니라 당사자에게 심리종결시기에 대한 예측가능성을 높여주고자 통지하는 것에 불과하므로 심리종결예정시기 통지를 하지 않았거나 심리종결일자가 심리종결예정시기통지의 예정일자와 다르더라도 위법으로는 볼 수 없다.[90] 다만, 심판장 및 심판관은 심리종결일자와 심리종결예정시기통지 내용이 가능한 일치하도록 노력하여야 한다.

(다) 통지 시기

심리종결예정통지는 보통 심리종결시로부터 최소한 1개월 전에 일률적으로 시행하는 것이 심판실무이다.

(2) 심결종결통지

심리종결통지와 관련하여 심판장은 사건이 심결을 할 정도로 성숙하였을 때에는 심리의 종결을 당사자 및 참가인에게 통지하여야 하며(특허법 제162조【심결】 제3항), 심결은 심리종결통지를 한 날로부터 20일 이내에 한다(특허법 제162조【심결】 제5항)고 규정하고 있다.

특허심판에서 심리종결을 통지하는 이유는 특허심판은 서면심리의 경우는 물론이고 구술심리의 경우에도 당사자 또는 참가인의 출석 여부에 관계없이 직권으로 진행할 수 있도록 되어 있어서 당사자 또는 참가인으로서는 심판의 진행상태를 명확히 파악하기 어려운 실정이므로 심결 전에 이들에게 미리 사건이 심결을 함에 있어 성숙하였음을 알림으로써 심리의 진행상황을 주지시켜 심리절차의 공정과 촉진을 기하고자 함에 있다.[91]

심판장은 심결 전에 반드시 심리종결의 통지를 하여야 하나, 다만 심리종결통지에 관한 규정은 훈시규정이라고 할 것이어서 이에 위반하여도 위법하다고는

90) 심판편람, 346쪽.

91) 대법원 1984. 1. 31. 선고 83후71 판결.

볼 수 없으며,[92] 심리종결통지를 발송한 날 심결하거나 심리종결통지서와 심결정본을 동시에 발송하는 것을 금지하는 취지는 아니나[93] 심리종결통지의 취지를 고려하여 심결일보다 먼저 심리종결을 통지하는 것이 바람직하다.

(3) 심리 재개

심판장은 필요하다고 인정할 때에는 심리종결을 통지한 후에도 당사자 또는 참가인의 신청에 의하여 또는 직권으로 심리를 재개할 수 있다(특허법 제162조【심결】 제4항).

이는 심리종결통지 후에 명백한 증거나 확보되었거나 당사자 등이 심판에서 공격·방어를 충분히 다하지 못한 경우에 새로운 주장·입증의 기회를 주기 위한 취지이다.[94]

심리재개를 신청하고자 하는 당사자 또는 참가인은 심리재개신청서를 특허심판원장 또는 심판장에게 제출하여야 한다(특허법 시행규칙 제66조의2【심리재개】).[95]

나. 합 의

합의는 심판합의체의 심판관이 그 합의체에 부쳐진 심판사건에 대하여 공동으로 심리하는 것이다. 심판은 3명 또는 5명의 심판관으로 구성되는 합의체(특허법 제146【심판의 합의체】 제1항)에 의하여 행해지며, 각 심판관이 일체가 되어 하나의 합의체 기관이 심판하는 것처럼 심판에 임하는 것이다.

심판의 합의는 심판 각 사항에 대한 사실인정, 대비 및 판단을 합의체 심판관의 과반수로 결정하면서 1인의 심판관의 심리과정에 준한 과정을 거쳐 심리하는 것으로, 심판에 대해 (주심)심판관의 주관이 배제된 객관성을 갖도록 하기 위함

92) 대법원 2002. 6. 14. 선고 200후3272 판결.

93) 특허법원 2011. 11. 17. 선고 2011허7096 판결.

94) 임병웅, 969쪽.

95) 특허법 시행규칙 제66조【심리종결의 통지후 제출된 서류】 ① 특허법 제162조【심결】 제3항의 규정에 의하여 심리의 종결을 통지한 후에 당사자 또는 참가인이 제출한 서류는 이를 심결에 참작하지 아니하며 그 서류는 신청이 있는 경우에 한하여 당사자 또는 참가인에게 반환한다. 다만, 그 반환 전에 심리를 재개한 경우에는 그러하지 아니하다.

이다. 또한 심판의 합의는 공개하지 아니한다(특허법 제146조【심판의 합의체】 제3항).

(1) 심판합의체

심판원장은 심판합의체를 구성할 심판관을 지정하고, 그중 1인을 심판장으로 지정한다. 지정된 심판장은 그 심판사건에 관한 사무를 총괄한다(특허법 제145조【심판장】). 그리고 심판관은 심판사건에 대하여 지정되면 그 심판사건에 있어서 하나의 독립기관으로서 심판사건을 처리한다.

심판관에 대한 심리의 공정성을 기대할 수 없는 법정 제척사유(특허법 제148조【심판관의 제척】)[96]가 있는 때에는 심판관은 그 직무의 집행으로부터 제척된다. 또한, 위의 제척원인이 있는 때에는 당사자 또는 참가인이 제척신청을 할 수 있다(특허법 제149조【심판관의 제척】).

제척사유 외에 심판관에게 「심판의 공정을 기대하기 어려운 사정」이 있는 때에는 당사자 또는 참가인은 그 심판관을 기피할 수 있다(특허법 제150조【심판관의 기피】).[97]

특허법은 위와 같이 심판의 공정성을 도모하기 위해 심판관에 대한 직무의 엄정 중립과 독립을 도모하고자 특허법 제143조【심판관】 제2항 「심판관의 자격은 대통령령으로 정한다」, 제3항 「심판관은 직무상 독립하여 심판한다」라고 규

---

96) 특허법 제148조【심판관의 제척】 심판관은 다음 각 호의 어느 하나에 해당하는 경우에는 그 심판에서 제척된다.

1. 심판관 또는 그 배우자이거나 배우자이었던 사람이 사건의 당사자 또는 참가인인 경우
2. 심판관이 사건의 당사자 또는 참가인의 친족이거나 친족이었던 경우
3. 심판관이 사건의 당사자 또는 참가인의 법정대리인이거나 법정대리인이었던 경우
4. 심판관이 사건에 대한 증인, 감정인이거나 감정인이었던 경우
5. 심판관이 사건의 당사자 또는 참가인의 대리인이거나 대리인이었던 경우
6. 심판관이 사건에 대하여 심사관 또는 심판관으로서 특허여부결정 또는 심결에 관여한 경우
7. 심판관이 사건에 관하여 직접 이해관계를 가진 경우

97) 특허법 제150조【심판관의 기피】 ① 심판관에게 공정한 심판을 기대하기 어려운 사정이 있으면 당사자 또는 참가인은 기피신청을 할 수 있다.
② 당사자 또는 참가인은 사건에 대하여 심판관에게 서면 또는 구두로 진술을 한 후에는 기피신청을 할 수 없다. 다만, 기피의 원인이 있는 것을 알지 못한 경우 또는 기피의 원인이 그 후에 발생한 경우에는 그러하지 아니하다.

정하고, 특허법 시행령 제8조【심사관 등의 자격】 제2항[98]에 그 자격요건을 상세히 규정하고 있다.

특허심판이 심사에 관한 전문 심사경력과 특허성 판단이라는 법률적인 전문지식이 합체된 준사법적인 성질을 가지고 있고, 특허분쟁의 실질적인 제1심 법원의 역할을 하고 있다는 중요성과 직무의 곤란성 측면에서 볼 때 심판관에 대해서는 심사관보다 더 엄격한 직무수행요건이 요구된다 할 것이다.

(가) 3인 합의체

심판사건에 대하여 특허심판원장이 지정하는 심판관은 통상 3명으로 이 심판관의 합의체에 의해 사건을 심리한다. 합의는 과반수로 결정된다(특허법 제146조 제2항).

(나) 5인 합의체[99]

5인 심판합의체는 심판원장 또는 수석심판장과, 심판원장이 지정하는 심판장 또는 심판관 4인으로 구성한다(심판사무취급규정 제28조【심판합의체의 운영】 제2항). 5인 심판합의체의 심판장은 심판원장 또는 수석심판장이 되고, 심판의 효율적인 진행을 위하여 주심심판관을 따로 정할 수 있다.

주심심판관은 원칙적으로 당해사건의 주심으로 지정된 자가 된다. 5인 심판합의체의 심리진행, 합의, 그 밖의 운영에 관한 사항은 3인 심판합의체의 예를 따른다.

98) 특허법 제8조【심사관 등의 자격】 ② 심판관이 될 수 있는 사람은 특허청 또는 그 소속기관의 4급 이상의 일반직 국가공무원 또는 고위공무원단에 속하는 일반직공무원 중 다음 각 호의 어느 하나에 해당하는 사람으로서 국제지식재산연수원에서 소정의 심판관 연수과정을 수료한 사람으로 한다. 다만, 「국가공무원법」 제28조의4 제1항에 따른 개방형 직위로 지정된 심판관으로 임용될 수 있는 사람은 같은 조 제2항에 따라 설정된 직무수행요건을 갖춘 사람으로 하고, 같은 법 제28조의5 제1항에 따른 공모 직위로 지정된 심판관으로 임용될 수 있는 사람은 같은 조 제2항에 따라 설정된 직무수행요건을 갖춘 사람으로 한다.

1. 특허청에서 2년 이상 심사관으로 재직한 사람
2. 삭제
3. 특허청에서 심사관으로 재직한 기간과 5급 이상의 일반직국가공무원 또는 고위공무원단에 속하는 일반직공무원으로서 특허심판원에서 심판업무에 직접 종사한 기간 및 특허법원에서 기술심리관으로 재직한 기간을 통산하여 2년 이상인 사람

99) 심판편람, 350~351쪽.

5인 심판합의체가 담당하는 사건은 다음과 같다(심판사무취급규정 제28조【심판합의체의 운영】 제1항).

① 종전의 판례를 따르기에 적합하지 아니하거나 종전의 심결을 변경할 필요가 있는 사건
② 법률적·기술적 판단에 있어서 매우 중요하고 또한 사회적 영향이 큰 사건
③ 법원에서 취소된 사건으로서 그 사안이 중요한 사건
④ 여러 심판부에 공통으로 걸쳐 있는 사건으로서 각 심판부의 의견이 상반되어 전체적인 의견 조정이 필요한 사건
⑤ 3인 심판합의체에 의하여 합의가 이루어지지 않은 사건
⑥ 상표는 동일하나 지정상품류가 서로 달라 심판사건들의 주심이 서로 다른 사건으로서, 해당 심판사건의 처리방향에 대한 사전 합의가 이루어지지 않은 사건
⑦ 동일한 산업재산권에 대해 청구된 여러 개의 심판사건의 주심이 서로다른 사건으로서, 1인의 심판관으로 지정변경하는 것에 대한 합의가 이루어지지 않은 사건
⑧ 사건의 쟁점이 복잡하여 장기간 처리가 지연되는 사건
⑨ 기타 심판원장이 필요하다고 인정하는 사건

(2) 주심심판관

특허심판원장은 심판장이 해당사건의 합의절차를 총괄하고 검토하는 것 외에 합의의 효율을 올리기 위하여 합의하여야 할 사안을 사전에 검토하여 심판장 및 합의체 부심심판관 전원에게 설명할 심판관, 즉 주심심판관을 지정하여야 한다.

심판실무적으로 주심심판관은 사전에 지정된 해당 기술분야별로 나누어져 있어서 심판사건이 청구되면 심판정책과 심판분류팀에서 주심심판관과 부심심판관을 소정의 기술분류에 따른 그룹별로 일률적으로 지정되도록 되어 있다. 만약 심판관이 이미 지정되었더라도 심판장은 실체심리를 진행하기 전에 심판 기술분

야가 보다 적합하거나 심판사건의 해결에 보다 적합한 심판관으로 달리 지정하거나 변경할 수 있다.

(3) 합의 준비

주심심판관은 미리 지정된 심판사건에 대하여 그 사건의 기록을 객관적이고 공정한 입장에서 충분히 검토·분석하여 심판사건의 쟁점을 도출하고 관련 참고자료를 수집하여 합의에 필요한 준비가 잘 되었는지를 검토한다.

합의에 필요한 준비사항으로는 첫째, 형식적 심리사항에 속하는 결함 유무를 검토하여 결함이 있으면 필요한 조치(예를 들면 증거자료의 보충, 제출서류의 보정명령 등)를 취하고, 기타 심문서를 발할 필요가 있을 때는 합의를 거쳐 이후 절차를 밟는다.

둘째, 심판합의체에 사안을 설명할 때는 이해를 돕기 위한 자료 또는 물건, 예를 들면 특허관련 공보, 책자 등의 각종 간행물과 모형, 견본 등을 준비하거나 때에 따라서는 기술설명에 대한 요지서나 요약서 등을 준비할 수 있다.

셋째, 당해 심판사건과 관련 심판사건 및 소송사건에 대한 정보 및 결과를 수집하여 분석하거나 거절결정불복심판에 있어서의 심사를 담당하였던 심사관의 의견이나 기술쟁점에 대한 사항을 청취할 수도 있다.

주심심판관이 합의에 필요한 준비를 완료되었다고 판단되면 심판장 및 부심심판관의 일정를 검토한 후 합의일정을 최종적으로 결정하여 합의에 들어간다.

심판합의체가 합의에 들어갔다 하여도 심판장이 판단하기로 주심의 합의준비가 미흡하다거나 합의시 새로운 쟁점이 부각되어 심판사건을 합의하기에는 사건이 덜 성숙되었다고 판단되는 경우에는 합의를 중지하고 합의날짜를 새로 정할 수 있다.

[합의용 보충자료의 예시: 거절결정불복심판]

합의용 보충자료

- **사건번호**: 2012원xxxx
- **출원인:** xxxxx Network
- **발명의 명칭**: ACK/NACK 및 CQI 모두를 포함하는 자원 블록들에 대한 ACK/NACK 채널화

< History >

- **2008. 2. 4. : 우선권 출원**
- **2008. 2. 11. : 3GPP 표준화 회의 기고 (R1-080931)**
- **2008. 3. : 기고문 승인 (RP-080219)**
- **2008. 6. : LTE 표준 채택(TS 36.211 rel. 8.2.0)**

배경 기술

❖ LTE Uplink frame 구조

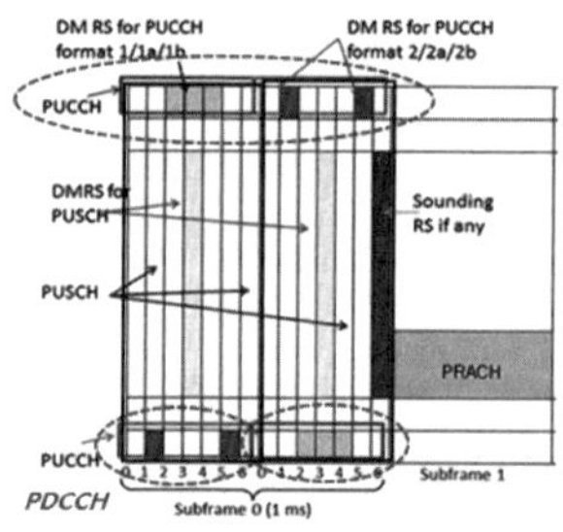

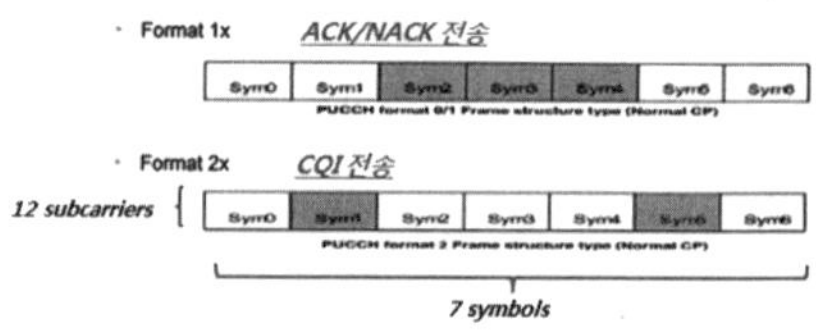

PUCCH format	Modulation scheme	Number of bits per subframe, M_{bit}
1	N/A	N/A
1a	BPSK	1
1b	QPSK	2
2	QPSK	20
2a	QPSK+BPSK	21
2b	QPSK+QPSK	22

셀 특정 사이클릭 시프트 오프셋		ACK/NACK 직교 커버		
$\delta_{offset}=1$	$\delta_{offset}=0$	$OC_{index}=0$	$OC_{index}=1$	$OC_{index}=2$
$CS_{index}=1$	$CS_{index}=0$	n=0		12
2	1		6	
3	2	1		13
4	3		7	
5	4	2		14
6	5		8	
7	6	3		15
8	7		9	
9	8	4		16
10	9		10	
11	10	5		17
0	11		11	

- **Format 1: 주파수 spreading (12 codes) + 시간 spreading (3 codes)**
- **Format 2: 주파수 spreading (12 codes)**

➢ **문제점: ACK/NACK(format 1) 간의 UE Multiplexing만 정의 됨**

√ *ACK/NACK(format 1)과 CQI(format 2)간의 UE Multiplexing 불가능 함* ⇒ PUCCH 자원 부족 ⇒ *format 1/2의 Multiplexing 구현하자!!*

이 사건 발명

> 이 사건 발명 아이디어

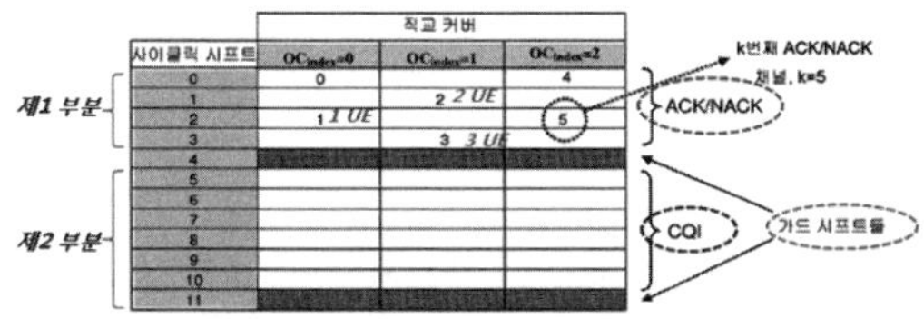

⇒ *아이디어: 서로 다른 UE들에 대해서 ACK/NACK(format 1)과 CQI(format 2)를 Multiplexing 하자!!*

- 각각의 다른 UE들은 *서로 다른 cyclic shift code*를 가짐

이 사건 제1항 발명

액세스 노드로부터 일 장치로 값을 전송하는 단계 — 상기 값은 **업링크 자원 블록의 제1 부분의 크기**를 나타내고, 상기 업링크 자원 블록은 *다수의 장치들 사이에서 공유*되며,

상기 ***제1 부분은*** 상기 액세스 노드로의 ***제1 타입의 시그널링***의 전송을 위해 특정되고,

상기 업링크 자원 블록의 ***제2 부분***은 상기 액세스 노드로의 ***제2 타입의 시그널링의 전송***을 위해 특정됨 —; 및

상기 제1 부분 및 상기 제2 부분 중 적어도 하나를 이용하여 적어도 하나의 전송을 수신하는 단계를 포함하고,

상기 업링크 자원 블록은 상기 제1 부분과 상기 제2 부분 사이에서 ***가드 대역으로서 역할하는 제3 부분***을 더 포함하는, 방법.

비교대상발명

❖ **비교대상발명 1 (3GPP R1-072122)**

- **Multiplexing of different control signal for the same UE**

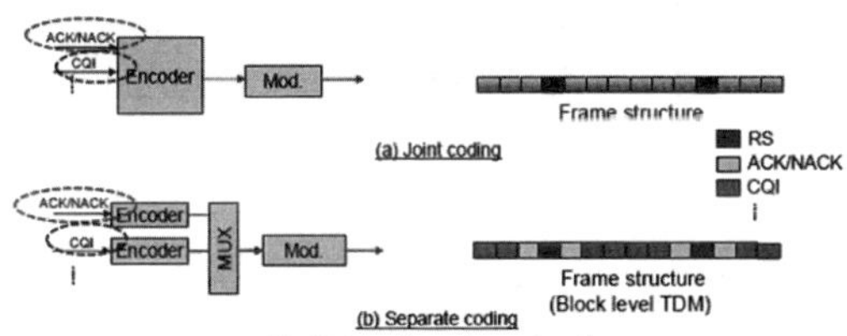

Fig. 2 Joint coding and separate coding

- 하나의 UE가 **ACK/NACK과 CQI를 동시에 보내는 경우 어떻게 multiplexing을 할 것인가?**
- **ACK/NACK과 CQI를 멀티플렉싱하여 동시에 전송하는 경우, 어떤 포맷으로 전송해야 하는가?**
  - Single format (ACK/NACK+CQI)
  - Multi format (ACK/NACK only, CQI only, ACK/NACK+CQI)

PUCCH format	Modulation scheme	Number of bits per subframe, M_{bit}	Type of control information
2	QPSK	20	Channel status reports
2a	QPSK + BPSK	21	Channel status reports and HARQ-ACK (1-bit)
2b	QPSK + BPSK	22	Channel status reports and HARQ-ACK (2-bit)

이 사건 발명 비교

이 사건 제1항 발명	비교대상발명 1	비고
액세스 노드로부터 일 장치로 값을 전송하는 단계 — 상기 값은 **업링크 자원 블록의 제1 부분의 크기**를 나타내고, 상기 업링크 자원 블록은 다수의 장치들 사이에서 공유되며,	업링크 제어자원 다수의 UE간에 CDM으로 멀티플렉싱됨	*차이*
상기 ***제1 부분은*** 상기 액세스 노드로의 ***제1 타입의 시그널링***의 전송을 위해 특정되고,	UE가 ACK/NACK 전송	**동일**
상기 업링크 자원 블록의 ***제2 부분***은 상기 액세스 노드로의 ***제2 타입의 시그널링의 전송***을 위해 특정됨 —; 및	UE가 CQI 전송	**동일**
상기 제1 부분 및 상기 제2 부분 중 적어도 하나를 이용하여 적어도 하나의 전송을 수신하는 단계를 포함하고,	UE가 ACK/NACK 및 CQI 멀티플렉싱하여 전송	**동일**
상기 업링크 자원 블록은 상기 제1 부분과 상기 제2 부분 사이에서 ***가드 대역으로서 역할하는 제3 부분***을 더 포함하는, 방법.		*차이*

❖ 이 사건 발명 쟁점

청구인 주장	심사관 주장	심판관 의견
이 사건 발명은 ***상이한 사용자들 및 시그널링 포맷들 간***에 하나의 물리 자원을 공유하기 위한 것인데 비해, 비교대상발명은 상이한 시그널링 모드들 간에 ***하나의 사용자*** 자원을 공유하기 위한 것임	용이 도출	*비교대상발명은 PUCCH 포맷이 결정된 상태가 아니므로, **이 사건 종래기술의 문제점을 인식할 수 없음***
비교대상발명에는 제1 부분과 제2 부분 사이에 ***가드 대역으로 역할하는 제3 부분***이 기재되어 있지 않음	용이 도출	***이 사건 발명은 3GPP LTE 규격 TS 36.211 v.8.1.0의 문제점을 해결하기 위해 추가된 기술임 (R1-080931)***

[합의용 보충자료의 예시: 특허무효심판]

합의용 보충자료

- **사건번호**: 2013당 XXXX (무효, 정정청구 무)
  - ***무효 주장 청구항: 1, 9항(신규성; 진보성:비교대상발명 1~6 각각)***
- **청구인:** ㈜ XXX (대리인: XXX)
- **피청구인:** XXX (대리인: XXX)
- **발명의 명칭**: 음성 사진 촬영 장치 및 방법

※ 서울중앙지방법원에 특허권침해금지 가처분 신청 있음 - 취하됨

이 사건 발명

❖ 종래기술 음성 촬영 장치 문제점

- ***촬영 시점 후***의 음성을 사진을 저장함
- ***음성 데이터의 크기***를 조정할 수 없음
- ***피사체의 거리에 따라 음성 녹음 레벨***을 유동적으로 조절할 수 없음

❖ 이 사건 아이디어

- ✓ *촬영 시점 전 후*의 음성 저장 하자
- ✓ *음성 데이터의 크기*를 조정 하자
- ✓ *피사체의 거리에 따라 음성 녹음 레벨*을 조정하자

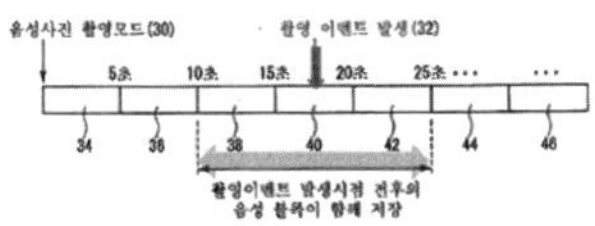

사진 촬영 모드	음성 녹음 레벨
접사 촬영 모드	1 level
셀프 촬영 모드	3 level
인물 촬영 모드	5 level
풍경 촬영 모드	7 level

이 사건 제1항 발명

음성 사진 촬영 장치에 있어서,
피사체에 대한 사진을 촬영하는 사진 **촬영부**,
상기 음성 사진 촬영 장치 주변의 음성을 기 설정된 시간의 음성 블록 단위로 녹음하여 저장하는 **음성 분할 녹음부**, 및
상기 피사체가 촬영되는 경우에, *촬영 시점에 대응되는 음성 블록 및 상기 촬영 시점에 대응되는 음성 블록 전후의 기 설정된 개수의 음성 블록을 상기 촬영된 사진과 함께 저장*하는 음성 사진 **저장부**를 포함하는, 음성 사진 촬영 장치

이 사건 제9항 발명

음성 사진 촬영 방법에 있어서,
사용자의 키입력에 기초하여 **음성 사진 촬영 모드**로 사진 촬영 모드를 **전환**하는 단계,
음성 사진 촬영 장치 주변의 음성을 **기 설정된 시간의 음성 블록 단위로 녹음하여 저장**하는 단계,
피사체에 대한 사진을 **촬영**하는 단계, 및
상기 피사체가 촬영되는 경우에, *촬영 이벤트가 발생된 시점에 대응되는 음성 블록 및 상기 음성 블록 전후의 기 설정된 개수의 음성 블록을 상기 촬영된 피사체의 이미지와 함께 저장*하는 단계를 포함하는, 음성 사진 촬영 방법

비교대상발명 (1/3)

❖ 비교대상발명 1

- 종래의 디지털 카메라에서는 셔터타이밍 이후의 소리를 기록할 뿐이며 피사체가 발성한 음성의 일부분이 끊길 가능성이 있기 때문에 그곳의 분위기 또는 실제감 등을 전하기에는 충분하지 않다는 문제가 있다([0008])
- **셔터 타이밍 이전부터의 음성 데이터를 일시적으로 기억**하고, 기억한 상기 음성 데이터 중에서 셔터 타이밍 전후의 소정 시간 부분을 취출**하여 기록매체에 기록**하기 때문에 피사체가 발성한 음성의 일부가 끊기는 것을 방지할 수 있다([0011])
- **셔터의 반누름 조작으로 상기 음성 데이터를 일시적으로 기억하기 시작**하여 셔터의 완전누름 조작으로 상기 일시 기억부로 상기 음성 데이터를 독출하여 기록매체에 기록하기 때문에 셔터 조작만으로 일시적인 기억과 기록매체이 기록을 조작할 수 있다([0019])
- **전원이 들어간 시점에서 상기 음성 데이터를 일시적으로 기억**하기 시작하기 때문에 셔터의 반누름 조작이 불가능한 경우에도 상기 음성 데이터를 일시적으로 기억하고 셔터 타이밍 전후의 소정 시간 부분을 취출하여 기록매체에 기억할 수 있다([0021])
- 정지영상 촬영 모드 설정 버튼**의 조작에 의해 상기 음성 데이터를 일시적으로 기억**하기 시작하기 때문에 다른 버튼과 공용하지 않아 조작이 용이해 진다([0023])

❖ 비교대상발명 2

- 종래기술에서는, 이미지 캡쳐 디바이스는 통상적으로 이미지 캡쳐 시에 즉, 셔터버튼의 누름 시에 또는 사용자에의한 몇몇 다른 수동 입력 시에 트리거링되는... 하지만 이것은 오직 이미지가 캡쳐된 이후에만 수행될 수 있다([0004])
- 하나 이상의 오디오 저장 셀들은 오디오 버퍼 내에 포함된 **디지털 오디오 신호의 전부 또는 일부를 저장**할 수도 있다. 예를 들어, 만일 이미지 캡쳐 디바이스가 오디오의 30초를 캡쳐한다면, 사용자는 오직 일부만을 선택하고 저장할수도있다. 이것은 **연관된** 이미지 캡쳐 이전**에, 도중에, 또는 이후에 캡쳐**된 일부분일수도있다([0020])
- **오디오 캡쳐 모드**는, 이미지 캡쳐 디바이스가 예컨대 카메라 전원 스위치를 통하여 **파워 온 될 때마다 인에이블** 할 수 도 있다. 또 다른 대안적인 예에서는 오디오 켑쳐 모드는 **셔터 버튼이 부분적으로 눌릴 때 마다 .. 인에이블** 될 수 있다([0019])
- , 이미지 캡쳐 디바이스의 사용자는 **오디오를 이미지 캡쳐시간 주위에서 자동적으로 캡쳐및 녹음**할 수도있다. 디지털 이미지 디바이스에서는, **오디오 신호**는 대응하는 **저장된 이미지의 어드레스와함께 저장**되며, 또는 이미지는 대응하는 오디오 신호의 어드레스와 함께 저장될수도있다([0024])
- 이러한 방식으로, 사용자는 오디오를 이미지 캡쳐 이전에, 도중에, 또는 이후에 저장할 수도 있다([0028])

비교대상발명 (2/3)

❖ 비교대상발명 3

- 종래기술에는 하기와 같은 문제가 있었다. 즉, 상술한 기록재생장치(촬영장치)로 영상을 기록하고자 한 경우, 예를 들면 인물 등을 찍을 경우에는, 셔터를 누를 때까지의 준비기간 중의 회화 등이 음성정보로서 흥미로울 수 있고, 혹은 셔터의 타이밍을 사이에 둔 시각의 회화 등이 흥미로울 수도 있다. 이 경우, 종래 장치에서는 항상 셔터를 누른 후의 시각밖에 기억할 수 없기 때문에, 모처럼의 정보를 기억할 수 없다는 문제가 있었다([0007])
- 본발명은, 상술한 점을 감안하여 이루어진 것으로서 **사용자가 셔터 시각에 대해 최대로 기록 시간분 만큼 거슬러 올라간 시각부터의** 과거의 음성정보를 기록**하는 것이나, 셔터 시각 전후 음성정보의 기록**을 가능하게 한 기록장치, 기록재생장치, 음성정보 기록 방법 및 기억매체를 제공하는것을 제1 목적으로 한다([0008])
- 사용자가 **음성의 기록 범위를 설정**할 때에 이용하는 설정 키에 대해서도, ..., 메뉴 조작 등의 설정 키와 겸용하여 사용할 수 있다([0075])

❖ 비교대상발명 4

- 최근 촬상 화상 데이터와 이 화상데이터에 대한 코멘트 등의 음성 데이터를 기록할 수 있는 디지털카메라가 개발되고 있다. 그러나 이러한 디지털 카메라에서는 음성 데이터는 촬상 시에 동시에 얻어진 것이 아니라 촬상 화상 기록 후에 소정 시간 코멘트 등을 녹음시키고 촬상 화상 데이터와 관련지어 기록매체에 기록시킨다([0002])
- 음성 메모리에 기록되는 음성 데이터를 셔터 누름 시보다 전의 T2 시간 또는 전후의 T2 시간의 음성 데이터로한다([0005])
- 음성 데이터는 셔터 누름보다 전의 T2 시간의 음성 데이터를 기록시킨다([0006])

비교대상발명 (3/3)

❖ 비교대상발명 5

- 사용자가 제어 부재를 초기 위치로부터 제1 위치를 거쳐 제2 위치까지 한번에 조작하면, 음성의 도입 기록과 화상의 도입 기록이 거의 같은 시점이 되는것이 상정되고, 화상의 도입 기록전의 음성의 도입 기록을 할 수 없게 된다. 이러한 상태로 기록한 음성과 화상을 재생하면, 화상의 도입 기록 전의 음성의 기록이 없기 때문에, 화상의 촬영시의 분위기를 알 수 없어 화상 전체의 임장감이 저하된다([0010])
- 경과시간(Tn)의 시점의 디지털 정지 화상 데이터를 정지 화상 파일로서 메모리카드(22) 또는HDD(23)에 기록시킴과 동시에, 버퍼 메모리(16)에 기억되어 있는 디지털 음성 데이터로부터 정지 화상 촬영된 시간(Tn) 전후**의 시간(Tn-1) 부터 (Tn+1)의 미리 설정된 지정 시간만큼의 디지털 음성 데이터를 음성 파일로서 메모리카드(22) 또는HDD(23)에 기록**한다"([0033])

❖ 비교대상발명 6

- 이때 카메라를 통해 영상 정보만을 수집하거나, 영상 정보 수집(촬상) 후에 독립적으로 음성 정보를 수집하거나 혹은 문자 정보를 입력할 수 있을 뿐, 영상 정보를 수집할 당시의 분위기나 상세한 설명 등을 실시간으로 정확하게 표현하기 위해 영상 정보와 함께 음성 정보를 동시에 녹음(첨부) 할 수 있는 기능이 존재하지 않는다(명세서 제1면)
- "본 발명은 카메라가 장착된 이동통신 단말기 등에서 피사체 촬상과 동시에 혹은 촬상 직후 단말기의 마이크를 통해 음성을 실시간으로 수집하여 영상 정보와 함께 저장해 두고, 추후 영상 정보를 LCD에 표시하거나 타단말기로 전송 할때 영상 정보와 함께 음성 정보를 동시에 출력 혹은 전송한다(비교대상발명6의명세서제2면)

이 사건 제1항 발명 vs. 비교대상발명

음성 사진 촬영 장치에 있어서,
피사체에 대한 사진을 촬영하는 사진 **촬영부**,
상기 음성 사진 촬영 장치 주변의 음성을 _기 설정된 시간의 음성 블록 단위로 녹음_하여 저장하는 **음성 분할 녹음부**, 및
상기 _피사체가 촬영되는 경우_에, 촬영 시점에 대응되는 음성 블록 및 상기 촬영 시점에 대응되는 _음성 블록 전후의 기설정된 개수의 음성 블록을 상기 촬영된 사진과 함께 저장_하는 음성 사진 **저장부**를 포함하는, 음성 사진 촬영 장치

	음성저장 시기	저장 음성 양	저장 형태	음성저장 기간	피청구인 주장	
제1항 제9항	*피사체 촬영시*	*기설정된 음성 블록*	*음성, 이미지 함께 저장*	*촬영 전후*		
비교 1	셔터 완전 누름 조작시	고정시간, 사용자 설정시간	-	-	▪ 음성 저장 시기 상이함 ▪ 저장 음성의 양 상이함	▪ 셔터 버튼이 완전 누름 = 촬영 시기 ▪ 기설정된 음성블록 = 사용자 미리 설정한 시간
비교 2	셔터 버튼 완전 누름시	사용자 입력으로 특정	-	-	▪ 음성 저장 시기 상이함 ▪ 저장 음성의 양 상이함	▪ 셔터 버튼이 완전 누름 = 촬영 시기 ▪ 기설정된 음성블록 = 사용자 미리 설정한 시간
비교 3	-	사용자가 정한 t초	-	-	▪ 저장 음성의 양 상이함	▪ 기설정된 음성블록 = 사용자 정한 t분
비교 4	-	사용자가 가변할 수 있는 T2	-	-	▪ 저장 음성의 양 상이함	▪ 기설정된 음성블록 = 사용 가변 가능한 T2
비교 5	-	-	음성, 화상 개별 생성하여 기록함	-	▪ 음성과 이미지 저장 형태가 상이함	▪ '함께 저장'의 의미는 물리적 위치나 형식이 아님
비교 6	-	-	-	동시에 혹은 촬상 직후 저장	▪ 음성저장 기간이 상이함	▪ '촬상과 동시에'가 '촬상 전'의 개념도 포함함

(4) 합 의

합의에 들어가면 주심심판관은 해당 심판건의 기술설명 및 쟁점사항을 설명하고 심판장 및 부심심판관으로부터 관련 사항에 대한 질문을 받고 의견을 서로 교환하고 합의에 들어간다. 물론 경우에 따라서는 주심심판관은 부심심판관과 쟁점사항에 대하여 사전에 의견을 교환한 후에 합의에 들어와 심판장과 의견을 교환하고 합의에 들어갈 수도 있다.

합의체 심판관 간에 심판사건에 대한 쟁점사항을 서로 의견교환 후 각자의 최종의견을 내놓고 그것이 서로 일치하면 심판장이 바로 합의요지서에 결론을 기재하고 서명란에 사인을 하게 된다.

만약 합의체 심판관 간의 의견이 일치되지 않을 경우에는 다시 일정 시간 후에 쟁점사안에 대해서 재검토 후 합의를 진행하고 그래도 합의가 어려운 경우에는 심판장이 종합적으로 고려하여 과반수 의견으로서 심결의 결론을 도출하는 것이 통상적인 합의과정이다.

[심리강화를 위한 합의시 체크리스트 예시]

합의 절차	확인 및 검토 사항	비고
1. 서지사항 확인	출원번호(출원일), 출원인(국내/국외), 대리인(변동사항) 등 서지사항에 특이사항이 있는가?	
	해외출원 여부 및 각국에서의 심사결과에 특이사항이 있는가? (각국에서의 등록 및 거절된 특허청구범위 조사)	
2. 절차준수 확인	방식(기간, 수수료 등) 절차는 준수하였는가?	
	심판 청구취지 및 그에 따른 적용 법조항, 증거자료 등에는 이상 없는가?	
3. 출원(특허)발명 및 선행기술내용 파악	명세서의 기술 난이도는 어느 정도인가?	
	명세서에 기재가 불비하거나 해석이 어려운 부분이 있는가? (청구범위 유효성, 실시가능성)	
	증거자료로 제시된 선행기술의 파악은 용이한가?	
4. 출원(특허)발명과 선행기술의 대비, 쟁점 도출, 선행기술들의 결합용이성	과제해결의 필요성이 있는가? 과제 해결의 필요성이 이미 알려져 있었는가?	
	출원(특허)발명과 선행기술들의 구성상의 차이는 무엇인가? 과제 해결의 원리에 차이가 있는가?	
	• 비교대상발명들에는 출원(특허)발명과 구성상의 차이점을 극복할 만한 암시, 동기 등이 있는가? • 출원 당시 기술 수준, 기술 상식, 발전 경향, 업계의 요구에 비추어 차이점을 용이하게 도출할 수 있는가?	
	• 선행기술들을 결합할 만한 동기는 무엇이고 그러한 동기가 시사 또는 암시되어 있는가? • 출원(특허)발명의 구성이 유기적으로 결합된 전체적인 구성이 특유한 효과를 발생하는가?	
5. 보정 또는 정정 가능성	보정 또는 정정기회가 부여된다면 출원발명의 거절이유(특허발명의 무효사유)를 극복할 수 있는가?	
6. 직권 탐지 (선행기술 및 후행기술 검색)	• 심사관 또는 청구인이 제시한 선행기술보다 더 근접한 선행기술이 발견되는가? • 최근의 관련 선행·후행기술의 검색 건수(출원발명의 피인용 횟수)로 보아 해당기술의 개발 속도는 빠른가? • 출원 또는 등록 이후 더 진보한 기술이 이미 개발(출원)되었는가(기술수명)?	
7. 기타 참고사항	• 현재 출원(특허)기술의 실시하고 있거나, 타인이 실시하도록 권리(실시권)를 이전하였는가? • 상업적으로 성공하였는가(발명품의 시장 활성도)? • 관련 건에 대한 국내·외 심판/소송 사건이 진행 중인가?	

[거절결정불복심판 합의요지서 예시]

<table>
<tr><td colspan="6">심판번호 : 2013원XXXX(201X. 6. 11. 청구)</td></tr>
<tr><td colspan="6">절차이력 및 제기된 이슈(법조항)</td></tr>
<tr><td colspan="6">출 원 일: 2010. X. 6.(특허요건판단 기준일: 2008. 2. 4.)
의 제 통: 제42조 제8항(제4~11항), 제29조 제2항(제1~20항: 비교대상발명)
보 정 서: 내용상 실질적 보정 없음
거절결정: 제29조 제2항(제1~20항: 비교대상발명)
전치보정: 제3항을 삭제하고 독립항인 1, 12, 15, 18항과 병합
원결정유지: 제29조 제2항(제1~2, 4~20항: 비교대상발명)
※ 미국 : 거절 후 RCE (참증 날짜 안 맞음)
일본 : 등록(한국과 청구범위 실질적 동일), 유럽 : 심사 중</td></tr>
<tr><td>발명의 명칭</td><td colspan="2">ACK/NACK 및 CQI 모두를 포함하는 자원 블록들에 대한 ACK/NACK 채널화</td><td>대리인</td><td colspan="2">XXX 외 1명</td></tr>
<tr><td>청구인</td><td colspan="2">XXXX Networks</td><td>심사관</td><td colspan="2">김XX</td></tr>
<tr><td>발명의 요지</td><td colspan="5">- 기술분야: LTE 상향 물리제어채널(PUCCH) 포맷
- 이 사건 출원발명의 개요: LTE(3GPP rel.8) 최소 대역폭을 갖는 시스템에서, 상이한 UE들의 ACK/NACK 및 CQI 채널의 멀티플렉싱에 대한 오버헤드를 줄이기 위해, ACK/NACK와 CQI 자원인 사이클릭 시프트(cyclic shift)를 가드 대역(guard shift)을 통해 분리함
- 비교대상발명의 개요: LTE PUCCH에서 UE가 ACK/NACK와 CQI를 동시에 전송하기 위해, 단일 포맷(ACK/NACK+CQI) 또는 적어도 3개의 포맷(ACK/NACK only, CQI only,ACK/NACK+CQI)을 활용함</td></tr>
<tr><td colspan="3">최종 청구인 주장</td><td colspan="3">최종 심사관 주장</td></tr>
<tr><td colspan="3">- 이 사건 발명은 상이한 사용자들 및 시그널링 포맷들 간에 하나의 물리 자원을 공유하기 위한 것인데 비해, 비교대상발명은 상이한 시그널링 모드들 간에 하나의 사용자 자원을 공유하는 것임
- 이 사건 발명의 '제1 부분과 제2 부분 사이에 가드 대역으로 역할하는 제3부분은 비교대상발명에 기재되어 있지 않음.</td><td colspan="3">- 비교대상발명으로부터 용이하게 도출할 수 있음</td></tr>
<tr><td>인용 발명</td><td colspan="5">비교대상발명: 3GPP TSG RAN WG1 Meeting #49 R1-072122 (2007. 5. 7. 공개)</td></tr>
<tr><td rowspan="3">심판</td><td rowspan="3"></td><td rowspan="3">선람</td><td>심 판 장</td><td>심 판 관</td><td>심 판 관</td></tr>
<tr><td>XXX</td><td>XXX</td><td>XXX</td></tr>
<tr><td></td><td></td><td></td></tr>
</table>

[특허무효심판 합의요지서 예시]

<table>
<tr><td colspan="3">심판번호 : 2014당XXXX
(2014. X. X. 심판청구)</td><td>특허 제XX5719호
(출원일 200X. 1. 3.)</td><td colspan="2">등록 20XX. 2. 10.</td></tr>
<tr><td>발명의 명칭</td><td colspan="3">파일을 XX하는 방법 및 시스템</td><td rowspan="2">청구 이유</td><td rowspan="2">특허 제XXXX19호의 등록을 무효로 한다.
심판 비용은 피청구인의 부담으로 한다.</td></tr>
<tr><td>청구인</td><td>XXX</td><td>피청구인</td><td>XXX</td></tr>
<tr><td>대리인</td><td>XXX</td><td>대리인</td><td>XXX</td><td>이해 관계</td><td>당사자 간 침해소송 진행중</td></tr>
<tr><td colspan="3">청구인의 주장</td><td colspan="3">피청구인의 주장</td></tr>
<tr><td colspan="3">(1) (특허법 제29조 제1항 및 제2항) 이 사건 제1항 내지 제5항 특허발명에 기재된 송수신 단말기가 메시지 서비스 서버로 파일을 송수신하는 구성은, 비교대상발명에 개시된 송수신 클라이언트가 메신저 서버 저장장치를 이용하여 파일을 송수신하는 구성과 동일하거나, 이로부터 용이하게 도출 가능한 것이다.
(2) (특허법 제42조 제4항) 이 사건 특허발명에 개시된 ‘메시지 정보’의 구체적 내용이 불분명하여 그 기술적 의미가 명확하지 않으므로, 이 사건 특허발명의 특허청구범위에는 발명이 명확하게 기재되어 있지 않다.</td><td colspan="3">(1) (특허법 제29조 제1항 및 제2항) 이 사건 특허발명은 메시지 통해 송신 단말기에서 메시지 정보와 파일 정보를 같이 전송하는 구성인 반면, 비교대상발명은 인터넷 송수신 클라이언트가 메신저 기능 수행 파일 저장장치를 활용하여 파일만을 송신하는 구성이므로, 이 사건 특허발명은 비교대상발명으로부터 용이하게 발명할 수 없다.
(2) (특허법 제42조 제4항) 이 사건 특허발명에서 ‘메시지 정보’는 발명의 상세한 설명의 기재로부터 ‘송신 단말기에서 수신 단말기로 전송하는 메시지 정보를 생성하기 위한 정보’임이 명확하다.</td></tr>
<tr><td>무효증거</td><td colspan="5">1. 갑제1호증 국내등록특허 제XXX719호 특허등록원부
2. 갑제2호증 국내등록특허 제XX1719호 등록특허공보
3. 갑제3호증 201X가합XXXXX 특허권침해금지 등 소제기 통지서
4. 갑제4호증 국내공개특허 제20XX-XXX25호 (비교대상발명)</td></tr>
</table>

<table>
<tr><td rowspan="3">심판</td><td rowspan="3"></td><td rowspan="3">선람</td><td>심 판 장</td><td>심 판 관</td><td>심 판 관</td></tr>
<tr><td>XXX</td><td>XXX</td><td>XXX</td></tr>
<tr><td></td><td></td><td></td></tr>
</table>

다. 심 결

심결은 특허심판원 소속의 합의체로서 구성된 심판관 일체가 내리는 심판청구에 대한 최종적인 판단으로써, 심리를 통해 인식된 사실을 확정하고 그에 따른 법을 적용한 심판의 결과물이라 할 수 있다.

심판은 심판청구의 취하, 보정명령의 불이행에 따른 결정각하 등의 특별한 사유를 제외하고는 심판의 합의체는 심리종결을 통지한 날로부터 20일 이내에 심결을 하여 심판사건을 종료한다.

심결에는 심판청구요건 내지 적법요건의 흠결로 그 심판청구를 부적법 각하하는 「각하심결」과 본안심리에 들어가 심판청구의 당부에 대한 판단을 하는 「(본안)심결」이 있다.

통상적으로 심결이라 함은 본안심리를 통해 판단되는, 즉 심판청구인의 심판청구취지의 판단에 대한 심판합의체의 심결을 말하며, 여기에는 청구인의 주장이 받아들여지는 「인용심결(認容審決)」과 청구인의 주장이 받아들여지지 않는 「기각심결(棄却審決)」이 있다. 심결은 서면으로 하여야 하며 이를 심결문이라 한다.

(1) 심결문

㈎ 필수적 기재사항

심결문의 필수적 기재사항에 관하여는 특허법 제162조【심결】[100] 및 특허법 시행규칙 제67조【심판의 결정서】에 규정되어 있다. 여기에는 ① 심판원 및 심판

100) 특허법 제162조【심결】 ② 제1항의 심결은 다음 각 호의 사항을 적은 서면으로 하여야 하며, 심결을 한 심판관은 그 서면에 기명날인하여야 한다.
1. 심판의 번호
2. 당사자 및 참가인의 성명 및 주소(법인인 경우에는 그 명칭 및 영업소의 소재지)
3. 대리인이 있는 경우에는 그 대리인의 성명 및 주소나 영업소의 소재지[대리인이 특허법인·특허법인(유한)인 경우에는 그 명칭, 사무소의 소재지 및 지정된 변리사의 성명]
4. 심판사건의 표시
5. 심결의 주문(제138조에 따른 심판의 경우에는 통상실시권의 범위·기간 및 대가를 포함한다.)
6. 심결의 이유(청구의 취지 및 그 이유의 요지를 포함한다.)
7. 심결연월일

부의 표시, ② 심판번호, ③ 당사자, 참가인(법인인 경우에는 그 명칭 및 영업소의 소재지) 및 대리인의 성명과 주소(대리인이 특허법인인 경우에는 그 명칭, 사무소의 소재지 및 지정변리사의 성명), ④ 심결일자, ⑤ 주문, ⑥ 청구취지, ⑦ 청구이유, ⑧ 심판관의 기명날인 등이다.

[심결문의 구성]

가. 심판원의 표시
나. 표제부(심판부의 표시 및 심결 또는 결정의 표시)
다. 심판번호
라. 사건표시
마. 당사자, 참가인 및 그 법정대리인과 심판대리인 등 심판진행에 관여한 자의 표시
바. 심결(결정)일
사. 주문
아. 청구취지
자. 이유
차. 심결한 심판장(관)의 표시 및 기명날인

㈏ 심결의 주문

① 주문의 표시[101)]

심결·결정의 주문이라고 하는 것은 사건 당사자의 청구 또는 신청에 대하여 어느 범위까지 인용[102)] 또는 배척한 것인가를 나타내는 심판합의체 또는 심판장의 판단 결과이다.

심결 및 결정의 주문에는 청구·신청 등의 부적법 각하, 청구취지에 따른 전부 또는 일부의 인용·배척을 간단하고도 명료하게 완전하게 기재하여 그것에 의하여 그 심결·결정의 효력 및 범위가 일견해서 명확하게 되도록 기재한다.

주문에는 심판청구인의 청구의 취지·청구 또는 신청의 범위를 넘는 판단을 표시하여서는 아니 된다. 다만, 청구서 각하 및 비용부담에 대하여는 그러하지

101) 심판편람, 403쪽.

102) 인용(認容)이란 행정행위에 대한 이의신청·심사청구·심판청구에 대해 심리한 결과 신청인 또는 청구인의 주장이 이유가 있다고 인정해 그 주장을 받아들이는 결정을 말한다.

않다.

당해 사건의 심판청구인의 청구(신청)를 배척하는 경우에는 그 청구(신청)를 기각한다고 표시하고, 인용하는 경우에는 청구(신청)의 취지를 구체적으로 표시한다.

일부각하의 경우에는 일부각하·본안에 대한 판단결과·비용부담의 순으로 병기한다. 주문은 다른 필수적 기재사항과 분리하여 청구이유의 항 바로 앞에 기재한다.

특허법에는 주문의 경정(更正)에 대한 규정은 없으나 잘못된 기재임이 명백할 때는 이를 경정할 수 있다.

② 주문의 기재 예시[103)]

이하에서는 대표적인 심결문의 주문에 대한 예시를 살펴본다.

㉠ 각하심결

이 사건 심판청구를 각하한다.
심판비용은 청구인이 부담한다.

㉡ 거절결정불복심판

ⓐ 심사국에 취소환송하는 경우

원결정을 취소하고, 이 사건 출원을 특허청 심사관에게 보내어 다시 심사에 부친다.

ⓑ 청구인의 심판청구를 배척하는 경우

이 사건 심판청구를 기각한다.

103) 심판편람, 404~412쪽 참조.

㉢ 무효심판

ⓐ 청구인용(전부무효 청구시)

1. 특허 제○○호를 무효로 한다.
2. 심판비용은 피청구인이 부담한다.

ⓑ 청구일부인용(전부무효 청구시)

1. 특허·실용신안등록 제00호의 특허청구범위 제1항을 무효로 한다.
2. 그 나머지 부분에 대한 심판청구를 기각한다.
3. 심판비용중 1/X은 청구인이, 나머지는 피청구인이 각 부담한다.

ⓒ 청구인용(일부무효청구시: 청구항 제1항)

1. 특허 제○○호의 특허청구범위 제1항을 무효로 한다.
2. 심판비용은 피청구인이 부담한다.

ⓓ 청구기각

1. 이 사건 심판청구를 기각한다.
2. 심판비용은 청구인이 부담한다.

㉣ 권리범위확인심판(적극)

ⓐ 청구인용

1. (별지 기재) 확인대상발명은 특허 제00호의 권리범위에 속한다.
2. 심판비용은 피청구인이 부담한다.

ⓑ 청구기각

1. 이 사건 심판청구를 기각한다.
2. 심판비용은 청구인이 부담한다.

㉤ 정정심판

ⓐ 청구인용

o 특허 제00호의 명세서(및 도면)를 이 사건 심판청구서에 첨부된 정정명세서(및 도면)와 같이 정정한다.
o 특허 제00호의 명세서(및 도면)를 0000. 00. 00.에 보정된 정정명세서(및 도면)와 같이 정정한다.

ⓑ 청구기각

이 사건 심판청구를 기각한다.

㈐ 심결문 판단부분 예시(거절결정불복심판)

특 허 심 판 원

제 8 부

심 결

- - - (생략) - - -

주 문

원결정을 취소하고, 이 사건 출원을 특허청 심사관에게 보내어 다시 심사에 부친다.

- - - (생략) - - -

3. 판 단

가. 원결정의 적법 여부

(1) 이 사건 제1항 출원발명의 진보성이 부정되는지 여부

(가) 이 사건 특허발명의 개요

1) 종래기술의 문제점 및 이 사건 출원발명의 해결과제

이 사건 제1항 출원발명은 종래 IEEE 802.16 시스템에서 SIMO 모드 또는 C-SM 모드를 선택적으로 사용할 경우 업링크 데이터 버스트 프레임이 효율적으로 배치되지 않는 문제점을 해결하는 것을 해결과제(이 사건 출원발명 명세서 식별번호 [0011], [0015] 참조)로 한다.

2) 이 사건 출원발명의 해결원리

이 사건 제1항 출원발명은 IEEE 802.16 시스템에서 SIMO 모드 또는 C-SM 모드를 선택적으로 사용할 경우 새로 추가된 업링크 데이터 버스트 프레임을 효율적으로 배치하기 위해, 프레임 내에서 SIMO 모드와 C-SM 모드에 대해 미리 할당된 업링크 버스트의 배치를 변경하고, 단말에 변경된 자원 할당 정보를 전송하는 것을 해결원리(이 사건 출원발명 명세서 식별번호 [0016] 참조)로 한다.

(나) 해결과제의 대비

이 사건 제1항 출원발명은 IEEE 802.16 시스템에서 SIMO 모드 또는 C-SM 모드를 선택적으로 사용할 경우 '업링크 데이터 버스트 프레임을 효율적으로 추가 배치'하는 것을 해결과제로 하는데, 비교대상발명 1은 이동통신 시스템에서 셀 간 간섭을 줄이고 시스템 용량을 높이기 위해 '코드 자원을 효율적으로 할당'하는 것을 해결과제로 하고(비교대상발명 1 명세서 식별번호 [0007], [0008] 참조), 비교대상발명 2는 CSM을 효율적으로 운영하기 위해 'UL-MAP의 제어 파라미터들을 효율적으로 전송'하는 것을 해결과제로 한다는 점(비교대상발명 2 명세서 식별번호 [0031], [0032] 참조)에서, 이 사건 제1항 출원발명은 비교대상발명 1, 2와 비교하여 해결하고자 하는 기술적 과제가 상이하다.

(다) 구성의 대비

1) 구성①의 대비

구성①은 공간 다중화 시스템에서 기지국이 업링크 스케줄링을 수행하는 구성으로, 이는 비교대상발명 2의 'CSM과 STTD가 가능한 시스템에서 기지국의 UL-MAP 전송에 의해 단말이 업링크 자원을 할당받는 구성'(비교대상발명 2 명세서 식별번호 [0010], [0011], [0023]~[0028], [0089], [0098] 참조)에 대응되는데, 비교대상발명 2의 업링크 자원 할당은 업링크 데이터(burst)의 스케줄링을 의미한다는 점(비교대상발명 2 도면 3 참조)에서, 구성①은 비교대상발명 2의 대응구성과 동일하다.

2) 구성②의 대비

구성②는 채널 상태 정보와 업링크 송신 전력 중 하나를 기반으로 SIMO 모드와 C-SM 모드 중 업링크 전송 모드를 결정하는 구성으로, 이는 비교대상발명 2의 'STTD 모드 또는 CSM 모드를 사용하여 업링크를 전송하는 구성'(비교대상발명 2 명세서 식별번호 [0098] 참조)에 대응되는데, 구성②가 채널 상태 정보를 기반으로 SIMO 모드와 C-SM 모드를 선택한다는 점은 비교대상발명 2에 명시적으로 기재되어 있지 않다(이하 '차이점 1'이라 하고, 아래에서 별도로 살피기로 한다.).

3) 구성③의 대비

구성③은 결정된 업링크 전송 모드에 따라 프레임 내에서 SIMO 모드와 C-SM 모드에 대해 미리 할당한 업-링크 버스트들의 배치를 변경하는 구성으로, 비교대상발명 1에는 이에 대응하는 구성이 기재되어 있지 않으나, 이는 비교대상발명 2의 'STTD 모드 또는 CSM 모드를 이용하여 업-링크 버스트를 할당하는 구성'(비교대상발명 2 명세서 식별번호 [0098] 및 테이블 6, 7 참조)에 대응되는데, 구성③이 프레임 내에서 미리 할당한 업-링크 버스트들의 배치를 변경한다는 점은 비교대상발명 2에 명시적으로 기재되어 있지 않다(이하 '차이점 2'라 하고, 아래에서 별도로 살피기로 한다.).

4) 구성④의 대비

구성④는 변경된 배치에 따라 업링크 버스트들의 배치에 따른 위치 정보를 포함하는 자원 할당 정보를 생성하는 구성으로, 이는 비교대상발명 2의 'UL-MAP에 포함되어 있는 MIMO UL IE의 구성'(비교대상발명 2 명세서 식별번호 [0011], [0023], [0025], [0089], 및 테이블 1, 4~7 참조)에 대응되는데, i) MIMO UL IE(MIMO_UL_Baisc IE, MIMO_UL_Enhanced_IE, MIMO_compact UL-map IE)는 업링크 버스트 할당에 대한 정보(Num_Assign)를 포함하고, ii) UL-MAP은 TTI 마다 동적으로 전송되므로 업링크 버스트들의 배치는 매 TTI 마다 변경된다는 점(비교대상발명 2 도면 3 참조)에서, 구성④는 통상의 기술자가 비교대상발명 2로부터 용이하게 도출할 수 있다.

5) 구성⑤의 대비

구성⑤는 단말로 자원 할당 정보를 전송하는 구성으로, 이는 비교대상발명 2의 '데이터 버스트의 할당 정보를 포함하는 UL-MAP을 단말로 전송하는 구성'(비교대상발명 2 명세서 식별번호 [0010], [0011] 참조)과 동일하다.

6) 차이점 1, 2에 대한 판단

차이점 1에 대해, i) 비교대상발명 2에는 STTD 모드와 CSM 모드를 선택함에 있어서 단말이 '오직 하나의 안테나'를 가지고 있는 경우도 포함하고 있으므로(비교대상발명 2 명세서 식별번호 [0096], [0104] 참조), SIMO 모드와 CSM 모드의 선택을 쉽게 예측할 수 있고, ii) 이동통신 시스템에서 기지국이 단말의 채널 상태 보고(CQI, RI 등)를 기반으로 단말의 전송 방식(코딩 및 변조율, 송수신 다이버시티 모드, 공간 다중화 모드 등)을 결정하는 것은 일반적인 사항이라는 점(Mobile WiMax 표준 규격 IEEE 802.16e및 MIMO 관련 IEEE 논문들 참조)에서, 위 차이점 1은 비교대상발명 2의 '업링크 전송 모드로써 STTD 및 CSM 모드를 선택할 수 있는 구성'을 통상의 기술자가 필요에 따라 단순히 설계변경한 것에 불과하다.

그러므로 구성②는 통상의 기술자가 비교대상발명 2로부터 용이하게 도출할 수 있다.

차이점 2에 대해, 이 사건 출원발명에는 "필요한 기능은, 특정 크기를 갖는 버스트를 효율적으로 추가할 수 있어야 한다. … 이것을 피하기 위해서는 새로 선택된 버스트를 프레임에 추가하기 전에 이전에 할당된 버스트의 배치를 재조정하는 기능이 필요하다. … SIMO 모드를 같이 쓰는 경우에 문제는 더욱 복잡해진다. 스케줄링 우선 순위에 따라 선택되는 연결을 포함하는 버스트는 SIMO 모드를 사용할 수 도 C-SM 모드를 사용할 수도 있다. 그러나 SIMO 모드를 사용하는 버스트를 추가하도록 이전 할당 버스트를 배치하는 방안과 C-SM 모드를 사용하는 버스트를 추가하도록 이전 할당 버스트를 배치하는 방법이 상이하므로, 버스트를 추가하기 위한 부가적인 기술이 필요하다."(이 사건 출원발명 명세서 식별번호 [0011] 참조) 및 "SIMO 버스트를 프레임에 추가하는 부분은 선택된 버스트가 SIMO로 할당될 수 있는지 미리 할당된 버스트의 배치를 새로 결정함으로써 확인한다."(이 사건 출원발명 명세서 식별번호 [0037] 참조)가 기재되어 있어, 이 사건 출원발명에서는 'SIMO 모드 또는 C-SM 모드의 버스트를 추가하기 전에 이미 해당 프레임에는 이전에 할당된 버스트가 배치되어 있음'을 전제로 함이 명확하다.

그런데, 비교대상발명 2는 단순히 이동통신 시스템의 업링크에서 STTD 모드 또는 C-SM 모드로의 변경이 가능한 것만이 기재되어 있을 뿐, i) 모드 변경시 QoS 스케줄링을 위한 해당 프레임 내 버스트의 배치에 대한 인식이 없고, ii) 일단 업링크 버스트를 프레임에 배치해 놓고 향후 STTD 모드 또는 C-SM 모드에 따른 버스트의 추가에 따라 이미 할당된 버스트의 배치를 변경할 만한 어떠한 동기도 없다는 점에서, 비교대상발명 2에는 위 차이점 2를 극복하여 'SIMO 모드와 C-SM 모드에 대해 미리 할당한 업링크 버스트들의 배치를 변경'하는 구성③에 이르게 할 만한 어떠한 동기나 암시가 있다고 할 수 없고, 이는 통상의 기술자에게 자명하지도 않다.

그러므로 위 차이점 2에 따른 구성③은 통상의 기술자가 비교대상발명 1, 2로부터 용이하게 도출할 수 없다.

(라) 효과의 대비

이 사건 제1항 출원발명은 새로 선택된 버스트를 프레임에 추가하기 전에 이전에 할당된 버스트의 배치를 재조정함으로써, 비교대상발명 1, 2에 비해 업링크 SIMO 모드 또는 C-SM 모드의 추가 선택과 관련 없이 QoS 요구 조건을 만족하는 스케줄링을 수행할 수 있는 효과가 있고, 이 효과는 통상의 기술자에게 예측가능하지도 않다.

(마) 대비 결과

결국, 이 사건 제1항 출원발명은 비교대상발명 1, 2와 비교하여 해결하고자 하는 기술적 과제가 상이하고, 구성이 다르며, 효과의 차이 또한 각별하여 통상의 기술자가 비교대상발명 1, 2에 의하여 용이하게 발명할 수 없다.

(2) 이 사건 제14항 출원발명의 진보성이 부정되는지 여부

이 사건 제14항 출원발명은 이 사건 제1항 출원발명과 비교하여 카테고리가 상이하나 이 사건 제1항 출원발명과 대응되는 구성을 그대로 포함하고 있으므로, 앞서 "3. 가. (1) 이 사건 제1항 출원발명의 진보성이 부정되는지 여부"에서 살펴본 바와 동일한 이유로 통상의 기술자가 비교대상발명 1, 2에 의하여 용이하게 발명할 수 없다.

나. 소 결

이상 살펴본 바와 같이, 이 사건 출원발명은 통상의 기술자가 비교대상발명들에 의하여 용이하게 발명할 수 없는 것이므로 특허법 제29조 제2항의 규정에 의하여 거절한 원결정은 위법한 것이고, 이를 탓하는 청구인의 주장은 이유 있다.

- - - (생략) - - -

심판장 심판관 □ □ □

주　심 심판관 □ □ □

심판관 □ □ □

(2) 심결의 경정

특허법에 심결의 경정에 관한 규정은 없지만 민사소송법 제211조【판결의 경정】 제1항에 "판결에 잘못된 계산이나 기재, 그 밖에 이와 비슷한 잘못이 있음이 분명한 때에 법원은 직권으로 또는 당사자의 신청에 따라 경정결정(更正決定)을 할 수 있다."고 규정되어 있어 심결도 이에 준하여 경정결정을 하고 있다.

경정결정은 심결문의 표시상의 오류를 정정하는 경우에 하거나 그 오류가 명백한 경우에 한한다. 경정결정은 심결의 내용을 실질적으로 변경하는 것이어서는 아니된다. 경정결정은 직권 또는 신청에 의하여 해당 심결을 한 합의체가 행

한다.[104)]

(3) 심결의 효력

심판결과의 법적 안정성과 신뢰보호를 위하여 심결에는 일정한 효력이 인정된다. 우선, 심결은 상대방이 있는 행정처분의 일종이므로, 상대방에게 도달됨으로써 효력이 발생한다. 즉, 심결등본이 당사자 등에게 송달되면 심결의 기속력이 발생하고 심결이 확정되면 심결의 확정력, 구속력 및 일사부재리의 효력이 발생한다. 심결의 효력을 구체적으로 살펴보면 다음과 같다.[105)]

첫째, 심판사건에 대하여 법적 안전성과 심판의 신뢰성을 유지하기 위하여 일단 심결등본이 당사자 등에게 송달되어 심결이 성립하면, 심결한 심판기관 자신도 그 내용을 철회하거나 변경하는 것이 허용되지 않는 기속력[106)]이 있다.

---

104) 심판편람, 417쪽.

105) 임병웅, 971~972쪽. 심결의 효력에 관하여 김원준 교수는(김원준, 349~350쪽) "심결이 확정되면 심결의 기속력·확정력 및 일사부재리의 효력이 발생한다. ㈎ 기속력(羈束力)은 행정행위가 법정요건을 갖추어 행하여진 경우에 그 내용에 따라 상대방과 행정청을 구속하는 효력을 말한다. 이를 구속력(拘束力)이라고도 한다. 심결등본이 당사자 등에게 송달된 후에는 심판관도 그 내용을 철회하거나 변경할 수 없는 기속력이 발생한다. 이는 외부에 공개된 심결이 심판기관에 의하여 자유로이 변경된다면 법적 안정성을 해치고 심판의 신뢰성과 당사자의 이익보호에 불리하게 작용할 수 있기 때문이다. ㈏ 확정력(確定力)에는 불가쟁력(不可爭力)과 불가변력(不可變力)이 있다. 불가쟁력은 형식적 확정력으로 행정행위의 상대방으로부터 더 이상 그 효력을 다툴 수 없는 힘을 말한다. 불가변력은 실질적 확정력으로 행정청이 행정행위를 취소·변경 또는 철회할 수 없는 힘을 의미한다. 처분 등을 취소하는 확정판결은 제3자에 대하여도 효력이 있다(행정소송법 제29조①). 확정된 심결은 재심사유가 없는 한 소멸 또는 변경되지 아니한다. 단지 재심에 의하여 취소·변경을 구할 수 있을 뿐이다. 심결의 확정력은 민사소송의 판결의 형식적 확정력에 해당한다고 할 수 있다. 확정된 심결은 고도의 공익적 요구가 있을 때에는 취소 또는 변경이 가능한 일반 행정처분보다 강한 확정력이 인정된다고 할 수 있다. ㈐ 특허법상의 일사부재리 효력은 민사소송법상의 판결의 기판력과 유사하다. 그러나 기판력은 동일사실(소송물)에 관하여 미치므로 증거가 다르더라도 동일 소송물에 관한 것인 한 다시 소를 제기할 수 없으나, 특허심판의 일사부재리 효력은 동일사실에 관한 것이라 하더라도 증거가 다르면 다시 심판을 청구할 수 있는 점에서 차이가 있다."고 설명하고 있다.

106) 특허법원은 2005. 4. 22. 선고 2004허4693 판결에서 "특허심판원이 행하는 심결은 준사법적 행위로서 그 절차, 불복방법, 효력 등이 법률에 엄격하게 규정되어 있는 행위이므로 심결이 일단 행하여진 경우에는 설사 그 심결에 어떤 흠이 있다고 하더라도 오기 기타 이에 유사한 잘못임이 명백한 것을 바로잡는 경우를 제외하고는 특허심판원 스스로도 이를 취소, 철회 또는 변경하는 것은 허용되지 않는다."하여 심결의 기속력을 인정하고 있다.

둘째, 당해 심결이 확정[107]되어 재심사유가 없는 한 당해 심결을 취소·변경할 수 없는 형식적 확정력이 있다. 심결의 확정은 심결정본이 적법하게 송달되었음을 전제로 한다.

셋째, 당해 심결이 확정된 경우에 그 심결의 내용에 대하여도 더 이상 다툴 수 없게 되는 실질적 확정력이 있다. 이러한 실질적 확정력을 특허법에서는 일사부재리(一事不再理)[108]라 표현하고 있다.

넷째, 특허심판에서는 심결의 효력이 당사자·참가인뿐만 아니라 심판과 관련이 없는 일반인에게도 미치는 대세적 효력이 인정된다는 점에서[109] 민사소송의 판결과는 구별되는 특색이 있다. 이를 심결의 구속력 또는 심결의 대세적 효력이라 한다.

기속력 vs. 기판력
▶ 원래 「기속력(羈束力)」이란 법원이나 행정기관이 자기가 한 재판이나 처분의 내용에 스스로 구속되어 자유롭게 취소·변경할 수 없는 실체법상의 효력이다. 반면, 「기판력(旣判力)」은 확정된 재판의 판단 내용이 소송당사자와 후소법원(後訴法院)을 구속하고, 이와 모순되는 주장·판단을 부적법으로 하는 소송법상의 효력이다. 확정판결을 받은 사항에 대해서는 후에 다른 법원에 다시 제소되더라도 이

107) 「심결의 확정」이란 심결 및 결정은 그것에 대하여 불복이 있는 자에 의하여 법령에서 정하는 기간 내, 즉 심결 또는 결정의 등본을 받은 날로부터 30일 이내(특허법 제186조【심결 등에 대한 소】 제3항)에 특허법원에 소를 제기하지 않거나 그 후 상고가 제기되지 않고 또한 제기되더라도 종국적으로 그 심결, 결정이 지지되어 통상의 불복신청방법으로 취소할 수 없는 상태로 된 때 확정된다. 다만, 특허할 것으로 한다는 심결이나 정정심판에서 정정이 인정된 경우의 심결은 심결등본의 송달이 있는 때 확정된다.

108) 「일사부재리」에 대해서는 다음 항목에서 설명하도록 한다.

109) 특허법 제162조 제2항은 심결은 반드시 일정한 사항을 기재한 서면으로 하여야 하되 심결한 심판관이 이에 기명날인하도록 규정하고 있으며, 심결에 대한 불복절차는 법률에 의하여 엄격하게 규정되어 있고, 심결이 확정되면 일정한 경우 대세적으로 권리관계를 형성하는 효력 및 누구든지 동일사실 및 동일증거에 의하여 다시 심판을 청구할 수 없게 되는 일사부재리의 효력을 가지는 점 등에 비추어 볼 때, 특허심판원이 행하는 심결의 효력이 미치는 주관적 범위 및 객관적 범위는 오로지 그 심결을 기록한 서면인 심결문의 기재사항만을 기준으로 판단하여야 할 것이고, 심판사건의 기록이나 사후의 다른 자료 등에 의하여 이를 확장하거나 축소변경할 수는 없다고 할 것이다(특허법원 2005. 4. 22. 선고 2004허4693 판결).

전 재판내용과 모순되는 판단을 할 수 없도록 구속하는 효력을 말한다.

▶ **기속력은 기판력과 유사하나 그 재판을 한 법원만을 구속하는 효력이며, 기판력은 그 내용의 판단이 장래 동일사건에 대하여 소송이 계속된 경우에 법원 및 당사자를 일반적으로 구속하는 효력**이라는 점에서 **구별**될 수 있다.

▶ 행정법상은 행정행위가 법률적 요건을 갖춤으로써 일정한 법률효과를 발생하여 당사자와 관계인을 구속하는 효력으로서, 구속력과 같은 의미로 사용된다. 취소판결의 기속력(행정소송법 제30조)이 이러한 의미이다.

3. 일사부재리의 원칙

가. 제도의 취지

특허법은 "심판의 심결이 확정된 때에는 그 사건에 대하여는 누구든지 동일사실 및 동일증거에 의하여 다시 심판을 청구할 수 없다."고 규정하고 있다(특허법 제163조【일사부재리】).[110] 이를 소위 일사부재리(一事不再理)의 원칙이라 한다.

특허법이 이렇게 일사부재리의 효력을 규정한 이유는 한번 내려진 심결에 근거한 구체적인 권리관계에 대하여 다시 다툼이 생긴 경우, 심판기관과 당사자 모두에게 그 확정된 심결의 내용과 상치되는 판단과 주장을 하지 못하도록 함으로써 법적 안정성을 기하고 심판의 권위를 지키는 한편, 당사자를 보호하고 심판의 경제성을 도모하기 위함이다.[111]

특허법상의 일사부재리의 효력은 민사소송법상의 판결의 기판력과 유사하

110) 특허법 제163조【일사부재리】 이 법에 따른 심판의 심결이 확정되었을 때에는 그 사건에 대해서는 누구든지 동일 사실 및 동일 증거에 의하여 다시 심판을 청구할 수 없다. 다만, 확정된 심결이 각하심결의 경우에는 그러하지 아니하다.

111) 김원준, 350쪽. 이와 관련하여 "민사소송에서는 당사자 간의 사권의 분쟁해결을 목적으로 하고, 그 효과도 원칙적으로 당사자에게만 미치는 것이기 때문에 당사자의 주장의 입증을 확인·판단하여 법률적 정의를 실현시키면 족한 것이고 그 소송물의 엄격한 동일성의 여부를 확정하기 곤란하기 때문에 일사부재리의 원칙이 적용될 필요성이 없다. 그러나 특허심판은 외양이 사인(私人) 대 사인 간의 권리다툼처럼 보이나 그 효력은 대세적이기 때문에 심판결과의 신뢰성은 상당히 중요하므로, 이에 따라 동일한 심판청구가 반복됨으로써 야기될 ⅰ) 절차의 번거로움과 심판상의 불경제를 방지하고, ⅱ) 반복하여 심리함으로써 발생할 수 있는 상호 모순·저촉되는 심결의 발생을 방지하여 법적 안전성을 도모하기 위해 일사부재리의 원칙을 적용하고 있다."고 설명하고 있다(임병웅, 972~973쪽).

다. 그러나 기판력은 동일사실(소송물)에 관하여 미치므로 증거가 다르더라도 동일 소송물에 관한 것인 한 다시 소를 제기할 수 없으나, 특허심판의 일사부재리 효력은 동일사실에 관한 것이라 하더라도 증거가 다르면 다시 심판을 청구할 수 있는 점에서 차이가 있다.[112)]

나. 적용요건

(1) 본안심결의 확정

일사부재리의 원칙은 본안심결이 확정된 경우에만 적용된다.[113)] 본안심결이 확정되면 되므로 심결이 인용심결인지 기각심결인지 심결의 결론은 상관이 없지만 심결이 각하심결로서 확정된 경우에는 적용되지 아니한다. 또한 참가의 허여의 결정 등은 심결이 아니므로 일사부재리가 적용되지 않는다.

심결이 확정되었다는 것은 심결에 대하여 통상의 불복방법으로서 더 이상 다툴 수 없는 상태를 말한다. 즉, 심결이 심결등본을 송달받은 날로부터 일정한 기간 내에 소를 제기하지 않거나 제기되었다 하더라도 종국적으로 그 심결이 지지되어 통상의 불복신청방법으로는 취소할 수 없는 상태로 된 때를 말한다.

---

112) 김원준, 350쪽.

113) 구디자인법 제56조에 의하여 준용되는 구특허법 제147조의 일사부재리의 원칙은 심결, 심판, 판결이 확정된 경우에 적용되는 것이지 미확정의 파기 환송판결에 대해 적용되는 것이 아니다(대법원 1991. 6. 28. 선고 90후1123 판결). 이 사건 등록고안의 출원단계에서의 보정이 신규사항의 추가에 해당하지 아니하여 무효사유에 해당하지 않는다는 실질적 판단이 이루어진 특허심판원의 심결이 확정이 된 점, 위 확정심결에는 일사부재리의 효력이 인정되어 동일한 사유에 기한 무효심판 청구는 부적법한 점, 우리나라의 특허법 규정상 이 사건 등록고안의 유·무효에 관한 판단권한은 특허심판원의 고유권한으로 맡겨져 있는 점, 무효사건에서의 위와 같은 확정심결의 판단내용은, 심결의 모순 저촉을 방지하기 위해서, 별개의 심판절차인 권리범위확인심판에서도 그대로 효력이 인정된다고 봄이 상당한 점 등에 비추어 보면, 이 사건 등록고안의 2004. 3. 12.자 보정이 신규사항 추가에 해당하지 아니하여 이 사건 등록고안에 등록무효사유가 없다는 취지의 위 확정심결의 실질적 판단내용은, 별개의 심판절차인 이 사건 권리범위확인심판 및 그에 대한 심결취소소송에도 그대로 효력이 미치는 것이어서, 피고로서는 이 사건 등록고안에 그 주장과 같은 무효사유가 있는지 여부에 대하여 더 이상 다툴 수 없을 뿐만 아니라 가사 다툴 수 있다고 할지라도 동일한 판단이 이루어질 뿐이므로, 이와 다른 전제에 선 피고의 위 주장은 이유 없다(특허법원 2008. 5. 28. 선고 2007허8542 판결).

(2) 누구든지

일사부재리와 관련하여 특허법 제163조【일사부재리】는 심판의 심결이 확정된 때에는 '누구든지' 동일사실 및 동일증거에 의하여 다시 심판을 청구할 수 없다고 규정하고 있다. 즉, 일사부재리의 효력은 심판의 당사자뿐만 아니라 제3자까지도 인정된다.[114)]

이와 관련하여 일사부재리의 원칙을 규정한 특허법 제163조는 특허심결의 대세적 효력이 인정되는 실정법상의 근거규정이 될 것이다.[115)] 한편, 심판청구인에 대하여는 특별한 규정이 없기 때문에 심판청구인이 동일한지 여부는 문제가 되지 아니한다. 따라서 동일사실, 동일증거가 아니라면 청구인이 동일하여도 다시 심판을 청구할 수 있다.[116)]

(3) 동일사실 및 동일증거

㈎ 동일사실

일사부재리의 효력이 미치는 동일사실이라 함은 당해 특허권과의 관계에서 확정이 요구되는 구체적 사실이 동일함을 말하는데,[117)] 청구원인사실의 동일성, 즉 청구취지를 이유있게 하는 구체적인 사실을 말한다.[118)]

---

114) 실용신안법 제29조에 의하여 준용되는 특허법 제147조의 일사부재리의 원칙이란 심판 또는 항고심판의 심결이 확정 등록되거나 판결이 확정되었을 때에는 누구든지 동일사실 및 동일증거에 의하여 그 심판을 청구할 수 없다고 하는 것으로서, 당사자를 달리하거나 증거의 해석을 달리한다는 것만으로 위 원칙이 배제되는 것은 아니다(대법원 1991. 1. 15. 선고 90후212 판결).

115) 임병웅, 973쪽.

116) 심판편람, 148쪽.

117) 동일사실이라 함은 원칙적으로 당해 상표권과의 관계에서 확정이 요구되는 구체적인 사실이 동일함을 말하는 것이고(대법원 2001. 6. 26. 선고 99후2402 판결 참조), 등록상표에 대한 권리범위확인심판에서 확정이 요구되는 구체적인 사실은 적극적 권리범위확인심판에서의 그것과 소극적 권리범위확인심판에서의 그것을 달리 볼 것이 아니므로 적극적 권리범위확인심판의 심결이 확정등록된 때에는 그 일사부재리의 효력이 소극적 권리범위확인심판 청구에 대해서도 그대로 미치는 것이라고 볼 것이다(대법원 2006. 5. 26. 선고 2003후427 판결).

118) 임병웅, 973쪽.

무효심판에서는 산업상 이용가능성, 신규성의 각호, 진보성,[119] 청구범위 기재요건의 각호, 발명의 상세한 설명의 기재요건, 그 외 특허법에서 정하고 있는 각 등록무효사유가 각각 별개의 사실을 구성한다고 할 것이고, 권리범위확인심판에서는 특허발명과 대비 대상이 되는 확인대상발명이 같은 경우 그 권리범위확인 사건이 적극적이든, 소극적이든 동일사실[120]에 해당한다.[121]

(나) 동일증거

동일증거란 주장 사실을 입증하기 위해 제출된 증거가 동일한 것으로 동일성을 가진 증거의 의미이다. 따라서 증거 자체가 다르더라도 내용이 실질적으로 동일한 경우에는 동일증거로 해석한다.[122]

동일증거의 해석에 대하여는 학설이 반드시 일치하지는 않지만,[123] 대법원은 동일증거에는 전에 확정된 심결의 증거와 동일한 증거만이 아니라 그 심결을 번복할 수 있을 정도로 유력하지 아니한 증거가 부가되는 것도 포함하는 것이므

119) 등록실용신안이 출원전 공지의 고안이라는 확정심결의 사안과 공지의 고안이라는 주장에 다시 이 분야에 통상의 기술을 가진 자가 극히 용이하게 고안할 수 있다는 본건청구의 이유는 소송물이 서로 상위하므로 본건 일사부재리의 원칙이 적용될 수 없다(대법원 1976. 12. 28. 선고 70후4 판결).

120) 건외 사건은 적극적 확인이고 본건 심판청구는 소극적 확인이라는 차이가 있어도 다 같이 포지절단장치와 (가)호 도면 및 그 설명서의 포지절단장치는 그 구조나 작용효과가 유사하느냐 상이한 것이냐 하는 사실을 들고 (가)호 절단장치가 등록실용신안의 권리범위에 속하는지 여부의 심판을 구하였고, 위 양 사건의 (가)호 도면 및 그 설명서는 같은 것임이 분명하다. 그렇다면 위 양 사건은 위 양자의 기술적 고안이 유사한가 상이한가에 관한 동일한 사실이며 그 유사 또는 상이함을 판단하는 자료인 등록실용신안의 도면 및 설명서와 (가)호 도면 및 그 설명서는 동일한 증거라 할 것이므로 이 사건은 일사부재리의 원칙에 저촉되는 것이라 아니할 수 없고 이와 같은 견해에서만 원심결의 판단은 정당하다 할 것이다(대법원 1976. 6. 8. 선고 75후18 판결).

121) 정상조·박성수, 637쪽.

122) 심판편람, 149쪽.

123) 주요한 학설로는 앞의 확정심결을 뒤집을 수 있을 정도로 중요한, 새로운 증거가 아닌 증거라고 해석하는 '중요증거설', 위 중요증거설보다 동일증거를 좁게 해석하여 동일성이 있는 증거, 즉 증거의 표시 자체가 다르더라도 내용이 사실상 동일한 경우 일사부재리의 효력이 미친다는 '증거동일성설', 위 증거동일성설보다도 더 동일증거의 개념을 좁게 해석하여 동일증거란 문자 그대로 동일사실을 증명하기 위한 증거가 형식상 완전히 동일한 경우만을 가리킨다고 보는 '형식증거설' 등이 있다. 우리 대법원은 중요증거설을 채택하고 있으며 좀 더 구체적인 것은 정상조·박성수, 638~639쪽 참조.

로 확정된 심결의 결론을 번복할 만한 유력한 증거가 새로 제출된 경우에는 일사부재리의 원칙에 저촉된다고 할 수 없다(대법원 1978. 3. 28. 선고 77후28 판결, 대법원 1991. 1. 15. 선고 90후212 판결, 대법원 2005. 3. 11. 선고 2004후42 판결)고 일관되게 판시하고 있다.[124)]

동일증거 관련 판례
▶ 권리범위확인사건에 있어서도 신규성 유무를 판단하기 위한 새로운 증거의 제출이 있을 수 있고 따라서 **동일사실을 청구원인으로 하는 경우라도 증거의 이동문제가 생길 수 있다**(대법원 1977.2. 22. 선고 76후19 판결). ▶ 기록에 의하여 살펴보면 **전 사건과 이 사건의 (가)호 도면 및 설명서는 모두 심판청구인 제품인 동일 모델의 TV회로도**로서 그 일부분에 상이한 점이 있어도 이는 주요부품의 선택에 따라 달라지는 것일 뿐이고 동일성이 달라진다고 할 수 없으므로 원심이 위 양 도면을 동일한 것이 아니라고 판단한 것은 잘못이라 하겠으나, **이 사건 고안이 공지공용의 것이라는 점에 관하여 이 사건에서 제출된 증거들은 전 사건에서는 제출되지 아니한 새로운 증거**들이므로 여전히 이 사건 심판청구는 **일사부재리의 원칙에 반하지 아니하는 것**이므로 원심의 판단은 결론에 있어 정당하다 할 것이다(대법원 1991. 11. 26. 선고 90후1840 판결). ▶ 심판사건에 있어서 **동일증거**라 함은 전에 **확정된 심결을 전복할 수 있을 정도로 유력하지 아니한 증거들을 부가한 것도 포함하는 개념**이므로 전에 확정된 심결에 영향을 미치지 아니할 새로운 증거들을 전에 확정된 심결의 증거에 부가되었다고 하더라도 이는 동일증거로 인정되는 것이다(대법원 1978. 3. 28. 선고 77후28 판결).

(다) 동일사실「및」동일증거

동일사실에 의한 심판청구라도 다른 증거에 의한 경우나, 동일한 증거에 의한 것이라도 다른 사실에 관하여 새로운 심판청구를 하는 것은 허용된다.[125)]

(4) 동일한 심판

동일한 심판이라 함은 심판의 청구취지가 동일한 심판, 즉 청구의 취지의 대상으로 되어 있는 권리가 동일하고, 종류가 동일한 심판이라고 해석한다.[126)]

---

124) 심판편람, 149~150쪽.

125) 임병웅, 974쪽.

126) 심판편람, 148쪽. 특허법 제163조 일사부재리와 관련하여 "다시 심판을 청구할 수 없다."는 부분에서 일컫는 '심판'이란 '확정된 심결'과 청구취지가 동일한 심판, 즉 청구취지의

다. 판단시점

일사부재리 판단시점과 관련하여 하나의 특허에 대하여 전후로 동일사실 및 동일증거에 의거하여 2건의 동일 심판청구가 있고 그 일방의 사건에 대하여만 심결이 되어 그 심결이 확정된 경우, 다른 심판청구를 특허법 제163조의 규정을 적용하여 각하할 수 있는가에 대하여 할 수 없다고 하는 설(청구시설)과 할 수 있다고 하는 설(심결시설)로 나뉘었는데, 2012년 대법원 전원합의체판결에서 기존 심결시설을 청구시설로 변경하였으므로(대법원 2012. 1. 19. 선고 2009후2234 전원합의체 판결) 당해 사건의 청구시를 기준으로 하여 일사부재리 적용 여부를 판단하여야 한다.[127]

일사부재리의 판단시점에 관한 대법원 전원합의체 판결 : 심판청구시설
나아가 구 특허법 제163조의 취지는 심판청구의 남용을 방지하여 심판절차의 경제성을 도모하고 동일한 심판에 대하여 상대방이 반복적으로 심판에 응하여야 하는 번거로움을 면하도록 하는 데에 있다. 그러나 위 규정은 **일사부재리의 효력이 미치는 인적 범위에 관하여 "누구든지"라고 정하고 있어서 확정 등록된 심결의 당사자나 그 승계인 이외의 사람이라도 동일사실 및 동일증거에 의하여 동일심판을 청구할 수 없으므로, 함부로 그 적용의 범위를 넓히는 것은 위와 같이 국민의 재판청구권의 행사를 제한**하는 결과가 될 것이다. 그런데 구 특허법 제163조는 위와 같이 '그 심판을 청구할 수 없다.'라고 규정하고 있어서, 위 규정의 문언에 따르면 심판의 심결이 확정 등록된 후에는 앞선 심판청구와 동일사실 및 동일증거에 기초하여 새로운 심판을 청구하는 것이 허용되지 아니한다고 해석될 뿐이다. 그러함에도 이를 넘어서 **심판청구를 제기하던 당시에 다른 심판의 심결이 확정 등록되지 아니하였는데 그 심판청구에 관한 심결을 할 때에 이미 다른 심판의 심결이 확정 등록된 경우에까지 그 심판청구가 일사부재리의 원칙에 의하여 소급적으로 부적법하게 될 수 있다고 하는 것은 합리적인 해석이라고 할 수 없다.** 그렇다면 **일사부재리의 원칙에 따라 심판청구가 부적법하게 되는지 여부를 판단하는 기준시점은** 심

대상이 되어 있는 권리가 동일하고 종류가 동일한 심판을 의미한다(특허법원 2009. 4. 24. 선고 2009허1729 판결). "2001당1115호 심판청구 사건은 참고발명과 대비하여 이 사건 정정 전 특허에 관한 등록무효 심판청구 사건임에 비하여 이 사건은 확인대상발명이 이 사건 특허의 권리범위에 속하는지 여부를 가리는 권리범위확인 심판청구 사건이어서 양 심판청구 사건은 사건의 종류와 대상을 달리하는 것이므로 양 심판청구 사건은 증거의 동일 여부에 관하여 나아가 살펴 볼 필요 없이 일사부재리에 해당하지 않는다고 할 것이다."(특허법원 2006. 6. 2. 선고 2005허5099 판결).

127) 심판편람, 150쪽.

판청구를 제기하던 당시로 보아야 할 것이고, 심판청구 후에 비로소 동일사실 및 동일증거에 의한 다른 심판의 심결이 확정 등록된 경우에는 당해 심판청구를 일사부재리의 원칙에 의하여 부적법하다고 할 수 없다(대법원 2012. 1. 19. 선고 2009후2234 판결).

라. 효 력

심결이 확정된 경우에는 누구든지 동일사실 및 동일증거에 의하여 다시 동일한 심판을 청구할 수 없다. 따라서 일사부재리에 위반하여 동일심판이 청구된 경우에는 부적합한 심판청구로서 심결각하의 대상이 된다.

마. 유사 제도[128)]

(1) 재 심

재심은 확정된 심결에 대해서 그 심결에 이르는 과정에서 중대한 절차상의 하자가 있다거나 심결이 불공정한 상태에서 확정되었다는 이유를 들어 확정된 심결의 취소를 구하는 심판이다(특허법 제178조【재심의 청구】 제1항).[129)]

재심의 청구는 확정된 심결을 그 전제로 하고 있는 점과 새로운 이유나 증거가 아닌 당해 확정심결의 범위 안에서 이루어진다는 점에서 일사부재리의 원칙과 공통되나, 양자는 심판청구의 이유가 다르다.

(2) 중복심판청구의 금지

특허심판원에 계속되어 있는 사건에 대하여 당사자는 다시 심판을 청구하지 못한다(특허법 제154조【심리 등】 제8항).[130)] 이는 이미 계속되고 있는 사건에 대하여 다시 심판청구를 허용함은 심판제도의 남용으로서, 심판원이나 당사자에게 시간·노력·비용을 이중으로 낭비시키는 것이어서 심판경제상 바람직하지 않고, 심결이 서로 모순·저촉될 염려가 있기 때문이다.

128) 이하 임병웅, 977~978쪽 참조.

129) 특허법 제178조【재심의 청구】 ① 당사자는 확정된 심결에 대하여 재심을 청구할 수 있다.

130) 특허법 제154조【심리 등】 ⑧ 심판에 관하여는 「민사소송법」 제143조·제259조【중복된 소제기의 금지】·제299조 및 제367조를 준용한다.

중복심판청구는 전심판이 계속 중이라는 점 및 심판청구의 당사자가 동일하다는 점 등에서 일사부재리의 원칙과 다르다.

(3) 재소금지

재소금지란 본안에 대한 종국판결이 있는 뒤에 소를 취하한 자는 다시 같은 소를 제기할 수 없다(민사소송법 제267조【소취하의 효과】 제2항)는 민사소송법상의 원칙이다. 제소금지 원칙의 제도적 취지는 종국판결이 있는데도 원고가 스스로 소를 취하한 경우 그 자에게 더 이상 심판의 기회를 줄 필요가 없다는 제재적인 의미의 원칙이다. 그러므로 일사부재리의 원칙과는 거리가 먼 원칙이다.

특허심판은 제소금지의 원칙이 적용되지 않는다. 특허심판의 경우에는 공익적 요소가 강하기 때문에 일반 민사소송과 비교할 때 당사자의 제재의 의미가 강한 제소금지의 원칙을 채택하는 것은 바람직하지 못하다. 따라서 특허심판에 있어서는 심결의 확정 전까지는 청구의 취하를 할 수 있고(특허법 제161조【심판청구의 취하】 제1항), 초심의 경우에 심판청구의 기간에 문제가 없다면 다시 심판을 청구할 수 있기 때문이다.

(4) 민사판결의 기판력

민사소송의 판결이 확정되면 특정한 법적 효과의 존부에 관한 법원의 판단이 소송당사자와 법원을 구속하므로 그 이후에 동일사항이 소송상 제기되더라도 당사자는 동일소송물에 관하여 되풀이하여 다툴 수 없고 어느 법원도 이전의 확정판결과 모순·저촉되는 판단을 할 수 없는 소송법상의 효력이다.

기판력과 일사부재리는 심결이나 판결의 모순·저촉을 방지한다는 점에서 공통점이 있으나, 일사부재리의 원칙이 대세효가 있는 데 반해, 기판력은 당사자 사이에만 미친다는 점, 일사부재리는 동일사실 및 동일증거에 기하여 다시 심판청구를 금지하기 때문에 사실 또는 증거 어느 하나가 다르면 재차 심판청구가 가능하나, 기판력은 소송물이 같은 한 다른 증거에 기한 경우라도 재차 소송을 제기할 수 없는 점에서 차이가 있다.

4. 기타 관련문제

가. 심판비용

심판비용이란 심판절차에서 당사자가 지출한 비용을 말하는데, 심판비용에 관하여는 일반적으로 민사소송법의 소송비용의 부담(민사소송법 제98조【소송비용부담의 원칙】 내지 제116조【비용의 예납】)에 관한 규정이 일부 준용되고, 심판에 관한 특수한 사안인 경우에는 특허법에서 직접 심판비용의 부담방식을 규정하고 있다(특허법 제165조【심판비용】).131)

특허의 무효심판, 특허권 존속기간의 연장등록의 무효심판, 권리범위확인심판, 정정의 무효심판에 관한 심판비용의 부담은 심판이 심결에 의하여 종결될 때에는 그 심결로써 정하고, 심판이 심결에 의하지 아니하고 종결될 때에는 결정으로써 정하여야 하나(특허법 제165조【심판비용】 제1항), 이 경우는 청구인이 부담하도록 되어 있어서 실무적으로는 결정을 하지 않는다.

심판의 비용은 특허법 제165조【심판비용】 제2항에서 준용하는 민사소송법 제98조【소송비용부담의 원칙】의 규정에 따라 패소자가 부담하도록 규정되어 있으나 동 조항은 민사소송법 제99조, 제100조【원칙에 대한 예외】도 준용하므로 패소자부담의 원칙에 대한 예외도 인정하고 있다.

131) 특허법 제165조【심판비용】 ① 제133조 제1항, 제134조 제1항·제2항, 제135조 및 제137조 제1항의 심판비용의 부담은 심판이 심결에 의하여 종결될 때에는 그 심결로써 정하고, 심판이 심결에 의하지 아니하고 종결될 때에는 결정으로써 정하여야 한다.
② 제1항의 심판비용에 관하여는 「민사소송법」 제98조부터 제103조까지, 제107조 제1항·제2항, 제108조, 제111조, 제112조 및 제116조를 준용한다.
③ 제132조의3, 제136조 또는 제138조에 따른 심판비용은 청구인이 부담한다.
④ 제3항에 따라 청구인이 부담하는 비용에 관하여는 「민사소송법」 제102조를 준용한다.
⑤ 심판비용액은 심결 또는 결정이 확정된 후 당사자의 청구에 따라 특허심판원장이 결정한다.
⑥ 심판비용의 범위·금액·납부 및 심판에서 절차상의 행위를 하기 위하여 필요한 비용의 지급에 관하여는 그 성질에 반하지 아니하는 범위에서 「민사소송비용법」 중 해당 규정의 예에 따른다.
⑦ 심판의 대리를 한 변리사에게 당사자가 지급하였거나 지급할 보수는 특허청장이 정하는 금액의 범위에서 심판비용으로 본다. 이 경우 여러 명의 변리사가 심판의 대리를 한 경우라도 1명의 변리사가 심판대리를 한 것으로 본다.

(1) 심판비용의 부담[132]

㈎ 법에서 청구인 부담으로 정한 경우

특허거절결정, 특허권의 존속기간의 연장등록거절결정에 대한 심판, 정정심판, 통상실시권 허락의 심판에 따른 심판비용은 청구인이 부담하도록 규정되어 있으므로(특허법 제165조【심판비용】 제3항), 심결시 주문에 비용부담을 따로 정하지 않는다.

㈏ 패소자 부담의 원칙과 예외

심판비용은 패소한 당사자가 부담하는 것을 원칙으로 한다(특허법 제165조【심판비용】 제2항; 민사소송법 제98조【소송비용부담의 원칙】). 다만, 아래의 경우에는 그 예외가 적용될 수 있다(특허법 제165조【심판비용】 제2항; 민사소송법 제99조, 제100조【원칙에 대한 예외】).[133]

① 심판청구가 화해, 권리이전, 실시권 설정을 이유로 심결각하된 경우 심판비용은 각자 부담으로 할 수 있다.

② 소극적 권리범위확인심판에 있어 피청구인(권리자)이 경고 등 권리행사가 없고 방어도 하지 아니한 때에는 청구인(비권리자)이 승소한 경우에도 승소자가 비용을 부담한다.

③ 신청에 의한 증인심문 결과 증인·증언이 입증사항과 관계가 없는 자·사항인 것이 판명된 경우 그 증인심문에 소요된 비용은 신청한 당사자가 승소자인 경우에도 그 자에게 일부나 전부를 부담시킬 수 있다.

④ 특허무효심판 청구 후 특허발명의 명세서가 정정청구에 의하여 정정된 결과 무효사유가 소멸된 경우 피청구인이 승소자인 경우에도 비용을 일부나 전

---

132) 심판편람, 757~760쪽 참조.

133) 소송비용은 심급마다 패소자가 전부 부담함이 원칙이다(민사소송법 제98조【소송비용부담의 원칙】). 일종의 결과책임이다. 그러나 두 가지 예외가 있다. 첫째, 승소자의 불필요한 행위에 의하여 발생한 비용 또는 상대방의 권리를 늘리거나 지키는 데 필요한 행위에 의하여 발생한 비용(민사소송법 제99조【원칙에 대한 예외】), 그리고 둘째, 실기(失機)한 공격방어방법의 제출이나 기간 또는 기일의 혜태 등 승소자의 귀책사유(歸責事由)로 발생한 비용은 공평상 그 전부나 일부를 승소자에게 부담시킬 수 있다(민사소송법 제100조【원칙에 대한 예외】). 송상현·박익환, 419쪽.

부를 부담시킬 수 있다.[134)]

㈐ 일부 패소의 경우 비용부담

3개의 청구항에 관하여 무효심판이 청구되어 심결에서 2개의 청구항을 무효로 하고 1개의 항을 기각하는 경우 비용부담은 다음과 같이 기재한다.

심판비용 중 1/3은 청구인이, 나머지는 피청구인이 각 부담한다.

㈑ 심판비용과 심급

심판비용의 부담은 심판원에서 정하고 소송비용의 부담은 특허법원 및 대법원에서 각각 별도로 정한다. 그리고 취소판결 심판사건시 심판비용 부담에 대해서는 취소된 원심판의 심판비용까지 포함하여 심판총비용을 정하는 것이 바람직하다.

심결이 확정된 이후 구체적인 비용액의 확정에 대해서 심판비용액의 확정은 심판원에서 결정하고, 소송비용액의 확정은 법원에서 결정한다.

(2) 심판비용의 범위

심판에 관한 비용의 범위는 그 성질에 반하지 아니하는 한 「민사소송 비용법」 중 해당 규정의 예에 의한다(특허법 제165조【심판비용】 제6조).

심판비용의 범위는 심판행위에 필요한 한도의 비용으로 다음에 기재하는 사항으로 한다. 다만 아래 ②에 의한 변리사의 보수가 포함된 경우에는 ③에 의한 비용은 인정하지 아니한다(심판 또는 재심에 관한 비용액 결정에 관한 규정 제8조【비용의 범위】).

① 심판(재심)의 청구료
② 심판의 대리를 한 변리사에게 당사자가 지급한 또는 지급할 보수
③ 심판(재심)의 청구서 기타 서류 및 도면의 작성료
④ 출석통지에 의한 당사자, 증인, 감정인, 통역인 등의 일당, 숙박료 또는 여비

134) 상표 불사용취소심판에 있어서 피청구인(권리자)이 권리를 포기하고자 대응을 하지 아니한 때에는 청구인(비권리자)이 승소한 경우에도 심판 비용은 각자 부담으로 할 수 있다.

⑤ 신청에 의하여 비용을 예납시키고 실시한 현장검증에 소요된 일당, 숙박료 또는 여비

(3) 불 복

심판비용 부담의 심결이나 결정에 대하여는 심결이나 결정에 대한 불복과 함께 그 취소소송을 제기하여 불복할 수 있으나, 독립하여 특허법 제186조【심결 등에 대한 소】 제1항의 규정[135]에 의한 특허법원에 소를 제기할 수 없다(특허법 제186조【심결 등에 대한 소】 제7항).[136]

한편, 심판비용액에 대한 특허심판원장의 결정에 대해서는 행정처분에 대한 행정심판 또는 행정소송으로서 불복할 수 있다.[137]

나. 심판절차의 중지

심판장은 심판에서 필요하면 그 심판사건과 관련되는 다른 심판의 심결이 확정되거나 소송절차가 완결될 때까지 그 절차를 중지할 수 있다(특허법 제164조【소송과의 관계】 제1항).

반대로 법원은 소송절차에서 필요하면 특허에 관한 심결이 확정될 때까지 그 소송절차를 중지할 수 있다(특허법 제164조【소송과의 관계】 제2항).

이는 다른 절차를 무시하고 해당 절차를 진행시킨다면 전체적으로 보아 소송경제나 심판경제를 무시한 경우도 있을 수 있으며, 때로는 후일 재심청구의 이유로 될 경우도 발생할 수 있기 때문에 이를 방지하기 위함이다. 다만, 중지 여부는 심판원이나 법원의 재량이지 의무는 아니다.[138]

---

135) 특허법 제186조【심결 등에 대한 소】 ① 심결에 대한 소 및 심판청구서나 재심청구서의 각하결정에 대한 소는 특허법원의 전속관할로 한다.

136) 특허법 제186조【심결 등에 대한 소】 ⑦ 제162조 제2항 제5호에 따른 대가의 심결 및 제165조【심판비용】 제1항에 따른 심판비용의 심결 또는 결정에 대해서는 독립하여 제1항에 따른 소를 제기할 수 없다,

137) 임병웅, 983쪽.

138) 임병웅, 978족.

특허법 제164조 제2항의 규정은 특허침해사건에 있어서 법원과 특허심판원 간의 소송 및 심판에 관한 정보교환에 관한 규정으로써 특히, 심판실무에서는 법원에 침해가처분, 침해소송이나 손해배상에 관한 소가 계속 중일 때 당사자의 신청이나 법원의 결정에 따라 특허심판원의 무효심판, 권리범위확인심판 또는 정정심판의 심결의 결과를 기다려 판결하고자 소송절차를 중지하는 경우이다.

[심판절차중지통시서 예시]

특허심판원

第8부

심 판 절 차 중 지 통 지 서

청 구 인 성 명 □□□
주 소 □□□ □□□ □□□
대 리 인 성 명 □□□
주 소 □□□ □□□ □□□
피 청 구 인 성 명 □□□
주 소 □□□ □□□ □□□
대 리 인 성 명 □□□
주 소 □□□ □□□ □□□

심 판 번 호 2015당0000

사건의 표시 특허 제1234567호『휴대단말기간의 □□□방법』의 무효

위 심판사건에 관하여 심판절차를 중지하였으므로 이를 통지합니다.
(관계법령 : 특허법 제164조 제1항)

이 유 본 심판사건의 주요 쟁점인 피청구인의 모인출원 여부에 관한 소송절 차가 서울동부지검 0000형제0000호 및 서울중앙지검 0000형제0000호로 진행 중이므로 해당 소송절차가 완결될 때까지 본 건의 심판절차를 중지합니다.

심판장 김민희

특허심판원에서 법원에 계속 중인 사건의 결과를 기다리기 위하여 심판절차를 중지하는 경우는 법원에 비하여 상대적으로 적으나, 특허침해와 관련하여 검찰에 영업비밀유출 관련 고소나 모인출원 관련 소송이 진행 중이어서 특허심판을 바로 선행시켜 심결을 내리기보다는 검찰이나 법원의 관련 결과를 얻어 심판을 진행시키는 것이 바람직한 경우에 심판절차를 중지한다.

또한, 정정청구가 있는 특허무효심판이 특허법원에 계속 중일 때 특허권자가 무효를 피하기 위하여 특허무효심판에서 청구한 정정청구와 동일 또는 유사한 내용으로 정정심판을 나중에 특허심판원에 청구한 경우도 심판부는 특허무효심판의 정정청구에 대한 특허법원의 판단결과를 지켜보기 위하여 정정심판의 절차진행을 중지할 수 있다.

다. 침해의 소에 대한 통보

법원은 특허권 또는 전용실시권의 침해에 관한 소가 제기된 경우에는 그 취지를 특허심판원장에게 통보하여야 한다. 그 소송절차가 끝났을 때에도 또한 같다(특허법 제164조【소송과의 관계】 제3항).

또한, 특허심판원장은 특허권 또는 전용실시권의 침해에 관한 소에 대응하여 그 특허권에 관한 무효심판 등이 청구된 경우에는 그 취지를 해당하는 법원에 통보하여야 한다. 그 심판청구서의 각하결정, 심결 또는 청구의 취하가 있는 경우에도 또한 같다(특허법 제164조【소송과의 관계】 제4항).

이 역시 특허분쟁의 효율적인 해결 및 심결과 판결의 저촉을 방지하기 위하여 규정된 것으로 앞서 살펴본 심판 또는 소송절차의 중지 규정(특허법 제164조【소송과의 관계】 제1항 및 제2항)과 연계된 것으로 보아야 할 것이다.

제3장 PATENT TRIAL

특허심판의 주요판례

CHAPTER 03

특허심판의 주요판례

특허심판 분쟁에 있어서 최근까지 심판당사자 간이나 심판부의 심결문에서 자주 인용되는 판례 및 새로운 쟁점에 관한 주요 대법원 판례의 요지를 살펴보도록 한다.[1]

제1절 청구범위해석

1. 문언기재의 원칙 및 제한해석 금지

▣ 대법원 2007. 10. 12. 선고 2006후848 판결[등록무효(특허)]

특허청구범위에는 특허로 보호를 받고자 하는 사항이 기재되는 것이고 특허발명의 보호범위는 특허청구범위에 기재된 사항에 의하여 정하여지는 것이므로, 특허의 요건을 판단하기 위한 발명의 기술구성은 특허청구범위의 기재를 기초로 하여 확정하여야 하고 특별한 사정이 없는 한 발명의 상세한 설명이나 도면에 나

1) 이하 판례는 국가법령정보센터 http://www.law.go.kr/nwPrecSc.do?menuId=3&p1=&subMenu=5&nwYn=1&section=&tabNo=&query=; http://casenote.kr; 곽준영·이상철, 조문별·쟁점별 특허판례, 제7판, 특허심판원, 2015; 특허청 특허심사2국, 공직기강 판례 100선, 2015 참조.

타난 구체적인 실시예로 제한하여 확정하는 것은 허용되지 않는다(대법원 2001. 9. 7. 선고 99후734 판결, 대법원 2007. 6. 14. 선고 2007후807 판결 등 참조).

▣ 대법원 2005. 11. 24. 선고 2003후2515 판결[등록무효(특허)]

특허청구범위의 기재가 명확히 이해될 수 있고 누가 보더라도 그 기재가 오기임이 발명의 상세한 설명의 기재에 비추어 보아 명확하다고 할 수 없는 경우에는, 특허등록의 유·무효 판단을 위한 특허발명의 요지를 인정함에 있어서 특허청구범위의 기재를 기초로 하여야 할 뿐, 발명의 상세한 설명의 기재에 의하여 보완 해석할 수는 없다(대법원 2004. 12. 9. 선고 2003후496 판결, 대법원 2001. 9. 7. 선고 99후734 판결 등 참조).

▣ 대법원 2014. 1. 16. 선고 2013후785 판결[등록무효(특허)]

특허발명의 보호범위는 특허청구범위에 기재된 사항에 의하여 정하여지는 것이 원칙이고, 다만 그 기재만으로 특허발명의 기술적 구성을 알 수 없거나 알 수는 있더라도 기술적 범위를 확정할 수 없는 경우에는 명세서의 다른 기재에 의한 보충을 할 수는 있으나, 그 경우에도 명세서의 다른 기재에 의하여 특허청구범위의 확장 해석은 허용되지 아니함은 물론 특허청구범위의 기재만으로 기술적 범위가 명백한 경우에는 명세서의 다른 기재에 의하여 특허청구범위의 기재를 제한 해석할 수 없다(대법원 2011. 2. 10. 선고 2010후2377 판결, 대법원 2012. 3. 29. 선고 2010후2605 판결 등 참조).[2)]

---

2) 이 사건 제1항 발명의 '광학 돔(optical dome)'은 위 용어의 일반적인 의미와 이 사건 특허발명의 상세한 설명의 기재를 참작하여 보았을 때 빛이 투과할 수 있는 창으로서의 '광학 창'의 형상을 속이 빈 반구 또는 그와 유사하게 볼록한 면, 즉 '돔'의 형상으로 한정한 것으로 보아야 하고, 이를 '실제 작동과정에서 빛이 통과하도록 설계된 부분'만을 의미하는 것으로 제한 해석할 수는 없으므로, … (중략) … 그리고 이 사건 제1항 발명의 '광학 돔의 뒤에 조명원 및 광학 시스템이 배치되는 구성'이란 위 용어의 일반적인 의미와 이 사건 특허발명의 상세한 설명의 기재를 참작하여 보았을 때 널리 위에서 본 의미의 광학 돔의 뒤에 조명원 및 광학 시스템이 배치된다는 것으로 보아야 하고, 이를 '조명원 및 광학 시스템이 돔의 평평한 밑면 뒤에 위치하거나 적어도 광학 창, 즉 실제 작동과정에서 빛이 통과하도록 설계된 부분의 뒤에 위치한다.'는 것으로 제한 해석할 수는 없다.

▣ 대법원 2006. 2. 24. 선고 2004후2741 판결[등록무효(실용)]

실용신안권의 권리범위 내지 실질적 보호범위는 실용신안 등록출원서에 첨부한 명세서의 청구범위에 기재된 사항에 의하여 정하여지는 것이 원칙이고 다만, 그 기재만으로 실용신안의 기술적 구성을 알 수 없거나 알 수는 있더라도 기술적 범위를 확정할 수 없는 경우에는 명세서의 다른 기재에 의한 보충을 할 수는 있으나, 그 경우에도 명세서의 다른 기재에 의하여 실용신안권 범위의 확장 해석은 허용되지 아니함은 물론 청구범위의 기재만으로 기술적 범위가 명백한 경우에는 명세서의 다른 기재에 의하여 청구범위의 기재를 제한 해석할 수 없다 할 것이다(대법원 1993. 10. 12. 선고 91후1908 판결, 대법원 1998. 4. 10. 선고 96후1040 판결 등 참조).[3)]

2. 상세한 설명 및 도면 등 참작의 원칙

▣ 대법원 2010. 1. 28. 선고 2008후26 판결[거절결정(특허)]

특허청구범위는 특허출원인이 특허발명으로 보호받고자 하는 사항을 기재한 것이므로, 신규성·진보성 판단의 대상이 되는 발명의 확정은 특허청구범위에 기재된 사항에 의하여야 하고 발명의 상세한 설명이나 도면 등 다른 기재에 의하여 특허청구범위를 제한하거나 확장하여 해석하는 것은 허용되지 않지만, 특허청구범위에 기재된 사항은 발명의 상세한 설명이나 도면 등을 참작하여야 그 기술적인 의미를 정확하게 이해할 수 있으므로, 특허청구범위에 기재된 사항은 그 문언의 일반적인 의미를 기초로 하면서도 발명의 상세한 설명 및 도면 등을 참작하여 그 문언에 의하여 표현하고자 하는 기술적 의의를 고찰한 다음 객관적·합리

3) 이 사건 등록고안의 **상세한 설명의 도면에는** 브러시로울러가 회전체와 같은 방향으로 회전하는 내용의 화살표가 그려져 있는 점은 인정되나, 이 사건 등록고안의 상세한 설명 및 **등록청구범위에는 회전체의 후측에는 브러시로울러가 연접 횡설된다고만 기재되어 있을 뿐 그 회전 방향에 대하여는 어떠한 기재도 하고 있지 아니하고, 위와 같은 등록청구범위의 기재만으로 이 사건 등록고안의 기술 구성을 파악하기 곤란한 것도 아니므로,** 이 사건 등록고안의 구성을 **브러시로울러와 회전체가 같은 방향으로 회전하는 경우로만 한정해서 제한 해석할 수 없다**는 취지로 판단한 것은 정당하고, 거기에 상고이유에서 주장하는 바와 같은 실용신안등록청구범위 해석에 관한 법리오해 등의 위법이 없다.

적으로 해석하여야 한다(대법원 2007. 10. 25. 선고 2006후3625 판결 등 참조).

3. 특수한 기재형식에 따른 청구범위 해석

가. '어떤 구성요소를 포함하는' 기재의 해석

▣ 대법원 2012. 3 . 29. 선고 2010후2605 판결[거절결정(특허)]

특허발명의 보호범위는 특허청구범위에 기재된 사항에 의하여 정하여지는 것이 원칙이므로, 특허청구범위 기재만으로 기술적 범위가 명백한 경우에는 명세서의 다른 기재에 의하여 특허청구범위의 기재를 제한해석할 수 없다. 다만 그 기재만으로 특허발명의 기술적 구성을 알 수 없거나 기술적 범위를 확정할 수 없는 경우에는 명세서의 다른 기재에 의해 보충할 수 있으나, 그러한 경우에도 명세서의 다른 기재에 의하여 특허청구범위를 확장해석하는 것은 허용되지 않는다. 한편, 특허청구범위가 '어떤 구성요소들을 포함하는'이라는 형식으로 기재된 경우에는, 그 특허청구범위에 명시적으로 기재된 구성요소 전부에다가 명시적으로 기재되어 있지 아니한 다른 구성요소를 추가하더라도 그 기재된 '어떤 구성요소들을 포함하는'이라는 사정에는 변함이 없으므로, 명시적으로 기재된 구성요소 이외에 다른 구성요소를 추가하는 경우까지도 그 특허발명의 기술적 범위로 하는 것이다(대법원 2006. 11. 24. 선고 2003후2072 판결 참조).

나. 제조방법이 기재된 물건발명의 해석

▣ 대법원 2015. 1. 22. 선고 2011후927 전원합의체 판결[등록무효(특허)]

특허법 제2조 제3호는 발명을 '물건의 발명', '방법의 발명', '물건을 생산하는 방법의 발명'으로 구분하고 있는바, 특허청구범위가 전체적으로 물건으로 기재되어 있으면서 그 제조방법의 기재를 포함하고 있는 발명(이하 '제조방법이 기재된 물건발명'이라고 한다.)의 경우 제조방법이 기재되어 있다고 하더라도 발명의 대상은 그 제조방법이 아니라 최종적으로 얻어지는 물건 자체이므로 위와 같은 발명의 유형 중 '물건의 발명'에 해당한다. 물건의 발명에 관한 특허청구범위는 발명의 대상인 물건의 구성을 특정하는 방식으로 기재되어야 하는 것이므로, 물건의 발명의 특허청구범위에 기재된 제조방법은 최종 생산물인 물건의 구조나 성질 등을 특정하는 하나의 수단으로서 그 의미를 가질 뿐이다. 따라서 제조방법이 기재된 물건발명의 특허요건을 판단함에 있어서 그 기술적 구성을 제조방법 자체로 한정하여 파악할 것이 아니라 제조방법의 기재를 포함하여 특허청구범위의 모든 기재에 의하여 특정되는 구조나 성질 등을 가지는 물건으로 파악하여 출원 전에 공지된 선행기술과 비교하여 신규성, 진보성 등이 있는지 여부를 살펴야 한다.[4)]

제 2 절 명세서 기재요건

1. 상세한 설명

■ 대법원 2012. 11. 29. 선고 2012후2586 판결[등록무효(특허)]

구 특허법(2007. 1. 3. 법률 제8197호로 개정되기 전의 것. 이하 같다.) 제42조 제3항은 발명의 상세한 설명에는 그 발명이 속하는 기술분야에서 통상의 지식을 가진 이(이하 '통상의 기술자'라고 한다.)가 용이하게 실시할 수 있을 정도로 그 발명의 목적·구성 및 효과를 기재하여야 한다고 정하고 있다. 이는 특허출원된 발명의 내용을 제3자가 명세서만으로 쉽게 알 수 있도록 공개하여 특허권으로 보호받고자 하는 기술적 내용과 범위를 명확하게 하기 위한 것이므로, 위 조항에서 요구하는 명세서 기재의 정도는 통상의 기술자가 출원시의 기술수준으로 보아 과도한 실

4) 한편 생명공학 분야나 고분자, 혼합물, 금속 등의 화학 분야 등에서의 물건의 발명 중에는 어떠한 제조방법에 의하여 얻어진 물건을 구조나 성질 등으로 직접적으로 특정하는 것이 불가능하거나 곤란하여 제조방법에 의해서만 물건을 특정할 수밖에 없는 사정이 있을 수 있지만, 이러한 사정에 의하여 제조방법이 기재된 물건발명이라고 하더라도 그 본질이 '물건의 발명'이라는 점과 특허청구범위에 기재된 제조방법이 물건의 구조나 성질 등을 특정하는 수단에 불과하다는 점은 마찬가지이므로, 이러한 발명과 그와 같은 사정은 없지만 제조방법이 기재된 물건발명을 구분하여 그 기재된 제조방법의 의미를 달리 해석할 것은 아니다.

험이나 특수한 지식을 부가하지 아니하고서도 명세서의 기재에 의하여 당해 발명을 정확하게 이해할 수 있고 동시에 재현할 수 있는 정도를 말한다. 여기에서 실시의 대상이 되는 발명은 청구항에 기재된 발명을 가리키는 것이라고 할 것이므로, 발명의 상세한 설명의 기재에 오류가 있다고 하더라도 그러한 오류가 청구항에 기재되어 있지 아니한 발명에 관한 것이거나 청구항에 기재된 발명의 실시를 위하여 필요한 사항 이외의 부분에 관한 것이어서 그 오류에도 불구하고 통상의 기술자가 청구항에 기재된 발명을 정확하게 이해하고 재현하는 것이 용이한 경우라면 이를 들어 구 특허법 제42조 제3항에 위배된다고 할 수 없다.[5)]

▣ 대법원 2011. 10. 13. 선고 2010후2582 판결[등록무효(특허)]

당해 발명의 성격이나 기술내용 등에 따라서는 명세서에 실시례가 기재되어 있지 않다고 하더라도 통상의 기술자가 발명을 정확하게 이해하고 재현하는 것이 용이한 경우도 있으므로 구 특허법(2007. 1. 3. 법률 제8197호로 개정되기 전의 것, 이하 '구 특허법'이라 한다.) 제42조 제3항이 정한 명세서 기재요건을 충족하기 위해서 항상 실시례가 기재되어야만 하는 것은 아니다. 또한 구성요소의 범위를 수치로써 한정하여 표현한 발명의 경우, 그러한 수치한정이 단순히 발명의 적당한 실시 범위나 형태 등을 제시하기 위한 것으로서 그 자체에 별다른 기술적 특징이 없어 통상의 기술자가 적절히 선택하여 실시할 수 있는 정도의 단순한 수치한정에 불과하다면, 그러한 수치한정에 대한 이유나 효과의 기재가 없어도 통상의 기술자로서는 과도한 실험이나 특수한 지식의 부가 없이 그 의미를 정확하게 이해하고 이를 재현할 수 있을 것이므로, 이런 경우에는 명세서에 수치한정의 이유나 효과가 기재되어 있지 않더라도 구 특허법 제42조 제3항에 위배된다고 할 수 없다(대

5) 명칭을 '탄소성형체의 제조방법'으로 하는 특허발명에 대해 甲이 특허권자 乙 주식회사를 상대로 발명의 상세한 설명이 통상의 기술자가 발명을 용이하게 실시할 수 있을 정도로 기재되어 있지 않다는 등의 이유로 등록무효심판 청구를 한 사안에서, 발명의 상세한 설명 중 특허청구범위 제1항 및 제2항의 제조방법에 의하여 제조된 탄소성형체 성분의 구체적인 함량 기재에 오류가 있다고 하더라도 이는 위 각 발명의 실시를 위하여 필요한 사항 이외의 부분에 관한 것이어서 통상의 기술자라면 그 오류에도 불구하고 명세서 전체의 기재 및 기술상식에 기초하여 별다른 어려움 없이 이들 발명을 정확하게 이해하고 재현할 수 있다는 이유로, 위 특허발명의 명세서에는 구 특허법(2007. 1. 3. 법률 제8197호로 개정되기 전의 것) 제42조 제3항을 위반한 기재불비가 있다고 할 수 없다고 한 사례이다.

법원 2006. 5. 11. 선고 2004후1120 판결, 대법원 2006. 10. 13. 선고 2004후776 판결 참조).6)

▣ 대법원 1998. 12. 22. 선고 97후990 판결[등록무효(특허)]

특허의 명세서에 기재되는 용어는 그것이 가지고 있는 보통의 의미로 사용하고 동시에 명세서 전체를 통하여 통일되게 사용하여야 하나, 다만 어떠한 용어를 특정한 의미로 사용하려고 하는 경우에는 그 의미를 정의하여 사용하는 것이 허용되는 것이므로, 용어의 의미가 명세서에서 정의된 경우에는 그에 따라 해석하면 족하다(대법원 1996. 7. 26. 선고 95후1197 판결, 대법원 1996. 9. 20. 선고 96후30 판결, 대법원 1997. 11. 28. 선고 97후341 판결, 대법원 1998. 4. 10. 선고 96후1040 판결 참조).

2. 특허청구범위

▣ 대법원 2006. 11. 24. 선고 2003후2072 판결[등록무효(특허)]

특허법 제42조 제4항은 특허청구범위에는 보호를 받고자 하는 사항을 기재한 청구항이 1 또는 2 이상 있어야 하며 그 청구항은 다음 각 호에 해당하여야 함을 규정하고 있는데 그 뜻은 다음과 같이 해석하여야 할 것이다. 먼저, 같은 항 제1호는 '특허청구범위가 상세한 설명에 의하여 뒷받침될 것'을 요구하고 있는바, 그 의미는 청구항은 특허출원 당시의 기술 수준을 기준으로 하여 그 발명과 관련된 기술분야에서 통상의 지식을 가진 자(이하 '통상의 기술자'라고 한다.)의 입장에서 볼 때 그 특허청구범위와 발명의 상세한 설명의 각 내용이 일치하여 그 명세서만으로 특허청구범위에 속한 기술구성이나 그 결합 및 작용효과를 일목요연하게 이해할 수 있어야 한다는 것이다(대법원 2003. 8. 22. 선고 2002후2051 판결, 대법원 2005.

6) 명칭을 "연소효율을 개선한 연료첨가제"로 하는 甲의 특허발명에 대하여, 乙 등이 특허발명의 특허청구범위 제1항에는 구 특허법(2007. 1. 3. 법률 제8197호로 개정되기 전의 것) 제42조 제3항에서 정한 명세서 기재요건을 충족하지 않은 기재불비가 있다며 등록무효심판을 청구하였던 사안에서, 제반 사정에 비추어 특허발명의 명세서에 수치한정에 대한 구체적인 이유 또는 효과가 기재되지 않았거나 구체적인 실시례가 기재되지 않았더라도 통상의 기술자라면 과도한 실험이나 특수한 지식의 부가 없이 이를 정확하게 이해하고 재현할 수 있다는 이유로, 위 특허발명의 명세서에는 위 기재불비가 있다고 볼 수 없다고 한 사례이다.

11. 25. 선고 2004후3362 판결 각 참조). 다음으로, 같은 항 제2호는 '발명이 명확하고 간결하게 기재될 것'을 요구하고 있는바, 그 취지는 특허법 제97조가 특허발명의 보호범위는 특허청구범위에 기재된 사항에 의하여 정하여진다고 규정하고 있음에 비추어 청구항에는 명확한 기재만이 허용되는 것으로서 발명의 구성을 불명료하게 표현하는 용어는 원칙적으로 허용되지 아니하며, 나아가 특허청구범위의 해석은 명세서를 참조하여 이루어지는 것임에 비추어 특허청구범위에는 발명의 상세한 설명에서 정의하고 있는 용어의 정의와 다른 의미로 용어를 사용하는 등 결과적으로 청구범위를 불명료하게 만드는 것도 허용되지 않는다는 것이다.

▣ 대법원 2006. 5. 11. 선고 2004후1120 판결[거절결정(특허)]

특허출원서에 첨부된 명세서에 기재된 '발명의 상세한 설명'에 기재하지 아니한 사항을 특허청구범위에 기재하여 특허를 받게 되면 공개하지 아니한 발명에 대하여 특허권이 부여되는 부당한 결과가 되므로, 구 특허법(2001. 2. 3. 법률 제6411호로 개정되기 전의 것, 이하 같다.) 제42조 제4항 제1호는 이와 같은 부당한 결과를 방지하기 위한 규정이라 할 것이다. 따라서 특허청구범위가 발명의 상세한 설명에 의하여 뒷받침되고 있는지 여부는 그 발명이 속하는 기술분야에서 통상의 지식을 가진 자의 입장에서 특허청구범위에 기재된 발명과 대응되는 사항이 발명의 상세한 설명에 기재되어 있는지 여부에 의하여 판단하여야 하는바, 출원시의 기술상식에 비추어 보더라도 발명의 상세한 설명에 개시된 내용을 특허청구범위에 기재된 발명의 범위까지 확장 내지 일반화할 수 없는 경우에는 그 특허청구범위는 발명의 상세한 설명에 의하여 뒷받침된다고 볼 수 없다.

▣ 대법원 2014. 9. 4. 선고 2012후832 판결[거절결정(특허)]

특허법 제42조 제4항 제1호는 특허청구범위에 보호받고자 하는 사항을 기재한 청구항이 발명의 상세한 설명에 의하여 뒷받침될 것을 규정하고 있는데, 이는 특허출원서에 첨부된 명세서의 발명의 상세한 설명에 기재되지 아니한 사항이 청구항에 기재됨으로써 출원자가 공개하지 아니한 발명에 대하여 특허권이 부여되는 부당한 결과를 막으려는 데에 취지가 있다. 따라서 특허법 제42조 제4항 제

1호가 정한 위와 같은 명세서 기재요건을 충족하는지 여부는, 위 규정 취지에 맞게 특허출원 당시의 기술수준을 기준으로 하여 그 발명이 속하는 기술 분야에서 통상의 지식을 가진 자(이하 '통상의 기술자'라 한다.)의 입장에서 특허청구범위에 기재된 사항과 대응되는 사항이 발명의 상세한 설명에 기재되어 있는지 여부에 의하여 판단하여야 하고, 규정 취지를 달리하는 특허법 제42조 제3항 제1호가 정한 것처럼 발명의 상세한 설명에 통상의 기술자가 그 발명을 쉽게 실시할 수 있도록 명확하고 상세하게 기재되어 있는지 여부에 의하여 판단하여서는 아니 된다.[7]

▣ 대법원 2007. 9. 6. 선고, 2005후1486 판결[등록무효(특허)]

특허청구범위가 기능, 효과, 성질 등에 의한 물건의 특정을 포함하는 경우 그 발명이 속하는 기술분야에서 통상의 지식을 가진 자가 발명의 상세한 설명이나 도면 등의 기재와 출원 당시의 기술상식을 고려하여 특허청구범위에 기재된 사항으로부터 특허를 받고자 하는 발명을 명확하게 파악할 수 있다면 그 특허청구범위의 기재는 적법하다고 할 것이다.

제 3 절 신규성, 진보성, 확대된 선원

1. 신규성

▣ 대법원 2002. 6. 28. 선고 2001후2658 판결[등록무효(특허)]

성질 또는 특성 등에 의해 물(物)을 특정하려고 하는 기재를 포함하는 특허발명과, 이와 다른 성질 또는 특성 등에 의해 물을 특정하고 있는 인용발명을 대

7) 발명의 명칭을 '높은 데이터 레이트 인터페이스'로 하는 이 사건 출원발명의 특허청구범위 제8항에 기재된 '전송된 펄스의 위상이 결정되도록 하는 코드'라는 구성에 대응되는 사항이 발명의 상세한 설명에 동일하게 기재되어 있어서 위 구성이 발명의 상세한 설명에 의하여 뒷받침되므로 특허법 제42조 제4항 제1호에 반하는 기재불비가 있다고 할 수 없다고 판단하였다.

비할 때, 특허발명의 특허청구범위에 기재된 성질 또는 특성이 다른 정의(定義) 또는 시험·측정방법에 의한 것으로 환산이 가능하여 환산해 본 결과 인용발명의 대응되는 것과 동일·유사하거나 또는 특허발명의 명세서의 상세한 설명에 기재된 실시형태와 인용발명의 구체적 실시형태가 동일·유사한 경우에는, 달리 특별한 사정이 없는 한, 양 발명은 발명에 대한 기술적인 표현만 달리할 뿐 실질적으로는 동일·유사한 것으로 보아야 할 것이므로, 이러한 특허발명은 신규성 및 진보성을 인정하기 어렵다.

▣ 대법원 2009. 10. 15. 선고 2008후736,743 판결[등록무효(특허)]

선행 또는 공지의 발명에 구성요건이 상위개념으로 기재되어 있고 위 상위개념에 포함되는 하위개념만을 구성요건 중의 전부 또는 일부로 하는 이른바 선택발명의 신규성을 부정하기 위해서는 선행발명이 선택발명을 구성하는 하위개념을 구체적으로 개시하고 있어야 하고(대법원 2002. 12. 26. 선고 2001후2375 판결, 대법원 2007. 9. 6. 선고 2005후3338 판결 등 참조), 이에는 선행발명을 기재한 선행문헌에 선택발명에 대한 문언적인 기재가 존재하는 경우 외에도 그 발명이 속하는 기술분야에서 통상의 지식을 가진 자가 선행문헌의 기재 내용과 출원시의 기술 상식에 기초하여 선행문헌으로부터 직접적으로 선택발명의 존재를 인식할 수 있는 경우도 포함된다.

▣ 대법원 2013. 5. 24. 선고 2011후2015 판결[거절결정(특허)]

구성요소의 범위를 수치로써 한정하여 표현한 발명이 그 출원 전에 공지된 발명과 사이에 수치한정의 유무 또는 범위에서만 차이가 있는 경우에는, 그 한정된 수치범위가 공지된 발명에 구체적으로 개시되어 있거나, 그렇지 않더라도 그러한 수치한정이 그 발명이 속하는 기술분야에서 통상의 지식을 가진 자(이하 '통상의 기술자'라고 한다.)가 적절히 선택할 수 있는 주지·관용의 수단에 불과하고 이에 따른 새로운 효과도 발생하지 않는다면 그 신규성이 부정된다. 그리고 한정된 수치범위가 공지된 발명에 구체적으로 개시되어 있다는 것에는, 그 수치범위 내의 수치가 공지된 발명을 기재한 선행문헌의 실시 예 등에 나타나 있는 경우 등과 같이 문언적인 기재가 존재하는 경우 외에도 통상의 기술자가 선행문헌의 기재 내용과 출원 시의 기술상식에 기초하여 선행문헌으로부터 직접적으로 그 수치범위를 인식할 수 있는 경우도 포함된다. 한편 수치한정이 공지된 발명과는 상이한 과제를 달성하기 위한 기술수단으로서의 의의를 가지고 그 효과도 이질적인 경우나 공지된 발명과 비교하여 한정된 수치범위 내외에서 현저한 효과의 차이가 생기는 경우 등에는, 그 수치범위가 공지된 발명에 구체적으로 개시되어 있다고 할 수 없음은 물론, 그 수치한정이 통상의 기술자가 적절히 선택할 수 있는 주지·관용의 수단에 불과하다고 볼 수도 없다.[8]

2. 진보성

가. 선행기술의 조합 또는 결합에 따른 암시 등

▣ 대법원 2009. 10. 29. 선고 2009후1644 판결[등록무효(특허)]

여러 선행기술문헌을 인용하여 특허발명의 진보성을 판단함에 있어서는 그 인용되는 기술을 조합 또는 결합하면 당해 특허발명에 이를 수 있다는 암시, 동기 등이 선행기술문헌에 제시되어 있거나 그렇지 않더라도 당해 특허발명의 출원 당시의 기술수준, 기술상식, 해당 기술분야의 기본적 과제, 발전경향, 해당 업계의 요구 등에 비추어 보아 그 기술분야에 통상의 지식을 가진 자(이하 '통상의 기술자'[9]라고 한다.)가 용이하게 그와 같은 결합에 이를 수 있다고 인정할 수 있는 경

8) 대법원 2007. 1. 12, 선고 2005후3017 판결[등록무효(특허)]
구 특허법(2001. 2. 3. 법률 제6411호로 개정되기 전의 것, 이하 같다.) 제36조를 적용하기 위한 전제로서 두 발명이 서로 동일한 발명인지 여부를 판단함에 있어서는 대비되는 두 발명의 실체를 파악하여 따져보아야 할 것이지 표현양식에 따른 차이가 있는지 여부에 따라 판단할 것은 아니므로, 대비되는 두 발명이 각각 물건의 발명과 방법의 발명으로 서로 발명의 범주가 다르다는 사정만으로 곧바로 동일한 발명이 아니라고 단정할 수는 없다 할 것이다(대법원 1990. 2. 27. 선고 89후148 판결 참조). 기록에 비추어 살펴보면, 이 사건 특허발명 제1, 2항은 방법의 발명이고, 비교대상발명 제1, 2항은 물건의 발명(고안)이지만, 그 기술사상의 실체를 파악하여 이에 터잡아 대비하여 보면 위 각 대비되는 발명들은 동일한 기술사상에 대하여 단지 표현양식에 차이가 있는 것에 불과하다고 보일 뿐이므로, 두 발명은 동일한 발명으로 봄이 상당하다.

9) '통상의 기술자'란 특허발명의 출원 시를 기준으로 국내외를 막론하고, 출원 시 당해 기술분야에 관한 기술수준에 있는 모든 것을 입수하여 자신의 지식으로 할 수 있으며, 연구개

우에는 당해 특허발명의 진보성은 부정된다고 할 것이다(대법원 2007. 9. 6. 선고 2005후3284 판결 참조).

나. 복수의 구성요소로 이루어진 발명

▣ 대법원 2007. 9. 6. 선고 2005후3284 판결[등록무효(특)]

어느 특허발명의 특허청구범위에 기재된 청구항이 복수의 구성요소로 되어 있는 경우에는 각 구성요소가 유기적으로 결합한 전체로서의 기술사상이 진보성 판단의 대상이 되는 것이지 각 구성요소가 독립하여 진보성 판단의 대상이 되는 것은 아니므로, 그 특허발명의 진보성 여부를 판단함에 있어서는 청구항에 기재된 복수의 구성을 분해한 후 각각 분해된 개별 구성요소들이 공지된 것인지 여부만을 따져서는 안 되고, 특유의 과제 해결원리에 기초하여 유기적으로 결합된 전체로서의 구성의 곤란성을 따져 보아야 할 것이며, 이 때 결합된 전체 구성으로서의 발명이 갖는 특유한 효과도 함께 고려하여야 한다.

다. 공개특허공보의 주지관용기술 적격

▣ 대법원 2010. 10. 28. 선고 2009후405 판결[거절결정(특허)]

경피용 제제의 활성물질 중합체 담체로서 폴리아크릴레이트 감압접착제와 아미노 작용기를 가진 폴리머를 혼합·사용하는 구성이 각 특허공보인 을 제16, 17호증에 기재되어 있고, 튜로부테롤 염산염을 경피 치료제의 활성물질로 사용하는 구성이 각 특허공보인 을 제4호증 내지 제8호증에 기재되어 있으나, 위와 같이 몇 개의 특허공보에 개시되어 있는 사정만으로는 위 각 기재내용이 경피용 제제의 의약분야에서 주지관용기술에 해당한다고 할 수 없으므로, 거절결정 불복심판에 관한 이 사건 심결취소소송에 이르러 처음 제출된 위 각 특허공보는 거절이유 통지에 포함되지 않은 새로운 증거에 해당하여 이 사건 제1항 발명의 진보성을 부정하는 증거로 사용될 수 없다.

발을 위하여 통상의 수단 및 능력을 자유롭게 구사할 수 있다고 가정한 자연인을 말하는 것이다(특허법원 2010. 3. 19. 선고 2008허8150 판결).

라. 사후적 고찰의 금지

▣ 대법원 2009. 11. 12. 선고 2007후3660 판결[거절결정(특허)]

구 특허법(2006. 3. 3. 법률 제7871호로 개정되기 전의 것) 제29조 제2항의 규정에 의하여 선행기술에 의하여 용이하게 발명할 수 있는 것인지에 좇아 발명의 진보성 유무를 판단함에 있어서는, 적어도 선행기술의 범위와 내용, 진보성 판단의 대상이 된 발명과 선행기술의 차이 및 통상의 기술자의 기술수준에 대하여 증거 등 기록에 나타난 자료에 기하여 파악한 다음, 이를 기초로 하여 통상의 기술자가 특허출원 당시의 기술수준에 비추어 진보성 판단의 대상이 된 발명이 선행기술과 차이가 있음에도 그러한 차이를 극복하고 선행기술로부터 그 발명을 용이하게 발명할 수 있는지를 살펴보아야 하는 것이다. 이 경우 진보성 판단의 대상이 된 발명의 명세서에 개시되어 있는 기술을 알고 있음을 전제로 하여 사후적으로 통상의 기술자가 그 발명을 용이하게 발명할 수 있는지를 판단하여서는 아니된다(대법원 2007. 8. 24. 선고 2006후138 판결 참조).

마. 수치한정 발명의 진보성

▣ 대법원 2010. 8. 19. 선고 2008후4998 판결[등록특허(특허)]

특허등록발명이 그 출원 전에 공지된 발명이 가지는 구성요소의 범위를 수치로써 한정하여 표현한 경우에 있어, 그 특허발명의 과제 및 효과가 공지된 발명의 연장선에 있고 수치한정의 유무에만 차이가 있는 경우에는 그 한정된 수치범위 내외에서 현저한 효과의 차이가 생기지 않는다면 그 특허발명은 그 기술분야에서 통상의 기술자가 통상적이고 반복적인 실험을 통하여 적절히 선택할 수 있는 정도의 단순한 수치한정에 불과하여 진보성이 부정된다(대법원 1993. 2. 12. 선고 92다40563 판결, 대법원 2007. 11. 16. 선고 2007후1299 판결 등 참조). 다만, 그 특허발명에 진보성을 인정할 수 있는 다른 구성요소가 부가되어 있어서 그 특허발명에 있어서의 수치한정이 보충적인 사항에 불과하거나, 수치한정을 제외한 양 발명의 구성이 동일하더라도 그 수치한정이 공지된 발명과는 상이한 과제를 달성하기 위한 기술수단으로서의 의의를 가지고 그 효과도 이질적인 경우라면 수치한정의 임계적 의의가 없다고 하여 특허발명의 진보성이 부정되지 아니한다.

바. 발명이 속하는 기술분야의 판단

▣ 대법원 2003. 4. 25. 선고 2002후987 판결[거절결정(특허)]

특허법 제29조 제2항 소정의 "그 발명이 속하는 기술분야"란 출원발명이 이용되는 산업분야로서 그 범위를 정함에 있어서는 발명의 목적, 기술적 구성, 작용효과의 면을 종합적으로 객관적으로 판단하여야 한다(대법원 1992. 5. 12. 선고 91후1298 판결)."

사. 범용적 기술구성의 선행기술 적격

▣ 대법원 2011. 3. 24. 선고 2009후3886[등록무효(특허)]

특허법 제29조 제2항에서 정하는 "그 발명이 속하는 기술분야"라 함은 원칙적으로 당해 특허발명이 이용되는 산업분야를 말한다. 따라서 당해 특허발명이 이용되는 산업분야가 비교대상발명의 그것과 다른 경우에는 비교대상발명을 당해 특허발명의 진보성을 부정하는 선행기술로 사용하기 어렵다 하더라도, 문제가 된 비교대상발명의 기술적 구성이 특정 산업분야에만 적용될 수 있는 구성이 아니고 당해 특허발명의 산업분야에서 통상의 지식을 가진 자가 특허발명의 당면한 기술적 문제를 해결하기 위하여 별다른 어려움 없이 이용할 수 있는 구성이라면, 이를 당해 특허발명의 진보성을 부정하는 선행기술로 삼을 수 있다(대법원 2008. 7. 10. 선고 2006후2059 판결 등 참조).[10]

10) 위 법리와 기록에 비추어 살펴보면, 비교대상발명 2는 '슬러지 건조장치'에 관한 것으로서 이 사건 제3항 발명 및 비교대상발명 1과 그 기술분야가 동일하지 아니하나, 비교대상발명 2에 개시된 슬러지 건조장치는 수분 제거 수단으로서 특정 산업분야에만 적용될 수 있는 것이 아니라, 숯이 함유된 비닐이나 플라스틱 용기의 제조과정에서 수분을 제거하고자 하는 과제를 해결하기 위하여 별다른 어려움 없이 이용할 수 있는 장치이다. 따라서 비교대상발명 2는 이 사건 제3항 발명의 진보성을 부정하는 선행기술로 삼을 수 있고, 통상의 기술자가 비교대상발명 1과 2를 결합함에 기술적 어려움이 없다.

아. 주지관용기술의 인정 및 그 결합

▣ 대법원 2008. 5. 29. 선고 2006후3052 판결[등록무효(특)]

특허등록된 발명이 공지공용의 기존 기술과 주지관용의 기술을 수집 종합하여 이루어진 데에 그 특징이 있는 것인 경우에 있어서는 이를 종합하는 데 각별한 곤란성이 있다거나, 이로 인한 작용효과가 공지된 선행기술로부터 예측되는 효과 이상의 새로운 상승효과가 있다고 볼 수 있는 경우가 아니면 그 발명의 진보성은 인정될 수 없다고 볼 것이고(대법원 2001. 7. 13. 선고 99후1522 판결 참조), 어느 주지관용의 기술이 소송상 공지 또는 현저한 사실이라고 볼 수 있을 만큼 일반적으로 알려져 있지 아니한 경우에 그 주지관용의 기술은 심결취소소송에 있어서는 증명을 필요로 하나, 법원은 자유로운 심증에 의하여 증거 등 기록에 나타난 자료를 통하여 주지관용의 기술을 인정할 수 있다 할 것이다(대법원 1991. 4. 23. 선고 90후489 판결, 대법원 2003. 8. 22. 선고 2002후2600 판결 등 참조).

자. 선택발명의 기재요건 및 판단

▣ 대법원 2009. 10. 15. 선고 2008후736,743 판결[등록무효(특)]

선행 또는 공지의 발명에 구성요건이 상위개념으로 기재되어 있고 위 상위개념에 포함되는 하위개념만을 구성요건 중의 전부 또는 일부로 하는 이른바 선택발명의 진보성이 부정되지 않기 위해서는 선택발명에 포함되는 하위개념들 모두가 선행발명이 갖는 효과와 질적으로 다른 효과를 갖고 있거나, 질적인 차이가 없더라도 양적으로 현저한 차이가 있어야 하고, 이때 선택발명의 발명의 상세한 설명에는 선행발명에 비하여 위와 같은 효과가 있음을 명확히 기재하여야 하며(대법원 2003. 4. 25. 선고 2001후2740 판결, 대법원 2007. 9. 6. 선고 2005후3338 판결 등 참조), 위와 같은 효과가 명확히 기재되어 있다고 하기 위해서는 선택발명의 발명의 상세한 설명에 질적인 차이를 확인할 수 있는 구체적인 내용이나, 양적으로 현저한 차이가 있음을 확인할 수 있는 정량적 기재가 있어야 한다.

차. 실용신안법상의 '진보성이 있는 고안'

▣ 대법원 2009. 9. 24. 선고 2007후3585 판결[등록무효(실용)]

실용신안법이 정하는 고안은 특허법에서 말하는 발명과 달리 창작의 고도성을 요구하지는 않으므로 공지공용의 기술을 결합한 고안이라도 그 고안이 유기적으로 결합된 물품의 형상, 구조 또는 조합의 신규성에 의하여 산업상 이용할 수 있는 기술적 사상의 창작이 어느 정도 존재한다면 이는 새로운 공업적 고안이라 할 수 있으나, 이와 같은 경우에도 결합 전에 각 기술이 가지고 있던 작용효과의 단순한 집합이 아니라 결합 전에 비하여 보다 증진된 작용효과가 인정되고 그 고안이 속하는 기술분야에서 통상의 지식을 가진 자(이하 '통상의 기술자'라 한다.)가 용이하게 실시할 수 없을 때 비로소 이를 진보성이 있는 고안이라고 할 것이다(대법원 2006. 2. 23. 선고 2005후2441 판결 참조).

3. 확대된 선원

▣ 대법원 2011. 4. 28. 선고 2010후2179 판결[등록무효(특허)]

구 특허법(2006. 3. 3. 법률 제7871호로 개정되기 전의 것) 제29조 제3항에서 규정하는 발명의 동일성은 발명의 진보성과는 구별되는 것으로서 두 발명의 기술적 구성이 동일한가 여부에 의하되 발명의 효과도 참작하여 판단할 것인데, 기술적 구성에 차이가 있더라도 그 차이가 과제해결을 위한 구체적 수단에서 주지·관용기술의 부가·삭제·변경 등에 지나지 아니하여 새로운 효과가 발생하지 않는 정도의 미세한 차이에 불과하다면 두 발명은 서로 실질적으로 동일하다고 할 것이나, 두 발명의 기술적 구성의 차이가 위와 같은 정도를 벗어난다면 설사 그 차이가 해당 발명이 속하는 기술분야에서 통상의 지식을 가진 사람이 쉽게 도출할 수 있는 범위 내라고 하더라도 두 발명을 동일하다고 할 수 없다.

제 4 절 권리범위확인심판

1. 확인대상발명과 실시주장발명간 상이

▣ 대법원 2003. 6. 10. 선고 2002후2419 판결[권리범위확인(실용)]

실용신안권자가 어떤 물품이 자신의 등록실용신안권의 권리범위에 속한다는 내용의 적극적 권리범위확인심판을 청구한 경우, 그 심판청구인이 특정한 물품과 피심판청구인이 실시하고 있는 물품 사이에 동일성이 인정되지 아니하면, 피심판청구인이 실시하지도 않는 물품이 등록고안의 권리범위에 속한다는 심결이 확정된다고 하더라도 그 심결은 심판청구인이 특정한 물품에 대하여만 효력을 미칠 뿐 실제 피심판청구인이 실시하고 있는 물품에 대하여는 아무런 효력이 없으므로, 피심판청구인이 실시하지 않고 있는 물품을 대상으로 한 적극적 권리범위확인 심판청구는 확인의 이익이 없어 부적법하고 각하되어야 한다(대법원 1996. 3. 8. 선고 94후2247 판결 참조).

2. 특허발명의 진보성 판단 여부

▣ 대법원 2014. 3. 20. 선고 2012후4162 전원합의체 판결[권리범위확인(실용)]

특허법은 특허가 일정한 사유에 해당하는 경우에 별도로 마련한 특허의 무효심판절차를 거쳐 무효로 할 수 있도록 규정하고 있으므로, 특허는 일단 등록이 되면 비록 진보성이 없어 당해 특허를 무효로 할 수 있는 사유가 있더라도 특허무효심판에 의하여 무효로 한다는 심결이 확정되지 않는 한 다른 절차에서 그 특허가 무효임을 전제로 판단할 수는 없다. 나아가 특허법이 규정하고 있는 권리범위확인심판은 심판청구인이 그 청구에서 심판의 대상으로 삼은 확인대상발명이 특허권의 효력이 미치는 객관적인 범위에 속하는지 여부를 확인하는 목적을 가진 절차이므로, 그 절차에서 특허발명의 진보성 여부까지 판단하는 것은 특허법이 권리범위확인심판 제도를 두고 있는 목적을 벗어나고 그 제도의 본질에 맞지 않다. 특허법이 심판이라는 동일한 절차 안에 권리범위확인심판과는 별도로 특허무효심판을 규정하여 특허발명의 진보성 여부가 문제되는 경우 특허무효심판에서 이에 관하여 심리하여 진보성이 부정되면 그 특허를 무효로 하도록 하고 있음에도 진보성 여부를 권리범위확인심판에서까지 판단할 수 있게 하는 것은 본래 특허무효심판의 기능에 속하는 것을 권리범위확인심판에 부여함으로써 특허무효심판의 기능을 상당 부분 약화시킬 우려가 있다는 점에서도 바람직하지 않다. 따라서 권리범위확인심판에서는 특허발명의 진보성이 부정된다는 이유로 그 권리범위를 부정하여서는 안 된다. 다만, 대법원은 특허의 일부 또는 전부가 출원 당시 공지공용의 것인 경우까지 특허청구범위에 기재되어 있다는 이유만으로 권리범위를 인정하여 독점적·배타적인 실시권을 부여할 수는 없으므로 권리범위확인심판에서도 특허무효의 심결 유무에 관계없이 그 권리범위를 부정할 수 있다고 보고 있으나, 이러한 법리를 공지공용의 것이 아니라 그 기술분야에서 통상의 지식을 가진 자가 선행기술에 의하여 용이하게 발명할 수 있는 것뿐이어서 진보성이 부정되는 경우까지 확장할 수는 없다. 위와 같은 법리는 실용신안의 경우에도 마찬가지로 적용된다.[11]

11) 이러한 취지는 다수의견이고, 이 취지에 반대하는 소수의견은 다음과 같다. "특허가 진보성이 없어 무효로 될 것임이 명백함에도 권리범위확인심판을 허용하는 것은 특허권에 관한 분쟁을 실효적으로 해결하는 데 도움이 되지 아니하고 당사자로 하여금 아무런 이익이 되지 않는 심판절차에 시간과 비용을 낭비하도록 하는 결과를 초래하며, 특허발명을 보호·장려하고 이용을 도모함으로써 기술의 발전을 촉진하고 산업발전에 이바지하고자 하는 특허법의 목적을 달성하기 위하여 권리범위확인심판 제도를 마련한 취지에 부합하지 않는다. 권리범위확인심판이 특허가 유효함을 전제로 하여서만 의미를 가질 수 있는 절차이므로 심판절차에서는 특허의 진보성 여부 등 무효사유가 있는지를 선결문제로서 심리한 다음 무효사유가 부정되는 경우에 한하여 특허발명의 권리범위에 관하여 나아가 심리·판단하도록 심판구조를 바꿀 필요가 있다. 이러한 사정들을 종합적으로 고려하면, 진보성이 없다는 이유로 특허발명에 대한 무효심결이 확정되기 전이라고 하더라도 적어도 특허가 진보성이 없어 무효로 될 것임이 명백한 경우라면, 그러한 특허권을 근거로 하여 적극적 또는 소극적 권리범위확인심판을 청구할 이익이 없다고 보아야 하고, 그러한 청구는 부적법하여 각하하여야 한다. 그리고 위와 같은 법리는 실용신안의 경우에도 마찬가지로 적용된다."

3. 확인대상발명 특정의 정도

▣ 대법원 2012. 11. 15. 선고 2011후1494 판결[권리범위확인(특허)]

특허권의 권리범위확인심판을 청구함에 있어 심판청구의 대상이 되는 확인대상발명은 당해 특허발명과 서로 대비할 수 있을 만큼 구체적으로 특정되어야 한다. 그리고 그 특정을 위해서는 대상물의 구체적인 구성을 전부 기재하여야 하는 것은 아니지만, 적어도 특허발명의 구성요소와 대비하여 그 차이점을 판단하는 데 필요할 정도로는 특허발명의 구성요소에 대응하는 부분의 구체적인 구성을 기재하여야 한다(대법원 2005. 9. 29. 선고 2004후486 판결, 대법원 2009. 9. 10. 선고 2007후3356 판결 등 참조). 특히 확인대상발명의 구성이 기능, 효과, 성질 등의 이른바 기능적 표현으로 기재되어 있는 경우에는, 그 발명이 속하는 기술분야에서 통상의 지식을 가진 사람(이하 '통상의 기술자'라고 한다.)이 확인대상발명의 설명서나 도면 등의 기재와 기술상식을 고려하여 그 구성의 기술적 의미를 명확하게 파악할 수 있을 정도로 기재되어 있지 않다면, 특허발명과 서로 대비할 수 있을 만큼 확인대상발명의 구성이 구체적으로 기재된 것으로 볼 수 없다. 다만 확인대상발명의 설명서에 특허발명의 구성요소와 대응하는 구체적인 구성이 일부 기재되어 있지 않거나 불명확한 부분이 있더라도, 그 나머지 구성만으로 확인대상발명이 특허발명의 권리범위에 속하는지 판단할 수 없는 경우에 한하여 확인대상발명이 특정되지 않은 것으로 보아야 한다(대법원 2010. 5. 27. 선고 2010후296 판결 등 참조).[12)]

---

12) 대법원 2005. 4. 29. 선고 2003후656 판결[권리범위확인(특허)] "특허발명의 청구범위가 일정한 범위의 수치로 한정한 것을 구성요소의 하나로 하고 있는 경우에는 그 범위 밖의 수치가 균등한 구성요소에 해당한다는 등의 특별한 사정이 없는 한 특허발명의 청구범위에서 한정한 범위 밖의 수치를 구성요소로 하는 확인대상발명은 원칙적으로 특허발명의 권리범위에 속하지 아니한다고 할 것이므로, 확인대상발명이 특정되었다고 하기 위하여는 확인대상발명이 당해 특허발명에서 수치로 한정하고 있는 구성요소에 대응하는 요소를 포함하고 있는지 여부 및 그 수치는 어떠한지 등이 설명서와 도면 등에 의하여 특정되어야 할 것이다."

4. 확인대상발명 특정과 보정명령

▣ 대법원 2011. 9. 8. 선고 2010후3356 판결[권리범위확인(특허)]

특허권의 권리범위확인심판을 청구할 때 심판청구의 대상이 되는 확인대상발명은 당해 특허발명과 서로 대비할 수 있을 만큼 구체적으로 특정되어야 할 뿐만 아니라, 그에 앞서 사회통념상 특허발명의 권리범위에 속하는지를 확인하는 대상으로서 다른 것과 구별될 수 있는 정도로 구체적으로 특정되어야 한다. 만약 확인대상발명의 일부 구성이 불명확하여 다른 것과 구별될 수 있는 정도로 구체적으로 특정되어 있지 않다면, 특허심판원은 요지변경이 되지 아니하는 범위 내에서 확인대상발명의 설명서 및 도면에 대한 보정을 명하는 등 조치를 취해야 하며, 그럼에도 그와 같은 특정에 미흡함이 있다면 심판의 심결이 확정되더라도 일사부재리의 효력이 미치는 범위가 명확하다고 할 수 없으므로, 나머지 구성만으로 확인대상발명이 특허발명의 권리범위에 속하는지를 판단할 수 있는 경우라 하더라도 심판청구를 각하하여야 한다.[13]

5. 확인대상발명 특정의 간주

▣ 대법원 2010. 5. 27. 선고 2010후296 판결[권리범위확인(특허)]

특허권의 권리범위확인심판을 청구함에 있어 심판청구의 대상이 되는 확인대상발명은 당해 특허발명과 서로 대비할 수 있을 만큼 구체적으로 특정되어야 하는바, 그 특정을 위해서 대상물의 구체적인 구성을 전부 기재할 필요는 없지만, 적어도 특허발명의 구성요건과 대비하여 그 차이점을 판단함에 필요할 정도로 특허발명의 구성요건에 대응하는 부분의 구체적인 구성을 기재하여야 함이 원칙이다(대법원 2005. 4. 29. 선고 2003후656 판결, 대법원 2005. 9. 29. 선고 2004후486 판결 등 참조). 다만, 확인대상발명의 설명서에 특허발명의 구성요소와 대응하는 구체적인 구성이 일부 기재되어 있지 않거나 불명확한 부분이 있다고 하더라도 나머지 구

13) 대법원 2005. 4. 29. 선고 2003후656 판결[권리범위확인(특허)] "확인대상발명이 적법하게 특정되었는지 여부는 특허심판의 적법요건으로서 당사자의 명확한 주장이 없더라도 의심이 있을 때에는 특허심판원이나 법원이 이를 직권으로 조사하여 밝혀보아야 할 사항이다."

성만으로 확인대상발명이 특허발명의 권리범위에 속하는지 여부를 판단할 수 있는 경우에는 확인대상발명은 특정된 것으로 봄이 상당하다.

6. 확인대상발명의 해석 기준

▣ 대법원 2005. 11. 25. 선고 2004후3478 판결[권리범위확인(특허)]

특허권의 권리범위는 명세서의 특허청구범위에 기재된 사항에 의하여 정하여지는 것이 원칙이고, 다만 그 기재만으로 특허의 기술적 구성을 알 수 없거나 알 수는 있더라도 권리범위를 확정할 수 없는 경우에는 발명의 상세한 설명이나 도면 등 명세서의 다른 기재에 의하여 보충하여 명세서 전체로서 권리범위를 확정하여야 하는 것이지만 그 경우에도 명세서의 다른 기재에 의하여 권리범위를 확장하여 해석하거나 제한하여 해석하는 것은 허용되지 않는 것이므로(대법원 1998. 5. 22. 선고 96후1088 판결, 대법원 2001. 6. 1. 선고 98후2856 판결 등 참조), 권리범위확인 심판청구의 대상이 되는 확인대상발명도 특허청구범위에 대응하여 구체적으로 구성을 기재한 확인대상발명의 설명 부분을 기준으로 파악하여야 하고, 확인대상발명의 설명서에 첨부된 도면에 의하여 위 설명 부분을 변경하여 파악하는 것은 허용되지 아니한다.

7. 균등의 요건 : 과제해결원리의 동일성

▣ 대법원 2014. 7. 24. 선고 2012후1132, 판결[권리범위확인(특허)]

특허발명과 대비되는 확인대상발명이 특허발명의 권리범위에 속한다고 할 수 있기 위해서는 특허발명의 특허청구범위에 기재된 각 구성요소와 그 구성요소 간의 유기적 결합관계가 확인대상발명에 그대로 포함되어 있어야 한다. 한편 확인대상발명에서 특허발명의 특허청구범위에 기재된 구성 중 변경된 부분이 있는 경우에도, 양 발명에서 과제의 해결원리가 동일하고, 그러한 변경에 의하더라도 특허발명에서와 실질적으로 동일한 작용효과를 나타내며, 그와 같이 변경하는 것이 그 발명이 속하는 기술분야에서 통상의 지식을 가진 자(이하 '통상의 기술자'라고 한다.)라면 누구나 용이하게 생각해 낼 수 있는 정도라면, 특별한 사정이 없는 한 확인대상발명은 특허발명의 특허청구범위에 기재된 구성과 균등한 것으로서 여전히 특허발명의 권리범위에 속한다고 보아야 한다. 그리고 여기서 '양 발명에서 과제의 해결원리가 동일'한지 여부를 가릴 때에는 특허청구범위에 기재된 구성의 일부를 형식적으로 추출할 것이 아니라, 명세서의 발명의 상세한 설명의 기재와 출원 당시의 공지기술 등을 참작하여 선행기술과 대비하여 볼 때 특허발명에 특유한 해결수단이 기초하고 있는 기술사상의 핵심이 무엇인가를 실질적으로 탐구하여 판단하여야 한다(대법원 2009. 6. 25. 선고 2007후3806 판결 등 참조).[14]

---

14) 이 사건 제1항 발명 중 구성 7은 '가이드케이스의 하부에 고정 배치되고 아래로 갈수록 그 두께가 선형적으로 넓어지는 격자형의 절단날'로서, 이는 가이드케이스의 하부에 고정 배치되고 아래로 갈수록 그 두께가 선형적으로 넓어지는 '격자형 부재'와 그러한 격자형 부재와 같은 위치에 고정 배치되는 '격자형 칼날'이 일체로 형성된 것이다. 그런데 이 사건 확인대상발명은 이 사건 제1항 발명의 '격자형 부재' 구성처럼 가이드케이스의 하부에 고정 배치되고 아래로 갈수록 그 두께가 선형적으로 넓어지는 경사면을 구비한 '격자형 박스' 구성을 그대로 가지되, 다만 이 사건 제1항 발명의 '격자형 칼날' 구성을 상하로 이동되는 절단용 실린더에 연동하고 각 가압절판에 인접하여 수직으로 형성되는 '격자형 절단날' 구성으로 변경한 것이다. 따라서 '격자형 부재'와 일체로 형성되어 가이드케이스의 하부에 고정 배치되는 이 사건 제1항 발명의 '격자형 칼날'과 달리, 이 사건 확인대상발명은 '격자형 절단날'이 '격자형 박스'와 분리되어 상하로 이동되도록 가이드케이스의 위쪽에 별도로 배치되는 점에서 차이가 있다. … (중략) … 이 사건 제1항 발명에 특유한 해결수단이 기초하고 있는 기술사상의 핵심은 '절단된 각각의 적층 김들이 하강하면서 가이드케이스의 하부에 고정 배치되는 격자형 부재의 외측 경사면을 따라 서로 사이가 벌어지도록 유도'하는 데에 있다. 그런데 이 사건 확인대상발명도 경사면을 구비한 '격자형 박스' 구성에 의해 '절단된 각각의 적층 김들이 하강하면서 가이드케이스의 하부에 고정 배치되는 격자형 박스의 외측 경사면을 따라 서로 사이가 벌어지도록 유도'할 수 있다. 따라서 이 사건 확인대상발명은 위와 같은 구성의 변경에도 불구하고 해결수단이 기초하고 있는 기술사상의 핵심에서 이 사건 제1항 발명과 차이가 없으므로, 양 발명에서 과제의 해결원리가 동일하다. 그리고 이 사건 확인대상발명은 위와 같은 구성의 변경에 의하더라도 '절단된 각각의 적층 김들이 포장용기 내에 정확히 위치하도록 사이를 벌려 놓아 수납공정까지 자동화'한다는 점에서 이 사건 제1항 발명에서와 실질적으로 동일한 작용효과를 나타낸다. 나아가 이 사건 확인대상발명처럼 상부에 배치된 칼날이 상하 이동하면서 하부에 고정된 물체를 절단하도록 하는 것은 그 기술분야에서 관용적으로 채택되는 기술수단에 불과하므로, 통상의 기술자라면 누구나 용이하게 그와 같은 구성의 변경을 생각해 낼 수 있다고 볼 수 있다. 비록 이 사건 확인대상발명에서 '격자형 절단날'이 상하로 이동하기 위해 구조가 다소 복잡해지고 '가압절판'과의 관계에서 구체적인 절단방식이 달라지는 등의 차이가 생긴다고 하더라도, 이는 앞서 본 기술사상의 핵심과 관련 없는 관용적 기술수단을 채택함에 따른 부수적인 것에 불과하다고 보이므로 이러한 차이를 들어 실질적인 작용효과에 차이가 있다고 볼 수 없다. 위와 같은 사정들을 앞서 본 법리에 비추어 살펴보면, 이 사건 확인대상발명은 이 사건 제

8. 출원경과 등을 참작한 권리범위해석

▣ 대법원 2003. 7. 11. 선고 2001후2856 판결[권리범위확인(특허)]

특허권의 권리범위는 특허출원서에 첨부한 명세서의 특허청구범위에 기재된 사항에 의하여 정하여지고, 청구범위의 기재만으로 기술적 범위가 명백한 경우에는 원칙적으로 명세서의 다른 기재에 의하여 청구범위의 기재를 제한 해석할 수 없지만, 청구범위에 포함되는 것으로 문언적으로 해석되는 것 중 일부가 발명의 상세한 설명의 기재에 의하여 뒷받침되고 있지 않거나 출원인이 그중 일부를 특허권의 권리범위에서 의식적으로 제외하고 있다고 보이는 경우 등과 같이 청구범위를 문언 그대로 해석하는 것이 명세서의 다른 기재에 비추어 보아 명백히 불합리할 때에는, 출원된 기술사상의 내용과 명세서의 다른 기재 및 출원인의 의사와 제3자에 대한 법적 안정성을 두루 참작하여 특허권의 권리범위를 제한 해석하는 것이 가능하다.

9. 확인대상발명이 자유실시기술인 경우

▣ 대법원 2011. 1. 27. 선고 2009후832 판결[권리범위확인(특허)]

어느 발명이 특허발명의 권리범위에 속하는지를 판단함에 있어서 특허발명과 대비되는 발명이 공지의 기술만으로 이루어지거나 그 기술분야에서 통상의 지식을 가진 자(이하 '통상의 기술자'라 한다.)가 공지기술로부터 용이하게 실시할 수 있는 경우에는 특허발명과 대비할 필요 없이 특허발명의 권리범위에 속하지 않게 된다(대법원 2001. 10. 30. 선고 99후710 판결 등 참조).

1항 발명과 동일하거나 균등한 구성요소들과 그 구성요소들 간의 유기적 결합관계를 그대로 포함하고 있으므로 이 사건 제1항 발명의 권리범위에 속한다고 봄이 타당하다.

10. 확인대상발명과 특허발명간 이용관계

▣ 대법원 2007. 2. 8. 선고 2005후1011 판결[권리범위확인(특허)]

확인대상발명이 특허발명을 이용하는 관계에 있는 경우에는 확인대상발명은 특허발명의 권리범위에 속하게 되지만, 확인대상발명이 특허발명과 이용관계에 있다고 하기 위해서는 확인대상발명이 특허발명의 기술적 구성에 새로운 기술적 요소를 부가하는 것으로서 확인대상발명이 특허발명의 요지를 전부 포함하고 이를 그대로 이용하되, 확인대상발명 내에 특허발명이 발명으로서 일체성을 유지하는 경우이어야 하며, 이는 특허발명과 동일한 발명뿐만 아니라 균등한 발명을 이용하는 경우도 마찬가지이다(대법원 2001. 8. 21. 선고 98후522 판결 참조).[15)]

제5절 정정 및 기타

1. 정 정

▣ 대법원 2014. 2. 13. 선고 2012후627 판결[정정(특허)]

구 특허법(2009. 1. 30. 법률 제9381호로 개정되기 전의 것. 이하 같다.) 제136조 제1항, 제47조 제3항 제2호에 따라 특허발명의 명세서 또는 도면에 대하여 정정심판을 청구할 수 있는 '잘못된 기재를 정정하는 경우'란 '명세서와 도면 전체의 기재와 당해 기술분야의 기술상식 등에 비추어 보아 명백히 잘못 기재된 것을 본래의 올

15) 이와 관련하여 권리 대 권리의 적극적 권리범위확인심판에 관해서는 "후 출원에 의하여 등록된 고안을 (가)호 고안으로 하여 선 출원에 의한 등록고안의 권리범위에 속한다는 확인을 구하는 적극적 권리범위확인심판은 후 등록된 권리에 대한 무효심판의 확정 전에 그 권리의 효력을 부정하는 결과로 되어 원칙적으로 허용되지 아니하고, 다만 예외적으로 양 고안이 구 실용신안법(1990. 1. 13. 법률 제4209호로 전문 개정되기 전의 것) 제11조 제3항에서 규정하는 이용관계에 있어 (가)호 고안의 등록의 효력을 부정하지 않고 권리범위의 확인을 구할 수 있는 경우에는 권리 대 권리 간의 적극적 권리범위확인심판의 청구가 허용된다."고 판시하였다(대법원 2002. 6. 28. 선고 99후2433 판결).

바른 기재로 고치는 경우'를 의미한다(대법원 2005. 9. 30. 선고 2004후2451 판결 등 참조). 구 특허법 제136조 제1항, 제3항은, 특허권자는 특허청구범위를 실질적으로 확장하거나 변경하지 아니하는 범위 내에서 명세서 또는 도면에 대하여 정정을 청구할 수 있다고 규정하고 있다. 여기서 특허청구범위를 실질적으로 확장하거나 변경하는 경우에 해당하는지 여부는 특허청구범위 자체의 형식적인 기재뿐만 아니라 발명의 상세한 설명을 포함하여 명세서와 도면 전체에 의하여 파악되는 특허청구범위의 실질적인 내용을 대비하여 판단하여야 하는바, 정정 후의 특허청구범위에 의하더라도 발명의 목적이나 효과에 어떠한 변경이 없고 발명의 상세한 설명 및 도면에 기재되어 있는 내용을 그대로 반영한 것이어서 정정 전의 특허청구범위를 신뢰한 제3자에게 예기치 못한 손해를 줄 염려가 없다면 그 정정 청구는 특허청구범위를 실질적으로 확장하거나 변경하는 것에 해당하지 아니한다(대법원 2010. 4. 29. 선고 2008후1081 판결 등 참조).

▣ 대법원 2014. 2. 27. 선고 2012후3404 판결[정정무효(특허)]

특허발명의 명세서 또는 도면의 정정은 그 명세서 또는 도면에 기재된 사항의 범위 이내에서 할 수 있다(특허법 제136조 제2항). 여기서 '명세서 또는 도면에 기재된 사항'이라 함은 거기에 명시적으로 기재되어 있는 것뿐만 아니라 기재되어 있지는 않지만 출원 시의 기술상식으로 볼 때 그 발명이 속하는 기술분야에서 통상의 지식을 가진 사람이면 명시적으로 기재되어 있는 내용 자체로부터 그와 같은 기재가 있는 것과 마찬가지라고 명확하게 이해할 수 있는 사항을 포함하지만, 그러한 사항의 범위를 넘는 신규사항을 추가하여 특허발명의 명세서 또는 도면을 정정하는 것은 허용될 수 없다.

▣ 대법원 2005. 4. 15. 선고 2003후2010 판결[정정(실용)]

실용신안등록청구범위의 정정이 실용신안등록청구범위의 실질적 변경에 해당하는지 여부는 실용신안등록청구범위의 형식적인 기재만을 가지고 대비할 것이 아니라 실용신안의 상세한 설명을 포함한 명세서 전체내용과 관련하여 실질적으로 대비하여 판단함이 합리적이고(대법원 2001. 12. 11. 선고 99후2815 판결, 대법원

2004. 12. 24. 선고 2002후413 판결 참조), 명세서의 상세한 설명 또는 도면에 있는 사항을 실용신안등록청구범위에 새로이 추가함으로써 표면상 등록실용신안이 한정되어 형식적으로는 실용신안등록청구범위가 감축되는 경우라 하더라도, 다른 한편 그 구성의 추가로 당초의 등록실용신안이 새로운 목적 및 효과를 갖게 되는 때에는 실용신안등록청구범위의 실질적 변경에 해당하므로, 이와 같은 정정은 위 법 조항에 위배되어 허용되지 않는다.

2. 기 타

가. 영업방법 관련 발명의 성립성

▣ 대법원 2008. 12. 24. 선고 2007후265 판결[거절결정(특허)]

구 특허법(2006. 3. 3. 법률 제7871호로 개정되기 전의 것) 제2조 제1호는 자연법칙을 이용한 기술적 사상의 창작으로서 고도한 것을 '발명'으로 정의하고 있으므로, 출원발명이 자연법칙을 이용한 것이 아닌 때에는 같은 법 제29조 제1항 본문의 '산업상 이용할 수 있는 발명'의 요건을 충족하지 못함을 이유로 그 특허출원을 거절하여야 한다. 특히, 정보기술을 이용하여 영업방법을 구현하는 이른바 영업방법(business method) 발명에 해당하기 위해서는 컴퓨터상에서 소프트웨어에 의한 정보처리가 하드웨어를 이용하여 구체적으로 실현되고 있어야 한다. 한편, 출원발명이 자연법칙을 이용한 것인지 여부는 청구항 전체로서 판단하여야 하므로, 청구항에 기재된 발명의 일부에 자연법칙을 이용하고 있는 부분이 있더라도 청구항 전체로서 자연법칙을 이용하고 있지 않다고 판단될 때에는 특허법상의 발명에 해당하지 않는다.

나. 공동 발명자의 판단기준

▣ 대법원 2011. 7. 28. 선고 2009다75178 판결[직무발명보상금]

공동발명자가 되기 위해서는 발명의 완성을 위하여 실질적으로 상호 협력하는 관계가 있어야 하므로, 단순히 발명에 대한 기본적인 과제와 아이디어만을 제공하였거나, 연구자를 일반적으로 관리하였거나, 연구자의 지시로 데이터의 정리와 실험만을 하였거나, 자금·설비 등을 제공하여 발명의 완성을 후원·위탁하였을 뿐인 정도 등에 그치지 않고, 발명의 기술적 과제를 해결하기 위한 구체적인 착상을 새롭게 제시·부가·보완하거나, 실험 등을 통하여 새로운 착상을 구체화하거나, 발명의 목적 및 효과를 달성하기 위한 구체적인 수단과 방법의 제공 또는 구체적인 조언·지도를 통하여 발명을 가능하게 한 경우 등과 같이 기술적 사상의 창작행위에 실질적으로 기여하기에 이르러야 공동발명자에 해당한다. 한편 이른바 실험의 과학이라고 하는 화학발명의 경우에는 당해 발명 내용과 기술수준에 따라 차이가 있을 수는 있지만 예측가능성 내지 실현가능성이 현저히 부족하여 실험데이터가 제시된 실험예가 없으면 완성된 발명으로 보기 어려운 경우가 많이 있는데, 그와 같은 경우에는 실제 실험을 통하여 발명을 구체화하고 완성하는데 실질적으로 기여하였는지의 관점에서 공동발명자인지를 결정해야 한다.[16]

다. 기술이전 교육용 자료의 공지 여부

▣ 대법원 2005. 2. 18. 선고 2003후2218 판결[등록무효(특)]

발명의 내용이 계약상 또는 상관습상 비밀유지의무를 부담하는 특정인에게 배포된 기술이전 교육용 자료에 게재된 사실만으로는 공지(公知)된 것이라 할 수 없다.[17]

---

16) 甲이 농약 등을 연구·제조·판매하는 乙 주식회사에게서 乙 회사 연구진이 직파벼용 제초물질인 비스피리박(bispyribac)을 변형하여 발명한 피리벤족심(Pyribenzoxim) 등의 제품화를 맡아달라는 제안을 받고 乙 회사에 '제초제 PL(Project Leader)'로 입사하여 피리벤족심의 본격적인 상업화 단계에서 필요한 등록시험, 독성시험, 양산공정, 잔류시험 등에 직접 관여하는 등 기여하고, 丙 화학연구소 연구팀이 제조한 제초제 후보물질이 피를 방제할 수 있는 능력은 탁월하나 효과가 불안정하고 약해가 심하여 제품화가 중단된 사실을 알고 위 연구팀에 공동연구를 제안하여 약해 극복에 관한 아이디어와 새로운 효력 평가 방법을 제안하고 실험과정에 관여한 결과, 乙 회사 연구팀이 피리벤족심의 특이한 문제를 해결한 제초성 유제조성물에 관한 특허발명과 제초성 피리딘술포닐우레아 유도체[일반명 플루세토설퓨론(Flucetosulfuron)]에 관한 특허발명을 완성한 사안에서, 甲은 특허발명 과정에서 이른바 PL로서 구체적인 착상을 하고 부하에게 발전 및 실현을 하게 하거나 소속 부서 내의 연구가 혼미할때 구체적인 지도를 하여 발명을 가능케 하였으므로 위 발명들의 공동발명자에 해당한다고 본 원심판단을 정당하다고 한 사례이다.

17) '선로접속자재 개량기술개발'이라는 명칭의 자료는 원고가 기술이전계약을 체결하게 될 접속관 시작품(始作品) 제작업체를 상대로 '조립식 접속관'에 관한 기술이전을 교육하기 위

라. 출원명세서에 기재된 종래기술의 선행기술 지위

▣ 대법원 2005. 12. 23. 선고 2004후2031 판결[등록무효(실용)]

구 실용신안법(2001. 2. 3. 법률 제6412호로 개정되기 전의 것) 제5조 제1항은 실용신안등록출원 전에 국내에서 공지되었거나 공연히 실시된 고안(제1호) 및 실용신안등록출원 전에 국내 또는 국외에서 반포된 간행물에 기재된 고안(제2호)은 등록을 받을 수 없음을, 제2항은 실용신안등록출원 전에 그 고안이 속하는 기술분야에서 통상의 지식을 가진 자가 위 제1항 각 호의 1에 해당하는 고안에 의하여 극히 용이하게 고안할 수 있는 고안은 실용신안등록을 받을 수 없다고 규정하고 있으므로, 같은 법 제9조 제2항에 따라 실용신안등록출원서에 첨부한 명세서에 종래기술을 기재하는 경우에는 출원된 고안의 출원 이전에 그 기술분야에서 알려진 기술에 비하여 출원된 고안이 신규성과 진보성이 있음을 나타내기 위한 것이라고 할 것이어서, 그 종래기술은 특별한 사정이 없는 한 출원된 고안의 신규성 또는 진보성이 부정되는지 여부를 판단함에 있어서 같은 법 제5조 제1항 각 호에 열거

하여 1992. 12.경 작성한 교육용 자료로서 1994. 1. 26.~27. 2일간 원고에 의하여 실시된 기술이전교육에서 원고와 사이에 이미 기술이전계약을 체결한 금성전선 주식회사, 대한전선 주식회사, 주식회사 럭키, 유신전자공업 주식회사, 제일엔지니어링에게 배포된 것인 사실, 한편 원고는 1993. 12. 27.경 금성전선 주식회사와 사이에 조립식 접속관 기술전수계약을 체결하면서 위 회사는 기술이전과 관련된 모든 기술 및 노하우에 대하여 원고의 사전 서면동의 없이 제3자에게 유출하지 아니하기로 약정하였는데, 다른 참가업체인 제일엔지니어링 등도 그 무렵 원고와 사이에 위 조립식 접속함 제작기술과 관련하여 위와 동일한 취지의 비밀유지의무를 약정한 것으로 보이는 사실, 피고는 제일엔지니어링으로부터 위 조립식 접속함을 제작·납품할 것을 하청받았는데 당시 금형 제작기술을 보유하고 있지 않았으므로 태백정밀이란 상호의 업체에게 위 조립식 접속함에 대한 금형제작 의뢰를 하였고, 피고를 포함한 위 제일엔지니어링, 태백정밀은 일의 진행 결과를 팩스 등을 통해서 서로 주고받은 사실을 인정한 다음, 피고와 태백정밀은 제일엔지니어링으로부터 이 사건 조립식 접속함 제작과 관련하여 지정된 하청업체들로서 제일엔지니어링의 필요한 지시에 따라야 할 위치에 있었을 뿐만 아니라, 위 제일엔지니어링이 시작품 제작에 관여하게 된 경위 등에 관하여 잘 알고 있었거나 알 수 있었던 상태에 있었다고 추정함이 상당하므로 적어도 위 제일엔지니어링이 비밀유지의무를 지고 있음을 잘 알고 있었다고 보이고, 피고나 태백정밀 또한 위 제일엔지니어링이나 피고에 대하여 상관습상 이러한 비밀유지의무를 부담한다 할 것이므로, 위 기술개발자료는 비밀유지의무를 지고 있는 특정인에게만 배포된 것으로서 결국 명칭을 '통신케이블 접속용 접속관 외함'으로 하는 피고의 이 사건 특허발명(특허번호 제148093호)이 출원되기 전에 공지된 것이라 할 수 없다.

한 고안들 중 하나로 보아야 할 것이다.

마. 의견제출기회 부여 및 거절이유통지서 기재 정도

▣ 대법원 2008. 12. 24. 선고 2007후265 판결[거절결정(특허)]

특허거절결정과 거절이유통지 등에 관하여 규정하고 있는 구 특허법(2006. 3. 3. 법률 제7871호로 개정되기 전의 것) 제62조, 구 특허법(2007. 1. 3. 법률 제8197호로 개정되기 전의 것) 제63조 및 제170조 제2항에 의하면, 특허거절결정에 대한 심판에서 그 거절결정의 이유와 다른 거절이유를 발견한 경우에는 거절이유의 통지를 하여 특허출원인에게 새로운 거절이유에 대한 의견서 제출의 기회를 주어야 하지만, 특허거절결정에 대한 심판청구를 기각하는 심결 이유가 그 주된 취지에서 특허거절결정의 이유와 부합하는 경우에는 특허거절결정의 이유와 다른 별개의 새로운 이유로 심결을 한 것으로 볼 수 없으므로, 이러한 경우에까지 특허출원인에게 새로이 거절이유를 통지하여 그에 대한 의견서 제출의 기회를 주어야 하는 것은 아니라 할 것이고(대법원 2008. 4. 24. 선고 2006후329 판결 등 참조), 한편 그 거절이유통지서가 어느 정도 추상적이거나 개괄적으로 기재되어 있다고 하더라도 그 발명이 속하는 기술분야에서 통상의 지식을 가진 자(이하 '통상의 기술자'라 한다.)가 전체적으로 그 취지를 이해할 수 있을 정도로 기재하면 충분하다 할 것이다(대법원 1997. 4. 11. 선고 96후1217 판결 참조).

바. 심결취소소송(거절결정불복)에서 주지관용기술 제출

▣ 대법원 2007. 7. 2. 선고 2005후2991 판결[거절결정(특허)]

비교대상발명이 심사 및 심판단계에서 대비한 비교대상발명과 동일한 이상 원심이 새로운 증거에 대하여 심리한 것은 아니므로 원심단계에서 새로이 채택하였다고 주장하는 증거들은 특허출원 당시 이 사건 기술분야에서 널리 알려진 주지관용기술을 보여주는 자료로써 심사 및 심판단계에서 든 비교대상발명을 보충하기 위한 것에 지나지 않아서 원심이 이 사건 출원발명의 진보성을 부정하는 새로운 공지기술에 대하여 심리한 것도 아니므로 원심에 절차상의 위법은 없다.

제4장 PATENT TRIAL

특허심판의 주요사례

CHAPTER 04 특허심판의 주요사례

제1절 거절결정불복심판

1. 심판개요

거절결정불복심판이란 결정계 심판의 대표적인 심판으로 출원인과 특허청 즉, 출원인이 출원한 발명을 심사관으로부터 거절결정을 받은 것에 대하여 불복이 있는 경우에 청구하는 심판이다(특허법 제132조의3【특허거절결정 등에 대한 심판】).

거절결정을 받은 출원인은 거절결정등본을 송달받은 날로부터 30일 내에 특허심판원에 거절결정불복심판을 청구할 수 있다.[1] 만약 심판결과에 불복이 있는 때에는 청구인은 심결등본을 송달받은 날로부터 30일 이내에 특허법원에 심결취소의 소를 제기할 수 있다. 이 경우 상기의 기간은 불변기간이다(특허법 제186조【심결 등에 대한 소】 제3항 및 제4항).

1) 재심사청구 제도가 도입되기 전 종래에는 심사전치 제도로서 특허출원에 대해 심판청구일로부터 30일 내에 명세서 등 보정서를 제출하는 경우 특허청 심사관에게 심사전치하여 보정된 명세서를 기준으로 다시 심사하게끔 하였으나, 2009. 7. 1. 이후 출원(특허·실용신안)에 대해서는 이와 같은 심사전치 제도를 폐지하고 새로이 재심사청구 제도를 도입하였고, 이에 따라 거절결정등본을 송달받은 날부터 30일 이내에 거절결정불복심판을 청구하지 않더라도 명세서 또는 도면 등의 보정과 동시에 재심사를 청구하면 심사관에게 다시 심사를 받을 수 있도록 하였다.

2. 주요사례 I : 주지관용기술 인정 여부

가. 사건 개요

□ 명칭 : 초정밀 장비용 기울어짐 감시 장치

□ 절차경위 : 거절결정 → 거절결정불복심판(기각) → 특허법원(심결취소) → 대법원(기각) → 취소판결심결 → 재거절결정 → 확정

나. 심사 단계

□ 출원발명이 해결하고자 하는 과제

초정밀 장비에 있어서, 초기 설치 조건을 유지하는 것이 매우 중요한데, 초기 설치 조건은 수평, 진동, 온도 및 습도 등일 수 있다. 초정밀 장비를 운용하는 중에 위 설치 조건이 바뀌는 경우가 발생할 수 있으며, 이는 초정밀 장비의 정확도를 떨어뜨려 제조 장비의 경우 불량률을 높일 수 있고, 측정 장비의 경우 측정의 신뢰도를 떨어뜨릴 수 있다. 따라서 초정밀 장비의 운용 중에도 설치 조건을 측정 및 유지하는 것은 매우 중요하다고 할 수 있다. 설치 조건 중에서 온도 및 습도는 쉽게 측정할 수 있으나, 수평 및 진동의 경우 측정이 용이하지 아니하였다. 이와 같은 상황에도 불구하고, 초정밀 장비의 요구 정확도가 높아짐에 따라 수평 및 진동이 불량률 또는 신뢰도에 미치는 영향은 점점 증대되고 있다. 따라서 초정밀 장비의 수평 및 진동을 효과적으로 측정할 수 있는 방법이 요구된다.

□ 발명의 특징 및 개요

이 사건 발명은 초정밀 장비의 수평을 측정하는 기울어짐 감시 장치로서, 연산장치(300)의 연산부(310)가 초정밀 장비(100)의 하단에 고정된 로드셀(200)들이 측정한 측정값들의 직류 성분을 비교하여 초정밀 장비의 수평을 측정하는 것을 특징으로 하고 있다.

연산장치(300)는 로드셀들(200)로부터 전달된 측정값들로부터 장비의 기울어짐 값을 구하거나, 로그 파일을 형성하거나, 알람 정보를 형성하는 기능을 수행

한다.

연산부(310)는 로드셀들(200)로부터 제공되는 측정값들의 비교 결과에 대응하는 기울어짐 값을 구한다. 기울어짐 값은 예로서 측정값들 중에서 최대 측정값과 최소 측정값의 차일 수 있다. 따라서 기울어짐 값은 기울어진 각도 그 자체일 수도 있으나, 기울어진 각도에 비례하거나 기울어진 각도와 함수관계를 가지는 값일 수 있다. 연산부(310)는 예로서 측정값들의 직류 성분들을 비교하여 기울어짐 값을 구할 수 있다.

[도 1] 본 발명 일실시예에 따른 초정밀 장비용 기울어짐 감시 장치

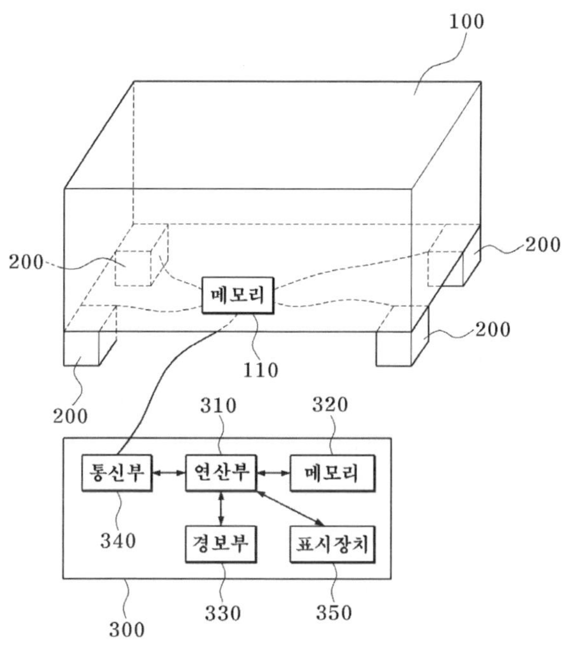

100: 초정밀 장비, 200: 복수 개의 로드셀, 300: 연산장치

□ 청구범위

1. **초정밀 장비**; 상기 초정밀 장비를 지지하는 **3개 이상의 로드셀들**; 및 상기 로드셀들로부터 제공되는 측정값들의 비교 결과에 대응하는 기울어짐 값을 구하는 연산부를 구비하는 기울어짐 감시 장치.
2. 제1항에 있어서, 상기 기울어짐 값을 시간에 따라 기록한 제1로그파일을 저장하는 메모리를 더 포함하는 기울어짐 감시 장치.
3. 제2항에 있어서, 상기 메모리는 상기 초정밀 장비에 의하여 가공된 제품의 식별번호를 시간에 따라 기록한 제2로그파일을 저장하는 기울어짐 감시 장치.
4. 제3항에 있어서, 상기 연산부는 상기 제1로그파일, 상기 제2로그파일 및 상기 식별번호에 대응하는 제품의 불량 여부를 기록한 제3로그파일로부터 기울어짐 값과 불량률의 함수 관계를 연산하는 기울어짐 감시 장치.
5. 제1항에 있어서, 상기 기울어짐 값이 소정 값을 초과하면 사용자에게 경보를 제공하는 경보부를 더 포함하는 기울어짐 감시 장치.
6. 제1항에 있어서, 상기 연산부는 상기 측정값들의 직류 성분들의 비교 결과에 대응하는 상기 기울어짐 값을 구하는 기울어짐 감시 장치.
7. 제1항에 있어서, 상기 연산부는 상기 측정값들 중 적어도 하나의 측정값의 교류 성분으로부터 주파수 및 진폭을 구하는 기울어짐 감시 장치.
8. 제7항에 있어서, 상기 주파수 및 상기 진폭을 시간에 따라 기록한 로그파일을 저장하는 메모리를 더 포함하는 기울어짐 감시 장치.
9. 제8항에 있어서, 상기 진폭이 소정 값 초과이면 사용자에게 경보를 제공 하는 경보부를 더 포함하는 기울어짐 감시 장치.

□ 비교대상발명

○ 비교대상발명 1

가공장치의 기울기를 정밀 조정하는 수준 테이블에 관한 것으로, 4개의 다리(4-7)에 설치된 **로드셀이 지면 접촉 여부를 검출**하고, 경사 검출기(3)가 테이블(2) 면의 2차원 경사를 검출하는 것을 특징으로 하는 것으로, 정밀한 가공을 하는 가공장치를 설치해, 자동적으로 기울기를 정밀히 조정하는 수준 테이블을 제공하는 것이다. 즉, 수준테이블을 반도체웨이퍼의 핸들링장치나 정밀가공장치에 사용해 수평의 조정이 안되는 평면에 설치해도 테이블면을 수평 또는 특정의 각도로 조정하는 것이다.

적어도 4개의 다리 4~7을 가지고, 각 다리의 높이를 조정하는 모터와 수준 테이블면 2차원의 경사를 검출하는 경사검출기 3을 구비해 경사검출기 3의 출력 데이터와 목표치의 벡터(vector)와의 차이를 연산해, 다리 4~7의 높이를 조정하는 모터를 동작시켜 테이블면의 수준을 자동조정하기 때문에, 자동적으로 정확하게 테이블면의 수준을 조정할 수 있다.

[도 1] 본 발명 수준 테이블 사시도

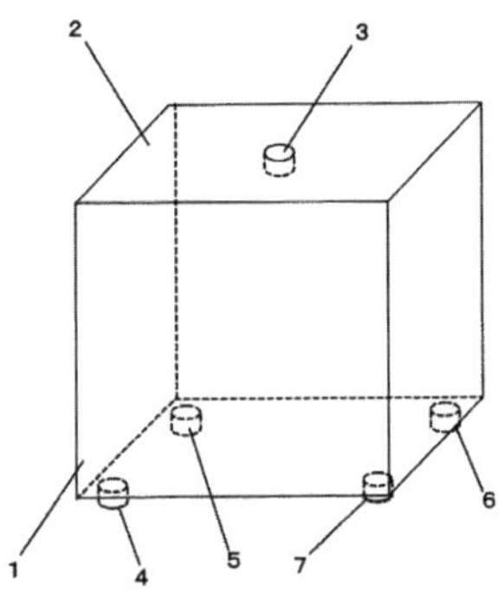

[도 3] 본 발명 수평 테이블 회로 블록도

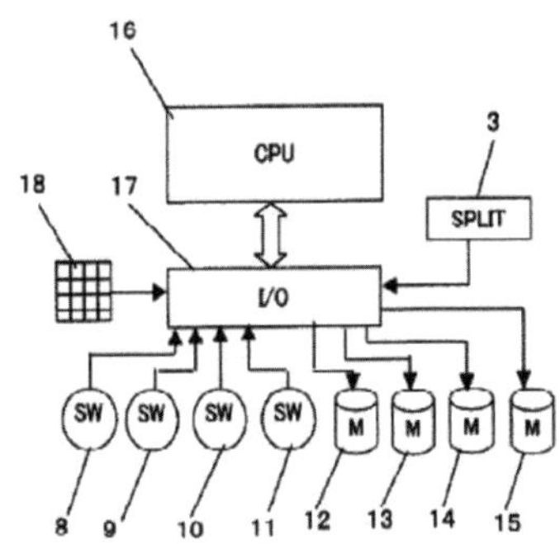

1: 수준테이블, 3: 경사 검출기, 4~7: 다리, 8~11: 접지 검출 스위치, 12~15: 다리 승강 장치, 16: 중앙연산장치(CPU), 17: I/O 버스 연결, 18: 키보드

○ 비교대상발명 2

로드셀을 이용하여 설치된 장소의 경사각을 측정하는 경사측정장치에 관한 것으로, 연산회로부(40)의 **연산기(43)**가 기준 질량의 무게추(21)에 의한 **로드셀(25) 내 변형부(23)의 변형값에 기초하여 경사각(θ)을 산출**하는 것을 특징으로 한다.

경사측정장치를 이용하여 경사에 의한 측정오차를 보상하는 전자저울 및 경사보상방법이 개시되어 있고, 경사측정장치는 로드셀을 이용한 전자저울에 있어서 입력부, 연산기 및 표시부를 구비한다. 연산기는 무게추의 측정된 기준플레이트에 대한 수직방향하중과 입력된 질량값을 기초로 경사각을 산출한다. 무게추를 달리하여 반복측정 가능함으로써 정확한 경사각을 측정할 수 있으며 측정된 경사각으로 정확한 경사보정을 할 수 있게 된다.

[도 2] 본 발명 일 실시예에 따른 경사측정장치를 나타내 보인 도면

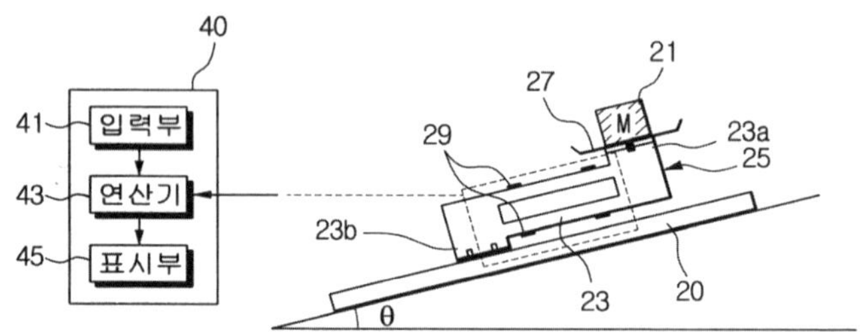

20: 베이스, 23: 변형부, 25: 로드셀, 21: 무게추, 27: 기준플레이트, 29: 스트레인게이지, 43: 연산기

[도 3] 도 2의 경사측정장치의 경사측정방법을 나타낸 흐름도

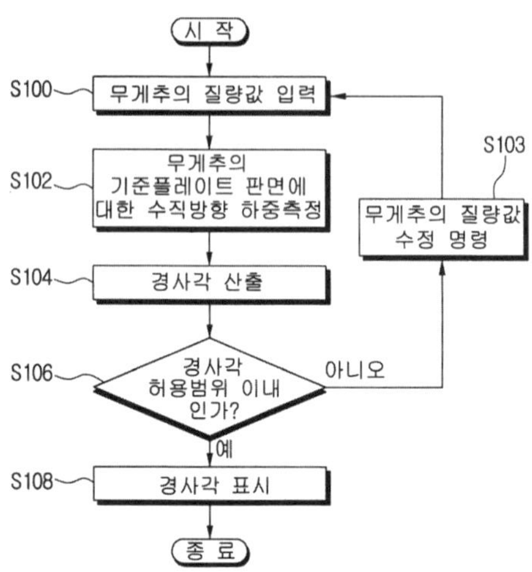

○ 비교대상발명 3

경사가 있더라도 양호한 측정 정도(accuracy of measurement)를 유지하면서 측정할 수 있는 **디지털 로드셀**(load cell) **유닛**(unit)을 제공하는 것을 목적으로 하고 있고, 정규 자세로부터 경사각도를 측정하는 경사각 검출센서(23)을 설치하고, 이 경사각 검출센서로 검출한 경사각도에 근거해 측정 하중의 보정을 실시해 하중을 디지털 출력하며, 이것에 양호한 측정 정도를 유지하면서 측정할 수 있다.

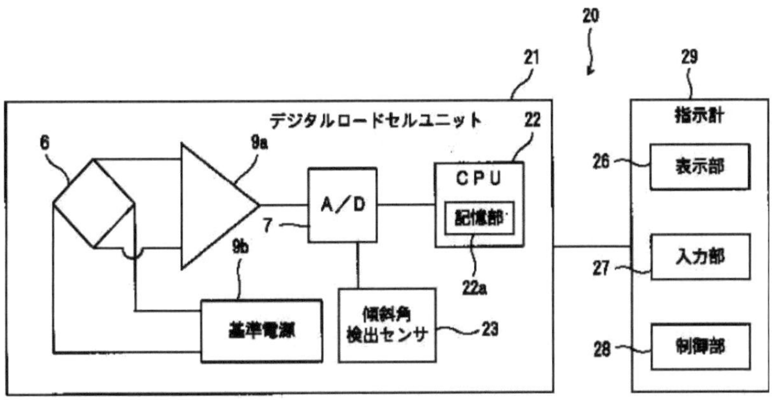

□ 심사관의 거절이유통지

가. **청구항 제1항** 발명을 비교발명1과 대비하여 보면, 제1항 초정밀 장비; 초정밀 장비를 지지하는 3개 이상의 로드셀들;의 구성은 각각 비교발명1의 정밀 가공 장치(반도체 공장의 wafer 핸들링 장치); 장치를 지지하는 다리(4~7)에 설치된 복수의 로드셀(미도시);의 구성에 상당합니다. 다만, **제1항 발명은 비교발명1에 비해, 로드셀이 '기울기'를 측정하는 점과 상기 로드셀로부터 제공되는 측정값들의 비교 결과에 대응하는 '기울어짐 값을 구하는 연산부'를 더 구비하는 점에 다소 차이**가 있으나, 상기와 같은 구성들은 통상의 기술자가 비교발명2에 기재된 "경사측정장치의 베이스에 설치된 로드셀(15,25,35)로부터 출력된 신호를 이용하여 중력방향과 수직인 면에 대하여 베이스가 이루는 경사각을 산출하는 연산기(43,53)"의 내용을 참작하여 특별한 기술적 어려움 없이 쉽게 도출할 수 있는 정도의 것으로 판단됩니다.

그 효과 또한, 비교발명1과 비교발명2로부터 예측 가능한 정도 이상의 현저한 효과가 있다고 인정되지도 아니합니다. 따라서 청구항 제1항에 기재된 발명은 **비교발명1과 비교발명2에 의하여 용이하게 발명될 수 있는 것**입니다.

나. **청구항 제2항 내지 제4항**에 기재된 발명은 각각 '기울어짐 값을 시간에 따라 기록한 제1로그파일을 저장하는 메모리를 포함하는 것', '메모리는 초정밀 장비에 의하여 가공된 제품의 식별번호를 시간에 따라 기록한 제2로그파일을 저장하는 것', '연산부는 제1, 2로그파일, 및 식별번호에 대응하는 제품의 불량 여부를 기록한 제3로그파일로부터 기울어짐 값과 불량률의 함수 관계를 연산하는 것'을 특징으로 하나, 상기와 같은 구성들은 통상의 기술자가 비교발명3(특히 청구항 6, 도면 1,2,9 등 참고)에 기재된 "기왜체(3)의 경사각에 따라 변화하는 출력 변화의 비율을 미리 기억해두는 기억부(22a)를 갖추어, 경사각 검출 수단의 출력에 따라 기억부(22a)에 기억한 데이터를 이용해 보정 연산하는 보정 연산 처리 수단(22)"의 내용을 참작하여 통상의 창작능력 범위 내에서 보통으로 도출할 수 있는 정도의 것으로 판단됩니다. 따라서 청구항 제2항 내지 제4항에 기재된 발명은 비교발명1 내지 비교발명3에 의하여 용이하게 발명될 수 있는 것입니다.

다. **청구항 제5항**의 '경보부'의 구성은 통상의 기술자가 비교발명3의 "허용 최대 경사각도를 넘기고 있을 때에 경보 출력을 실시하는"의 내용을 참작하여 필요에 따라 선택하거나 부가할 수 있는 정도의 것으로 판단됩니다. 따라서 청구항 제5항에 기재된 발명은 비교발명1 내지 비교발명3에 의하여 용이하게 발명될 수 있는 것입니다.

라. **청구항 제6항**에 기재된 발명은 '연산부는 측정값들의 직류 성분들의 비교결과에 대응하는 기울어짐 값을 구하는 것', **청구항 제7항**에 기재된 발명은 '연산부는 측정값들 중 적어도 하나의 측정값의 교류 성분으로부터 주파수 및 진폭을 구하는 것'을 각각의 특징으로 하나, 상기와 같은 측정값의 기초 성분들을 통상의 기술자가 보통의 기술상식 범위 내에서 필요에 따라 선택할 수 있는 정도의 것으로 판단됩니다. 따라서 청구항 제6항 내지 제7항에 기재된 발명은 비교발명1

과 비교발명2에 의하여 용이하게 발명될 수 있는 것입니다.

마. **청구항 제8항** 발명은 '로그파일을 저장하는 메모리를 더 포함하는 것'을 특징으로 하나, 상기와 같은 구성은 통상의 기술자가 비교발명3에 기재된 "경사각에 따라 변화하는 출력 변화의 비율을 미리 기억해두는 기억부(22a)"의 내용을 참작하여 통상의 창작능력 범위 내에서 보통으로 도출할 수 있는 정도의 것으로 판단됩니다. 따라서 청구항 제8항에 기재된 발명은 비교발명1 내지 비교발명3에 의하여 용이하게 발명될 수 있는 것입니다.

바. **청구항 제9항**에 기재된 '경보부'의 구성은 통상의 기술자가 비교발명3의 "허용 최대 경사각도를 넘기고 있을 때에 경보 출력을 실시하는"의 내용을 참작하여 필요에 따라 선택하거나 부가할 수 있는 정도의 것으로 판단됩니다. 따라서 청구항 제9항에 기재된 발명은 비교발명1 내지 비교발명3에 의하여 용이하게 발명될 수 있는 것입니다.

□ 거절이유에 대한 청구범위 보정

1. 초정밀 장비; 서로 이격되도록 상기 초정밀 장비의 하단에 각각 고정되어, 상기 초정밀 장비를 지지하는 3개 이상의 로드셀들; 및 상기 로드셀들로부터 제공되는 측정값들의 비교 결과에 대응하는 상기 초정밀 장비의 기울어짐 값을 구하는 연산부를 구비하는 기울어짐 감시 장치.

   (출원인은 밑줄친 부분을 추가하여 보정함으로써 청구범위를 감축하고자 함)

2. ~ 9. 항은 보정이 없음(최초 청구범위와 동일)

□ 심사관의 거절결정 이유

1. 보정서 및 의견서 내용

2012. 2. 29.자 보정은 청구항 제1항의 구성을 보다 구체적으로 한정하는 보정을 하였습니다(예: '초정밀 장비를 지지하는 3개 이상의 로드셀들' → '서로 이격되도록 초정밀 장비의 하단에 각각 고정되어, 상기 초정밀 장비를 지지하는 3개 이상의 로드셀들').

아울러, 출원인은 동일자 의견서에서, 본원발명의 로드셀(200)들은 3개 이상으로 이루어지며, 서로 이격되도록 초정밀 장비(100)의 하단에 각각 고정되나, 비교발명1에는 본원발명의 로드셀(200)들에 상응하는 구성이 전혀 개시되어 있지 않다고 주장하였습니다(이하 '주장 1'이라 함).

또한, 본원발명의 연산부(310)는 3개 이상의 로드셀(200)들로부터 제공되는 측정값들의 비교 결과에 대응하는 초정밀 장비(1) 기울어짐 값을 구하는 반면, 비교명2의 경사측정장치는 연산기(43)를 통해 경사를 측정하기 위해서는 무게추(21)를 더 필요로 하며, 베이스(20)에는 하나의 로드셀(25)이 설치되는 점에 구성상 차이가 있으므로 본원발명은 진보성이 있다고 주장하였습니다(이하 '주장 2'라 함).

2. 보정 및 의견내용 검토

이 건 보정은 이 건 출원서에 최초로 첨부된 명세서 또는 도면에 기재된 사항의 범위 내로 인정됩니다. 출원인의 의견서 주장을 살펴보면,

(1) 주장 1

비교발명1에는 본원발명의 초정밀 장비(100)의 하단에 각각 고정되는 3개 이상의 로드셀(200)들에 상응하는 구성이 전혀 개시되어 있지 않다고 주장하나, 3개 이상의 로드셀을 이용하는 구성이 비교발명1에 기재된 "이상의 실시 예에서는 다리(4~7)가 마루에 접하고 있는 것을 검출하기 위해서 접지 검출 스위치(8~11)를 이용하는 예를 나타냈지만, 이것에 한정하지 않고 예를 들면 스트레인 게이지(strain gauge)나 **로드셀(load cell) 등의 시판의 압력 센서를 이용할 수 있다."의 내용에 충분히 개시된 것으로 판단되는바, 상기 출원인의 주장은 받아들일 수 없습니다.**

(2) 주장 2

본원발명의 연산부(310)는 3개 이상의 로드셀(200)들로부터 제공되는 측정값들의 비교 결과에 대응하는 초정밀 장비(1)기울어짐 값을 구한다는 점에서 비교발명2와 차이가 있다는 출원인의 주장은 일부 인정되나, 상기와 같은 구성(로드셀의 개수 및 이로부터 측정된 값을 연산함)은 상기 '주장 1'에 대한 검토 시 살펴본 바와 같이 비교발명1에 기재된 "초정밀 장치를 지지하는 4개의 다리(4,5,6,7)에 로드셀(load cell) 등이 설치될 수도 있다."의 내용에 나타나 있는 로드셀의 개수와 비교발

명1의 "테이블의 경사를 검출하는 경사 검출기(3)의 출력 데이터로부터 경사의 방향과 크기를 연산해 이것에 의해서 얻을 수 있는 벡터와 목표치 벡터와의 차이를 연산해 … (중략) … 테이블면의 수준을 자동조정하도록" 및 비교발명2의 "연산회로부(50)는 제1로드셀(25) 및 기준플레이트(27)에 의하여 측정된 경사각을 기초로 제2로드셀(35) 및 상부플레이트(37)에 의해 측정된 피계량물체(39)의 하중을 보상한다."의 **내용에 나타나 있는 기술적 사상**(측정값들을 상호 비교 연산하여 기울기 값을 구함)을 **참작하여 통상의 창작능력 범위 내에서 보통으로 도출할 수 있는 정도**의 것으로 판단됩니다. 그러므로 **상기 출원인의 주장들은 받아들일 수 없습니다.**

별도의 보정이 이루어지지 않은 청구항 제2항 내지 제9항 발명 역시 재심사한바, 지난번 거절이유를 번복할 사항을 찾지 못하였습니다.

다. 심판 단계

□ 원결정 이유

이 사건 출원발명은 비교대상발명 1 내지 3으로부터 용이하게 발명할 수 있는 것이다.

□ 청구인 주장

이 사건 제1항 발명의 '복수의 로드셀들로부터 제공되는 측정값들의 비교 결과를 이용하여 초정밀 장비의 기울어짐 값을 구하는 연산부'가 비교대상발명 1, 2에 전혀 개시되어 있지 아니하므로, 이 사건 제1항 발명은 비교대상발명 1, 2로부터 용이하게 발명할 수 있는 것이 아니다.

□ 판 단

1. 이 사건 제1항 발명의 진보성 여부

(1) 기술분야 및 목적 대비

이 사건 제1항 발명과 비교대상발명 1는 초정밀 장비용 기울어짐 감시 장치(수준 테이블)이고, 비교대상발명 2는 경사에 의한 측정오차를 보상하는 전자저울에 관한 것으로, 위 발명들 모두 해당 기술분야가 초정밀 장비의 기울어짐 감시 장치로서 동일하다거나 인접하다.

위 발명들의 목적을 대비하면, 이 사건 제1항 발명은 초정밀 장비의 수평 및 진동을 효과적으로 측정할 수 있는 장치를 제공하는 것이며, 비교대상발명 1에는 반도체 장비 등 정밀 가공 장치를 재치한 수준 테이블이 비스듬한 바닥에 설치되어도 자동적으로 그 테이블 면을 수평으로 조정하는 구성이 개시되어 있으며, 비교대상발명 2에는 제1로드셀로 경사를 측정하고 산출된 경사각을 이용하여 제2로드셀에서 측정되는 피계량 물체 하중의 경사에 의한 오차를 보정할 수 있는 구성이 개시되어 있으므로, 이 사건 제1항 발명의 목적인 초정밀 장비의 수평 및 진동을 효과적으로 측정할 수 있다는 것이 비교대상발명 1, 2를 조합한 발명에 그대로 내재되어 있다고 할 것이므로, 이 사건 제1항 발명은 비교대상발명 1, 2에 비해 그 목적이 특이하다고 할 수 없다.

(2) 구성 및 작용효과 대비

(가) 구성 구분

이 사건 제1항 발명인 초정밀 장비용 기울어짐 감시 장치는 주요 구성으로 **초정밀 장비**(이하 '**구성** 1'이라 한다.), 서로 이격되도록 상기 초정밀 장비의 하단에 각각 고정되어, 상기 초정밀 장비를 수평적으로 지지하도록 하는 **3개 이상의 로드셀들**(이하 '**구성** 2'라 한다.), 상기 로드셀들로부터 제공되는 측정값들의 비교 결과에 대응하는 상기 **초정밀 장비의 기울어짐 값을 구하여, 상기 초정밀 장비의 수평을 측정할 수 있는 연산부**(이하 '**구성** 3'이라 한다.)를 구비한다.

(나) 구성 1 대비

구성 1은 비교대상발명 1의 반도체 웨이퍼 핸들링 장치나 정밀 가공 장치를 재치해 그 기울기를 정밀하게 자동 조정하는 수준 테이블이나 비교대상발명 2의 경사 보상 전자저울과 대응되며, 양 구성들 모두 초정밀 장비의 기울어짐을 감시할 수 있는 장치에 있어 **초정밀 장비나 반도체 정밀 가공 장치 또는 전자저울에 관한 것으로서 동일하며**, 그 기능 및 작용효과도 동일하다.

(다) 구성 2 대비

구성 2는 비교대상발명 1의 수준 테이블을 지지하는 적어도 4개 이상의 로드셀인 접지 검출 스위치(8~11) 또는 비교대상발명 2의 경사보상 전자저울의 베이스에 설치되는 로드셀과 대응되며, 양 구성들 모두 **초정밀 장비(수준 테이블, 전자저울)를 지지하는 다리(베이스)로서 각 다리의 지지하중을 제어 신호로 출력할 수 있는 것으로서 동일**하며, 그 기능 및 작용효과도 동일하다.

(라) 구성 3 대비

구성 3의 3개 이상의 로드셀들과 비교대상발명 1의 다리로서 바닥과 접지하고 있는 적어도 4개 이상의 로드셀들과는 동일한 센서이지만, 그 사용 용도에 있어서 구성 3의 로드셀은 하중 측정치를 연산부로 출력하여 연산부가 측정치로부터 초정밀 장비의 기울어짐을 연산하여 수평을 측정할 수 있도록 하는 데 반해, 비교대상발명 1의 로드셀은 수준 테이블이 지면과의 접하는지 여부만을 검출하는 기능만을 수행하고, 테이블의 기울어짐은 별도의 경사 검출기로 검출하도록 하고 있어, 양 발명들의 로드셀의 사용 용도가 상이하고 할 수 있다.

그렇지만, 비교대상발명 2에는 구성 3과 같이 경사 측정 장치의 베이스에 설치된 제1, 제2로드셀들로부터 출력된 신호를 이용하여 중력방향에 대한 베이스의 경사각을 산출할 수 있는 연산기(43)가 개시되어 있으므로, **구성 3과 비교대상발명 2의 위 대응 구성들 모두 초정밀 장비의 기울어짐 값을 구하는 연산부의 기능을 동일하게 수행**함을 알 수 있다.

한편, 청구인은 비교대상발명 2에는 위 연산부 구성이 개시되어 있다고는 하나, 상기 연산부는 단일 로드셀로부터 측정된 하중 값을 이용하고 있을 뿐이며, 이 사건 제1항 발명과 같이 복수의 로드셀들로부터 측정된 하중 값들을 전달받지 않을 뿐만 아니라, 측정된 값들의 비교결과(예: 측정된 최댓값과 최솟값의 차)를 이용하지도 아니하여, 비교대상발명 2는 이 사건 제1항 발명의 '복수의 로드셀들로부터 제공되는 측정값들의 비교 결과를 이용하여 초정밀 장비의 기울어짐 값을 구하는 연산부'를 전혀 개시하고 있지 아니하다고 주장한다.

이에 대해 살펴보면, 먼저 비교대상발명 2에는 제1, 제2로드셀인 복수의 로드셀들로부터 출력신호를 입력받아 전자저울의 경사각을 산출하고 경사에 의한 오차보상을 연산 처리하는 기술적 구성이 도 4, 6과 함께 명확하게 개시되어 있으며, 설령, 위 연산부가 복수가 아닌 단일 로드셀로부터 측정된 하중 측정치를 전달받아 연산 처리하는 연산장치라고 하더라도, 데이터프로세싱 속성상 복수의 로드셀들로부터 측정된 하중 측정치를 전달받는 연산 처리함에 있어 단지 연산 처리해야 할 데이터와 연산 로직이 많아져 데이터의 처리 속도에 다소 차이가 나타나는 정도일 뿐, 그 정도의 데이터량은 통상의 연산 장치라고 하면 충분히 처리할 수 있는 양에 불과한 것이고, 또한 이들 데이터로부터 덧셈, 뺄셈, 평균치 계산, 최댓값과 최솟값 산출 등의 연산 로직은 일반적인 연산 장치라고 하면 갖추고 있어야 할 가장 기본적인 연산 로직이라고 할 수 있으므로, 구성 3의 연산부는 비교대상발명 2의 연산부와 동일하거나 용이하게 도출할 수 있는 것이어서, 청구인의 주장은 전혀 이유가 없다고 할 것이다.

따라서, **구성 3은 통상의 기술자가 비교대상발명 1, 2의 위 대응구성들의 조합으로부터 용이하게 도출해 낼 수 있다**고 할 것이다.

(마) 작용효과 대비

이 사건 제1항 발명에서 초정밀 장비의 수평 또는 진동을 효과적으로 측정하여 초정밀 장비용 기울어짐 감시 장치는 기울어짐 또는 진동이 큰 경우 사용자에게 경보를 제공함으로써 기울어짐 또는 진동으로 인한 불량 발생을 미연에 방지할 수 있다는 작용효과가 비교대상발명 1, 2의 위 대응구성들의 조합에 의해서도 동일하게 나타난다고 할 것이다.

(바) 구성의 곤란성 유무

이 사건 제1항 발명의 '복수의 로드셀들로부터 제공되는 측정값들의 비교 결과를 이용하여 초정밀 장비의 기울어짐 값을 구하는 연산부'를 비교대상발명 1, 2로부터 도출함에 있어 기술적인 곤란함이 있는지 여부를 살펴보면, 이 사건 제1항 발명과 같이 비교대상발명 1, 2도 초정밀 장비의 기울어짐을 감시하거나 검출할 수 있고, 더 나아가서 비교대상발명 1, 2가 그 기울어짐을 바로잡거나 오차를 보상할 수 있으므로, 비교대상발명 1로부터는 초정밀 장비의 다리를 구성하는 복수의 로드셀들을, 그리고 비교대상발명 2로부터는 복수의 로드셀들로부터의 하중 측정치를 입력받아 기울어짐을 연산 처리하여 표시할 수 있는 구성을 용이하게 도출해 낼 수 있고, 비교대상발명 1, 2로부터도 이 사건 제1항 발명과 같이 기울어짐 또는 진동으로 인한 불량 발생을 미연에 방지할 수 있다는 작용효과가 동일하게 나타난다고 할 수 있다.

그렇다면, 이 사건 **제1항 발명의 구성은 통상의 기술자가 비교대상발명 1, 2의 대응 구성들로부터 용이하게 도출**해 낼 수 있어 그 구성의 곤란성은 있다고 할 수 없을 것이다.

(3) 대비 결과 종합

따라서 이 사건 제1항 발명은 비교대상발명 1, 2에 비해 목적이 특이하지 아니하고, 구성을 비교대상발명 1, 2로부터 용이하게 도출해 낼 수 있으며, 작용효과도 비교대상발명 1, 2로부터 충분히 예측 가능한 정도에 불과한 것이므로, 이 사건 제1항 발명은 통상의 기술자가 비교대상발명 1, 2로부터 용이하게 발명할 수 있는 것이다.

라. 특허법원 단계

□ 이 사건 심결의 당부

1. 이 사건 제1항 발명의 진보성 유무에 대한 판단

(1) 기술분야 대비

이 사건 제1항 발명과 비교대상발명 1, 2는 모두 장비의 경사를 측정할 수 있는 장치에 관한 것이라는 점에서 기술분야가 동일하거나 유사하다.

(2) 구성 및 작용효과 대비

【청구항 1】 초정밀 장비; 서로 이격되도록 상기 초정밀 장비의 하단에 각각 고정되어, 상기 초정밀 장비를 수평적으로 지지하도록 하는 3개 이상의 로드셀들(이하 '구성 1'이라 한다.); 및 상기 로드셀들로부터 제공되는 측정값들의 비교 결과에 대응하는 상기 초정밀 장비의 기울어짐 값을 구하여, 상기 초정밀 장비의 수평을 측정할 수 있는 연산부를 구비하는(이하 '구성 2'라 한다.) 기울어짐 감시장치(이하 '이 사건 제1항 발명'이라 한다.).

(가) 구성 1 부분

구성 1은 비교대상발명 1의 대응구성과 대비하여 보면, 양 구성은 모두 초정밀 장비(정밀 가공 장치), 서로 이격되도록 상기 초정밀 장비의 하단(정밀 가공 장치를 받치는 수준 테이블의 다리)에 각각 고정되어 상기 초정밀 장비를 수평적으로 지지하는데 사용되는 3개 이상(4개)의 로드셀들로 이루어져 있다는 점에서 동일하다.

(나) 구성 2 부분

① 구성 2의 대비

구성 2는 연산부는 물체의 기울기가 변하면 기울어진 쪽으로 하중이 쏠리면서 기울어진 쪽에 위치한 부분의 하중이 증가하고 반대로 올라간 쪽에 위치한 부분의 하중이 감소하는 원리를 전제로 하여, 서로 이격되도록 설치되어 그 설치위치가 다른 3개 이상의 로드셀들의 하중 측정값들을 상호 비교하는 방법을 사용하여 기울기를 구하는 것으로서, **이 사건 출원발명의 명세서상에 명시적으로 기재**

되어 있지는 않지만 위와 같은 방법을 사용할 경우에는 초정밀 장비의 기울어진 각도뿐만 아니라 기울어진 방향까지 알아낼 수 있는 작용효과가 있다 할 것인데, 비교대상발명들에는 이에 대응되는 구성이 개시되어 있지 않다.

② 판단 요지

㉠ 비교대상발명 1의 로드셀들이 중앙연산장치와 연결되어 있고, 중앙연산장치도 각 다리의 경사를 나타내는 벡터값들을 이용하여 초정밀 장비가 설치된 테이블의 기울기 또는 경사를 계산하기는 하나, 각 다리의 벡터값들은 각 다리에 부착된 로드셀들이 아닌 경사검출기에 의하여 측정된 것인 점, 그 경사검출기는 로드셀이 아닌 액체 내 기포 등을 이용한 것인 점, 로드셀은 앞서 본 바와 같이 접지 검출 스위치 대신에 사용된 것으로 다리의 접지 여부의 신호를 전달하기 위하여 중앙연산처리장치와 연결되어 있는 것에 불과한 점 등에 비추어 보면, 비교대상발명 1의 '중앙연산장치'가 구성 2의 '연산부'와 동일하다고 할 수는 없다.

또한, 비교대상발명 1은 로드셀의 사용 목적상, 구성 2의 연산부와 같이 각 로드셀들의 하중 측정값들을 서로 비교할 필요 없이, 수준 테이블의 다리가 접지되었다고 볼 수 있는 하중 측정값과 비교하면 족하므로, 구체적인 비교 방법도 동일하다고 볼 수 없고, 비교대상발명 1에 구성 2의 연산부에 관한 동기 또는 시사가 있다거나, 통상의 기술자가 비교대상발명 1로부터 구성 2의 연산부를 용이하게 도출할 수 있다고 보기 어렵다.

㉡ 비교대상발명 2의 연산기는 미리 중량을 알고 있는 무게추의 중량과 '경사측정용 로드셀'로 측정된 무게추의 중량을 비교하는 방법으로 전자저울의 경사각을 산출하고, 그 경사각을 이용하여 '하중측정용 로드셀'로 측정된 물체의 중량의 경사에 의한 측정 오차를 보정하는 것임을 알 수 있다. 그러므로 구성 2의 연산부와 비교대상발명 2의 연산기는 모두 작동과정에서 수평 상태에서의 하중 측정값을 기준값으로 사용할 수밖에 없다는 점에서 유사하다 할 것이다.

그러나, 구성 2의 연산부는 기울어짐 값을 구하기 위하여 여러 개의 로드셀들을 이용하는 것임에 비하여, 비교대상발명 2의 연산기는 경사각을 구하기 위하여 1개의 '경사측정용 로드셀'만을 이용하는 것이다(비교대상발명 2에도 로드셀이 하나 더 있기는 하나, 그 로드셀은 '하중 측정용'으로 경사각 산출과는 무관하다.). 그에 따라 구성 2의 연산부는 이격되게 고정되어 그 설치위치가 다른 여러 개의 로드셀들의 하중 측정값들을 서로 비교하여 기울어짐 값뿐만 아니라 기울어짐 방향도 알아낼 수 있음에 비하여, 비교대상발명 2의 연산기는 1개의 하중 측정용 로드셀의 경사 상태에서의 무게추의 하중과 수평 상태에서의 무게추의 하중 측정값을 비교하여 경사각만 알아낼 수 있을 뿐이고 경사의 방향까지는 알아낼 수 없다(비교대상발명 2는 중량 측정이 목적인 전자저울에 관한 것으로서 경사에 의한 중량 측정 오차를 보정할 수 있는 경사각만 필요하고, 중량 측정과 무관한 경사의 방향은 필요 없다.).

이상과 같이 구성 2의 연산부와 비교대상발명 2의 연산기는 작동원리상 일부 유사한 측면이 있다고 하더라도, 로드셀의 개수, 하중 측정값들의 비교 방법, 기울어진 방향까지 알아낼 수 있는지 여부 등에 있어서 차이가 있으므로, 통상의 기술자가 비교대상발명 2의 연산기로부터 구성 2의 연산부를 용이하게 도출할 수 있다고 보기 어렵고, 달리 비교대상발명 2의 명세서에서 구성 2의 연산부에 관한 동기 또는 시사 등을 찾아볼 수도 없다.

ⓒ 마지막으로 피고는, 구성 2의 연산부와 같이 로드셀을 이용하여 기울어짐 값을 측정하는 기술은 **주지관용기술**에 불과하다고 주장한다.

살피건대, 을 제5호증의 기재에 의하면, 2000. 9. 19.자 RMS 테크놀러지 주식회사의 인터넷 홈페이지 자료는 고정밀 레벨조정장치 및 하중측정 방진장치를 소개하면서, 위 장치는 그 지지부에 장치의 지지 조건을 모니터링할 수 있는 하중측정기를 구비하여 정밀장비의 수평도를 유지할 수 있는 효과가 있다고 설명하고 있는 사실을 인정할 수 있으나, **위 홈페이지 자료는 위 장비가 어떻게 하중 측정기를 이용하여 정밀장비의 수평도를 유지할 수 있는지에 관하여 구체적으로 밝히고 있지 않으므로,** 위 **인정사실만으로는 구성 2의 연산부가 위 회사 자료에 실린 기술과 동일하다거나 주지관용기술이라고 인정하기에 부족하고 달리 이를 인정할 만한 증거가 없으므로,** 피고의 위 주장 역시 이유 없다(피고는 주지관용기술 주장과 관련하여 참고자료로 2개의 공개특허공보와 1개의 실용신안공보를 제출하였으나, 위 공보들은 증거자료가 아니므로 고려하지 않는다.).

[을5호증] RMS 테크놀러지의 2000. 9. 19. 홈페이지에 게재된 제품소개

고정밀 레벨조정 및 하중측정 방진장치(Micro Leveling & Load Sensing Isolator System) [MLSI]

○ 개 요: 현대 산업의 고도화로 연구, 개발 및 생산, 검사공정 분야에서 초정밀 장비의 사용이 급증하고 있다. 초정밀 장비는 성능에 대한 신뢰성 확보하기 위하여 정적(static) 및 동적(dynamic)인 측면에서 고도의 안정성(stability)을 요구하고 있다. 정적인 초정밀 장비의 안정성은 장비의 설치 또는 사용 과정에 정밀한 수평도를 유지할 수 있는 장비의 지지부(foot) 또는 지지 구조물이 '마이크로미터' 수준의 안정된 레벨링(Leveling)이 필요하다. 그리고 동적인 안정성을 확보하기 위해서는 장비의 무게중심을 지지부에 균등하게 조정해야 하며, 내외부에서 전달되는 진동을 효과적으로 절연할 수 있는 방진장치의 필요성이 꾸준하게 요구되어 왔다. 이러한 요구에 부응하기 위하여, 당사에서 현장 경험과 적용을 중시한 MDSI 방진 소자를 개발하였다. MDSI는 초 정밀 장비의 정적 및 동적 안정성 확보 문제를 정량적으로 접근하기 위하여 하중 센싱 기능을 도입하여 신뢰성을 확보한 제품이다.

○ 특 징:

① 장비의 지지 조건을 모니터링할 수 있는 하중 측정장치 기능 보유
② 불필요한 응력이 구조물과 방진 소자에 작용하는 것을 방지하기 위한 원형 미끄럼 기능
③ 외부 진동 전달을 감소시킬 수 있는 고효율 방진패드(Anti-Vibration Pad)의 사용
④ 마이크로 수준의 레벨링과 안정성을 지속적으로 유지할 수 있는 훠엄 기어 방식 채용
⑤ 중량물의 손쉬운 레벨링 가능

○ 구성 및 사양: 방진패드(Anti-Vibration Pad), '마이크로미터(μm)' 수준의 레벨링 스크류 등

- **용도 및 응용분야 :**
  ① SMD(Chip Mount Machine) 레벨링 및 지지
  ② 삼차원 정밀측정기 레벨링 및 지지
  ③ 반도체 공장 제진대 /정밀장비 레벨링 및 지지
  ④ 충격성 정밀장비(성형가공기계) 레벨링 및지지

(3) 소 결

결국, 이 사건 제1항 발명은 통상의 기술자가 비교대상발명 1, 2로부터 용이하게 도출할 수 없다 할 것이므로, 비교대상발명 1, 2에 의하여 진보성이 부정되지 않는다. 또한 이 사건 제2 내지 9항 발명은 모두 이 사건 제1항 발명을 인용하거나 이 사건 제1항 발명을 인용하는 발명을 다시 인용하는 종속항 발명으로서, 비교대상발명 1, 2에 의하여 진보성이 부정되지 않는 구성 1, 2를 구비하고 있으므로, 이 사건 제1항 발명과 마찬가지로 비교대상발명 1, 2에 의하여 진보성이 부정되지 않는다 할 것이다.

마. 대법원 단계

□ 상고를 기각한다.

원심은 이 사건 제1항 발명의 '로드셀들로부터 제공되는 측정값들의 비교 결과에 대응하는 초정밀 장비의 기울어짐 값을 구하여, 초정밀 장비의 수평을 측정할 수 있는 연산부를 구비하는 구성'은 원심 판시 비교대상발명 1, 2에 개시되어

있지 아니할 뿐만 아니라 그 발명이 속하는 기술분야에서 통상의 지식을 가진 자라 하더라도 비교대상발명 1, 2로부터 용이하게 도출할 수 있다고 보기 어렵고, 을제5호증의 기재만으로는 위와 같은 구성이 이 사건출원발명의 출원 전에 이미 널리 알려져 있었던 것이라고 인정할 수도 없어, 이 사건 제1항 발명이 비교대상발명 1, 2에 의하여 진보성이 부정되지 아니한다고 판단하였다. 원심판결 이유를 기록에 비추어 살펴보면, 위와 같은 원심의 판단은 정당하고, 거기에 상고이유의 주장과 같은 발명의 진보성 판단에 관한 법리오해 등의 위법이 없다.

사. 심판단계(취소환송)

□ 특허법원 취소판결의 요지

이 사건 제1항 발명은 비교대상발명 1, 2와 기술분야가 동일하거나 유사하고, 이 사건 제1항 발명의 '3개 이상의 로드셀들'은 비교대상발명 1의 대응구성과 동일하나, 이 사건 제1항 발명의 '로드셀들로부터 제공되는 측정값들의 비교 결과에 대응하는 초정밀 장비의 기울어짐 값을 구하여 초정밀 장비의 수평을 측정할 수 있는 연산부를 구비하는 구성'은 비교대상발명 1, 2에 개시되어 있지 아니할 뿐만 아니라 통상의 기술자라 하더라도 비교대상발명 1, 2로부터 용이하게 도출할 수 있다고 보기 어렵고, 을 제5호증의 기재만으로는 위와 같은 구성이 이 사건 출원발명의 출원 전에 이미 널리 알려져 있었던 것이라고 인정할 수도 없어, 이 사건 제1항 발명은 비교대상발명 1, 2에 의하여 진보성이 부정되지 않는다.

□ 대법원 취소 확정판결의 요지

특허법원 취소판결 이유를 기록에 비추어 살펴보면, 위와 같은 취소판결의 판단은 정당하고, 거기에 상고이유의 주장과 같은 발명의 진보성 판단에 관한 법리오해 등의 위법이 없다.

□ 판단 및 결론

특허법원 취소판결의 기본이유와 같이 이 사건 제1항 발명은 비교대상발명 1, 2에 의해 진보성이 부정되지 않는다. 그러므로 원결정을 취소하고, 이 사건은 다시 심사에 부치기 위하여 특허청 심사국으로 환송하기로 심결한다.

아. 심사 단계

□ 비교대상발명

○ 비교대상발명 1

본 발명은 웨이퍼 캐리어 기울기 감지 장치에 관한 것으로, 캐리어 스테이션에 탑재된 웨이퍼 캐리어의 기울어짐 여부를 감지하여 웨이퍼 로딩/언로딩 공정에서 발생될 수 있는 웨이퍼 손상을 미연에 방지하기 위해서, 다수개의 웨이퍼가 적재된 웨이퍼 캐리어가 탑재되는 웨이퍼 스테이션과; 상기 웨이퍼 캐리어가 접촉하는 상기 웨이퍼 스테이션 상부면에 설치되어 위치별 상기 웨이퍼 캐리어의 무게를 측정하는 압전 센서와; 위치별 무게 설정값이 저장되어 있으며, 상기 압전 센서로부터 전송된 상기 위치별 무게 측정값과 상기 위치별 무게 설정값을 비교하여 상기 웨이퍼 스테이션에 탑재된 상기 웨이퍼 캐리어의 기울어짐 여부를 판단하는 제어부;를 포함하는 것을 특징으로 하는 웨이퍼 캐리어 기울기 감지 장치를 제공한다.

[도 1] 웨이퍼 캐리어 기울기 감지 장치 블록도

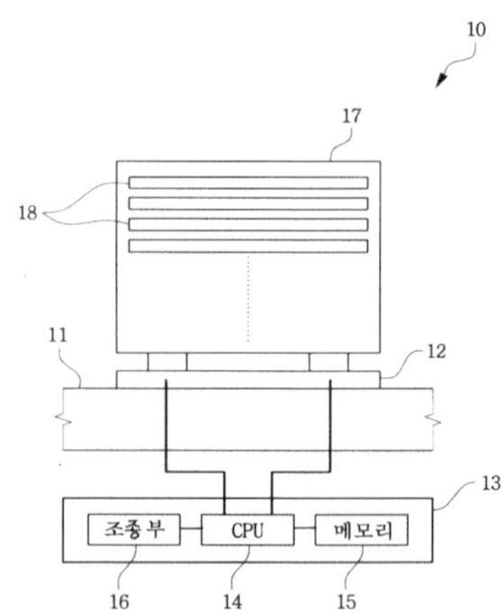

10: 웨이퍼 캐리어 기울기 감지 장치 11: 웨이퍼 스테이션 12: 압전 센서
13: 제어부 14: CPU 15: 메모리 16: 조종부 17: 웨이퍼 캐리어 18: 웨이퍼

[도 2] 웨이퍼 캐리어 기울기 감지 장치를 이용한 감지 방법에 따른 공정도

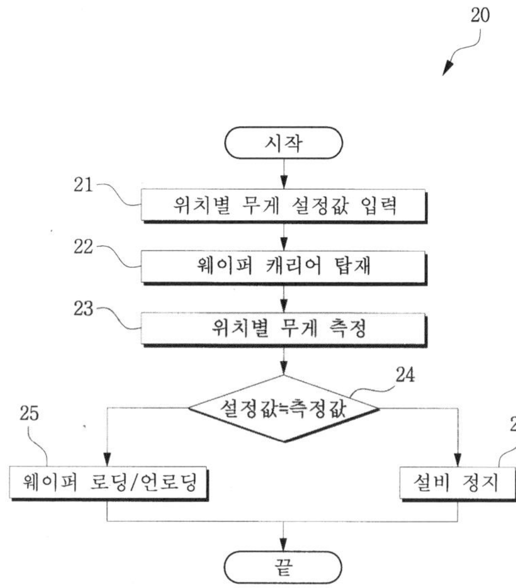

○ 비교대상발명 2(원심사단계와 동일)

○ 비교대상발명 3(원심사단계와 동일)

□ 심사관의 재거절이유 통지

비교발명 1: 공개특허공보 제10-2005-0111943호(2005. 11. 29.)
웨이퍼 캐리어 기울기 감지 장치

비교발명 2: 인터넷웹문서(RMS 테크놀러지(주), 고정밀 레벨조정 및 하중측정 방진장치, 2000. 9. 19.)

※ 비교발명 2는 웨이백머신(http://archive.org/web/web.php)으로 확인한, RMS 테크놀러지 주식회사의 2000. 9. 19.자 홈페이지(www.rmstech.co.kr) 제품소개란에 게재된 자료이고, 제품명은 '고정밀 레벨조정 및 하중측정 방진장치(Micro leveling & LoadSensing Isolator system; MLSI)'입니다.

비교발명 3: 일본 공개특허공보 특개2001-255216호(2001. 9. 21.)

가. **청구항 제1항 발명**을 비교발명 1과 대비하여 보면, 제1항 발명의 초정밀 장비의 하단에 서로 이격되도록 고정되어, 초정밀 장비를 수평적으로 지지하는 3개 이상의 로드셀들; 로드셀들로부터 제공되는 측정값들의 비교에 의해 초정밀 장비의 기울어짐 값을 구하여 초정밀 장비의 수평을 측정할 수 있는 연산부;의 구성은 각각 **비교발명** 1의 반도체 웨이퍼 캐리어(17) 하부에 위치별 캐리어의 무게를 측정하는 압전 센서(12)들; 압전 센서(12)들로부터 전송된 위치별 무게 측정값과 저장된 위치별 무게 설정값을 비교하여 웨이퍼 캐리어(17)의 기울어짐 여부를 판단하는 제어부(13);의 구성과 실질적으로 동일합니다.

다만, 제1항 발명은 비교발명1에 비해, 로드셀의 개수가 '3개 이상'인 것으로 한정한 점에 미소한 차이가 있으나, 어떤 물건을 지지하기 위해서는 3개 이상의 지지점이 필요한 것은 지극히 상식적인 사항일 뿐만 아니라, 통상의 기술자가 비교발명 2(특히 1~2페이지 참고)에 기재된 "초정밀 장비의 안정성은 장비의 설치 또는 사용 과정에 정밀한 수평도를 유지할 수 있는 장비의 지지부(foot) 또는 지지 구조물이 '마이크로미터' 수준의 안정된 레벨링(Leveling)이 필요하다. 그리고 동적인 안정성을 확보하기 위해서는 장비의 무게중심을 지지부에 균등하게 조정해야 하며, … 이러한 요구에 부응하기 위하여, 당사에서 현장 경험과 적용을 중시한 MDSI 방진 소자를 개발하였다. …, MDSI 방진 소자는 하중 측정기(Load Cell) 등으로 구성됨"의 내용과 도면(2페이지)에 나타나 있는 "하부에 3개 이상의 방진소자가 설치된 SMD(Chip Mount Machine)"의 구성을 단순 참작하여 통상의 창작능력 범위 내에서 쉽게 채택할 수 있는 정도의 것으로 판단됩니다. 그 효과 또한, 비교발명 1과 비교발명 2로부터 예측 가능한 정도 이상의 현저한 효과가 있다고 인정되지도 않습니다.

따라서 청구항 제1항에 기재된 발명은 비교발명 1과 비교발명 2에 의하여 용이하게 발명될 수 있는 것입니다.

나. 청구항 제2항 내지 제4항 발명은 통상의 기술자가 비교발명 1에 기재된 "위치별 무게 측정값은 제어부(13)로 전송되며, 전송된 위치별 무게 측정값은 메

모리(15)에 저장된다."의 내용과 비교발명 3(특히 청구항 2,3,6, 도면 1,2,9 등 참고)에 기재된 "기왜체(3)의 경사각에 따라 변화하는 출력 변화의 비율을 미리 기억해두는 기억부(22a)를 갖추어, 경사각 검출 수단의 출력에 따라 기억부(22a)에 기억한 데이터를 이용해 보정 연산하는 보정 연산 처리 수단(22)"의 내용을 참작하여 통상의 창작능력 범위 내에서 보통으로 도출할 수 있는 정도의 것으로 판단됩니다. 따라서 청구항 제2항 내지 제4항에 기재된 발명은 비교발명 1 내지 비교발명 3에 의하여 용이하게 발명될 수 있는 것입니다.

다. 청구항 제5항 발명은 통상의 기술자가 비교발명 3에 기재된 "허용 최대 경사각도를 넘기고 있을 때에 경보 출력을 실시하는"의 내용을 참작하여 필요에 따라 선택하거나 부가할 수 있는 정도의 것입니다. 따라서 청구항 제5항에 기재된 발명은 비교발명 1 내지 비교발명 3에 의하여 용이하게 발명될 수 있는 것입니다.

라. 청구항 제6항 내지 제8항 발명과 같은 측정값 처리방식은 통상의 기술자가 비교발명 3에 기재된 "기왜체(3)의 경사각에 따라 변화하는 출력 변화의 비율을 미리 기억해두는 기억부(22a)를 갖추어, 경사각 검출 수단의 출력에 따라 기억부(22a)에 기억한 데이터를 이용해 보정 연산하는"의 내용을 참작하여 보통의 기술상식 범위 내에서 쉽게 도출할 수 있는 정도의 것으로 판단됩니다. 따라서 청구항 제6항 내지 제8항에 기재된 발명은 비교발명 1 내지 비교발명 3에 의하여 용이하게 발명될 수 있는 것입니다.

마. 청구항 제9항 발명은 통상의 기술자가 비교발명 3에 기재된 "허용 최대 경사각도를 넘기고 있을 때에 경보 출력(alarm output)을 실시하게 하는 수단을 갖춘"의 내용을 참작하여 필요에 따라 선택하거나 부가할 수 있는 정도의 것입니다.따라서 청구항 제9항에 기재된 발명은 비교발명 1 내지 비교발명 3에 의하여 용이하게 발명될 수 있는 것입니다.

□ 거절이유에 대한 출원인의 청구범위 보정

1. 초정밀 장비; 서로 이격되도록 상기 초정밀 장비의 하단에 각각 고정되어, 상기 초정밀 장비를 수평적으로 지지하도록 하는 3개 이상의 로드셀들; 및 상기 로드셀들로부터 제공되는 측정값들의 비교 결과에 대응하는 상기 초정밀 장비의 기울어짐 값을 구하여, 상기 초정밀 장비의 수평을 측정할 수 있는 연산부를 구비하며, 상기 연산부는 로드셀로부터 제공되는 측정값들의 직류 성분을 서로 비교하여 상기 초정밀 장비의 수평을 측정하는 기울어짐 감시 장치(밑줄친 부분이 당초 청구항 6의 내용을 부가하여 보정함).
2. ~ 5.항(동일), 6.(삭제하여 1항에 부가), 7. ~ 9.항(동일)

□ 심사관의 거절결정

이건 발명에 한정된 '로드셀의 직류 성분을 통해 장비의 수평을 측정'하는 구성은 정하중(static load)에 의한 스트레인(strain) 변화를 측정하여 장비의 정적(static) 수평을 측정하는 것을 의미하는 것으로 보이는데, 비교발명 2를 살펴보면, 정적(static) 및 동적(dynamic)인 측면에서 수평도 유지를 포함한 안전성 확보를 위한 방진소자에 '로드셀(load cell)'이 구비된 구성 및 시스템의 하부에 3개 이상의 방진소자가 설치된 구성이 나타나 있어, 정하중(static load)에 의한 스트레인(strain) 변화를 측정할 수 있고, 비교발명 3에 "기왜체(3)의 경사각에 따라 변화하는 출력 변화의 비율을 미리 기억해두는 기억부(22a)를 갖추어, 경사각 검출 수단의 출력에 따라 기억부(22a)에 기억한 데이터를 이용해 보정 연산하는" 기술도 이미 공지되어 있는바, 정하중(static load)의 스트레인(strain) 변화를 나타내는 출력인 직류 성분를 이용하여 정적(static) 기울어짐을 측정하는 것은 통상의 기술자에게는 특별한 기술적 곤란성이 없습니다. 따라서 청구항 2 내지 5 및 청구항 7 내지 9는 여전히 통상의 기술자가 비교발명 1 내지 3으로부터 용이하게 도출해 낼 수 있는 발명입니다.

그렇다면, 이 출원은 보정서와 의견서에 의해서도 전번 거절이유가 완전히 해소되지 않았으므로, 특허법 제62조의 규정에 의거 거절결정합니다. 끝.

자. 시사점

특허청 심사관이 거절결정을 하여 이에 대한 거절결정불복심판에서 특허심판원에서 기각심결한 심판사건을 특허법원의 심결취소소송의 소송단계에 있어서 특허청 소송수행자가 제출한 주지관용기술 입증자료(이 사건 출원발명의 출원일은 2011. 8. 10.일이며, 인터넷 게시물인 주지관용기술 자료의 공개일은 2000. 9. 19.일자로 시간적으로 거의 11년 지난 인터넷 게시 기술자료)는 특허성 판단에 있어서 실질적인 증거능력을 가진 자료일 가능성이 높은 만큼, 비록 구체적인 기술내용이 전부 기재되어 있지 않더라도 해당 기술분야의 통상적인 기술수준 등을 감안하여 그 인정 여부가 판단되었으면 하는 아쉬움이 있는 사례이다.

결과적으로 이 심판사건은 법원이 특허청 소송수행자가 제출한 소위 주지관용기술의 채택을 적극적으로 심리하였거나 특허청 소송수행자나 원거절결정을 했던 심사관이 관련 공지 또는 주지관용기술들을 적극적으로 수집하여 법원에 제출하였더라면 출원인이나 특허청 심사관으로 하여금 심판경제 또는 소송경제적인 측면에서 이렇게 까지 두 번에 걸쳐 거절결정 처분을 했었어야만 했는가 하는 고민을 해 보았어야 할 심판사건이다.

3. 주요사례 II: 표준문서 공개시점

가. 사건 개요

□ **명칭**: 무선 통신들에서 우선 스크램블링 코드 및 주파수 리스트들의 최적화된시그널링

□ **절차경위**: 거절결정 → 거절결정불복심판(기각) → 취하(특허 등 절차)

나. 심사 단계

□ **이 사건 출원발명**

출원일/출원번호: 2011. 6. 7./제10－2011－7013007호(우선권 주장일 : 2008. 11. 7.)

□ 비교대상발명

Qualcomm Europe, CR 25.331 on Reserved PSC and Dedicated Carrier Signaling for CSG Deployment, 3GPP TSG－RAN WG2 #64, 2008. 11. 4., http://www.3gpp.org/ftp/tsg_ran/WG2_RL2/TSGR2_64/Docs/R2－086291.zip

□ 심사관의 거절이유통지

청구범위에 기재불비 사항이 있어서 특허법 제42조 제4항 제2호에 위배되고, 청구항에 기재된 발명이 비교대상발명과 실질적으로 동일하거나 차이점이 있어도 비교대상발명으로부터 그 기술분야의 통상의 기술자가 용이하게 발명할 수 있으므로 특허법 제29조 제2항에 위배되어 특허 받을 수 없다.

□ 거절이유에 대한 출원인의 의견서 요지

본원발명의 출원인은 미국 특허출원 US 61/112,532호(2008. 11. 7 출원) 발명을 기초하여 우선권 주장을 하면서 2009년 11월 9일자로 국제특허출원 PCT/US2009/063763호 출원하였으므로, 본원발명은 특허법 제54조 제1항에 따라, 특허법 제29조의 규정에 따른 신규성 또는 진보성을 판단함에 있어, **2008년 11월 7일자**(이하, "우선일"이라 합니다.)**에 출원**된 것으로 간주됩니다.

1. 비교대상발명이 공지된 발명으로 인정되는지 여부

(1) 비교대상발명의 저술 목적, 용도 등에 대하여

비교대상발명은 "CR 25.331 on Reserved PSC and Dedicated Carrier Signaling for CSG Deployment"라는 제목으로 간행되었으며, 구체적으로 1페이지 상단에는 그 저술 목적 등에 대해 다음과 같이 명시하고 있습니다.

『3GPP TSG－ RAN WG2 #64 R2－086291

Prague, CZ, Nov 10-14, 2008

Agenda Item: 7.5.09－UTRA REL－8: Support of UTRA HNB

Source: Qualcomm Europe

Title: CR 25.331 on Reserved PSC and Dedicated Carrier Signaling for CSG

Deployment

Document for: Discussion and Decision』

즉, 비교대상발명은 2008년 11월 10~14일에 체코 프라하에서 열렸던 3GPP 컨퍼런스에서 사용된 3GPP 표준 관련 문서이며, 특히 제목 및 3페이지에 명시된 바와 같이, "CR" 즉 "CHANGE REQUEST" 문서입니다. 이와 관련하여, 3GPP 홈페이지(http://www.3gpp.org/Change-Requests)에서는 CR에 대해 다음과 같이 정의합니다.

"A CR is a document (a "temporary document" - tdoc - to a meeting) which specifies in precise detail changes which are proposed to the specification. It consists of a CR coversheet which, amongst other things, describes why a change is needed and summarizes how the change is made. Attached to this are the parts of the specification affected by the change, with the changes being identified using the Microsoft Word(TM) "Track Changes" (revision marks) feature."

즉, CR 문서는 표준 문서에 대한 보다 구체적인 사항들에 대해 수정을 원하는 경우 제출되는 문서를 의미하며, 비교대상발명은 그러한 용도로 제출된 CR 문서입니다.

(2) 비교대상발명의 공개일자에 대해

만일 비교대상발명이 본원발명의 우선일인 2008년 11월 7일 이전에 공지된 발명에 해당된다면, 비교대상발명은 특허법 제29조 제1항 각호의 1에 해당하는 공지된 발명으로 인정될 것입니다. 그러므로 이하 비교대상발명이 어느 시점에서 공지된 것인지에 대해서 구체적으로 말씀드리겠습니다.

(가) 3GPP 규정에 근거한 공개일자

① 비교대상발명은 3GPP 컨퍼런스에서 사용된 CR 문서입니다. 이에 대해서, 3GPP 공식 홈페이지에서는 CR 문서의 공개일자와 관련하여 다음과 같이 명시적으로 설명하고 있습니다(http://www.3gpp.org/Change-Requests 참조).

『How are change requests proposed, developed and approved?

A Change Request can be proposed by any 3GPP member organization. It is normally submitted for discussion to the Working Group (WG) responsible for the specification (see the page pertaining to the individual spec concerned, via the table on the numbering page, to determine the relevant WG).

Once the WG has agreed that the Change Request is both valid and required (often it may be revised several times before reaching this stage), it is presented, on behalf of the WG (rather than the originating member organization) as an agreed proposal to the parent TSG plenary for final approval. After approval at TSG level, the 3GPP Support Team (MCC) incorporates it and any other CRs into a new version of the specification, and makes the new version of the specification available.』

정리하자면, i) CR(Change Request)이 3GPP 협회에 제안되면, ii) 워킹 그룹(WG)에서 1차 심사를 하게 되며, 여기서 통과(agreed)되면, iii) TSG 총회(TSG plenary)에서 최종 심사를 하여 이를 승인(approval)할지 결정을 하게 됩니다. iv) 만일 TSG 총회에서 승인을 하게 되면, 그 때에야 비로소, CR은 표준 문서에 편입되어 공중에 이용가능(available)하게 되며, 반대로 WG의 1차 심사나 TSG 총회의 최종 심사 중 어느 하나라도 통과하지 못하면 그 CR은 표준 문서에 편입되지 못할 뿐만 아니라 폐기되게 됩니다.

그러므로, CR 문서는 적어도 워킹 그룹(WG) 및 TSG 총회를 모두 통과한 후에야 비로소 공중이 이용가능(available)하게 공개된다고 말할 수 있습니다.

이와 관련하여, 비교대상발명은 표제에 "3GPP TSG－RAN WG2 #64", "Prague, CZ, Nov 10－14, 2008" 및 "Document for: Discussion and Decision"라고 명시되어 있으며, 다시 말해서 2008년 11월 10~14일에 체코 프라하에서 개최된 워킹 그룹(WG2 #64)에서 논의 및 통과 여부 결정(Discussion and Decision)을 하기 위한 문서라고 명시적으로 밝히고 있습니다.

그러므로 워킹 그룹(WG)의 논의 및 통과 여부 결정이 진행되었던 2008년 11월 10~14일 시점에 인용발명은 최종적으로 공개 여부에 대한 결정이 이루어지지 않았다고 보는 것이 타당할 것이며, 이 경우 인용발명의 공개일은 2008년 11월 14일 이후가 될 것입니다.

② 가사, 워킹 그룹(WG)에 참가한 자들의 회의 자체가 특허법 제29조 제1항 각호의 1에서 규정하는 공지 행위에 해당된다고 하더라도, **비교대상발명의 반포일자는 워킹 그룹의 회의 시작일인 2008년 11월 10일 또는 그 이후로 보는 것이 타당합니다. 이 경우, 인용발명의 공개일은 2008년 11월 10일**이 될 것입니다.

③ 정리하자면, **3GPP 규정에 근거할 때**, **비교대상발명은** 3GPP 워킹 그룹(WG) 회의를 위한 용도로 아무리 빨라도 2008년 11월 10일 이후에 공개된 것으로 보는 것이 타당합니다.

(나) 3GPP 홈페이지의 "Last modified" 일자를 공개일자로 인정할 수 있는지 여부

3GPP 홈페이지(http://www.3gpp.org/ftp/tsg_ran/WG2_RL2/TSGR2_64/Docs/)에는 인용발명과 관련하여, 최종 수정일(Last modified)을 2008년 11월 4일(04-Nov-2008)로 기재하고 있습니다. 다시 말해서, **비교대상발명의 저자**는 2008년 11월 4일에 인용발명을 최종적으로 수정하였다는 것을 말하고 있습니다. 참고로, 비교대상발명을 다운로드한 워드파일(R2-086291. doc)의 속성 정보를 보면 아래 참고도 1과 같습니다.

[참고도 1 – 비교대상발명의 속성 정보]

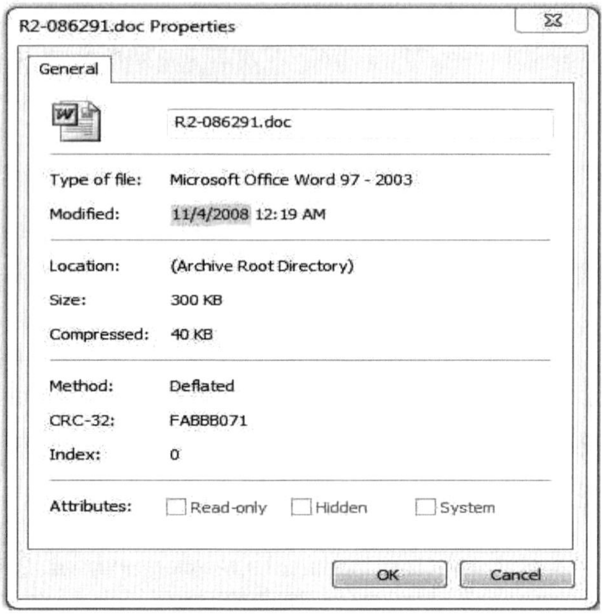

즉 , 인용발명에 대응하는 워드 파일의 속성을 보면, 최종 수정일(Modified) 이 2008년 11월 4일이라고 적혀 있으며, 이는 3GPP 홈페이지에 기록된 최종 수정일 (Last–modified)과 동일함을 알 수있습니다.

그러므로, 이러한 내용들을 종합해보면, 3GPP **홈페이지에 기록된 최종 수정일** (Last-modified)은 단지, 해당 문서 파일이 최종적으로 수정된 일자를 의미하는 것일 뿐임을 알 수 있습니다.

더 나아가, 어떤 문헌이더라도 "최종 수정일"은 "공개일"과 결코 같은 의미가 아닙니다. "최종 수정일"은 말 그대로 해당 문서를 최종적으로 수정한 일자를 의미하는 것이며, **어떤 문서가 최종 수정, 즉 다른 말로 완성되었다고 자동적으로 공개되는 것이 아니기 때문에**, "최종 수정일"과 "공개일" 사이에는 시간적 간격이 존재하는 것이며, 따라서 **해당 문서의 저자가 적극적으로 공개 행위를 한 시점을 "공개일"로 보는 것**이 타당한 해석이라고 사료됩니다.

이에 기초할 때, 비교대상발명은 그 저자가 3GPP 컨퍼런스의 워킹 그룹(WG) 회의에서 공개를 시켰다고 볼 수 있으며, 따라서 비교대상발명의 공개일은 아무리 빨라도 회의 시작일인 2008년 11월 10일이라고 해석됩니다.

(다) 소결 – 본원발명의 진보성

이상과 같이, 인용발명은 아무리 빨라도 2008년 11월 10일 이후에 공개되었다고 봄이 타당합니다. 그리고 본원발명은 특허법 제29조 제2항의 판단 시점과 관련하여, 2008년 11월 7일에 출원된 것으로 간주됩니다.

그러므로 특허법 제29조 제2항의 판단과 관련하여, 비교대상발명은 본원 발명의 출원일인 2008년 11월 7일 이후에 공개된 것이므로, 특허법 제29조 제2항에서 인용하는 동법 제29조 제1항 각호의 1에 해당하는 발명으로서의 적격이 없다고 사료됩니다.

그러므로, 본원 발명은 특허법 제29조 제2항의 규정에 의거한 특허요건을 만족합니다.

□ 심사관의 거절결정 이유

1. 보정서 및 의견서 내용

출원인은 2013. 2. 22.자 보정서를 통해 기재불비에 따른 거절이유를 해소하였으나, 특허법 제29조 제2항에 따른 거절이유에 대해서는 본질적인 기술 구성의 변경 없이 동일자 의견서를 통해 비교대상발명은 출원발명의 출원일인 2008년 11월 7일 이후에 공개된 것이므로 출원발명은 특허법 제29조 제2항의 규정에 의거한 특허요건을 만족한다고 주장하였습니다.

2. 보정 및 의견내용 검토

그러나 인용발명이 게시된 3GPP 홈페이지(http://www.3gpp.org/ftp/tsg_ran/WG2_RL2/TSGR2_64/ Docs/)를 살펴보면, 비교대상발명의 게시일자가 2008년 11월 4일로 기재되어 있고(그림 1), 3GPP 홈페이지는 제한 없이 누구나 접속할 수 있는 사이트이므로 비교대상발명은 특허법 제29조 제1항 제1호가 규정하는 특허출원

전에 공지된 발명에 해당하며, 다시 살펴보아도 2012. 8. 22.자 의견제출통지서에서 지적한 거절이유를 번복할 만한 사항을 발견하지 못하였으므로 청구항 1 내지 87 발명은 통상의 기술자가 인용발명으로부터 용이하게 발명할 수 있는 것으로 인정됩니다.

[그림 1]

R2-086285.zip	04-Nov-2008 05:28	17K
R2-086286.zip	04-Nov-2008 08:10	64K
R2-086287.zip	04-Nov-2008 08:04	72K
R2-086289.zip	04-Nov-2008 08:13	27K
R2-086290.zip	04-Nov-2008 08:37	28K
R2-086291.zip	04-Nov-2008 09:23	39K
R2-086293.zip	04-Nov-2008 06:23	15K
R2-086294.zip	04-Nov-2008 06:25	22K
R2-086295.zip	04-Nov-2008 06:26	18K
R2-086296.zip	04-Nov-2008 06:26	13K

3. 결 론

위에서 살펴본 바와 같이 청구항 1 내지 87 발명은 지난 번 거절이유를 여전히 해소하지 못하였으므로 거절결정을 합니다. 끝.

다. 심판 단계

□ 원결정 이유

비교대상발명은 3GPP 홈페이지(앞서 언급한 웹 주소)에 게시일자가 2008년 11월 4일로 기재되어 있고, 3GPP 홈페이지는 누구나 제한 없이 접속할 수 있는 사이트이므로 비교대상발명은 특허법 제29조 제1항 제1호가 규정하는 특허출원 전에 공지된 발명에 해당하고, 이 사건 제1항 내지 제87항 출원발명은 비교대상발명으로부터 통상의 기술자가 용이하게 발명할 수 있으므로 특허법 제29조 제2항의 규정에 따라 특허 받을 수 없다.

□ 청구인 주장

비교대상발명은 청구인이 3GPP에 기고한 Change Request 문서로서, 비교대상발명의 1페이지에는 "3GPP TSG-RAN WG2 #64 Prague, CZ, Nov 10 - 14, 2008"라고 기재되어 있는바, 2008년 11월 10일~14일에 체코 프라하에서 열렸던 3GPP 컨퍼런스에 사용된 3GPP 표준 관련 문서이다. 3GPP 홈페이지에는 CR 문서의 공개일자와 관련하여, 1) CR이 3GPP 협회에 제안되면, 2) 워킹 그룹에서 1차 심사를 하게 되며, 여기서 통과되면, 3) TSG 총회에서 최종 심사를 하여 이를 승인할지 결정하고, 4) 만일 TSG 총회에서 승인을 하게 되면, 그 때에야 비로서 CR은 표준 문서에 편입되어 공중에 이용 가능하게 되므로, 워킹 그룹의 논의 및 통과 여부 결정이 진행되었던 2008년 11월 10~14일 시점에 비교대상발명은 최종적으로 공개 여부에 대한 결정이 이루어지지 않았다고 보는 것이 타당할 것이므로 비교대상발명의 공개일은 2008년 11월 14일 이후가 될 것이다. 또한 심사관이 지적한 3GPP 홈페이지의 게시날짜인 2008년 11월 4일은 단지 해당 문서 파일이 최종적으로 수정된 날짜를 의미하는 것이지, 해당 문서가 공개된 날짜를 의미하는 것은 아니다. 따라서 비교대상발명은 이 사건 출원발명의 우선일(2008년 11월 7일) 이전에 공지된 것으로 볼 수 없으므로, 특허법 제29조 제1항 제1호에 해당하지 않는다(청구인은 비교대상발명의 공지 시점에 대해서만 주장할 뿐, 이 사건 출원발명과 비교대상발명 간의 구성상 차이에 대해서는 별다른 주장이 없다.).

□ 판 단

가. 비교대상발명이 특허법 제29조 제1항 제1호의 공지된 발명에 해당하는지 여부

청구인은 비교대상발명이 이 사건의 우선일(2008. 11. 7.) 이후에 공개되었다고 주장하므로 이에 대해 살핀다.

원 결정에서 심사관은 3GPP 홈페이지(앞서 언급한 웹 주소)에는 비교대상발명의 압축 파일(R2-086291.zip) 우측에 "04-Nov-2008"라는 날짜가 병기되어 있으므로 2008년 11월 4일에 비교대상발명이 공개되었다고 지적하였다. 다만 위 홈

[별지 2] 비교대상발명의 공개 시점 관련 자료

1. 비교대상발명의 표지

3GPP TSG- RAN WG2 #64 **R2- 086291**

Prague, CZ, Nov 10 – 14, 2008

Agenda Item: 7.5.09-UTRA REL-8: Support of UTRA HNB

Source: Qualcomm Europe

Title: CR 25.331 on Reserved PSC and Dedicated Carrier Signaling for CSG Deployment

Document for: Discussion and Decision

Introduction

Providing PSC split and dedicated frequency information for CSG cells through broadcast has already been agreed by RAN2. This CR builds on this agreement and proposes a new IE that will be required to transmit this information.

Discussion

The structure of the new IE, "CSG PSC and Frequency Information", proposed to provide PSC split and dedicated frequency information for CSG cells is shown in Figure-1. This structure is flexible and allows PSC information for CSG cells to be indicated in either range or list format for each frequency. Moreover, the structure also allows for space optimizations such as:

1. PSC information for CSG cells if same as its previous frequency need not be sent
2. Frequency information for the first frequency need not be sent if the information is for the current frequency. In other words, for sending PSC split information for current frequency only there is no need to send any frequency information.
3. 'CSG only frequency' indicator can be skipped in case of non-dedicated carriers
4. If all PSCs are reserved for CSG cells, there is no need to specify any PSC information

Information Element/Group name	Need	Multi	Type and reference	Semantics description	Version
Frequency List	OP	1 to <maxFreq>			REL-8
>Frequency info	MD		Frequency info 10.3.6.36	If this IE is not sent, the current frequency shall be considered as default	
>CSG only frequency	OP		Boolean	If this IE is not sent or is sent and is set to FALSE, the UE shall regard this frequency as a non-dedicated CSG frequency. If this IE is sent and is set to TRUE, the UE shall regard this frequency as a dedicated CSG frequency	REL-8
>CHOICE CSG PSC Information Format	OP			If this IE is not sent, the UE shall consider PSC information for this frequency to be the same as the previous frequency.	REL-8

2. 3GPP 홈페이지(http://www.3gpp.org/ftp/tsg_ran/WG2_RL2/TSGR2_64/Docs/) 화면

3. 3GPP ftp 서버(ftp.3gpp.org/tsg_ran/WG2_RL2/TSGR2_64/Docs/) 화면

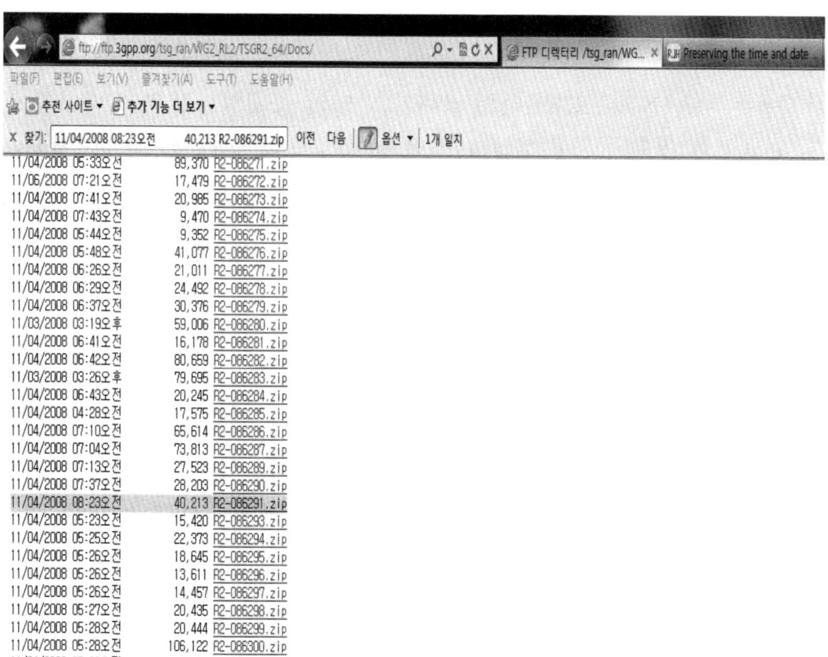

4. 3GPP 홈페이지의 FAQs 화면

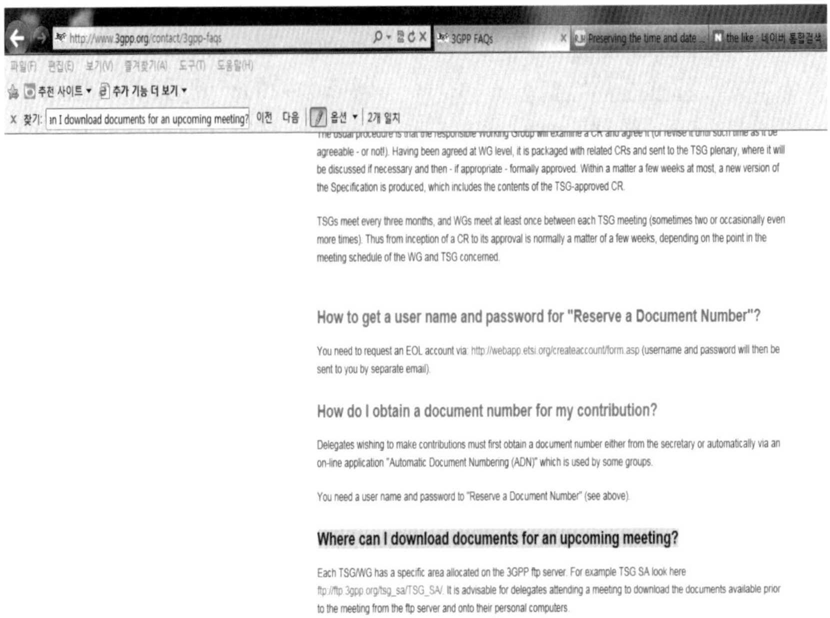

페이지에는 "04－Nov－2008"라는 날짜가 파일의 공개일, 즉 위 홈페이지에 게시된 날짜인지에 대해서는 언급되어 있지 않으나, 살피건대 1) 3GPP 홈페이지의 'FAQs(자주 하는 질문) 코너(별지 2의 기재를 참조)'에는 "회의에 앞서 문서를 어디서 다운로드할 수 있는가?"라는 섹션에, "각 TSG/WG마다 3GPP의 ftp 서버에 특정 영역이 할당되어 있다.

예를 들어 TSG SA는 ftp://ftp.3gpp.org/tsg_sa/TSG_SA/를 찾아보라. 회의 참가자는 회의에 앞서 해당 문서를 ftp 서버로부터 개인 컴퓨터로 다운로드할 것을 권고한다."라고 기재되어 있어, 회의에 발표될 문서는 회의 이전에 이미 ftp 서버에 공개된다는 사실이 명시적으로 3GPP 홈페이지에 기재되어 있는 점, 2) 3GPP의 ftp 서버(앞서 언급한 ftp 주소)에 접속한 결과 비교대상발명의 압축 파일에 "11/04/2008"라고 기록되어 있고, 웹페이지와는 달리 ftp 서버의 파일명에 기록된 날짜는 해당 파일이 ftp 서버에 업로드 된 날짜를 의미하는 것이므로 비교대상발명이 2008년 11월 4일에 3GPP의 ftp 서버(앞서 언급한 ftp 주소)에 게시되었음이 인정되는 점, 3) 위 ftp 서버는 회의 참가자가 아니라도 제한 없이 아무나 접속할 수 있는 점을 종합적으로 고려할 때, 비교대상발명은 2008년 11월 4일 3GPP의 ftp 서버를 통해 일반에게 공개되었음이 인정된다. 따라서 비교대상발명은 특허법 제29조 제1항 제1호에서 규정하는 공지된 발명에 해당한다.

한편, 청구인은 CR 문서의 공개일자와 관련하여, ① CR이 3GPP 협회에 제안되면, ② 워킹 그룹에서 1차 심사를 하게 되고, 여기서 통과되면, ③ TSG 총회에서 최종심사를 하여 이를 승인할지 결정하고, ④ 만일 TSG 총회에서 승인을 하게 되면, 그 때에야 비로서 CR은 표준 문서에 편입되어 공중에 이용 가능하게 되므로, 워킹 그룹의 논의 및 통과 여부 결정이 진행되었던 2008년 11월 10~14일 시점에 비교대상발명은 최종적으로 공개 여부에 대한 결정이 이루어지지 않았다고 보는 것이 타당하다고 주장한다. **살피건대, CR이란 Change Request의 약자로서 표준문서에 기재된 내용에 대하여 변경 또는 수정을 요구하는 문서로서, 청구인이 주장하는 ① 내지 ④의 절차는 CR이 제안되어 표준문서에 반영되기까지의 과정을 나타내는 것이지, CR 문서의 공개 시점과는 관련이 없는 것이다. 따라서 청구인의 주장은 이유 없다.**

나. 이 사건 제1항 출원발명의 진보성 여부

비교대상발명은 이 사건의 우선일(2008. 11. 7.) 이전에 공지된 것으로 인정되므로, 이 사건 제1항 출원발명이 비교대상발명에 의해 진보성이 부정되는지 여부를 살핀다.

… (생략) … 종합하건대, 이 사건 제1항 출원발명은 비교대상발명과 기술 분야가 동일하고, 목적의 특이성이 없으며, 비교대상발명과 비교하여 구성 및 작용효과에 각별한 차이가 없어, 비교대상발명에 의하여 통상의 기술자가 용이하게 발명할 수 있으므로 특허법 제29조 제2항 규정에 따라 특허 받을 수 없다.

라. 시사점

3GPP(WCDMA, LTE, LTE-A 관련 통신기술을 표준화하는 기구임)는 공개 표준화 단체

로, 관련 홈페이지에 의하면 3GPP 회원이나 회의 참가자가 아니라도 3GPP 서버에 제한 없이 아무나 접속할 수 있고, 회의 내용에 대해 비밀유지의 의무도 없고 회의 참관에 실질적으로 제약 조건이 없다. 또한, 표준화 회의의 원활한 진행을 위해 **표준화 회의 시작 전에 표준화 회의에서 다루어질 기고문은 먼저 공개하는 것이 통상적**이다.

그러므로 표준화 회의 기고문의 공개날짜는 기고문에 명시된 날짜가 아니라 표준화 회의 홈페이지에 업로드된 날짜라고 보아야 한다. 한편 표준이 적용되는 기술(특히 전기통신분야)에서는 통신장치 간 호환을 위해 먼저 표준화 단체에서 표준 기술을 논의하여 표준을 제정한 후, 표준에 따라 제품을 설계하는 것이 일반적이므로 표준과 관련된 출원발명이 대다수인 경우에는 해당 기술 분야 심사 및 심판에서는 표준화 회의 기고문을 검색하여 선행기술로 사용되는 경우가 빈번하다. 따라서 자기가 제출한 표준 기고문을 기초로 특허출원을 한 경우는 반드시 특허법상 "공지예외 주장"이 필요하다.

이 사례는 표준관련 출원발명으로서 그 발명의 가치가 높음에도 불구하고 단 3일 간의 차이로 자기가 제출한 표준관련 문서로 자기공지(自己公知)가 되어서 글로벌 기업의 특허출원이 아깝게 거절된 경우이다.

제 2 절 특허무효심판

1. 심판개요

출원발명이 심사관에 의하여 심사되어 등록된 특허발명이라도 어떤 무효원인이 있는 경우에는 누구나 자유롭게 실시할 수 있는 발명에 대하여 특정인에게 부당한 권리를 부여한 결과가 되어서 산업 발달을 저해하는 등 여러 가지 폐해를 발생시키게 된다.

이에 따라 특허법은 등록된 특허발명이라도 특허권에 무효원인이 있는 경우에는 이를 무효로 할 수 있도록 함으로써, 하자(瑕疵) 있는 권리의 존속으로 인한 폐해를 방지할 수 있도록 무효심판제도를 마련하고 있다(특허법 제133조【특허의 무효심판】).

특히 무효심판은 침해소송과 관련하여 특허권자의 특허권을 원천 무효시키거나 권리를 축소시켜 침해의 혐의로부터 벗어나기 위하여 주로 침해를 제소 받은 당사자가 반소(反訴)의 성격으로 특허심판원에 무효심판을 청구하는 것으로써 특허권자의 침해주장에 대한 강력한 법적 대응수단이다.

2. 주요사례 I : 구성요소 생략에 따른 진보성 여부

가. 사건 개요

□ 발명의 명칭 : 카메라 모듈 장치

□ 절차 경위 : 무효심판청구((정정청구 → 정정인정), 인용, 진보성 결여) → 심결불복 특허법원 소제기 → 정정심판 청구(기각, 독립특허 요건 위배) → 특허법원(기각, 진보성 결여) → 확정

나. 무효심판 단계

□ 이 사건 특허발명의 개요

1. 종래 기술

종래 카메라 모듈 장치에서는 카메라 미사용시 렌즈를 원위치로 복귀시키기 위해서 프리로드(예를 들어 판스프링)를 사용해 왔었다. 이는 카메라를 작동시키다가 카메라 렌즈의 전원이 off 될 경우 카메라 렌즈는 구동 전 초기 위치로 복귀하여야 하는데 카메라 렌즈의 초기 위치로의 복귀를 위해서는 복원력이 필요하며 이러한 복원력 기능을 프리로드(preload), 즉 판스프링이 담당하였던 것이다.

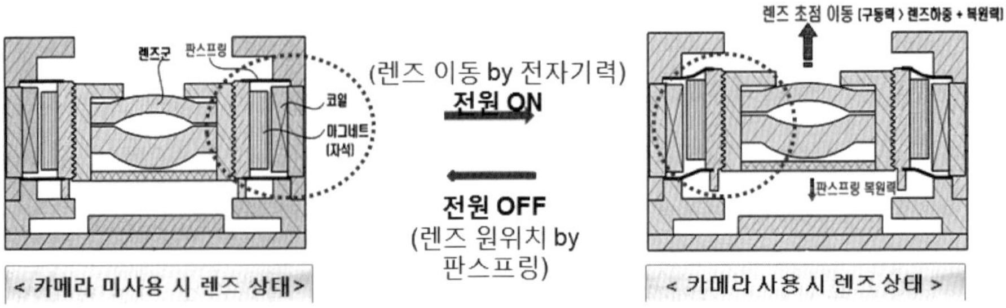

또한 카메라 사용시 렌즈를 초점위치에 유지시키기 위해서는 소정의 전력이 필요했는데 이는 프리로드(판스프링)가 존재하는 경우에 다시 원위치로 되돌아가려는 복원력이 항상 작용했기 때문이다.

2. 이 사건 특허발명의 개요

이 사건 특허발명의 카메라 모듈은 스마트폰에 사용되는 카메라 모듈로 갤럭시 S3부터 새롭게 적용된 기술이고, 종래 카메라 모듈에서는 카메라 미사용시 렌즈를 원위치로 복귀시키기 위해 **프리로드**(예를 들어, 판스프링)를 사용해 왔는데, 이 사건 특허발명은 이러한 프리로드를 제거함으로써, 프리로드 사용으로 인한 전력소모를 줄이는 것을 목적으로 하는 것이다.

[이 사건 특허발명의 구성도]

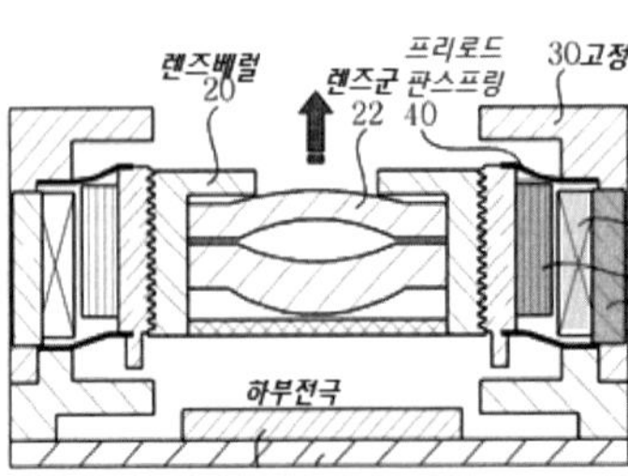

[종래 기술의 구성도]

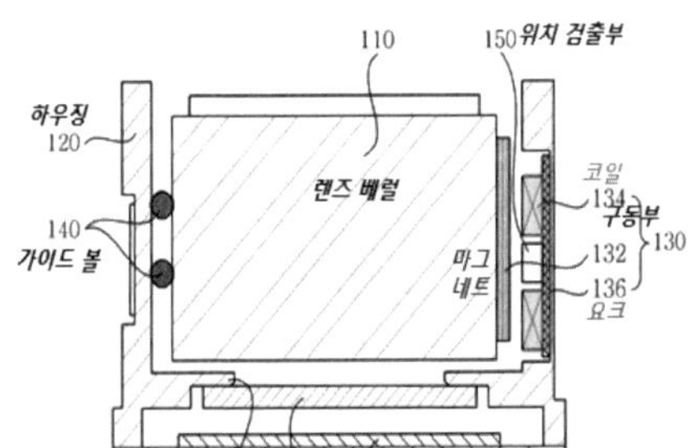

3. 이 사건 특허발명의 특허청구범위

【청구항 1】 외부이미지를 모으기 위한 렌즈가 내장된 렌즈베럴; 상기 렌즈베럴이 수용되는 수용공간을 구비한 하우징; 마그넷과 코일로 구성되며, 이로부터 발생하는 전자기력에 상기 렌즈베럴을 상부로 구동시키는 제1 구동력과 상기 렌즈베럴을 하부로 구동시키는 제2 구동력을 제공하는 구동부; 상기 렌즈베럴과 상기 하우징 사이에 구비되어 상기 렌즈베럴의 움직임을 안내하는 가이드볼; 및 상기 렌즈베럴의 위치를 감지하는 위치검출부;를 포함하는 카메라 모듈(이하 '이 사건 제1항 특허발명'이라 부른다. 나머지 청구항도 이와 같은 방식으로 부른다.).

【청구항 2】 청구항 1에 있어서, 상기 렌즈베럴의 진동경감을 위한 댐핑부재가 렌즈베럴 상부 또는 하부에 형성되는 것을 특징으로 하는 카메라 모듈.

【청구항 3】 청구항 2에 있어서, 상기 댐핑부재를 지지할 수 있도록 상기 렌즈베럴 외주면에 댐핑결합부가 더 형성되는 것을 특징으로 하는 카메라 모듈.

【청구항 4】 청구항 1에 있어서, 상기 렌즈베럴은 상기 하우징의 수용공간 임의의 지점에서 상기 구동부에 의해 상부 또는 하부로 구동이 시작되는 것을 특징으로 하는 카메라 모듈.

【청구항 5】 내지 【청구항 10】 (생략)

4. 이 사건 특허발명의 정정 특허청구범위(정정청구된 것. 밑줄 친 부분이 정정된 사항임)

【청구항 1】 <u>프리로드부가 없는 카메라 모듈</u>(이하<u> '구성①'이라 한다.)로서, </u>외부이미지를 모으기 위한 렌즈가 내장된 렌즈베럴(이하 '구성②'라 한다.); 상기 렌즈베럴이 수용되는 수용공간을 구비한 하우징(이하 '구성③'이라 한다.); 마그넷과 코일로 구성되며, 이로부터 발생하는 전자기력에 상기 렌즈베럴을 상부로 구동시키는 제1 구동력과 상기 렌즈베럴을 하부로 구동시키는 제2 구동력을 제공하는 구동부(이하 '구성④'라 한다.); 상기 렌즈베럴과 상기 하우징 사이에 구비되어 상기 렌즈베럴의 움직임을 안내하는 가이드볼(이하 '구성⑤'라 한다.); 및 상기 렌즈베럴의 위치를 감지하는 위치검출부(이하 '구성⑥'이라 한다.);를 포함하며, <u>상기 렌즈베럴은 상기 하우징의 수용공간 임의의 지점에서 상기 구동부에 의해 상부 또는 하부로 구동이 시작</u>(이하 '구

성⑦'이라 한다.)되는 것을 특징으로 하는 카메라 모듈(이하 '이 사건 제1항 정정발명'이라 부른다. 나머지 청구항도 이와 같은 방식으로 부른다.).

【청구항 2】 청구항 1에 있어서, 상기 렌즈베럴의 진동경감을 위한 댐핑부재가 렌즈베럴 상부 또는 하부에 형성(이하 '구성⑧'이라 한다.)되는 것을 특징으로 하는 카메라 모듈.

【청구항 3】 청구항 2에 있어서, 상기 댐핑부재를 지지할 수 있도록 상기 렌즈베럴 외주면에 댐핑결합부(이하 '구성⑨'라 한다.)가 더 형성되는 것을 특징으로 하는 카메라 모듈.

【청구항 4】 (삭제)

【청구항 5】 내지 【청구항 10】 (생략)

5. 비교대상발명

(1) 비교대상발명 1(갑 제3호증, 2008. 7. 31. 공개)

비교대상발명 1은 렌즈 조립체(104)와 구동부(105) 사이에 제공되는 가이드부를 구비함으로써 렌즈 조립체가 가이드부의 안내를 받아 구동부에 대하여 광축 방향으로 진퇴 운동하는 카메라 렌즈 어셈블리(100)에 관한 것으로서, 가이드부가 렌즈 조립체의 일면과 구동부에 각각 형성되어 서로 대면하는 홈(169, 161)에 수용된 볼(163)들을 포함함에 따라 상기 볼들이 구동부와 렌즈 조립체 사이에 일정한 간격을 확보하는 동시에 볼들의 구름 동작(rolling)을 통해 렌즈 조립체가 진퇴 운동하는 동안 마찰력이 발생되는 것을 완화하는 구성이 기재되어 있다.

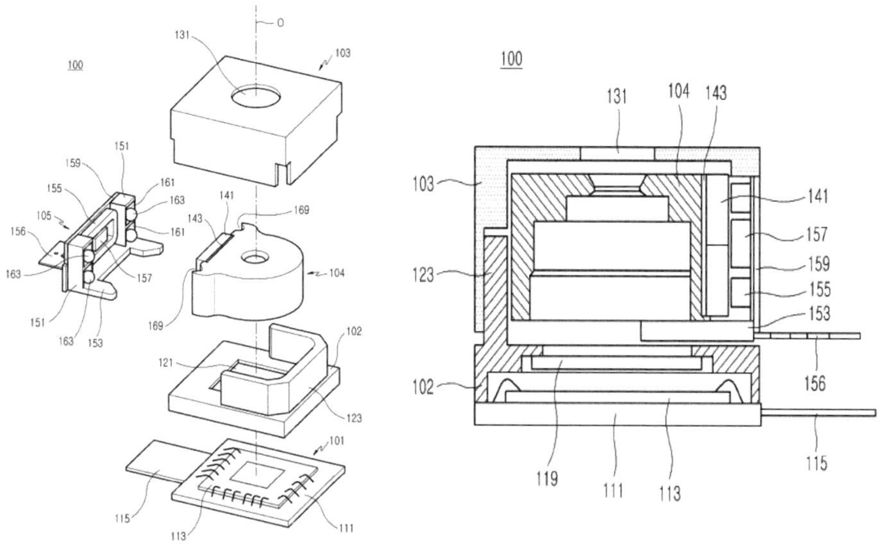

카메라 렌즈 어셈블리(100), 구동부(105), 가이드(123), 자성체(141), 코일(155)
제1요크(143), 제2요크(159), 홀 센서(157), 가이드 홈(169), 수용홈(161), 볼(163)

(2) 비교대상발명 2(갑 제4호증, 2010. 3. 8. 공개)

비교대상발명 2는 렌즈배럴(110)과, 렌즈배럴을 내부 공간에 수용하고 렌즈배럴의 저면을 지지하는 지지면(122)을 구비하는 하우징(120) 및 하우징에 장착되어 상기 렌즈배럴과 밀착되는 엑츄에이터(130)를 포함하는 카메라 모듈에 관한 것으로, 렌즈배럴의 지지면 상에 구비되어 렌즈배럴과 지지면의 접촉에 의한 충격을 완충시키는 완충 부재(140)를 포함하는 구성이 기재되어 있다.

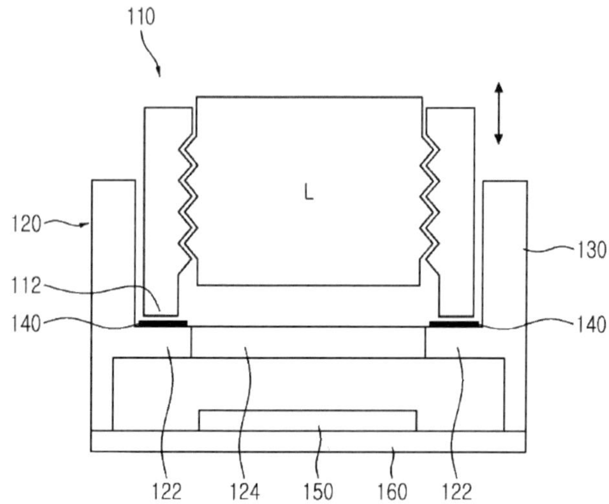

6. 당사자 주장

(1) 청구인 주장의 요지

○ 이 사건 제1, 5~10항 정정발명은 비교대상발명 1에 의해, 이 사건 제2, 3항 정정발명은 비교대상발명 1, 2의 결합에 의해 통상의 기술자가 용이하게 발명할 수 있는 것이므로, 이 사건 정정발명은 무효로 되어야 한다.

(2) 피청구인 주장의 요지

○ 이 사건 특허발명과 정정발명의 '프리로드'는 '판스프링'만을 의미하는 것이 아니라, 자석, 와이어 등, 렌즈베럴을 초기위치로 복원시키는 모든 힘을 의미하는 것으로 해석해야 한다.

○ 비교대상발명 1은 렌즈베럴을 초기위치로의 복원시키는 특성이 명시적으로 기재되어 있으므로 프리로드가 있는 카메라 모듈이지만, 이 사건 정정발명은 렌즈베럴이 초기위치로 복원되지 않고 임의의 위치에서 정지되므로 프리로드가 없는 카메라 모듈로서 이 사건 정정발명의 출원 전까지 존재하지 않았다.

○ 이 사건 정정발명은 비교대상발명 1에 비해 소모전력을 줄이고 렌즈베럴

의 틸트 현상을 최소화할 수 있는 현저한 효과가 있다.

7. 판단의 요지

(1) 이 사건 정정청구의 적법 여부

이 사건 정정청구에 의한 정정사항은 이 사건 제1항 특허발명에 "프리로드부가 없는 카메라 모듈로서"의 구성을 추가하여 한정(이하 '정정사항 1'이라 한다.)하고, "상기 렌즈베럴은 상기 하우징의 수용공간 임의의 지점에서 상기 구동부에 의해 상부 또는 하부로 구동이 시작되는 것을 특징으로 하는" 구성을 부가(이하 '정정사항 2'라 한다.)한 것이다.

정정사항 1은 이 사건 제1항 특허발명의 "카메라 모듈"을 한정하여 특허청구범위를 감축하기 위해 부가한 것이며, **정정사항 2는** 이 사건 제1항 특허발명의 "렌즈베럴"을 한정하여 특허청구범위를 감축하기 위해 부가한 것이므로, 정정사항 1, 2는 모두 특허청구범위를 감축하는 정정에 해당된다.

정정사항 1과 2는 명세서 또는 도면에 기재된 사항의 범위 이내이며 특허청구범위를 실질적으로 확장하거나 변경하지 않았으므로 **특허법 제133조의2에서 규정하고 있는 특허무효 심판절차에서의 정정요건을 모두 충족하는 것으로 판단되고, 청구인도 정정청구에 대해 다투지 아니하므로 정정을 인정하기로 하고**, 이 사건 정정발명이 청구인의 주장대로 무효로 되어야 하는지에 대해서 살펴본다.

(2) 이 사건 정정발명의 진보성 여부

(가) 이 사건 제1항 정정발명의 진보성이 부정되는지 여부

㉮ 기술분야 및 목적의 대비

이 사건 제1항 정정발명과 비교대상발명 1, 비교대상발명 2의 기술분야는 카메라 렌즈 모듈에 관한 것으로 동일하다.

이 사건 제1항 정정발명은 카메라 렌즈 모듈에서 소모전력 및 렌즈베럴의 틸트현상을 최소화하고, 구동의 신뢰성을 향상시키는 것을 목적으로 하는데, i) 비교대상발명 1도 '카메라 렌즈 어셈블리에서 렌즈 조립체를 구동시키기 위한 구동력을 절감하고 구동부의 구성을 간소화'하는 목적이 기재되어 있고, ii) 카메라

렌즈 모듈에서 소모전력 및 구동신뢰성을 향상시키는 것은 '통상의 기술자'에게 일반적인 목표라는 점에서, 이 사건 **제1항 정정발명은 비교대상발명 1에 비해 목적의 특이성이 있다고 할 수 없다**.

㉯ 구성의 대비

1) 구성①의 대비

구성①은 프리로드부가 없는 카메라 모듈의 구성으로, 구성①이 '프리로드부가 없다.'는 점에서 비교대상발명 1의 카메라 렌즈 어셈블리와 상이하다.

그런데 이 사건 정정발명에는 i) 종래 기술의 문제점으로써 "판스프링으로 인해 전력소모가 많은 문제점", "판스프링을 채용함으로써 구조 및 제작 공정이 복잡해짐", "판스프링의 프리로드는 렌즈베럴의 위치에 따라 변하기 때문에, 이를 고려하여 코일에 인가되는 전류를 제어해야 하고, 이로 인해 구동신뢰성이 저하되는 문제점" 및 "렌즈베럴과 판스프링의 결합상태에 따라 렌즈베럴이 광축 방향으로 틸트되는 문제가 발생"을 지적하고, 이를 제거하는 것을 발명의 목적으로 기재하고 있다는 점, ii) 이 사건 정정발명의 실시예에서도 "본 발명에서는 종래 기술의 판스프링과 같은 프리로드부를 사용하지 않고, 구동부를 통해 렌즈베럴을 상하 구동시키는 것을 특징으로 한다."라고 기재되어 있다는 점, iii) 이 사건 정정발명의 효과에 "렌즈베럴의 틸트현상을 최소화"가 기재되어 있는데, 렌즈베럴의 틸트현상은 일반적인 프리로드부가 아닌 판스프링의 사용에 의해서 발생되는 특유의 현상이라는 점을 종합적으로 고려해볼 때, 이 사건 정정발명의 "프리로드부"는 판스프링으로 판단되는바, 비교대상발명 1의 카메라 렌즈 어셈블리 역시 판스프링이 없으므로, 구성①은 비교대상발명 1의 대응구성과 동일하다.

청구인은 '프리로드부'를 '판스프링'만을 의미하는 것이 아니라, 자석, 와이어 등, 렌즈베럴을 초기위치로 복원시키는 모든 힘을 의미하는 것으로 해석해야 한다고 주장하나, 이 사건 정정발명에는 마그넷(132)과 요크(136)가 대향되게 구비되어 있어 실질적으로 렌즈베럴(110)을 초기위치로 복원시킬 수 있는데, 마그넷(132)과 요크(136)에 의한 인력을 프리로드부로 인식하지 않고 있으므로, 이 사건 정정발명에서 프리로드는 자석 등 렌즈베럴을 초기위치로 복원시키는 모든 힘을 의미한다는 청구인의 위 주장은 이유 없다.

또한, 청구인은 프리로드의 유무는 렌즈베럴이 초기위치로 복원되는 특징으로 판단하는바, 이 사건 정정발명은 렌즈베럴이 초기위치로 복원되지 않고 임의의 위치에서 정지되므로 프리로드가 없는 카메라 모듈이라고 주장하나, 예를 들어, 스텝 모터(step motor) 구동 방식의 렌즈 모듈에서는 스텝 모터에 의해 렌즈베럴이 초기위치로 복원되도록 프로그래밍되어 있지만 이를 프리로드라고 하지 않으므로, 프리로드는 렌즈베럴이 초기위치로 복원되는 특징으로 판단하여야 한다는 청구인의 주장은 이유 없다.

설령 프리로드부를 '렌즈베럴을 초기위치로 복원시키는 모든 힘'을 의미하는 것이라고 가정을 한다 해도, 일반적으로 VCM(Voice Coil Motor) 구동 방식의 디지털 카메라에서 자동 포커싱(AF), 자동 화이트 밸런스(AWB), 자동 노출(AE) 등의 기능을 수행하기 위해서는 렌즈의 초기위치를 알아야 하기 때문에 이를 위해 렌즈를 초기위치로 복원시키는 프리로드부를 사용하는바(비교대상발명 1 명세서 식별번호 [0010], [0027]~[0030] 참조), 프리로드부의 사용으로 인해 카메라 렌즈 모듈의 효율 저하와 복잡성의 문제가 발생함에도 불구하고 렌즈 모듈의 위치를 파악하기 위해서 프리로드부를 사용하는 것은 통상의 기술자에게 자명한 사실이므로(스텝 모터 구동 방식과 같이 다른 수단을 사용하여 렌즈의 초기위치를 파악할 수 있는 경우에는 프리로드부가 필요 없음.), **카메라 렌즈 모듈에서 '프리로드부가 없는 구성'은 통상의 기술자가 카메라 렌즈 모듈이 적용되는 기기의 특성에 따라 효율과 복잡성을 고려하여 필요에 맞게 프리로드부 기능을 단순히 빼고 렌즈의 구동부를 구현한 것에 불과한 것이므로, 구성①은 통상의 기술자가 비교대상발명 1의 대응구성으로부터 용이하게 도출**할 수 있다.

2) 구성②의 대비

구성②는 외부 이미지를 모으기 위한 렌즈가 내장된 렌즈베럴의 구성으로, 이는 비교대상발명 1의 '렌즈가 내장된 렌즈 조립체(104)의 구성'과 동일하다.

3) 구성③의 대비

구성③은 렌즈베럴이 수용되는 수용공간을 구비한 하우징의 구성으로, 이는 비교대상발명 1의 '렌즈 조립체(104)를 수용하는 모듈 하우징(103)의 구성'과 실질적으로 동일하다.

4) 구성④의 대비

구성④는 렌즈베럴을 상부와 하부로 구동시키는 제1, 2 구동력을 제공하는 구동부의 구성으로, 이는 '비교대상발명 1의 렌즈 조립체를 진퇴 운동시키는 구동부(105)의 구성'에 대응되는데, 비교대상발명 1의 구동부(105)는 렌즈를 상하로 직선운동 시킨다는 점에서, 구성④는 통상의 기술자가 비교대상발명 1의 대응구성으로부터 용이하게 도출할 수 있다.

청구인은 비교대상발명 1에는 렌즈 조립체를 상부로 구동시키는 제1 구동력만 존재할 뿐, 이 사건 정정발명의 특징인 '렌즈베럴을 상하 구동시키는 제1, 2 구동력을 제공하는 구성'이 기재되어 있지 않아 진보성이 있다고 주장하나, 비교대상발명 1에서는 제2 요크(159)가 스토퍼(153) 부근에 위치하기 때문에 상부의 구동력만으로도 렌즈의 상하 운동을 제어할 수 있는 것(하부의 구동력은 자성체(141)와 요크(159)의 인력으로 대체됨)인데, i) 구성④의 제1, 2 구동력은 단순히 VCM에 인가되는 전류의 방향을 단순히 바꿈으로써 구현할 수 있는 것으로, 이는 통상의 기술자에게 단순한 설계변경에 지나지 않으며, ii) 비교대상발명 1에서 만약 자성체와 요크가 중앙에 위치하면 렌즈 조립체를 상하로 구동시키기 위해 상부 및 하부의 2개의 구동력이 필요한 것은 자명한 사항이므로, 구성④는 통상의 기술자가 비교대상발명 1의 구동부(105)를 필요에 맞게 단순히 설계변경한 것에 불과한 것이다.

5) 구성⑤의 대비

구성⑤는 렌즈베럴과 하우징 사이에 구비되어 렌즈베럴의 움직임으로 안내하는 가이드볼의 구성으로, 이는 '비교대상발명 1의 렌즈 조립체(104)와 구동부(105) 사이에 구비된 볼(163)의 구성과 실질적으로 동일하다.

6) 구성⑥의 대비

구성⑥은 렌즈베럴의 위치를 감지하는 위치검출부의 구성으로, 이는 비교대상발명 1의 렌즈 조립체(104)의 위치를 감지하는 홀 센서(157)의 구성'과 동일하다.

7) 구성⑦의 대비

구성⑦은 임의의 지점에서 구동부에 의해 상부 또는 하부로 구동이 시작되는 구성으로, 이는 비교대상발명 1의 '전류가 차단되면 렌즈 조립체(104)가 구동부 베이스(151)에 밀착되는 구성'에 대응되는데, **비교대상발명 1의 렌즈 조립체가 스토퍼에 밀착된 위치에 진퇴 운동을 시작하는 것은 자성체(141)와 제2 요크(159) 사이에 작용하는 인력에 기인하는 것이므로, 구성⑦은 비교대상발명 1의 구동부에서 단순히 제2 요크만을 생략하거나 제2 요크의 자성 값을 작게 하여 구현한 것에 불과한 것**으로, **구성⑦은 통상의 기술자가 비교대상발명 1의 대응구성으로부터 용이하게 도출**할 수 있다.

청구인은 비교대상발명 1에서 제2 요크를 생략하여 이 사건 정정발명을 도출하는 것은 사후적 판단이라고 주장하나, 비교대상발명 1에는 제2 요크(159)의 인력에 의해 렌즈 조립체의 진퇴시 큰 구동력이 필요하다는 문제점을 인식하고 있으나, 그럼에도 불구하고 제2 요크를 활용하여 렌즈를 복원시키는 이유는 렌즈의 초기위치를 알기 위한 것으로, 렌즈의 초기위치가 파악만 되면 렌즈를 복원시킬 필요 없이 임의의 위치에 두어도 되는 것(스텝 모터 구동방식)은 통상의 기술자에 자명한 사실이므로, 제2 요크를 생략하는 것이 사후적 판단이라는 청구인의 주장은 이유 없다.

㉰ 작용효과의 대비

이 사건 제1항 정정발명과 비교대상발명은 모두 카메라 렌즈 어셈블리에서 렌즈 조립체를 구동시키기 위한 구동력을 절감하고 구동부의 구성을 간소화하는 효과가 있다는 점에서 그 효과가 동일하다.

청구인은 이 사건 정정발명은 비교대상발명 1에 비해 소모전력을 줄이고 렌즈베럴의 틸트 현상을 최소화할 수 있는 현저한 효과가 있다고 주장하나, 앞서

“1) 구성①의 대비”에서 살펴본 바와 같이, 비교대상발명 1에는 판스프링이 존재하지 않기 때문에 소모전력이 줄어들고 렌즈베럴의 틸트 현상이 없는 효과가 있다. 설령 이 사건 제1항 정정발명의 프리로드부를 ‘렌즈베럴을 초기위치로 복원시키는 모든 힘’을 의미하는 것이라고 가정을 한다 해도, i) 비교대상발명 2에도 자석 형태의 프리로드부를 사용하고 있으므로 렌즈베럴의 틸트 현상이 없고, ii) 비교대상발명 1에는 프리로드부 사용으로 인한 전력소모의 문제점을 인식(비교대상발명 명세서 식별번호 [0032] 참조)하고 있으므로, 프리로드부를 사용하지 않음으로써 반대급부로 얻어지는 효과는 통상의 기술자에게 예측 가능한 것이다.

➢ 특허발명

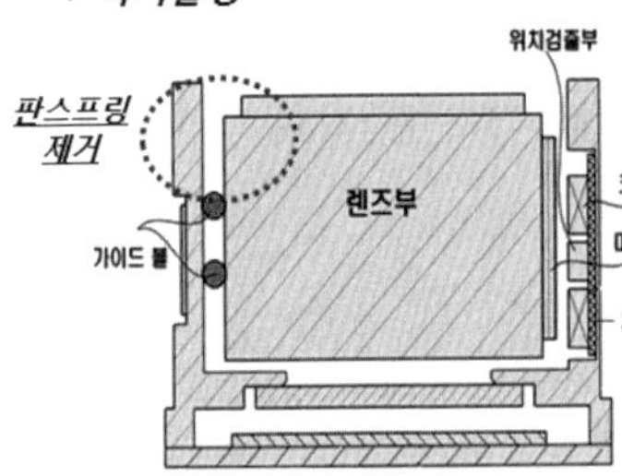

- 프리로드 없음
- 전원 OFF시 렌즈부가 고정되지 않고 상하로 자유롭게 이동

➢ 비교대상발명1

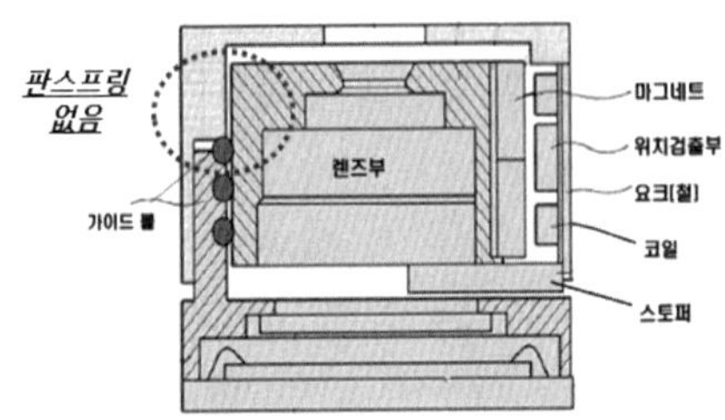

- 명시적인 프리로드 구성 없음
- 그러나 전원 OFF시 자성체에 의해 렌즈부가 원위치로 복귀됨

[양 발명간의 차이점 및 쟁점]

▽ 양 발명은 판스프링 제거한 점에서 동일하나, 비교대상발명 1은 여전히 렌즈부에 복원력이 작용한다는 점에서 차이가 있다.
▽ 프리로드를 생략함으로써 발생하는 전력절감 효과를 예측할 수 있는가?
※ 피청구인은 프리로드를 생략함으로써 예상치 못한 현저한 전력절감의 효과가 있다고 일관되게 주장하고 있다.

㉱ 대비 결과

결국, 이 사건 **제1항 정정발명은 비교대상발명 1과 그 기술분야가 동일하고, 비교대상발명 1에 비해 목적의 특이성이 없으며, 비교대상발명 1과 대비하여 구성 및 작용효과에서 각별한 차이가 없어, 비교대상발명 1에 의하여 통상의 기술자가 용이하게 발명**할 수 있다.

(나) 이 사건 제2항 내지 제3항 정정발명의 진보성이 부정되는지 여부

이 사건 제2항 내지 제3항 정정발명은 제1항을 한정하고 있는 종속항으로, 통상의 기술자라면 비교대상발명 1, 2의 결합으로 용이하게 도출할 수 있다

(다) 이 사건 제5항 내지 제10항 정정발명의 진보성이 부정되는지 여부

이 사건 제5항 내지 제10항의 정정발명은 제1항을 한정하고 있는 종속항으로, 비교대상발명 1에 의하여 통상의 기술자가 용이하게 발명할 수 있다.

(라) 소 결

이상 살핀 바와 같이 이 사건 정정청구는 적법한 것이고, 이 사건 제1, 5~10항 정정발명은 통상의 기술자가 비교대상발명 1로부터 용이하게 발명할 수 있는 것이고, 이 사건 제2~3항 정정발명은 비교대상발명 1, 2로부터 용이하게 발명할 수 있는 것이므로 그 등록이 무효로 되어야 한다.

다. 정정심판 단계

□ 정정청구된 특허청구범위(밑줄친 부분이 정정된 사항임)

【청구항 1】 프리로드부가 없는 카메라 모듈로서(이하 '구성①'이라 한다.), 외부이미지를 모으기 위한 렌즈가 내장된 렌즈베럴(이하 '구성②'라 한다.); 상기 렌즈베럴이 수용되는 수용공간을 구비한 하우징(이하 '구성③'이라 한다.); 마그넷과 코일로 구성되며, 이로부터 발생하는 전자기력에 의해 상기 렌즈베럴을 상부로 구동시키는 제1 구동력과 상기 렌즈베럴을 하부로 구동시키는 제2 구동력을 제공하는 구동부(이하 '구성④'라 한다.); 상기 렌즈베럴과 상기 하우징 사이에 구비되어 상기 렌즈베럴의 움직임을 안내하는 가이드볼(이하 '구성⑤'라 한다.); 및 상기 렌즈베럴의 위치

를 감지하는 위치검출부(이하 '구성⑥'이라 한다.);를 포함하며, 상기 렌즈베럴은 초기 구동시 상기 하우징의 수용공간 내부에서 위치 검출부로부터 감지된 임의의 지점에서 상기 구동부에 의해 상부 또는 하부로 구동이 시작되는 것을 특징(이하 '구성⑦'이라 한다.)으로 하는 카메라 모듈(이하 '이 사건 제1항 정정발명'이라 부른다. 나머지 청구항도 이와 같은 방식으로 부른다.).

【청구항 2】 프리로드부가 없는 카메라 모듈로서, 외부이미지를 모으기 위한 렌즈가 내장된 렌즈베럴; 상기 렌즈베럴이 수용되는 수용공간을 구비한 하우징; 위치검출부로부터 검출된 신호에 의해 구동신호를 발생시키는 제어부로부터의 구동신호에 의해 작동하며, 마그넷과 코일로 구성되어 이로부터 발생하는 전자기력에의해 상기 렌즈베럴을 상부로 구동시키는 제1 구동력과 상기 렌즈베럴을 하부로 구동시키는 제2 구동력을 제공하는 구동부; 상기 렌즈베럴과 상기 하우징 사이에 구비되어 상기 렌즈베럴의 움직임을 안내하는 가이드볼; 및 상기 렌즈베럴의 위치를 감지하는 위치검출부; 상기 렌즈베럴의 상부 또는 하부에 형성되어 상기 렌즈베럴의 진동을 경감하는 댐핑부재;를 포함하며, 상기 렌즈베럴은 초기 구동시 상기 하우징의 수용공간 내부에서 위치 검출부로부터 감지된 임의의 지점에서 상기 구동부에 의해 상부 또는 하부로 구동이 시작되는 것을 특징으로 하는 카메라 모듈.

【청구항 3】 청구항 2에 있어서, 상기 댐핑부재를 지지할 수 있도록 상기 렌즈베럴 외주면에 댐핑결합부가 더 형성되는 것을 특징으로 하는 카메라 모듈.

【청구항 4】 (삭제)

【청구항 5】청구항 1에 있어서, 프리로드의 영향 없이 상기 제1 구동력이 상기 렌즈베럴의 하중보다 클 때 상기 렌즈베럴은 상부로 구동되고, 상기 제1 구동력보다 작은 구동력인 제2 구동력에 의해 상기 렌즈베럴 하부로 구동되는 것을 특징으로 하는 카메라 모듈.

【청구항 6】 청구항 1에 있어서, 상기 제1 구동력은 상기 제2 구동력보다 큰 것을 특징으로 하는 카메라 모듈.

【청구항 7】 프리로드부가 없는 카메라 모듈로서, 외부이미지를 모으기 위한

렌즈가 내장된 렌즈베럴; 상기 렌즈베럴이 수용되는 수용공간을 구비한 하우징; 상기 하우징의 내주면에 장착되어 전류 인가시 전기장을 발생시키는 코일; 및 상기 코일과 마주하도록 상기 렌즈베럴의 외주면에 장착되어, 상기 전기장과 상호작용하는 자기장을 발생시키는 마그넷;으로 구성되며, 이로부터 발생하는 전자기력에 의해 상기 렌즈베럴을 상부로 구동시키는 제1 구동력과 상기 렌즈베럴을 하부로 구동시키는 제2 구동력을 제공하되, 제1 구동력이 프리로드와 무관하게 상기 렌즈베럴의 하중보다 클 때 상기 렌즈베럴이 상부로 구동되는 구동부; 상기 렌즈베럴과 상기 하우징 사이에 구비되어 상기 렌즈베럴의 움직임을 안내하는 가이드볼; 및 상기 렌즈베럴의 위치를 감지하는 위치검출부;를 포함하며, 상기 렌즈베럴은 초기 구동시 상기 하우징의 수용공간 내부에서 위치 검출부로부터 감지된 임의의 지점에서 상기 구동부에 의해 상부 또는 하부로 구동이 시작되는 것을 특징으로 하는 카메라 모듈.

【청구항 8】 청구항 1에 있어서, 상기 렌즈베럴의 마그넷이 구비되지 아니한 위치의 외주면과 상기 하우징의 대응하는 내주면에는 상기 가이드 볼을 회전가능하게 지지하는 수용홈들이 각각 형성된 것을 특징으로 하는 카메라 모듈.

【청구항 9】 청구항 1에 있어서, 상기 위치검출부는 상기 마그넷의 위치변화를 감지하는 홀 센서인 것을 특징으로 하는 카메라 모듈.

【청구항 10】 프리로드부가 없는 카메라 모듈로서, 외부이미지를 모으기 위한 렌즈가 내장된 렌즈베럴; 상기 렌즈베럴이 수용되는 수용공간을 구비한 하우징; 상기 하우징의 내주면에 장착되는 코일; 및 상기 코일과 마주하도록 상기 렌즈베럴의 외주면에 장착되는 마그넷;으로 구성되며, 이로부터 발생하는 전자기력에의해 상기 렌즈베럴을 상부로 구동시키는 제1 구동력과 상기 렌즈베럴을 하부로 구동시키는 제2 구동력을 제공하는 구동부; 상기 렌즈베럴과 상기 하우징 사이에 구비되어 상기 렌즈베럴의 움직임을 안내하는 가이드볼; 및 상기 렌즈베럴의 위치를 감지하는 위치검출부;와, 상기 하우징이 상면에 부착고정되는 회로기판에 실장된 이미지센서의 화상 신호로부터 상기 렌즈베럴의 포커싱 목표 위치를 산출하고, 상기 포커싱 목표 위치와 상기 위치검출부로부터 감지된 렌즈베럴의 구동위치를 비교하여 상기 코일에 공급되는 전류량을 제어하되, 프리로드의

영향 없이 제1구동력은 렌즈베럴의 하중보다 크고 제2구동력은 제1구동력보다 작도록 제어하는 제어부;를 포함하되, 상기 렌즈베럴은 초기 구동시 상기 하우징의 수용공간 내부에서 위치 검출부로부터 감지된 임의의 지점에서 상기 구동부에 의해 상부 또는 하부로 구동이 시작되는 카메라 모듈.

□ 비교대상발명

1. 비교대상발명 1(무효심판시 비교대상발명 1과 동일)

2. 비교대상발명 2(무효심판시 비교대상발명 2와 동일)

□ 정정의견제출통지서의 요지

이 사건 제1~3, 5~10항 **정정발명은 통상의 기술자가 비교대상발명들로부터 용이하게 발명할 수 있는 것이므로, 이 사건 특허발명의 출원당시 특허받을 수 없는 것에 해당되어 특허법** 제136조 **제4항의 규정에 위배**되므로, 이 사건 정정은 받아들일 수 없다.

□ 청구인 주장

1. 이 사건 정정발명의 '프리로드부'는 "미리 인가되어 있는 힘"을 의미하는 것으로, 상세한 설명에 실시예로 기재된 '판스프링'으로 제한 해석할 수 없고, 카메라 모듈에서 '프리로드부'가 생략될 수 있다는 암시는 어느 선행기술에도 기재되어 있지 않다.

2. 이 사건 정정발명은 프리로드부가 존재하지 않으면서 초기 위치를 파악할 수 없는 문제점을 '위치검출부'를 이용해 해결하고 있으므로, 이 사건 정정발명은 트레이드오프 자체를 해결한 혁신적인 방법으로 카메라 모듈의 소모 전류를 5배나 줄일 수 있는 현저한 효과가 있으므로, 이 사건 정정발명의 진보성이 인정된다.

□ 판단 요지

1. 판단 기준

특허법 제136조 제1항에 의하면, 정정심판을 청구할 수 있는 경우는 "① 특허청구범위를 감축하는 경우, ② 잘못된 기재를 정정하는 경우, ③ 분명하지 아니한 기재를 명확하게 하는 경우"이며, 같은 법 제136조 제2항에 의하면, "제1항에 따른 명세서 또는 도면의 정정은 특허발명의 명세서 또는 도면에 기재된 사항의 범위 이내에서 이를 할 수 있다. 다만, 제1항 제2호의 규정에 의하여 잘못된 기재를 정정하는 경우에는 출원서에 최초로 첨부된 명세서 또는 도면에 기재된 사항의 범위로 한다."이며, 같은 법 136조 제3항에 의하면, "제1항의 규정에 의한 명세서 또는 도면의 정정은 특허청구범위를 실질적으로 확장하거나 변경할 수 없다."이며, **같은 법 136조 제4항에 의하면, "제1항 제1호 및 제2호에 해당하는 정정은 정정 후의 특허청구범위에 기재된 사항이 특허출원을 한 때에 특허를 받을 수 있는 것**이어야 한다."라고 규정하고 있다.

2. 이 사건 정정의 적법 여부

○ 특허법 제136조 제1항 내지 제3항의 요건을 충족하는지 여부

이 사건 정정사항들은 상세한 설명에 기재된 구성요소들('프리로드부가 없는 구성', '초기 구동시 임의의 지점에서 구동이 시작되는 구성', '위치검출부로부터 검출된 신호에 의해 작동하는 구성', '마그넷이 구비되지 아니한 위치의 구성', '제1 구동력은 렌즈베럴의 하중보다 크고 제2 구동력은 제1 구동력보다 작도록 제어하는 구성')을 부가하거나 구체적으로 한정한 것이어서 특허청구범위를 감축하는 것에 해당되고, 특허발명의 명세서 또는 도면에 기재된 사항의 범위 이내이며, 특허청구범위를 실질적으로 확장하거나 변경하지 아니한 것이다. 그렇다면 **정정 후 발명들이 특허출원을 한 때 특허를 받을 수 있는 것인지 살펴본다**.

3. 이 사건 제1항 정정발명의 진보성이 부정되는지 여부

가. 기술분야 및 목적의 대비

이 사건 제1항 정정발명과 비교대상발명 1은 카메라 렌즈 모듈에 관한 것이므로, 그 기술분야가 동일하고, 발명의 목적도 비교대상발명 1에 비해 목적의 특

이성이 있다고 할 수 없다(구체적 설시 이유 생략).

나. 구성의 대비

(1) 구성①의 대비

구성①은 프리로드부가 없는 카메라 모듈의 구성으로, 구성①이 '프리로드부가 없다.'는 점에서 비교대상발명 1의 카메라 렌즈 어셈블리와 상이하다.

그런데 이 사건 정정발명에는 i) 종래 기술의 문제점으로써 "판스프링으로 인해 전력소모가 많은 문제점", "판스프링을 채용함으로써 구조 및 제작 공정이 복잡해짐", "판스프링의 프리로드는 렌즈베럴의 위치에 따라 변하기 때문에, 이를 고려하여 코일에 인가되는 전류를 제어해야 하고, 이로 인해 구동신뢰성이 저하되는 문제점" 및 "렌즈베럴과 판스프링의 결합상태에 따라 렌즈베럴이 광축 방향으로 틸트되는 문제가 발생"을 지적하고, 이를 제거하는 것을 발명의 목적으로 기재하고 있다는 점, ii) 이 사건 정정발명의 실시예에서도 "본 발명에서는 종래 기술의 판 스프링과 같은 프리로드부를 사용하지 않고, 구동부를 통해 렌즈베럴을 상하 구동시키는 것을 특징으로 한다."라고 기재되어 있다는 점, iii) 이 사건 정정발명의 효과에 "렌즈베럴의 틸트현상을 최소화"가 기재되어 있는데, 렌즈베럴의 틸트현상은 일반적인 프리로드부가 아닌 판스프링의 사용에 의해서 발생되는 특유의 현상이라는 점을 종합적으로 고려해볼 때, 이 사건 정정발명의 "프리로드부"는 판스프링으로 판단되는바, 비교대상발명 1의 카메라 렌즈 어셈블리 역시 판스프링이 없으므로, 구성①은 비교대상발명 1의 대응구성과 동일하다.

청구인은 '프리로드부'는 일반적으로 "미리 인가되어 있는 힘"을 의미하는 것으로, 이 사건 제1항 정정발명의 프리로드부를 상세한 설명에 실시예로 기재된 '판스프링'으로 제한 해석할 수 없다고 주장(이하 '주장 1'이라 한다.)한다. 그러나 이 사건 정정발명에는 "판스프링(프리로드부)", "판스프링의 복원력(프리로드)"이 기재되어 있어, '프리로드'는 일반적인 복원력이 아니라 '판스프링에 의한 복원력'으로 해석이 되므로 청구인의 위 주장 1은 이유 없다.

그리고 설령 이 사건 제1항 정정발명의 프리로드부를 청구인의 위 주장 1과 같이 '미리 인가되어 있는 힘'을 의미하는 것이라고 가정을 한다 해도, 일반적으로 프리로드로 인해 카메라 렌즈 모듈의 전력 소비의 증가와 복잡성의 문제가 발생함에도 불구하고 프리로드를 사용하는 이유는, 자동 포커싱(AF)을 위해 초기위치를 파악하고 렌즈를 흔들림 없이 안정적으로 작동시키기 위한 것임은 통상의 기술자에게 자명한 사항이므로(김경호 외 4명, '초소형 오토포커싱 VCM 액츄에이터 설계', 한국정밀공학회 2006년도 추계학술대회집 논문의 배경기술 부분 참조), **카메라 렌즈 모듈에서 '프리로드부가 없는 구성'은 통상의 기술자가 카메라 렌즈 모듈이 적용되는 기기의 특성에 따라 전력효율, 렌즈동작의 안정성과, 복잡성을 고려하여 필요에 맞게 프리로드부 기능을 단순히 빼고 렌즈 모듈을 구현한 것에 불과한 것**이다.

그러므로 구성①은 통상의 기술자가 **비교대상발명 1의 제2 요크**(프리로드의 역할을 수행함)**의 구성을 선택적으로 생략하는 것으로부터 용이하게 도출할 수 있다.**

학술논문(초소형 오토포커싱 VCM 액추에이터 설계, 한국정밀공학회, 2006)
Preload없이 렌즈가 VCM 액츄에이터의 회전에 의해 캠구조를 따라 상하 운동을 할때 렌즈 틸트, 백래시, 외부 충격과 흔들림에 의한 렌즈의 포커싱 상태 이탈 등이 발생하게 된다. 따라서 상하 운동시 흔들림없이 안정적으로 작동시키기 위해 AF 모듈에 맞는 preload를 가지는 스프링이 필요하다. VCM 방식은 부피와 원가 측면에서 우수하나 렌즈 초점 위치에서 고정을 위해 작동시 전류를 계속 인가하여 전력 소모가 상대적으로 많이 들고 충격에 약하다는 단점이 있으나 현재 AF 모듈 전력 인가를 해주지 않아도 초점 위치에 멈추어 있기 때문에 전력 소모가 적어지는 장점을 가진다. 따라서 본 논문은 AF

(2) 구성②, ③, ④, ⑤, ⑥의 대비

구성②, ③, ④, ⑤, ⑥은 비교대상발명 1의 각각 대응구성과 동일하거나 대응구성으로부터 용이하게 도출할 수 있다(구체적 설시 이유 생략).

(3) 구성⑦의 대비

구성⑦은 렌즈배럴의 초기 구동시 내부에서 위치 검출부로부터 감지된 임의의 지점에서 구동부에 의해 상부 또는 하부로 구동이 시작되는 구성으로, 비교대상발명 1에는 이에 직접적으로 대응하는 구성이 없으나, 비교대상발명 1에서 제2 요크(프리로드부)를 뺄 경우 카메라 모듈이 동작하는 방법(프리로드부가 없으면 복원력이 작용하지 않으므로 당연히 임의의 위치에 정지하며, 이 경우 렌즈의 위치를 검출해야 하는 것은 필수적임)을 단순히 기재한 것에 불과하다.

그런데, 앞서 언급한 바와 같이 **프리로드는 그 사용으로 인한 문제점을 이미 인식하고 있으면서도 트레이드오프**(trade off) **관계에 있는 다른 특성들을 향상시키기 위해 일부러 사용하고 있는 것임은 통상의 기술자에게 자명**하므로(김경호 외 4명, '초소형 오토포커싱 VCM 액츄에이터 설계', 한국정밀공학회 2006년도 추계학술대회집 논문의 배경기술 부분 참조), **구성⑦은 통상의 기술자가 비교대상발명 1의 '제2 요크의 구성을 생략하는 구성'과 '카메라 렌즈 어셈블리 구성'으로부터 용이하게 도출**할 수 있다.

청구인은 카메라 모듈에서 프리로드부가 생략될 수 있다는 암시는 어느 선행기술에도 기재되어 있지 않다고 주장하나, 카메라 모듈에서 프리로드의 사용으로 인한 장점과 단점은 이 사건 출원 전 이미 통상의 기술자에게 잘 알려진 사실이므로, 카메라 모듈에서 프리로드를 생략하는 것은 통상의 기술자가 카메라 모듈이 사용되는 기기의 특성에 맞게 단순히 설계변경하는 사항에 불과하다.

또한, 청구인은 이 사건 정정발명은 프리로드부가 존재하지 않으면서 초기 위치를 파악할 수 없는 문제점을 '위치검출부'를 이용해 해결하고 있으므로, 이 사건 정정발명은 트레이드오프 자체를 해결한 혁신적인 방법이라고 주장하나, 구성⑦은 프리로드가 존재하지 않아 카메라 모듈의 전력절감 효과가 인정되나, 렌즈 구동 시 흔들림 없는 렌즈의 안정적 동작과 임의의 지점에 위치한 렌즈베럴을 적응적으로 검출하여 제어하기 위한 정밀한 센서와 컨트롤러의 복잡성(컨트롤러 및 위치제어 알고리즘의 복잡성으로 인한 전력 소모 포함) 등이 요구된다. 결국 **구성⑦은 '렌즈의 안정적인 동작'과 '시스템 복잡성'을 포기하고 트레이드오프 관계가 있는 '전력 절감'의 효과를 얻도록 카메라 모듈을 단순히 설계변경한 것에 불과**하다.

그러므로 **이 사건 제1항 정정발명은 통상의 기술자가 비교대상발명 1로부터 용이하게 발명**할 수 있다.

라. 작용효과의 대비

이 사건 제1항 정정발명과 비교대상발명은 모두 카메라 렌즈 어셈블리에서 렌즈 조립체를 구동시키기 위한 구동력을 절감하고 구동부의 구성을 간소화하는 효과가 있다는 점에서 그 효과가 동일하다.

청구인은 이 사건 정정발명은 카메라 모듈의 소모 전류를 크게 줄일 수 있는 현저한 효과가 있다고 주장하나, 카메라 모듈에서 프리로드부의 사용으로 인한 전력 소모의 증가는 이미 통상의 기술자에게 자명한 사실(김경호 외 4명, '초소형 오토포커싱 VCM 액츄에이터 설계', 한국정밀공학회 2006년도 추계학술대회집 논문의 배경기술 부분 참조)이므로, 프리로드부의 제외로 인한 전력절감 효과는 통상의 기술자가 쉽게 예측(계산) 가능하므로, 청구인의 위 주장은 이유 없다(2014. 1. 3. 의견서에 제출한 측정자료는 어떤 프리로드부의 조건하에서 실험을 했는지도 알 수 없고, 또한 프리로드부 생략으로 도입해야 할 컨트롤러의 전력 소모도 고려한 것이 아니므로 인정할 수 없다.).

마. 대비 결과

결국, 이 사건 제1항 정정발명은 비교대상발명 1과 그 기술분야가 동일하고, 비교대상발명 1에 비해 목적의 특이성이 없으며, 비교대상발명 1과 대비하여 구성에서 각별한 차이가 없고 그 효과도 예측가능한 것이므로, 통상의 기술자가 비교대상발명 1에 의하여 용이하게 발명할 수 있다.

4. 이 사건 제2항 및 제3항 정정발명의 진보성이 부정되는지 여부

이 사건 제2항 및 제3항 정정발명은 비교대상발명 1, 2에 의하여 통상의 기술자가 용이하게 발명할 수 있다(구체적 설시 이유 생략).

5. 이 사건 제5항 내지 제10항 정정발명의 진보성이 부정되는지 여부

이 사건 제5항 내지 제10항 정정발명은 비교대상발명 1에 의하여 통상의 기술자가 용이하게 발명할 수 있다(구체적 설시 이유 생략).

6. 소 결

이상 살펴본 바와 같이, 이 사건 정정청구는 최초 명세서의 기재된 범위 내에서 청구범위를 확장, 변경시키지 않으면서 감축시키는 것으로, 특허법 제136조 제1항 내지 제3항의 규정에는 부합하나, 이 사건 제1~3, 5~10항 정정발명은 통상의 기술자가 비교대상발명으로부터 용이하게 발명할 수 있는 것이므로 특허법 제29조 제2항의 규정에 해당되어, 특허법 제136조 제4항의 규정에 위배되므로, <u>이 사건 정정심판청구는 받아들여질 수 없다</u>.

라. 특허법원 단계

□ 특허청구범위(무효심판 청구시 정정청구된 것)

【청구항 1】 프리로드부가 없는 카메라 모듈(이하 '구성 1'이라 한다.)로서, 외부이미지를 모으기 위한 렌즈가 내장된 렌즈배럴[2](이하 '구성 2'라 한다.); 상기 렌즈배럴이 수용되는 수용공간을 구비한 하우징(이하 '구성 3'이라 한다.); 마그넷과 코일로 구성되며, 이로부터 발생하는 전자기력에 상기 렌즈배럴을 상부로 구동시키는 제1 구동력과 상기 렌즈배럴을 하부로 구동시키는 제2 구동력을 제공하는 구동부(이하 '구성 4'라 한다.); 상기 렌즈배럴과 상기 하우징 사이에 구비되어 상기 렌즈배럴의 움직임을 안내하는 가이드볼(이하 '구성 5'라 한다.); 및 상기 렌즈배럴의 위치를 감지하는 위치검출부(이하 '구성 6'이라 한다.);를 포함하며, 상기 렌즈배럴은 상기 하우징의 수용공간 임의의 지점에서 상기 구동부에 의해 상부 또는 하부로 구동이

2) 명세서에는 '렌즈베럴(lens barrel)'이라고 기재되어 있으나, 외래어 표기법에 따라 '렌즈배럴'로 표시한다.

시작되는 것(이하 '구성 7'이라 한다.)을 특징으로 하는 카메라 모듈(이하 '이 사건 제1항 정정발명'이라 하고 나머지 청구항들도 같은 방식으로 부른다.).

【청구항 2】 내지 【청구항 10】 (생략)

□ 비교대상발명들

1. 비교대상발명 1(무효심판 청구시 비교대상발명 1과 동일)
2. 비교대상발명 2(무효심판 청구시 비교대상발명 2와 동일)
3. 비교대상발명 3

진퇴운동 구동장치로서, 예를 들면 휴대 전화, CCD 카메라 등의 소형 광학 기기에서의 렌즈 등의 가동 부품을 진퇴시키는 진퇴운동 구동장치(driving arrangement)의 개량에 관한 것이다.

내통체(15)는 3개의 구동 자석(21)을 외주의 관통공(19)에 외주로 돌출하도록 구비한다. 외통체(25)는 중공부(25a) 측에 3개의 가이드 조각(27)을 환상으로 구비한다. 외통체(25)의 가이드조각(27)에는 원호상의 보지공(保持孔, 35)이 있고, 가이드 조각(27)의 외주에는 삽입홈(31)이 있다. 회로 기판(39)은 소정 간격으로 형성된 삽통공(43)과 함께, 편면에는 코일(41)을, 그 대향면에는 요크(47)를 구비하여, 외통체의 삽입홈(31)에 삽입되어 있다. 외통체(25)는 보지공(保持孔, 35)과 연통하는 관통공(37)에 구체(51)와 자석(53)을 넣어, 자석(53)에 흡착되는 상태로 구체(51)를 보지공(保持孔, 35) 안에 유지시킨다. 외통체(25)의 중공부(25a)에 넣는 내통체(15)의 외주는 구체(51)와 점접촉 상태로 맞닿아 있게 된다.

홀 소자(45)로부터의 자극 검출 신호에 근거하여 코일(41)에 흐르는 구동 전류의 방향과 세기를 가변시킴으로써, 코일(41)의 단면에 예를 들면 N극이 생기면 축방향으로 N극과 S극에 착자한 구동 자석(21)에는 N극 측이 코일(41)의 단면 중앙부에 겹치게 되는 응력이 발생한다. 그런 까닭에 구동 자석(21)을 고정한 내통체(15)가 외통체(25)에 대해 파선으로 표시한 것과 같이 축방향 T로 변이하는데, 예를 들면 도 2의 파선과 같이 변이한다. 즉, 내통체(15) 측에 배치된 구동 자석

(21)과 외통체(25) 측에 배치된 회로 기판(39), 코일(41) 및 홀 소자(45) 등에 의해 리니어 모터가 구성되어 있는데, 구동 자석(21)이 붙어 있는 내통체(15)가 로터로서 기능하고, 코일(41) 및 홀 소자(39)가 붙어 있는 회로 기판(39)이 배치된 외통체(25) 측이 고정자로서 기능하고 있다.

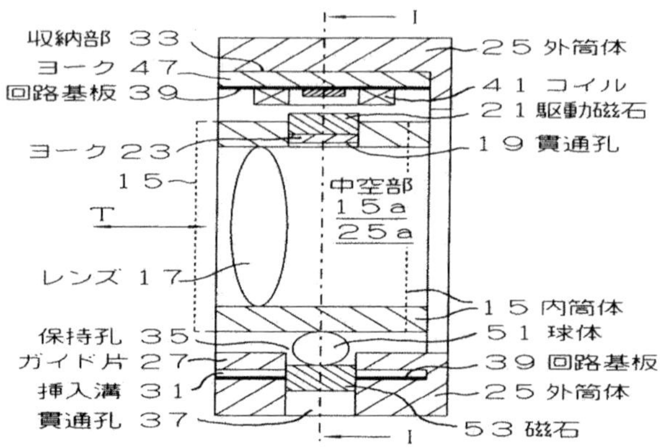

□ 절차의 경위

1. 피고는 통상의 기술자가 비교대상발명 1, 2로부터 용이하게 발명할 수 있어 진보성이 부정된다는 등의 이유로 등록무효심판을 청구하였고, 원고는 등록무효심판절차에서 이 사건 특허발명의 특허청구범위를 정정하는 정정청구를 하였다.

2. 특허심판원은 정정청구를 인정하면서, 이 사건 제1, 5 내지 10항 정정발명은 통상의 기술자가 비교대상발명 1로부터 용이하게 발명할 수 있고, 이 사건 제2, 3항 정정발명은 비교대상발명 1, 2로부터 용이하게 발명할 수 있어 진보성이 부정된다는 이유로 이 사건 특허발명을 무효로 하는 이 사건 심결을 하였다.

3. 원고는 특허심판원의 심결에 불복하여 특허법원에 심결취소소송을 제기하였고, 특허법원에 이 사건 무효 심결취소소송의 계속 중에 특허심판원에 정정심판을 청구하였으나, 독립특허요건의 위배로 정정심판은 기각되어 확정되었다.

□ 판단 요지

1. 이 사건 제1항 정정발명의 진보성이 부정되는지 여부

가. 이 사건 제1항 정정발명과 비교대상발명 1의 대비

(1) 구성 2, 3, 5, 6 부분

구성 2, 3, 5, 6은 각각 비교대상발명 1의 각 대응구성과 동일하다(구체적 설시 이유 생략).

(2) 구성 1, 7 부분

구성 1, 7은 '프리로드부가 없는 카메라 모듈(구성 1)로서, 상기 렌즈배럴은 상기 하우징의 수용공간 임의의 지점에서 상기 구동부에 의해 상부 또는 하부로 구동이 시작되는 것(구성 7)'이다.

이 사건 특허발명의 명세서에는 '프리로드부'와 관련한 기재 그리고 이 사건 통상의 기술자로 볼 수 있는 비교대상발명 1의 발명자인 증인은 카메라 모듈에서 '프리로드'는 카메라 모듈이 어느 방향을 향하고 있는지 상관없이 렌즈배럴이 일정한 위치에 머무르게 하는 힘이고, 그 힘을 발생시키는 수단에 제한이 없다고 증언하였다.

위와 같은 기재 및 증언에 의하면, 이 사건 특허발명의 명세서에 '판스프링(프리로드부)', '판스프링의 복원력(프리로드)'라는 용어도 함께 사용되고 있더라도 프리로드(pre-load)부는 '전류 인가에 의한 구동력을 받기 전의 렌즈배럴을 특정 위치(초기 위치)에 머무르게 하는 힘(프리로드)을 제공하는 구성요소'로서, 전류 공급이 차단되면 렌즈배럴을 다시 초기위치로 복원시키는 구성요소로 해석함이 타당하고, '판스프링'은 프리로드부의 일례(一例)임을 알 수 있다.

비교대상발명 1에서 '자성체(141)와 제2 요크(159) 사이의 인력'이 전류 인가에 의한 구동력을 받기 전의 렌즈 조립체(104)를 그 하부에 있는 스토퍼(153)에 밀착시켜 정지한 상태로 있게 함을 알 수 있다. 따라서 비교대상발명 1의 렌즈 어셈블리는 프리로드부[렌즈 조립체(104)를 스토퍼에 밀착시키는 인력을 제공하는 자성체(141) 및 제2 요크(149)]를 구비하고, 렌즈 조립체가 모듈 하우징의 수용공간 내의 특정 지점

인 스토퍼와 밀착하는 위치에서 구동이 시작되는 점에서 구성 1, 7과 차이가 있다(이하 그 차이점을 '차이점 1'이라 한다.).

(3) 구성 4 부분

구성 4는 '마그넷과 코일로 구성되며, 이로부터 발생하는 전자기력에 상기 렌즈배럴을 상부로 구동시키는 제1 구동력과 상기 렌즈배럴을 하부로 구동시키는 제2 구동력을 제공하는 구동부'이다.

이는 비교대상발명 1에서 자성체(141)와 제2 요크(159) 사이의 인력(프리로드)에 의하여 렌즈 조립체(104)는 그 하부면이 스토퍼(153)에 밀착된 위치에서 구동이 시작되는 점을 더하여 보면, 비교대상발명 1에서 코일(155)의 전기장과 자성체(141)의 자기장이 상호 작용하면서 렌즈 조립체(104)를 진퇴운동시키는 구동력은 렌즈 조립체(104)를 상부로 구동시키는 힘으로서, 그 힘의 세기(전류값)를 프리로드보다 강하게 하여 렌즈 조립체(104)를 상부로 이동시키거나, 그 힘의 세기(전류값)를 프리로드보다 약하게 하여 렌즈 조립체(104)를 하부로 이동시킨다고 할 것이다. 즉, 비교대상발명 1에서 자성체(141)와 코일(155)로 구성된 구동부는 렌즈 조립체(104)를 상부로 구동시키는 구동력을 제공하고, 프리로드부는 렌즈 조립체(104)를 하부로 구동시키는 구동력을 제공한다. 따라서 **비교대상발명 1의 구동부는 제1 구동력만 제공하고, 제2 구동력을 제공하지 않는 점에서 구성 4와 차이가 있다**(이하 그 차이점을 '차이점 2'라 한다.).

(가) 차이점에 관한 검토

1) 차이점 1에 관하여

증거의 각 기재, 증인의 각 증언에 변론 전체의 취지를 종합하면, ① **카메라 모듈(특히 렌즈구동모듈)에 관한 기술**은 <u>판스프링을 이용한 카메라 모듈(이하 '이 사건 종래기술'이라고 한다.), 비교대상발명 1, 이 사건 제1항 정정발명의 순서로 개발된 점</u>, ② 비교대상발명 1은 렌즈배럴의 움직임을 판스프링으로 안내하는 방식에서 볼 베어링으로 안내하는 방식으로 대체하여 판스프링이 충격에 취약하여 나타나는 광축 이탈 문제를 해결한 점, ③ 비교대상발명 1은 프리로드를 '판스프링의 변위에 따라 선형적으로 변하는 탄성력'에서 '자성체와 요크 사이의 거리 변화에 따라 비선형적으로 변하는 인력'으로 대체하여 렌즈배럴이 전류량에 정확히 비례하여 이동하지 않게 되는 문제를 해결하기 위해서 렌즈배럴의 정확한 위치를 검출하는 홀 센서를 부가한 점, ④ 이 사건 제1항 정정발명은 비교대상발명 1과 같이 볼을 이용한 가이드 구조 및 위치검출부(홀 센서)를 도입하면서도, 렌즈배럴을 구동시키는 소모 전력을 절감하기 위하여 프리로드부를 생략한 점, ⑤ 그런데 비교대상발명 1에 프리로드[자성체(141)와 제2 요크(159) 사이의 인력]로 인하여 렌즈 조립체(104)의 진퇴운동에 큰 구동력이 요구된다고 개시되어 있고, 이러한 프리로드부의 채택 여부에 따라 구동 소모 전력이 증가되거나 절감될 수 있음은 지극히 상식적인 것인 점, ⑥ 또한 비교대상발명 1은 렌즈배럴이 프리로드라는 일정한 크기의 복원력을 항상 받고 있어 구동력을 받기 전에 일정한 위치에 머무르고, 외부 충격이나 노이즈 전류에 의한 유동이 최소화되며, 판스프링을 이용하는 이 사건 종래기술에서 사용되는 것과 같은 비교적 단순한 기존의 제어 알고리즘(렌즈배럴을 원하는 위치로 보내어 머무르게 하기 위해서 그 위치에서 프리로드와 균형을 이룰 수 있는 정도의 반대 방향 구동력을 제공하는 방식으로 제어)의 프로그램을 사용하면 되나, 이 사건 제1항 정정발명은 렌즈배럴이 프리로드를 받지 않아 불규칙적으로 변하는 카메라 모듈의 방향이나 노이즈 전류 등에 따라 수시로 그 위치가 변하므로 그에 맞추어 렌즈배럴을 안정적으로 제어할 수 있는 복잡하고 새로운 제어 알고리즘(카메라 모듈의 방향에 따라 렌즈배럴을 이동하고, 멈추며, 유지하는 구동력을 각각 별도로 주면서, 피드백을 받아 그 구동력을 계속 조절해주는 방식으로 제어)의 프로그램을 사용해야 하는 점, ⑦ 원고가 실제로 이 사건 제1항 정정발명의 실시에 사용할 새로운 제어 프로그램을 개발하는 데 있어 여러 번 시행착오를 거치는 등 많은 시간이 걸린 점을 인정할 수 있다.

이러한 사정들을 고려하면, 이 사건 **제1항 정정발명의 구성** 1, 7은 카메라 모듈에서 프리로드부로 인하여 전력 소모가 증가한다는 이미 알려진 문제점을 해결하기 위하여 프리로드부를 단순히 생략하면서 렌즈배럴의 유동을 최소화하고 비교적 단순한 기존의 단순한 제어 프로그램을 사용할 수 있다는 프리로드부의 장점을 포기한 것이므로, 통상의 기술자가 그 장·단점을 고려하여 구체적 상황 및 필요에 따라 적절하게 선택할 수 있는 것에 불과하다.

따라서 구성 1, 7은 통상의 기술자가 비교대상발명 1로부터 용이하게 도출할 수 있고, 프리로드부의 생략에 따른 소모 전력 감소의 작용효과도 충분히 예측할 수 있다.

2) 차이점 2에 관하여

차이점 1 부분에서 본 바와 같이 비교대상발명 1에서 프리로드부가 생략되어 렌즈배럴이 특정 위치로 복귀하지 않고 임의의 위치에 있게 되면, 렌즈배럴을 상부 및 하부로 구동시키는 구동력을 모두 제공하는 구동부가 있어야만 렌즈배럴의 제어가 가능하게 되는 점, 비교대상발명 1과 동일하게 VCM 방식의 렌즈구동모듈을 채용하고 있는 비교대상발명 3의 '진퇴운동 구동장치' 및 대한민국 등록특허공보 제800754호(공고일 2008. 2. 1.)에 게재된 '카메라 모듈' 등에 코일에 흐르는 전류의 방향을 바꾸는 간단한 방식으로 렌즈배럴을 상부 및 하부로 구동시키는 구동력을 모두 제공하는 구동부가 개시되어 있는 점(증인의 증언) 등을 고려하면, **통상의 기술자가 비교대상발명 1에서 프리로드부가 생략되는 것에 맞추어 종래 구동부를 구성 4와 같은 구동부로 치환하는 것을 용이하게 도출**할 수 있다고 할 것이다.

(나) 원고의 주장에 대한 판단

원고는, 이 사건 제1항 정정발명의 구성 1, 7과 같은 프리로드부의 생략에는 렌즈배럴의 유동을 최소화시키는 프리로드부의 기능을 포기하고, 기존의 단순한 제어 프로그램을 복잡하고 새로운 제어 프로그램으로 변경해야 하는 등의 어려움이 따르므로, 통상의 기술자가 비교대상발명 1에서 프리로드부를 생략하는 발상을 하기가 곤란하다고 주장한다.

살피건대, 이 사건 제1항 정정발명은 프리로드부의 생략으로 인하여 렌즈배럴의 유동을 최소화하는 수단이 없게 되거나 제어 프로그램을 변경해야 되는 것 등과 같은 문제점을 해결할 수 있는 기술적 수단을 제공하지 않은 채 단순히 프리로드부를 생략한 것이어서, 오히려 프리로드부의 생략으로 인한 위와 같은 문제점은 이 사건 제1항 정정발명의 착상을 어렵게 하는 장애가 아니라 이 사건 제1항 정정발명의 단점에 해당한다고 할 것이므로, 원고의 위 주장은 이유 없다.

(다) 대비결과

이 사건 제1항 정정발명은 통상의 기술자가 비교대상발명 1에 비교대상발명 3을 결합하여 용이하게 도출할 수 있고, 그에 따른 작용효과도 예측할 수 있으므로, 그 진보성이 부정된다.

2. 이 사건 제2항 및 제3항 정정발명의 진보성이 부정되는지 여부

이 사건 제2항 및 제3항 정정발명은 비교대상발명 1, 2, 3에 의하여 진보성이 부정된다(구체적 설시 이유 생략).

3. 이 사건 제5항 내지 제10항 정정발명의 진보성이 부정되는지 여부

이 사건 제5항 내지 제10항 정정발명은 비교대상발명 1, 3으로부터 용이하게 도출할 수 있으므로 진보성이 부정된다(구체적 설시 이유 생략).

4. 결 론

이 사건 특허발명을 무효로 한 이 사건 심결은 적법하고, 그 취소를 구하는 원고의 청구는 이유 없으므로 이를 기각하기로 한다.

마. 시사점

이 사건 특허발명의 진보성이 있는지 여부를 심판하는 단계에서 과연 "프리로드부"를 생략하는 구성의 곤란성 판단이 심판관 합의체 간에 의견이 첨예하게 엇갈린 심판사건이었다. 몇 번의 합의도출과 심판부 전원의 심판관들 의견과 토론을 거쳐 이 사건 정정발명이 비교대상발명에 비하여 진보성이 결여되므로 결국 최종 무효라는 결론에 도달한 심판사건이었다.

한편으로는 이 사건 특허발명의 진보성을 부정하는 것이 사후적 고찰일 수 있다는 회의적인 의견도 있었으나, 이러한 심결취소의 일부 위험성에도 불구하고 구성요소의 생략이라는 진보성 여부의 판단에 관하여 특허법원의 판결을 받아보

자는 입장이었다.

그런데 특허권자는 심결취소소송이 특허법원에 계속 중에 무효심판청구당시 특허청구범위를 정정청구한 것보다 다소 한정한 청구범위로 정정하여 독립적으로 정정심판을 청구하였다. 이는 피청구인 특허권자가 특허법원에서 이 사건 특허의 무효 가능성이 짙어져서 좀 더 청구범위를 한정하여 정정심판을 청구함으로써 특허법원에 계속 중인 무효심판의 심결취소소송에서 특허발명의 무효를 면하고자 했던 측면이 있었던 것 같다. 한편 특허법원은 정정심판의 심결의 결과를 보고 최종적으로 확정된 심판대상물인 정정발명에 관하여 무효심결의 위법성을 판단하고자 하였을 것이다.

정정심판을 합의하는 과정 중에 주심심판관은 카메라 모듈에서 '프리로드를 사용하는 이유' 및 '프리로드를 생략할 경우의 효과'가 기재되어 있는 학술논문을 새롭게 검색하여 "프리로드부"를 생략하는 이 사건 정정발명의 정정심판에 있어서 출원당시 특허를 받을 수 있어야 한다는 독립특허요건으로 정정심판을 기각하였고, 특허법원은 이러한 특허심판원의 결정을 토대로 무효심판의 심결결과를 지지해준 심판사건이었다.

특허법원에 계속 중인 무효심판 사건에 대해서 정정심판을 청구하는 경우는 특허심판원에서 무효심판사건에서 정정청구의 정정과는 달리 정정은 정정 후의 특허청구범위가 특허출원을 하였을 때에 특허를 받을 수 있는 것이어야 한다는 독립특허요건을 살피게 되므로, 무효심판을 청구 받은 특허권자는 무효심판 및 관련 심결취소소송에서 정정특허발명의 유효성에 관하여 불리해질 수 있으므로 이를 고려하여 무효심판 중의 정정청구 및 독립된 정정심판을 신중히 청구함으로써 특허발명의 무효에 확실히 대응해야 할 것이다.

3. 주요사례 II: 사후적 고찰 및 결합의 암시 등

가. 사건 개요

□ **발명의 명칭 :** 양방향 멀티슬라이드 휴대단말기

□ **절차 경위 :** 무효심판청구((정정청구 → 정정인정), 기각, 신규성 및 진보성 있음) → 심결불복 특허법원 소제기 → 특허법원(인용, 심결취소, 진보성 결여) → 상고 대법원 소제기 → 대법원(파기환송, 진보성 있음, 심결지지)

나. 무효심판 단계

□ **이 사건 특허발명의 개요**

본 발명은 슬라이드형 휴대단말기에 관한 것으로, 하부본체에 두 개 이상의 키패드를 구비하여 상부본체가 하부본체에 대해 양쪽 끝단의 상, 하 양방향 위치로 상대 슬라이딩 구동될 때 하부본체에 마련된 2개 이상의 키패드중 어느 하나가 개방되게 하여 **통신 기능 및 게임, 동영상 같은 멀티미디어기능 사용에 있어 편리한 인터페이스를 제공**하는 데 있다.

□ **이 사건 특허발명의 특허청구범위**

청구항 1. 슬라이드형 휴대단말기로서, 디스플레이창을 구비한 상부본체와; 서로 다른 기능을 갖는 두 개 이상의 키패드를 갖는 하부본체; 상기 상부본체가 상기 하부본체에 대해 어느 한 방향으로 이동할 때, 하부본체의 다른 방향에 있는 상기 키패드 중 적어도 어느 하나가 개방되는 것을 특징으로 하는 양방향 멀티슬라이드 휴대단말기(이하 '제1항 특허발명'이라 하고, 나머지 청구항도 이와 같은 방식으로 부른다.).

청구항 2. 제1항에 있어서, 상기 상부본체가 상기 하부본체에 대해 하측으로 상대 슬라이딩될 때, 디스플레이창의 양쪽에 대칭이 되어 양손 조작이 가능하게 상부본체의 하측부에 제1기능 키패드부를 구비하는 것을 특징으로 하는 양방향

멀티슬라이드 휴대단말기.

청구항 3. 제1항에 있어서, 상기 상부본체와 상기 하부본체가 서로 상대 슬라이딩되어 양 끝단과 중앙에 가고정 될 수 있도록 상기 상부본체에 가이드레일과 상기 하부본체에 돌기를 구비하는 것을 특징으로 하는 양방향 멀티슬라이드 휴대단말기.

□ 정정청구의 정정사항

청구항 1. 슬라이드형 휴대단말기(이하 '구성①'이라 한다.)로서, 디스플레이창을 구비한 상부본체(이하 '구성②'라 한다.)와; 서로 다른 기능을 갖는 두 개 이상의 키패드를 갖는 하부본체(이하 '구성③'이라 한다.); 상기 상부본체가 상기 하부본체에 대해 어느 한 방향으로 이동할 때, 하부본체의 다른 방향에 있는 상기 키패드 중 적어도 어느 하나가 개방(이하 '구성④'라 한다.)되고 상기 상부본체가 상기 하부본체에 대해 하측으로 상대 슬라이딩될 때, 디스플레이창의 양쪽에 대칭이 되어 양손 조작이 가능하게 상부본체의 하측부에 제1기능 키패드부를 구비하는 것(이하 '구성⑤'라 한다.)을 특징으로 하는 양방향 멀티슬라이드 휴대단말기(이하 '제1항 정정발명'이라 하고, 나머지 청구항도 이와 같은 방식으로 부른다. 밑줄친 부분이 정정추가된 부분임).

청구항 2. (삭제)

청구항 3. 제1항에 있어서, 상기 상부본체와 상기 하부본체가 서로 상대 슬라이딩되어 양 끝단과 중앙에 가고정될 수 있도록 상기 상부본체에 가이드레일과 상기 하부본체에 돌기를 구비하는 것을 특징으로 하는 양방향 멀티슬라이드 휴대단말기.

[도 1]

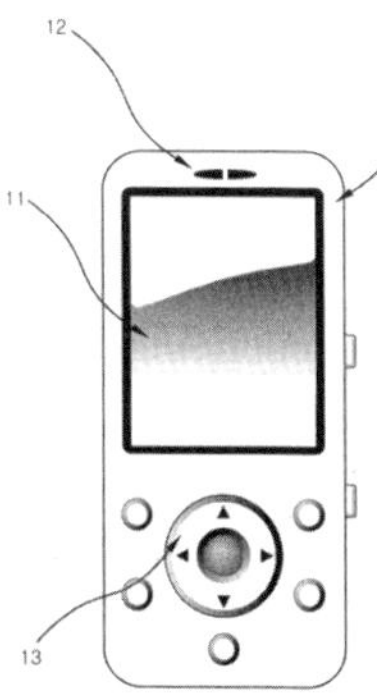

[도 2]

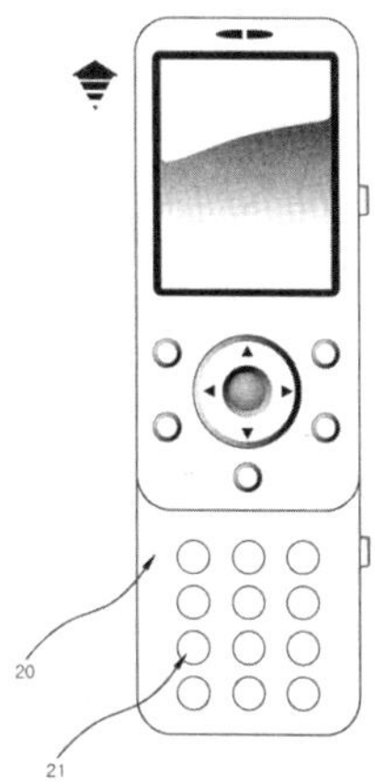

[도 3]

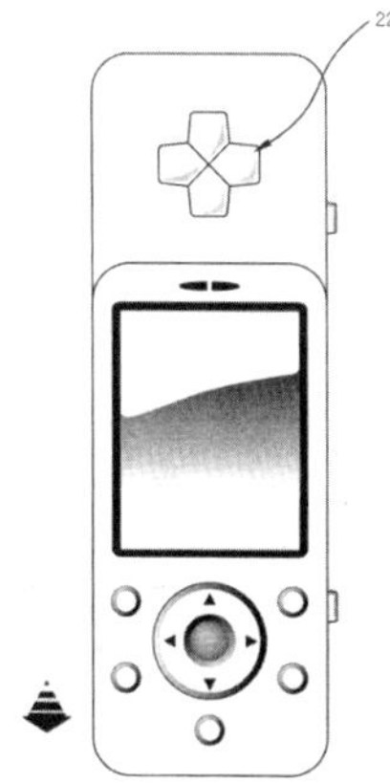

[도 6]

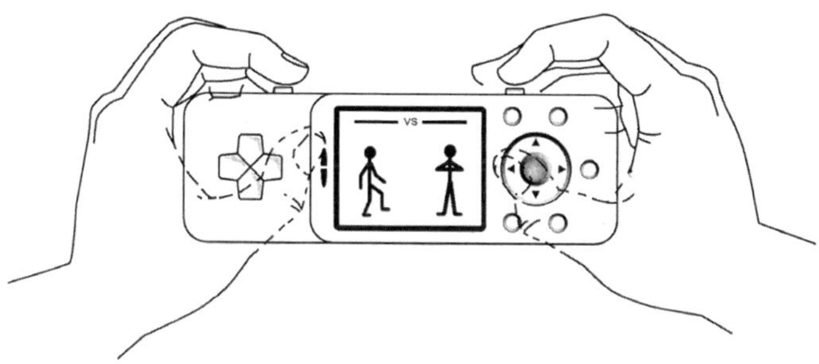

□ 비교대상발명

1. 비교대상발명 1(국내공개특허공보 제2004-28176호 2004. 4. 3. 공개)

슬라이드 타입의 액정화면을 구비하는 이동통신단말기에 관한 것으로, 종래의 이동통신단말기에서는 각종 게임 등 멀티미디어 기능을 수행하기에는 불편한 점이 많은 점을 문제점으로 인식하고 슬라이드 타입의 액정화면과 하부본체 상에 키버튼(110)과 기능키(140)를 배치하여 액정화면의 슬라이딩에 의해 키버튼 또는 기능키 중 하나를 사용할 수 있는 인터페이스 구조를 제공하는 것을 특징으로 하고 있다.

[도면 3a]

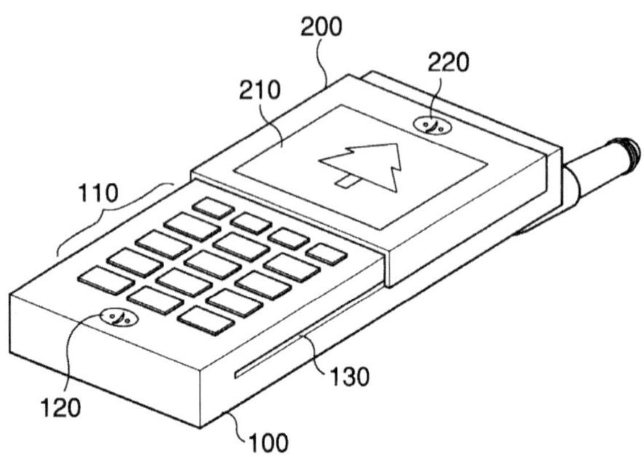

[도면 3b]

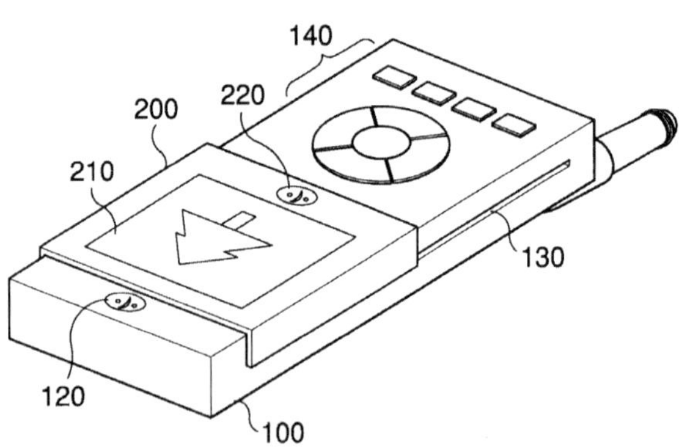

2. 비교대상발명 2(일본의장등록 제1205333호, 2004. 5. 17. 공개)

무선전화기의 디자인에 관한 것으로 본체가 상하 양방향으로 슬라이드 분리 가능한 카메라부착 무선전화기를 특징으로 하고 있다.

[사시도]

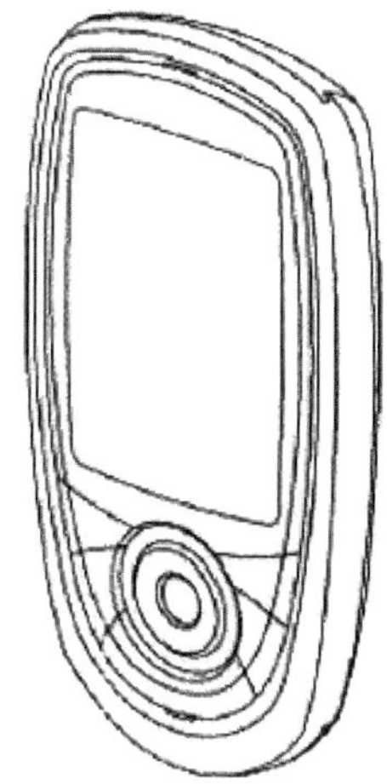

[아래 방향으로 슬라이드시킨 상태의 사시도(1)]

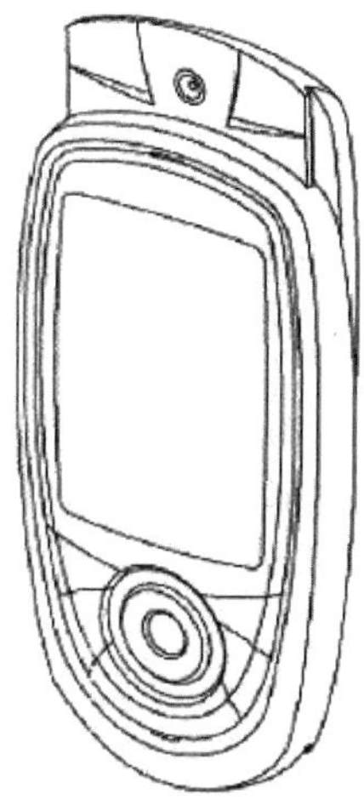

[아래 방향으로 슬라이드시킨 상태의 사시도(2)]

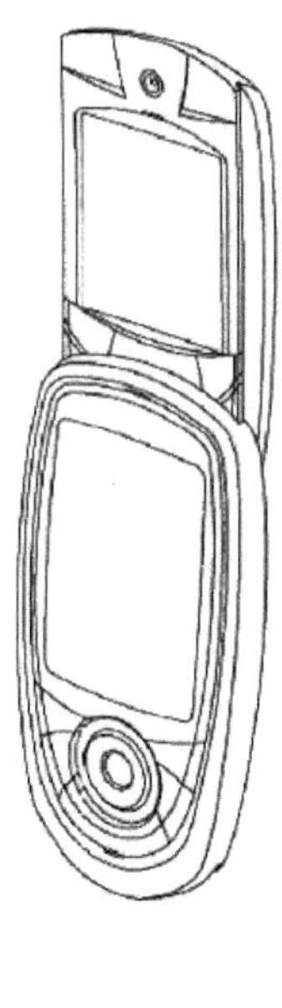

[위 방향으로 슬라이드시킨 상태의 사시도]

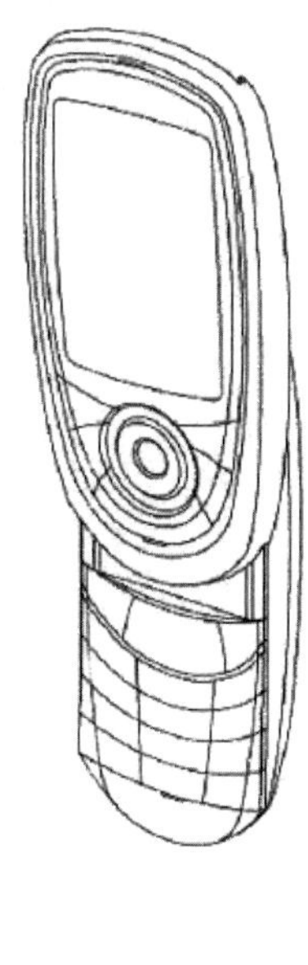

3. 비교대상발명 3(국내공개특허공보 제2002-88214호 2002. 11. 27. 공개)

슬라이드 모듈이 적용된 휴대폰 단말기에 관한 것으로, "여러 개의 다이얼 및 기능 버튼이 평면에 배열된 기기본체(102)와, 상기 기기본체(102)에 장착되어 송수화 내역과 선택 옵션을 창을 통해 보여주는 디스플레이부와, 상기 기기본체와 이착탈 가능하도록 부착되는 배터리팩과, 상기 기기본체와 결합되어 기기본체의 디스플레이부를 가리고 덮는 덮개(103)로 이루어지는 휴대폰 단말기(100)의 기기본체(101)와 덮개(103) 사이에 슬라이드 모듈(101)을 장착하여 휴대폰 단말기의 덮개(103)를 개폐할 수 있게 한다."라는 기재가 있다.

[도면 5]

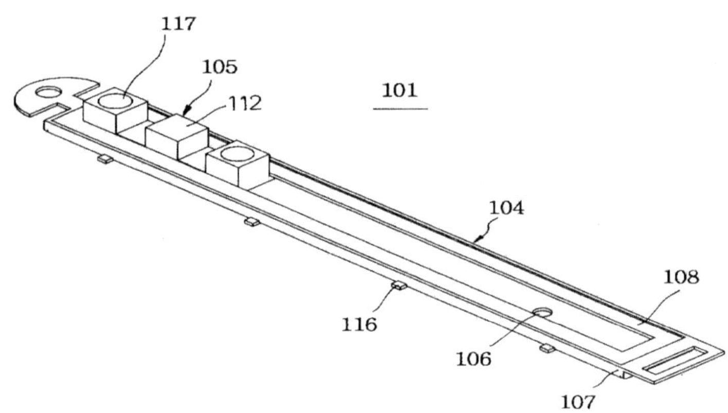

[도면 6]

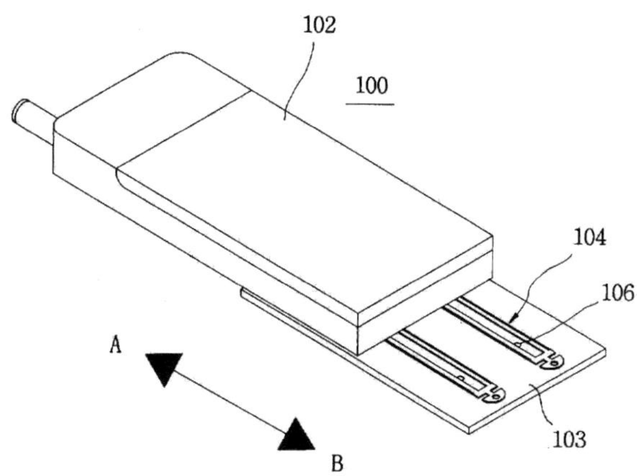

4. 비교대상발명 4－1("국내 첫 슬라이드 방식 휴대폰 … SK텔레텍", 아이뉴스24 , 2002. 4. 10. 공개), 비교대상발명 4－2("이제는 슬라이드 시대! 삼성 애니콜 SCH－E170", buyking NEWS, 2003. 8. 1. 공개), 비교대상발명4－3("LG, 110만화소 카메라 PDA 폰 개발", 디지털타임스, 2003. 10. 8. 공개)

비교대상발명 4－1 내지 비교대상발명 4－3은 아이뉴스24, 바이킹 뉴스 및 디지털 타임스의 기사에 관한 것으로, <u>슬라이드 방식의 휴대폰</u>을 기재하고 있다.

[비교대상발명 4-1] [비교대상발명 4-2 도면] [비교대상발명 4-3]

<'슬라이드' 타입 휴대폰(스카이 IM-5100)>

5. 비교대상발명 5－1(등록의장공보 제347777호 2004. 3. 22. 공고), 비교대상발명 5－2(등록의장공보 제353333호 2004. 6. 4. 공고), 비교대상발명 5－3(등록의장공보 제358168호 2004. 7. 31. 공고)

비교대상발명 5－1 내지 비교대상발명 5－3은 **휴대폰의 디자인**에 관한 것들로, <u>휴대폰 상부 커버가 위로 슬라이드 되면 키패드가 개방되고 아래로 슬라이드 되면 카메라가 개방되는 디자인</u>을 기재하고 있다.

[비교대상발명 5-1]

참고도 1

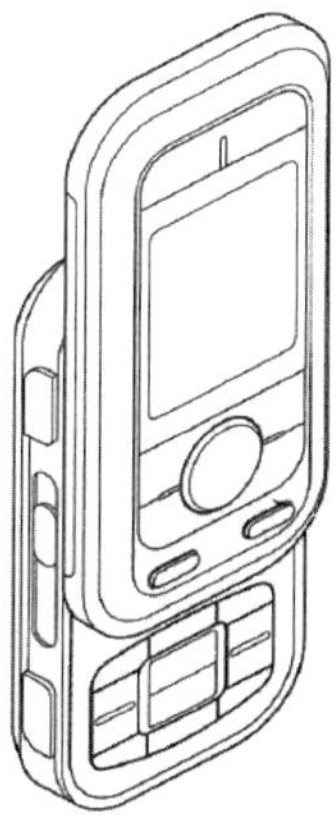

참고도 2

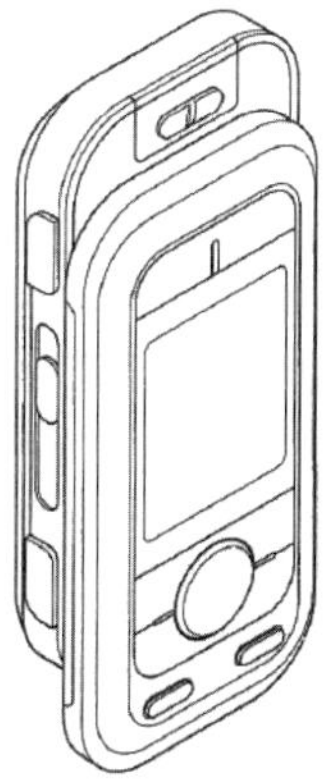

[비교대상발명 5-2]

참고도 1
사용상태도 A

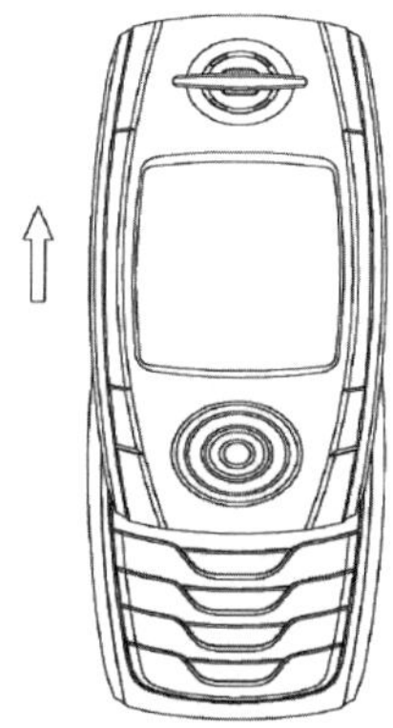

참고도 1

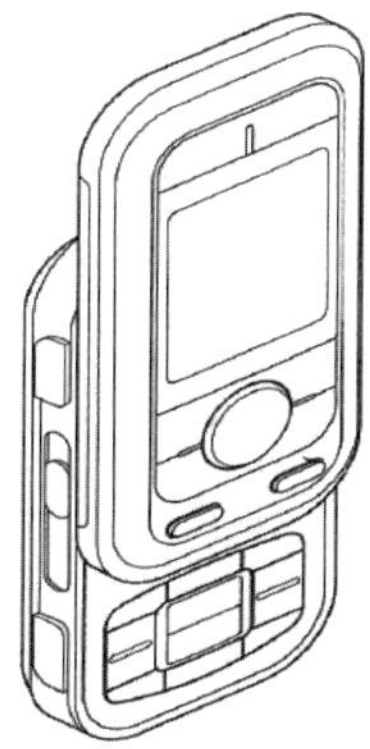

[비교대상발명 5-3]

참고도 1

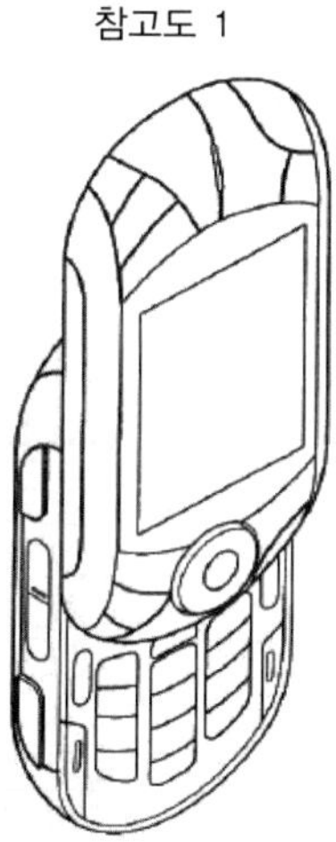

참고도 2

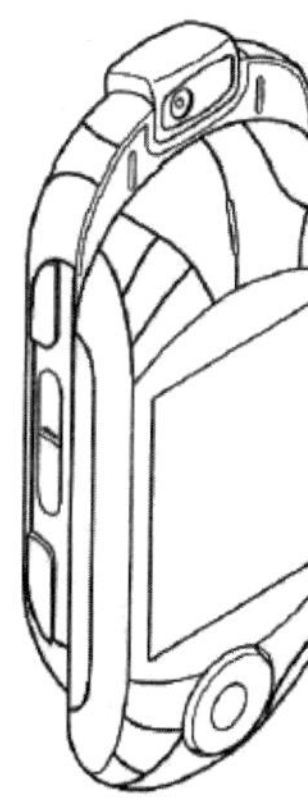

6. 비교대상발명 6(일본공개특허공보 제2004-215020호 2004. 7. 29. 공개)

접는 형태의 휴대전화기에 관한 것으로, 표시부(12) 왼쪽에 상하좌우 방향키(14)와 오른쪽에 게임키(32, 33)을 배치하고 가로로 길게 눕히고 화면을 90° 회전하여 게임 조작하는 구성이 기재되어 있다.

[도면 1]

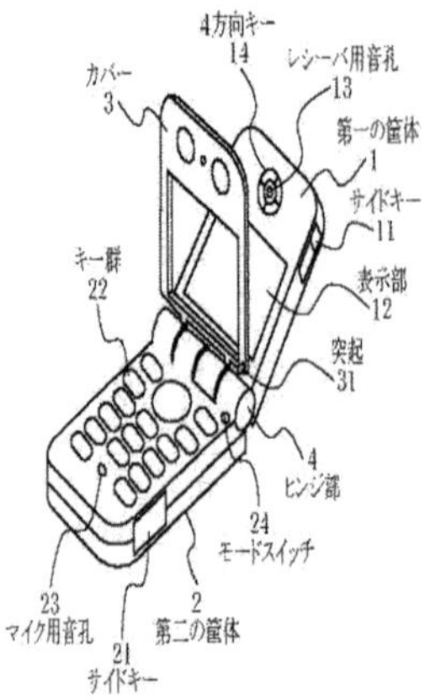

[도면 2]

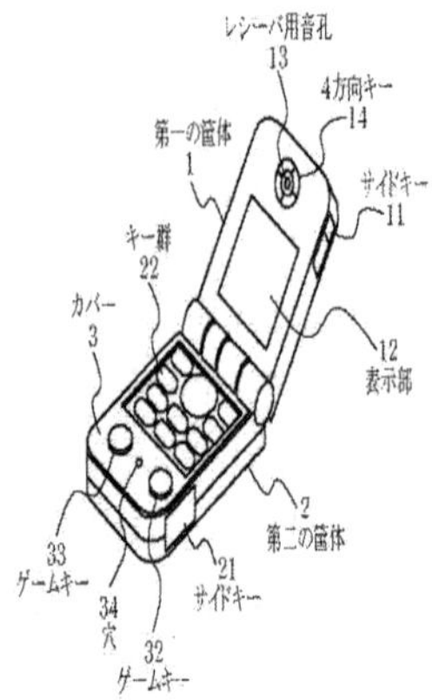

[도면 10]

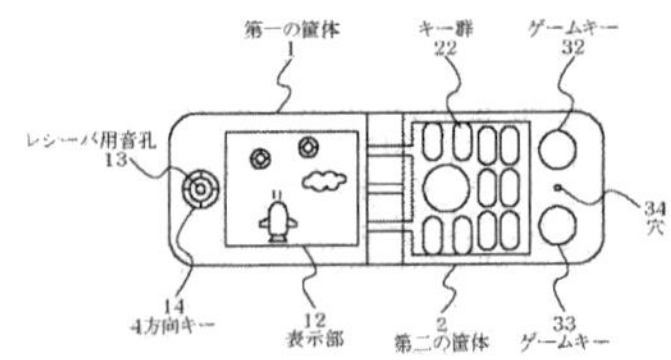

7. 비교대상발명 7(미국공개특허공보 제2003-73414호 2003. 4. 17. 공개)

비교대상발명 7은 <u>텍스트 입력과 전화를 동시에 사용할 수 있는 기기</u>에 관한 것으로, 텍스트 입력 시에 슬라이딩 커버(110)를 개방하여 양손으로 디스플레이(103)의 양쪽에 배치된 키보드 영역(108, 109)을 조작하는 구성을 기재하고 있다.

Figure 4a

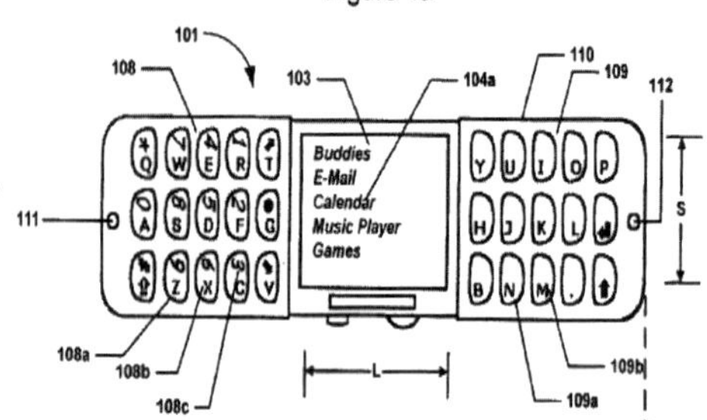

Figure 4b

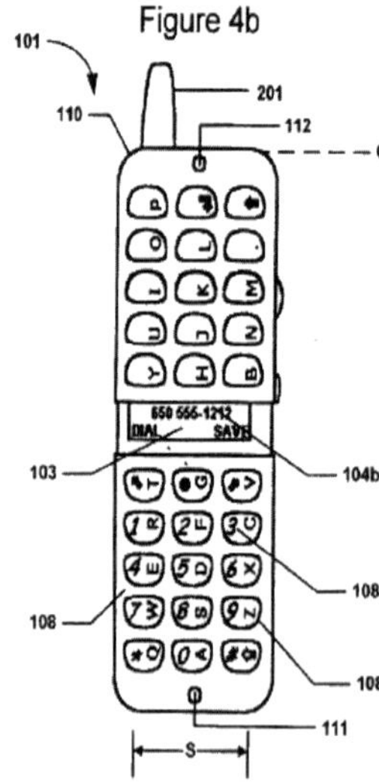

8. 비교대상발명 8−1(NOKIA 5510 User's Guide, 1998. 6. 7. 공개), 비교대상발명 8−2(N−Gage Extended User's Guide, 2003년 공개)

비교대상발명 8−1 및 비교대상발명 8−2는 노키아 5510 모델 및 N−Gage의 사용자 설명서로, 휴대용 단말기의 디스플레이 좌우에 키패드가 배치되어 있다.

〈비교대상발명 8−1〉

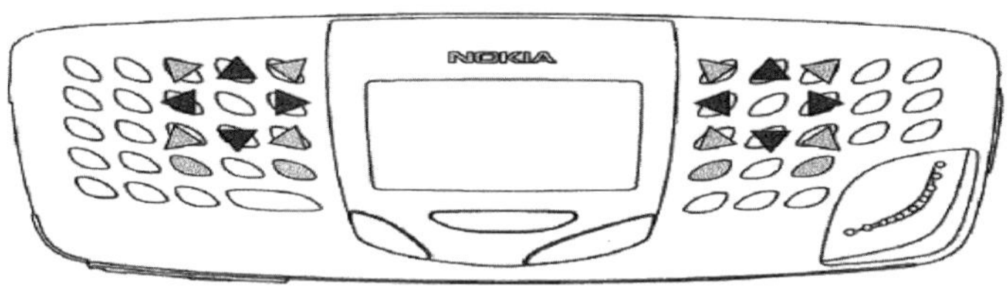

〈비교대상발명 8−2〉

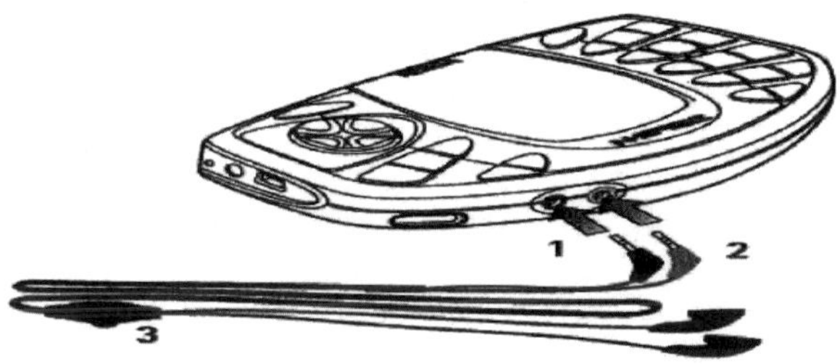

9. 비교대상발명 9(등록의장공보 제358059호 2004. 7. 31. 공고)

비교대상발명 9은 휴대폰에 관한 것으로, 슬라이형 폴더의 정면 하부에 디지털 카메라와 그 좌우에 기능키를 배열하고 상부측에 스피커와 그 좌우에 기능키를 배열하는 것을 특징으로 하는 디자인을 도시되어 있다.

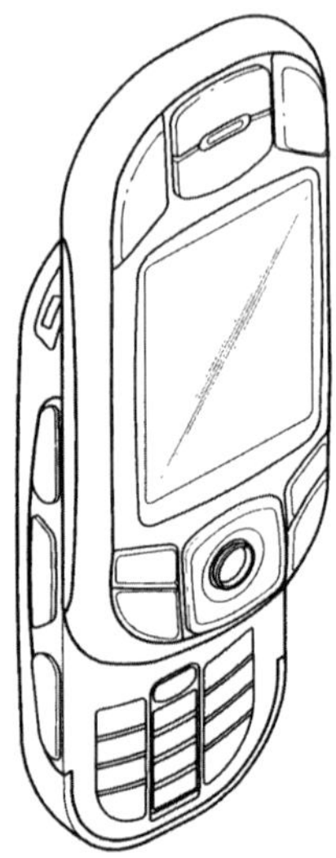

10. 참고대상발명

참고대상발명(일본공개특허공보 특개2005-159406호 2005. 6. 16. 공개)은 비교대상발명 2에 대응되는 일본공개특허공보로, 하부 케이스의 조작버튼(33a, 33b)이 노출되어 게임 화면을 보면서 조작하고 상부 케이스의 조작키를 스크롤 버튼으로 조작하여 게임을 실시한다는 기재가 있다.

□ 당사자 주장

1. 청구인 주장

(1) 이 사건 제1항 정정발명은 <u>비교대상발명 1과 양방향 슬라이드 휴대폰의 상부 본체 하측부에 키패드를 구비하는 점이 상이</u>하나, 이는 <u>양방향 슬라이</u>

드 휴대폰 기술분야의 주지관용기술이므로 이 사건 제1항 정정발명은 비교대상발명 1과 동일하다.

(2) 비교대상발명 4－1 내지 4－3, 비교대상발명 5－1 내지 5－3은 양방향 슬라이드 휴대폰의 상부 본체 하측부에 키패드를 구비하고 있으므로, 이 사건 제1항 정정발명은 비교대상발명 1과 비교대상발명 4－1 내지 4－3 및 비교대상발명 5－1 내지 5－3 중 어느 하나의 결합에 의하여 용이하게 발명할 수 있다.

(3) 비교대상발명 2는 일본공개특허공보 특개2005－159406호, 즉 참고대상발명의 명세서 내용에 비춰볼 때 무선전화기 하부본체 상측부 양 끝단에 음각으로 형성된 부분이 조작 버튼임이 명백하므로, 이 사건 제1항 정정발명은 비교대상발명 2와 동일하거나 통상의 기술자가 용이하게 발명할 수 있다.

(4) 비교대상발명 2의 무선단말기 하부본체 표시부 아래 키패드 중 그 표시부에 인접한 “” 부분은 상부 본체를 아래로 많이 내렸을 때 상부본체 표시부 윗부분에 사용자가 누를 수 있도록 노출되어 이 사건 제1항 정정발명의 하부본체 상측 키패드에 대응되므로, 이 사건 제1항 정정발명은 비교대상발명 2와 동일하거나 통상의 지식을 가진 자가 용이하게 발명할 수 있다.

(5) 비교대상발명 2의 하부 본체 상측부 양 끝단에 음각으로 형성된 부분이 의미 없는 문양이라 하더라도 비교대상발명 1의 기능키(140) 또는 비교대상발명 8의 스피커 좌우측의 기능키로 대체하는 것은 통상의 기술자에게 극히 용이하므로, 이 사건 제1항 정정발명은 통상의 기술자가 용이하게 발명할 수 있다.

(6) 비교대상발명 6, 비교대상발명 7, 비교대상발명 8－1, 비교대상발명 8－2는 디스플레이 양쪽에 키보드를 조작하는 구성을 개시하고 있으므로, 이 사건 제2항 정정발명은 비교대상발명 5와 비교대상발명 6, 7, 8－1, 8－2의 결합에 의해 용이하게 발명할 수 있다.

(7) 슬라이드형 휴대폰에서 상부 본체와 하부 본체를 소정 위치에서 가고정하는 것은 주지관용기술일 뿐 아니라 비교대상발명 3이 기기본체(102)에 무

빙블록(105)을 형성하고 덮개(103)에 무빙플레이트(104)를 형성하여 가고정하는 점과 동일하므로, 이 사건 제3항 정정발명은 제1항 정정발명의 무효사유와 동일한 무효사유가 있거나 비교대상발명 2, 3의 결합에 의하여 통상의 기술자가 용이하게 발명할 수 있다.

2. 피청구인 주장

(1) 이 사건 제1항 정정발명은 양방향 슬라이드 휴대폰인 반면 비교대상발명 1은 상부본체가 하부본체에 대하여 한쪽 방향으로만 이동할 수 있는 점이 상이하고, 이 사건 제1항 정정발명은 상부 본체 하측부의 키패드와 하부 본체 상측부의 키패드가 디스플레이창 양쪽에 대칭되는 점이 비교대상발명 1과 상이할 뿐만 아니라 이러한 키패드 대칭은 주지관용기술이라거나 비교대상발명 2, 4−1, 4−2, 4−3, 5−1, 5−2, 5−3에서도 찾아볼 수 없으므로, 이 사건 제1항 정정발명은 비교대상발명 1과 동일하지 않으며 비교대상발명 1, 2, 4−1, 4−2, 4−3, 5−1, 5−2, 5−3의 결합에 의하더라도 통상의 기술자가 용이하게 발명할 수 없다.

(2) 비교대상발명 2에서는 무선전화기 하측본체 카메라 양 옆에 음각으로 새겨진 부분이 조작버튼이라는 기재는 찾을 수 없고 참고대상발명을 근거로 카메라 양 옆의 음각 부분이 조작버튼이라고 해석하는 것은 전형적인 사후적 고찰에 해당하므로, 이 사건 제1항 정정발명은 비교대상발명 2와 동일하지 않으며 통상의 기술자가 용이하게 발명할 수 없다.

(3) 비교대상발명 2의 조작부 중 표시부에 인접한 부분은 휴대폰 상부 본체가 위 방향으로 슬라이드된 상태에서 사용하는 것이어서 휴대폰 하부 본체가 아래 방향으로 슬라이드된 상태에서는 조작부로서 사용할 수 없어 키패드가 디스플레이창의 양쪽에 대칭되게 배열된다고 볼 수 없으므로, 이 사건 제1항 정정발명은 비교대상발명 2와 동일하지 않으며 통상의 기술자가 용이하게 발명할 수 없다.

(4) 비교대상발명 6, 7, 8−1, 8−2는 이동통신단말기의 기본적 기능인 통신 인터페이스를 희생하면서 설계된 구조이므로 이 사건 제1항 정정발명의 문제의식 및 과제해결원리가 근본적으로 상이하여 통상의 기술자가 용이하게 발명

할 수 없다.

(5) 이 사건 제1항 정정발명이 비교대상발명들에 의하여 통상의 기술자가 용이하게 발명할 수 없는 이상, 이 사건 제3항 정정발명도 통상의 기술자가 용이하게 발명할 수 없다.

□ 판단 요지

1. 이 사건 정정청구의 적법 여부

이 사건 정정청구는 정정 전 제2항 특허발명을 삭제하고 이를 제1항 특허발명에 병합한 것으로, 이는 특허청구범위의 감축에 해당하고 이 사건 특허발명의 명세서 및 도면의 범위를 벗어난다거나 특허청구범위를 실질적으로 확장·변경에 해당하지 아니한 **적법한 정정청구**로서 청구인 및 피청구인 사이에 아무런 다툼이 없다.

2. 이 사건 정정발명의 신규성 및 진보성 여부

(1) 이 사건 제1항 정정발명의 신규성 및 진보성 여부

(가) 기술분야 대비

이 사건 특허발명은 양방향 멀티슬라이드 휴대단말기에 관한 것이고, 비교대상발명 1 내지 비교대상발명 9는 휴대단말기 또는 소형 게임기에 관한 것이므로 이 사건 특허발명과 기술분야가 동일하다.

(나) 목적 대비

이 사건 특허발명과 비교대상발명 1 및 비교대상발명 6은 휴대단말기에서 게임 등 멀티미디어 기능 조작이 어려운 점을 문제점으로 인식하고 있어 목적이 서로 동일한 점이 있다. 한편, 나머지 비교대상발명들은 이 사건 특허발명과 목적이 상이하다.

(다) 구성 및 작용효과 대비

1) 구성①의 대비

구성①은 슬라이드형 휴대단말기로, 비교대상발명 1의 휴대단말기가 슬라이

드 방식인 점과 동일하다.

2) 구성②의 대비

구성②는 디스플레이창을 구비한 상부본체로, 비교대상발명 1의 본체(100) 위에 덮개(200)가 액정화면(210)을 가지는 점과 동일하다.

3) 구성③의 대비

구성③은 서로 다른 기능을 갖는 두 개 이상의 키패드를 갖는 하부본체로, 비교대상발명 1의 본체(100)에 통신단말기의 기능 실행을 위한 키버튼(110)과 커서 이동 및 메뉴 선택 기능을 실행하기 위한 기능키(140)를 갖는 점과 동일하다.

4) 구성④의 대비

구성④는 상부본체가 하부본체에 대해 어느 한 방향으로 이동할 때 하부본체의 다른 방향에 있는 키패드들 중 적어도 어느 하나가 개방되는 것으로, 비교대상발명 1의 본체(100)와 덮개(200)는 슬라이드 이동할 때 기능키(140)와 키버튼(100) 중 어느 하나가 개방되는 점과 동일하다.

5) 구성⑤의 대비

구성⑤는 상부본체가 하부본체에 대해 하측으로 상대 슬라이딩될 때 디스플레이창의 양쪽에 대칭이 되어 양손 조작이 가능하게 상부 본체의 하측부에 제1기능 키패드부를 구비하는 것으로, 비교대상발명 1 내지 9에는 이에 대응되는 구성이 없다.

이 사건 제1항 정정발명은 상부 본체의 제1기능 키패드(13)와 하부 본체의 제2기능 키패드(22)를 디스플레이 좌우에 대칭되도록 배치하여 양손으로 게임 등 엔터테인먼트 기능을 손쉽게 사용할 수 있도록 하는 것이므로 비교대상발명 1 내지 9와 **작용효과상 차이가 현저**하여 통상의 기술자가 용이하게 발명할 수 없다.

청구인은 위 차이점이 주지관용기술이라고 주장하며 그 증거자료로서 비교대상발명 4-1, 4-2, 4-3, 5-1, 5-2 및 5-3을 제시하고 있으나, 비교대상발명 4-1, 4-2, 4-3의 신문기사에 첨부된 슬라이드형 휴대폰의 사진 및 비교대상발명 5-1 내지 5-3의 디자인 도면에는 단순히 상부 본체의 하측부에 기능키가 배치되는 것을 도시하고 있을 뿐 슬라이드형 휴대폰 디스플레이창 양쪽에 기능키 2개가 대칭되도록 배치되어 양손 조작이 가능하도록 하는 구성을 찾을 수 없으므로 청구인의 주장은 받아들일 수 없다.

다음으로, 청구인은 일본등록의장공보 비교대상발명 2에 대응되는 일본공개특허공보 특개2005-159406호, 즉 참고대상발명의 명세서를 근거로 비교대상발명 2의 무선전화기 하측본체 카메라 양 옆에 음각으로 새겨진 부분이 조작버튼이어서 구성⑤와 동일하거나 통상의 기술자가 용이하게 발명할 수 있다고 주장하나, **참고대상발명**은 이 사건 특허발명의 우선일 2004. 8. 5. 이후인 2005. 6. 16. 공개된 것이어서 이 사건 특허발명의 신규성 및 진보성을 판단하는 선행기술이 될 수 없으며, 비교대상발명 2의 【의장과 관련되는 물품의 설명】란에는 **“본체가 상하 양방향에 슬라이드 분리를 가능하게 하는 카메라 부착 무선 전화기”라고 기재하여 단순히 본체가 상하 양방향으로 슬라이드 가능하다는 점만을 디자인의 특징으로 하고 있을 뿐** 무선전화기 하부 본체 카메라 양 옆에 음각으로 새겨진 부분에 대해 아무런 기재가 없고, 디자인권에서 권리범위 해석의 주요 기준이 되는 도면, 즉 【사시도】, 【정면도】, 【배면도】, 【우측면도】 등을 모두 살펴보더라도 무선전화기 하부 본체 카메라 양 옆에 음각으로 새겨진 부분이 무엇인지 알 수 없으며, 【각 부의 명칭을 나타낸 참고도】에도 무선전화기 하부 본체 카메라 양 옆에 음각으로 새겨진 부분에 대한 명칭이 기재되어 있지 않아 이를 조작버튼이라고 단정할 수 없으므로 청구인의 주장은 받아들일 수 없다.

또, 청구인은 비교대상발명 2의 무선단말기 하부본체 표시부 아래 키패드 중 그 표시부에 인접한 “” 부분이 상부 본체를 아래로 많이 내렸을 때 상부본체 표시부 윗부분에 사용자가 누를 수 있도록 노출되므로 위 차이점과 동일하다는 취지로 주장하나, 청구인이 주장하는 “” 부분은 무선단말기 상부 본체를 위로 올렸을 때 완전히 노출되어 기능키로 사용되는 것일 뿐, 휴대폰 상부 본체를 아래로 많이 내렸을 때는 비교대상발명 2의 【아래 방향으로 슬라이드시킨 상태의 사시도(2)】에 도시된 바와 같이 상부본체와 하부본체의 단차지점에 부분적으로 노출되어 사용자가 기능키로 사용할 수 없으므로 청구인의 주장은 받아들일 수 없다.

이외에 기타 청구인이 위 차이점에 대하여 주장하는 바가 있으나, 이 사건 심결의 결론에 영향을 미치지 아니하므로 그 설시를 생략한다.

(라) 대비 결과

따라서, 이 사건 **제1항 정정발명은 비교대상발명 1 내지 비교대상발명 9과 동일하지 아니하고, 구성이 상이하고 작용효과상 차이가 현저하므로 통상의 기술자가 용이하게 발명할 수 없다**.

(2) 이 사건 제3항 정정발명의 신규성 및 진보성 여부

이 사건 제3항 정정발명은 제1항 정정발명의 구성을 한정하거나 새로운 구성을 부가한 종속항 형식의 청구항으로, 제1항 정정발명의 구성을 그대로 포함하고 있으므로, 앞서 살펴본 것과 동일한 이유로 비교대상발명 1 내지 비교대상발명 9과 동일하지 아니하고 통상의 기술자가 용이하게 발명할 수 없다.

(3) 소 결

정리하면, 이 사건 제1항 및 제3항 정정발명은 비교대상발명 1 내지 비교대상발명 9와 동일하다거나 이들의 결합에 의하여 통상의 기술자가 용이하게 발명할 수 있다고 할 수 없다.

다. 특허법원 단계

□ 이 사건 정정청구에 따른 특허청구범위

【청구항 1】 슬라이드형 휴대단말기(이하 '구성 1-①'이라고 한다.)로서, 디스플레이창을 구비한 상부본체(이하 '구성 2'라고 한다.)와 서로 다른 기능을 갖는 두 개 이상의 키패드를 갖는 하부본체(이하 '구성 3'이라고 한다.), 상기 상부본체가 상기 하부본체에 대해 어느 한 방향으로 이동할 때, 하부본체의 다른 방향에 있는 상기 키패드 중 적어도 어느 하나가 개방되고(이하 '구성 4'라고 한다.), 상기 상부본체가 상

기 하부본체에 대해 하측으로 상대 슬라이딩될 때, 디스플레이창의 양쪽에 대칭이 되어 양손 조작이 가능하게 상부본체의 하측부에 제1기능 키패드부를 구비하는(이하 '구성 5'라고 한다.) 것을 특징으로 하는 양방향 멀티슬라이드 휴대단말기(이하 '구성 1-②'라고 한다.).

【청구항 2】 삭제

【청구항 3】 제1항에 있어서, 상기 상부본체와 상기 하부본체가 서로 상대 슬라이딩되어 양 끝단과 중앙에 가고정될 수 있도록 상기 상부본체에 가이드레일과 상기 하부본체에 돌기를 구비하는 것(이하 '구성 6'이라고 한다.)을 특징으로 하는 양방향 멀티슬라이드 휴대단말기.

□ 비교대상발명들[3)]

1. 비교대상발명 2(공개일/공개번호: 2004. 4. 3./10-2004-0028176)

○ 명칭 : 슬라이드타입의 액정화면을 구비하는 이동통신단말기

[도면 2] 슬라이드타입의 액정화면을 구비하는 이동통신단말기의 덮개를 분리한 형상

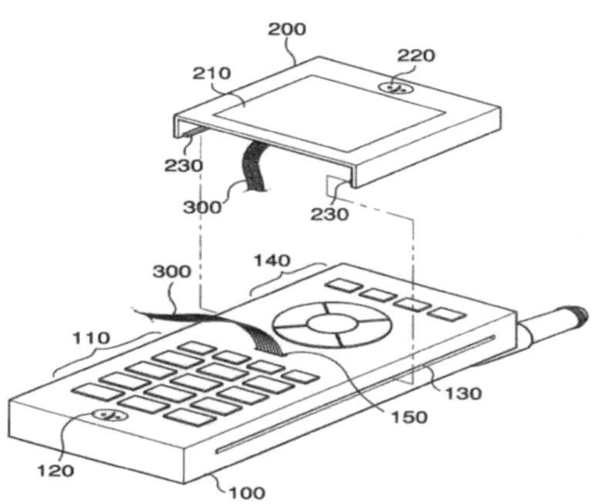

3) 구체적인 대비대상으로 삼지 아니하는 비교대상발명 1, 3, 5의 기재는 각 생략한다.

[도면 3a] 본체에 결합된 덮개를 상단으로 올린 형상

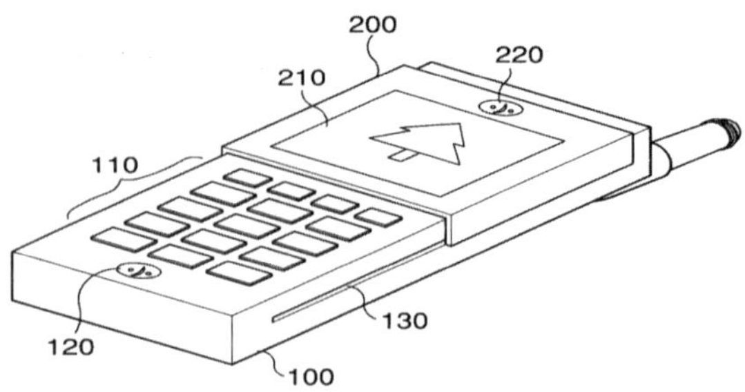

[도면 3b] 본체에 결합된 덮개를 하단으로 내린 형상

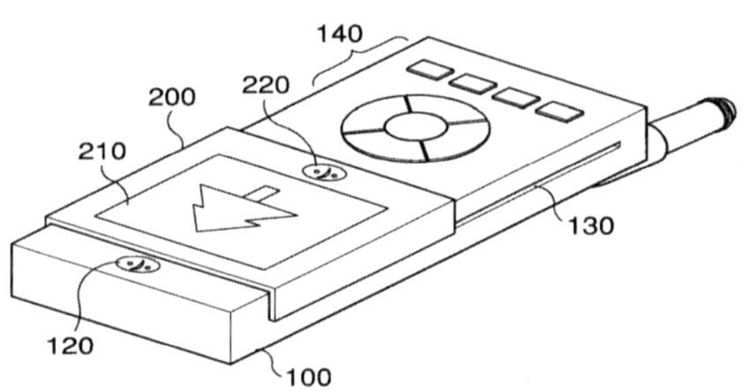

100: 본체, 110: 키버튼, 130: 안내홈, 140: 기능키, 200: 덮개, 210: 액정화면

2. 비교대상발명 4(실제 '디자인'에 해당하나 편의상 '발명'이라고 부른다.)

○ 공고일/등록번호 : 2004. 3. 22. / 등록의장공보 30-0347777

○ 물품 : 휴대폰

[참고도 1]

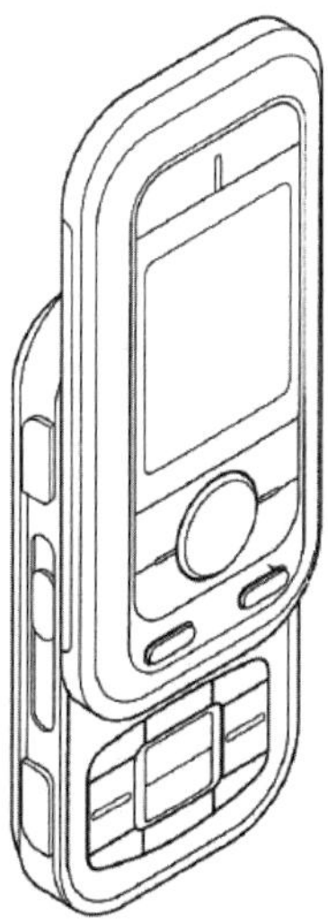

[정면도]

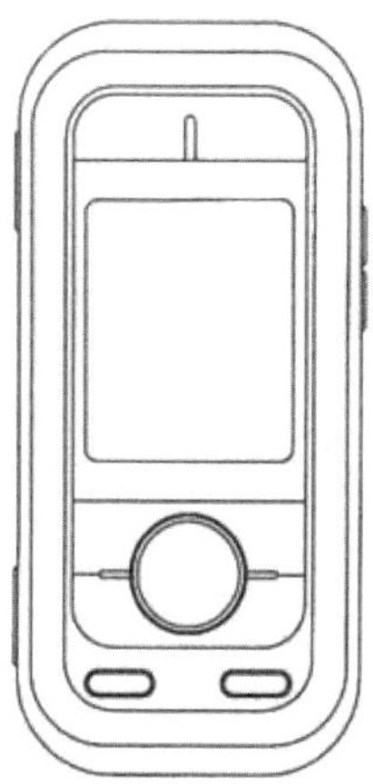

[참고도 2]

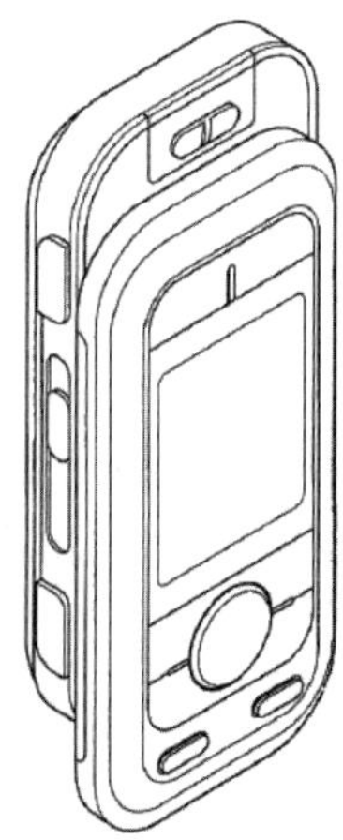

□ 이 사건 심결의 당부에 관한 판단(요지)

1. 원고 주장

정정 후 제1항 발명은 비교대상발명 1에 의하여 신규성이 부정되고, 또 정정 후 제1항 및 제3항 발명은 통상의 기술자가 비교대상발명 1~5에 의하여 용이하게 발명할 수 있는 것으로서 진보성이 부정되므로, 정정 후 특허발명은 모두 그 특허가 무효로 되어야 함에도, 이 사건 심결은 이와 결론을 달리하여 부당하다(이와 같이 원고는 특허심판원이 이 사건 정정청구를 받아들인 조치에 대하여는 다투지 아니하므로, 이 부분은 따로 살피지 않는다.).

2. 정정 후 제1항 발명의 진보성이 부정되는지 여부

(1) 기술분야 대비

정정 후 제1항 발명은 슬라이드형 휴대단말기에 관한 것이고, 비교대상발명 2는 이동통신단말기에 관한 것이며, 비교대상발명 4는 휴대폰에 관한 것이다. 따라서 정정 후 제1항 발명과 비교대상발명 2, 4는 모두 휴대단말기(이동통신단말기, 휴대폰)에 관한 것이라는 점에서 그 기술분야가 동일하다.

(2) 구성 대비

(가) 구성 1

<table>
<tr><th>구성 1</th><th>비교대상발명 4의 대응구성</th></tr>
<tr><td rowspan="3">① 슬라이드형 휴대단말기
② 양방향 멀티슬라이드 휴대단말기</td><td>본체와 폴더부가 상하부로 슬라이드 이동되도록 한다.
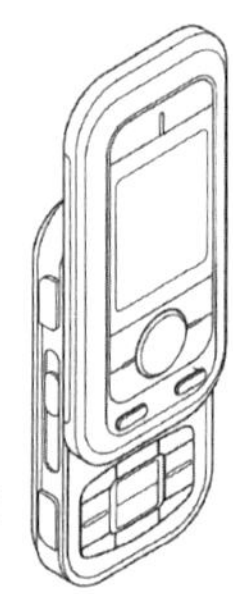
참고도 1
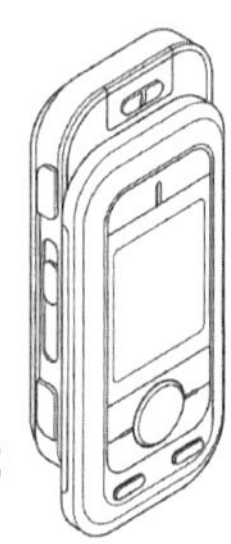
참고도 2</td></tr>
<tr><th>비교대상발명 2의 대응구성</th></tr>
<tr><td>슬라이드타입의 액정화면을 구비하는 이동통신단말기. 길이방향으로 슬라이딩운동이 가능한 구조로 이루어진 액정화면을 구비한다.</td></tr>
</table>

구성 1과 비교대상발명 4의 대응구성은 상·하 양방향으로 슬라이드 이동이 가능한 휴대단말기(휴대폰)라는 점에서 별다른 차이가 없고, 비교대상발명 2의 대응구성은 길이방향으로 슬라이딩운동이 가능한 구조로 이루어진 액정화면을 구비하는 이동통신단말기로서 구성 1의 슬라이드형 휴대단말기와 핵심적인 기술사상이 동일하다.

(나) 구성 2

구성 2	비교대상발명 4의 대응구성
디스플레이창을 구비한 상부본체	정면 폴더의 디스플레이부
	비교대상발명 2의 대응구성
	영상을 출력하는 액정화면(210) … 을 외측면에 구비하는 상판과 … 측판으로 이루어진 덮개(200)

각 대응구성은 상부본체(정면 폴더, 덮개)가 디스플레이창(디스플레이부, 액정화면)을 구비한다는 점에서 별다른 차이가 없다. 비교대상발명 2의 덮개가 구성 2에 개시되어 있는 구성, 즉 액정화면(디스플레이창)을 구비한다는 핵심적 기술구성을 그대로 담고 있는 이상, 그 크기와 형상에 관하여 구성 2와 달리 추가적인 한정사항이 존재한다 하더라도 그러한 사정만으로 양 대응구성이 실질적으로 동일하다는 판단에 장애가 되지 아니한다.

(다) 구성 3

구성 3	비교대상발명 4의 대응구성
서로 다른 기능을 갖는 두 개 이상의 키패드를 갖는 하부본체	본체와 폴더부가 상하부로 슬라이드 이동되도록 한 것으로, 기능키 조작 시는 폴더부를 상부로 이동하고, 카메라 사용 시는 하부로 이동시킨다

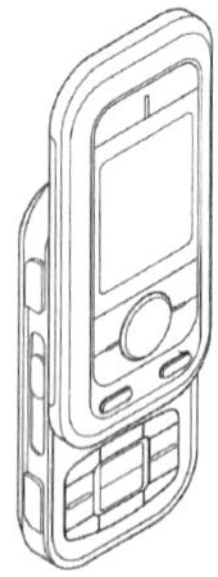

참고도 1

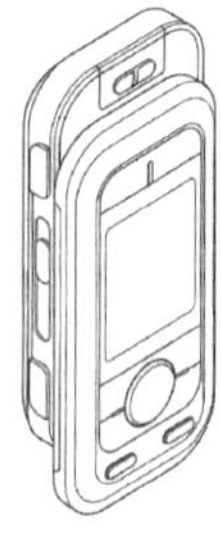

참고도 2

비교대상발명 2의 대응구성

이동통신단말기의 기능 실행과 관련된 신호입력을 위한 키버튼(110)과 커서 이동 및 메뉴 선택을 포함한 특수기능 실행과 관련된 신호입력을 위한 기능키(140)…를 전면에 구비하는 본체(100)

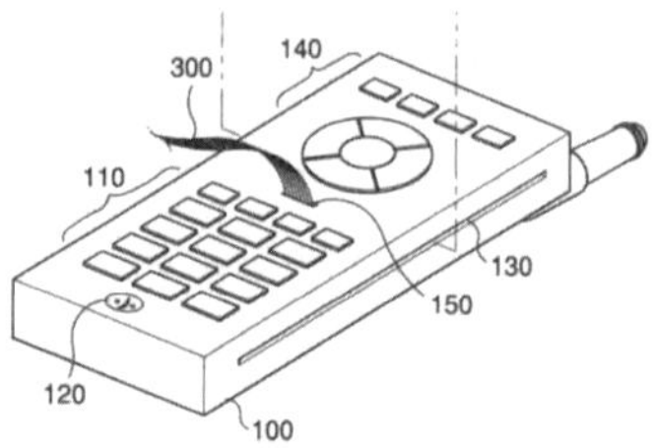

도면 2 중 발췌

비교대상발명 4의 대응구성은, 그 하부에 복수의 키로 이루어진 집합, 즉 키패드의 구성으로 된 기능키가 도시되어 있기는 하나, 그 상부에는 카메라가 도시되어 있을 뿐이므로, 서로 다른 기능을 갖는 두 개 이상의 키패드를 갖는 구성 3의 하부본체와 대비할 때 구비되는 키패드의 개수에 있어서 차이가 있다. 그런데 비교대상발명 2의 대응구성은, 이동통신단말기의 기능 실행과 관련된 신호입력을 위한 키버튼(110)과 함께 커서 이동 및 메뉴 선택을 포함한 특수기능 실행과 관련된 신호입력을 위한 기능키(140)를 구비하고 있고, 위 키버튼(110)과 기능키(140)는 모두 복수의 키로 이루어진 집합, 즉 키패드의 구성으로 개시되어 있으므로, 서로 다른 기능을 갖는 두 개 이상의 키패드를 갖는 구성 3의 하부본체와 별다른 차이가 없다 할 것이다.

(라) 구성 4

<table>
<tr><th>구성 4</th><th>비교대상발명 4의 대응구성</th></tr>
<tr><td rowspan="3">상부본체가 하부본체에 대해 어느 한 방향으로 이동할 때, 하부본체의 다른 방향에 있는 키패드 중 적어도 어느 하나가 개방된다.</td><td>기능키 조작 시는 폴더부를 상부로 이동하고, 카메라 사용 시는 하부로 이동시킨다.
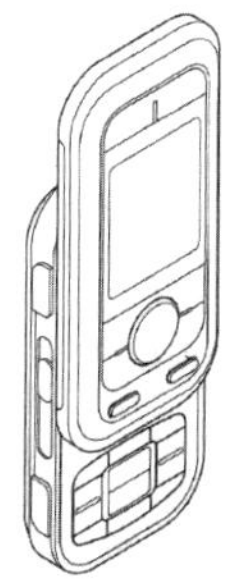
참고도 1
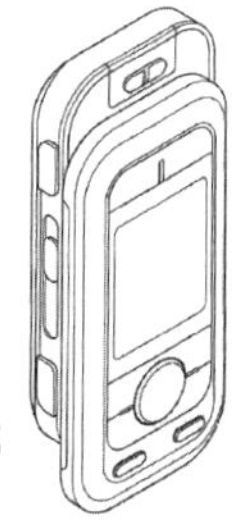
참고도 2</td></tr>
<tr><th>비교대상발명 2의 대응구성</th></tr>
<tr><td>덮개(200)를 본체(100)의 상단 방향으로 밀어 올리면 … 키버튼(110)이 외부로 노출된다.
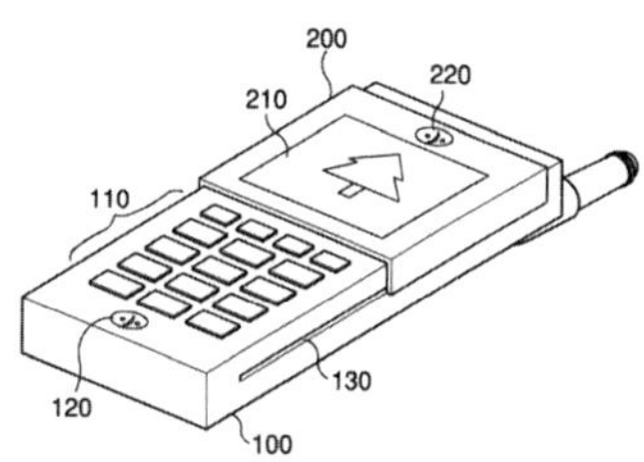

도면 3a
덮개(200)를 본체(100)의 하단부에 위치시키면, 기능키(140)가 외부로 노출된다.
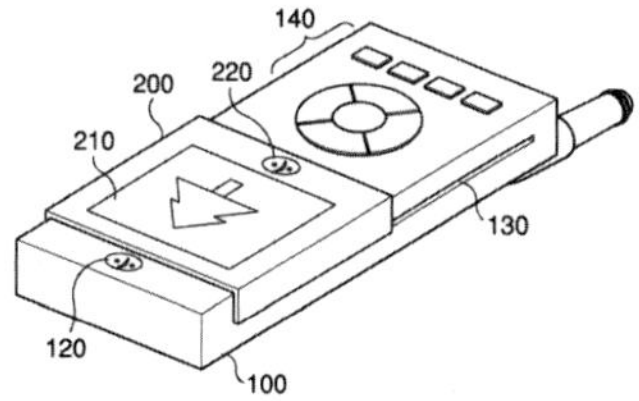

도면 3b</td></tr>
</table>

① 비교대상발명 4의 대응구성은, 폴더부(상부본체)를 상부로 이동할 때 본체(하부본체)의 기능키(키패드)가 개방되기는 하나, 폴더부(상부본체)를 하부로 이동할 때 본체(하부본체)의 카메라가 개방된다는 구성으로서, 구성 4 즉 상부본체가 하부본체에 대해 어느 한 방향으로 이동할 때 하부본체의 다른 방향에 있는 키패드 중 적어도 어느 하나가 개방되는 구성과 차이가 있고, 이는 앞서 본 바와 같이 비교대상발명 4의 본체에 구비되는 키패드의 개수가 구성 4의 하부본체와 차이가 있다는 점에서 비롯된 것으로 보인다.

② 그런데 비교대상발명 2의 대응구성은, 덮개(200)를 본체(100)의 상단 방향으로 밀어 올리면 키버튼(110)이 외부로 노출되고, 덮개(200)를 본체(100)의 하단부에 위치시키면 기능키(140)가 외부로 노출된다는 구성으로서, 구성 4 즉 상부본체가 하부본체에 대해 어느 한 방향으로 이동할 때 하부본체의 다른 방향에 있는 키패드 중 적어도 어느 하나가 개방되는 구성과 별다른 차이가 없다.

③ 이에 대하여 피고는, 구성 4의 기술적 구성에 있어서 상부본체가 하부본체에 대해 어느 한 방향으로 이동하지 않는 경우에 하부본체에 있는 키패드 중의 어느 하나도 개방되지 않는 것으로 한정하여 해석되는데, 비교대상발명 2의 대응구성에는 위와 같은 구성이 개시 또는 암시되어 있지 아니하므로, 양 대응구성 사이에 실질적인 구성상의 차이가 존재한다는 취지로 주장한다. 그러나 다음과 같은 점들에서 볼 때 피고의 위 주장은 받아들일 수 없다.

㉮ 정정 후 특허발명의 명세서에는 '상부본체(10)와 하부본체(20)가 서로 완전히 겹쳐졌을 때는 보통 휴대하기 좋은 대기모드의 상태가 된다.'라는 기재가 있고, 정정 후 특허발명의 도면 1에는 상부본체와 하부본체가 서로 완전히 겹쳐진 상태로서 하부본체에 있는 키패드 중의 어느 하나도 개방되지 않는 형상이 도시되어 있기는 하다.

㉯ 그런데 특허발명의 보호범위는 특허청구범위에 기재된 사항에 의하여 정하여지는 것이 원칙이고, 다만 그 기재만으로 특허발명의 기술적 구성을 알 수 없거나 알 수는 있더라도 기술적 범위를 확정할 수 없는 경우에는 명세서의 다른 기재에 의한 보충을 할 수는 있으나, 그 경우에도 명세서의 다른 기

재에 의하여 특허청구범위의 확장 해석은 허용되지 아니함은 물론 특허청구범위의 기재만으로 기술적 범위가 명백한 경우에는 명세서의 다른 기재에 의하여 특허청구범위의 기재를 제한 해석할 수 없다(대법원 2004. 10. 28. 선고 2003후2447 판결 및 대법원 2011. 2. 10. 선고 2010후2377 판결 등 참조).

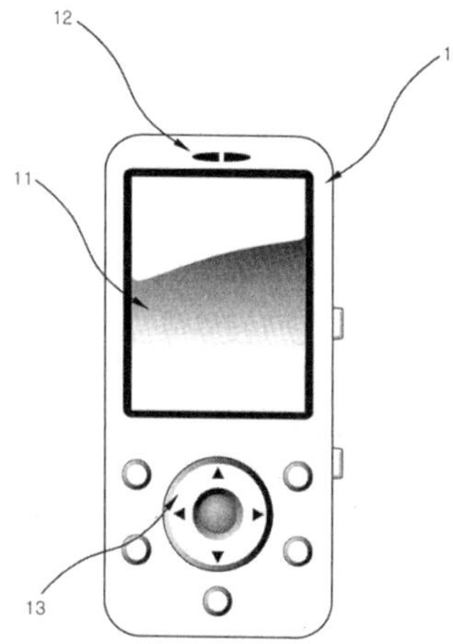

정정 후 특허발명의 도면 1

㉰ 위 ㉯항과 같은 법리에 비추어 보건대, 정정 후 제1항 발명의 특허청구범위와 관련하여 구성 4에 관한 기재만으로 '상부본체가 하부본체에 대해 상측으로 이동할 때에는 하부본체의 하단부에 있는 키패드 중 적어도 어느 하나가 개방되고, 상부본체가 하부본체에 대해 하측으로 이동할 때에는 하부본체의 상단부에 있는 키패드 중 적어도 어느 하나가 개방된다.'라는 내용으로 기술적 구성 및 그 범위가 명백한 이상, 위 ㉮항의 명세서 기재와 도시에 의하여 피고가 지적하는 바와 같이 구성 4의 기술적 구성이 상부본체가 하부본체에 대해 어느 한 방향으로 이동하지 않는 경우에 하부본체에 있는 키패드 중의 어느 하나도 개방되지 않는 것으로 제한하여 해석할 수 없다 할 것이고, 달리 그와 같은 내용으로 한정하여 해석할 만한 근거가 발견되지 아니한다[덧붙여 보건대, 비교대상발명 4의 정면도에는 정정 후 특허발명의 도면 1과 마찬가지로 폴더부(상부본체)와 본체(하부본체)가 서로 완전히 겹쳐진 상태로서 본체(하부본체)에 있는 기능키(키패드)와 카메라 중의 어느 하나도 개방되지 않는 형상이 도시되어 있다.].

(마) 구성 5

<table>
<tr><th>구성 5</th><th>비교대상발명 4의 대응구성</th></tr>
<tr><td rowspan="3">상부본체가 하부본체에 대해 하측으로 상대 슬라이딩될 때, 디스플레이창의 양쪽에 대칭이 되어 양손 조작이 가능하게 상부본체의 하측부에 제1기능 키패드부를 구비한다.</td><td>정면 폴더의 디스플레이부 하측부에 원형의 기능키 및 기능버튼을 배열한다.
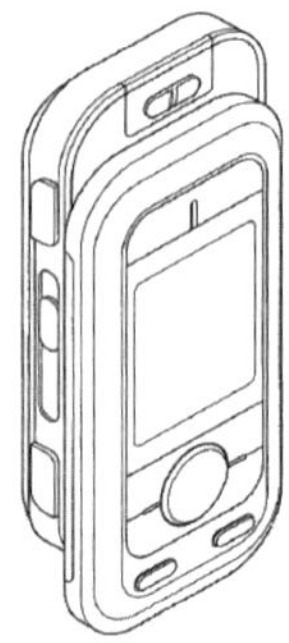
참고도 2</td></tr>
<tr><th>비교대상발명 2의 대응구성</th></tr>
<tr><td>덮개(200)를 본체(100)의 하단부에 위치시키면, 기능키(140)가 외부로 노출된다.
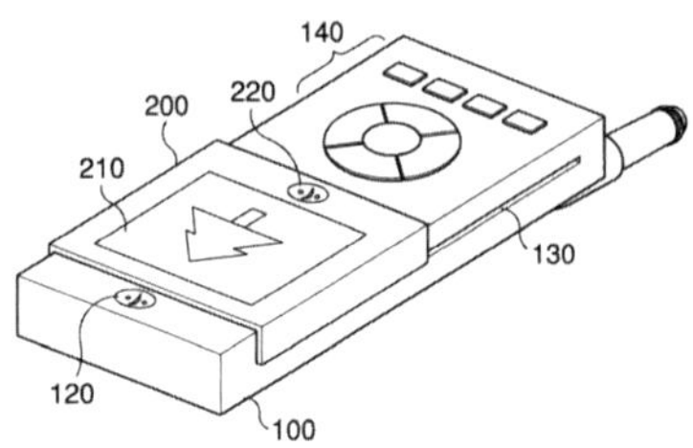

도면 3b</td></tr>
</table>

① 비교대상발명 4의 정면 폴더 하측부에 배열되는 원형의 기능키 및 기능버튼은 참고도 2에 도시된 바와 같이 폴더부가 본체에 대해 하측으로 슬

라이딩될 때 조작이 가능한 구성이다. 따라서 구성 5 중 '상부본체가 하부본체에 대해 하측으로 상대 슬라이딩될 때 조작이 가능하도록 상부본체의 하측부에 구비된 제1기능 키패드부'라는 구성부분과 비교대상발명 4의 위 대응구성 사이에는 별다른 차이가 없다.

② 구성 5의 나머지 구성부분 즉 '디스플레이창의 양쪽에 대칭이 되어 양손 조작이 가능하다.'라는 표현이 가지는 기술적 의의에 관하여 보건대, 이는 구성 4에 개시된 바와 같이 상부본체가 하부본체에 대해 하측으로 슬라이딩하여 이동될 때 구성 3의 두 개 이상의 키패드 중 하나로서 하부본체의 상단부에 존재하는 키패드가 개방된다는 구성이 내재됨을 의미한다 할 것이다[정정 후 특허발명의 도면 3에는 위와 같이 하부본체의 상단부에 존재하는 키패드가 '제2기능 키패드(22)'로 도시되어 있다].

이러한 사정을 토대로 하여 보면, 본체에 구비되는 키패드의 개수가 구성 4의 하부본체와 차이가 있는 비교대상발명 4의 위 대응구성은 앞서 살펴본 바와 같이 폴더부를 하부로 이동할 때 본체의 상단부에 존재하는 카메라가 개방될 뿐이고, 구성 5의 나머지 구성부분과 같이 본체(하부본체)의 상단부에 키패드가 존재하지 아니하므로, 양자 사이에는 구성상의 차이가 있다. 그런데 비교대상발명 2의 대응구성은, 덮개(상부본체)를 본체(하부본체)의 하단부에 위치시키면 본체(하부본체) 상단부에 존재하는 기능키(140)가 외부로 노출되는 구성이므로, 이는 구성 5의 나머지 구성부분에 내재된 구성내용, 즉 상부본체가 하부본체에 대해 하측으로 슬라이딩하여 이동될 때 하부본체의 상단부에 존재하는 키패드가 개방된다는 구성부분과 별다른 차이가 없다.

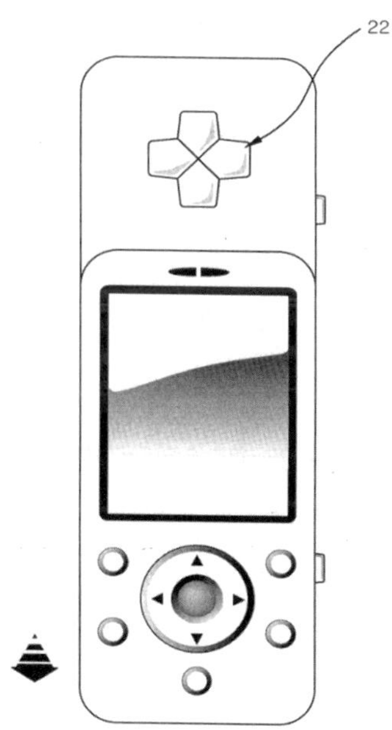

정정 후 특허발명의 도면 3

(3) 구성의 곤란성(결합의 용이성) 유무

① 이상과 같이, 정정 후 제1항 발명의 구성 1~5는 비교대상발명 4의 대응구성과 덮개를 본체의 하단부에 위치시키면 본체 상단부에 존재하는 기능키가 외부로 노출되는 구성까지 포함된 비교대상발명 2의 대응구성을 결합함으로써 도출될 수 있다 할 것이고, 아래 ②항과 같은 점들에 비추어 볼 때 통상의 기술자로서는 위와 같은 선행기술인 비교대상발명 2, 4의 각 대응구성을 결합하는 데에 특별한 기술적 어려움이 있다고 볼 수 없다.

② ㉮ 비교대상발명 2의 명세서에는 '최근 통신기술의 비약적인 발전에 힘입어 이동통신단말기의 소형화가 이루어짐과 동시에 이동통신단말기 용도의 다양화가 이루어져, 이동통신단말기를 이용한 인터넷 검색, 동영상 재생, 각종 게임 등 다양한 기능수행이 가능해지고 있다. 따라서 이동통신단말기는 보다 많은 양의 정보를 한 번에 출력할 수 있도록 액정화면의 대형화가 요구되어지고 있고, 다양한 신호입력을 위하여 키버튼의 다양화가 요구되어지고 있다.'라는 기재가 있다. ㉯ 위와 같은 명세서 기재에서 보듯이, 이동통신단말기(휴대단말기)의 용도를 인터넷 검색, 동영상 재생, 각종 게임 등으로 다양화한다거나 이를 위하여 다양한 신호입력이 가능하도록 키버튼의 구성을 다양화한다는 내용은, 정정 후 특허발명의 출원 당시 그 기술분야에서 일반적으로 요구되는 기술적 과제가 되었다고 할 것이다. ㉰ 비교대상발명 4의 대응구성과 본체 상단부에 기능키가 존재하는 구성까지 포함된 비교대상발명 2의 대응구성 간의 결합은, 위와 같은 일반적인 기술과제를 추구하는 연장선에 있다고 봄이 타당하다.

③ 따라서 **정정 후 제1항 발명의 구성들은 모두 통상의 기술자가 비교대상발명 2, 4로부터 용이하게 도출**할 수 있는 것이어서 그 구성의 곤란성이 있다고 볼 수 없다.

(4) 작용효과의 현저성 유무

① 정정 후 특허발명의 명세서에는 정정 후 제1항 발명의 효과와 관련하여 다음과 같은 기재들이 있다. 즉 ㉮ '본 발명은 … 하부본체에 통상의 입력

숫자 키패드 외에 별도의 기능키패드를 구비하여, 상부본체가 하부본체에 대해 양방향으로 상대 슬라이딩될 때 고유의 통신기능 및 멀티미디어 기능을 적절히 사용하게 할 수 있는 인터페이스 구조를 제공하는 데 목적이 있다.'라는 기재와 ㉯ '본래 고유의 통신기능뿐만 아니라 게임이나 카메라 동영상을 디스플레이하는 엔터테인먼트 기능까지 각 모드에 맞추어 손쉽게 사용할 수 있어 멀티미디어화 되는 휴대단말기를 제공할 수 있게 되었다.'라는 기재 등이 그것이다.

② 위와 같은 정정 후 제1항 발명의 작용효과, 즉 고유의 통신기능 및 멀티미디어 기능을 적절히 사용하게 할 수 있는 인터페이스 구조를 제공하는 효과는 구성 1 내지 구성 5의 유기적 결합에 의하여 달성될 수 있다 할 것인데, 앞서 본 바와 같이 구성 1~5는 모두 비교대상발명 2, 4의 각 대응구성을 결합함으로써 용이하게 도출할 수 있는 것인 이상, 정정 후 제1항 발명의 위와 같은 작용효과들에 통상의 기술자가 위 **선행기술들의 결합으로부터 예상할 수 있는 범위를 넘어서는 현저함이 있다고 볼 수 없다**.

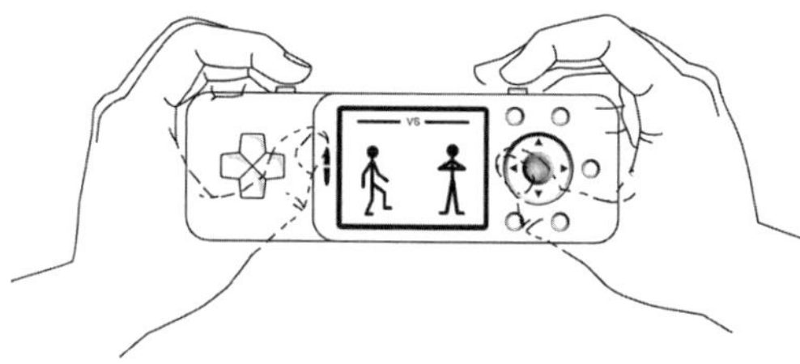

정정 후 특허발명의 도면 6

(5) 대비결과의 정리

이상을 종합하면, 정정 후 제1항 발명은 기술분야가 동일한 비교대상발명 2, 4와 대비할 때 그 구성의 곤란성 및 효과의 현저성이 있다고 볼 수 없으므로, 결국 통상의 기술자가 비교대상발명 2, 4에 의하여 용이하게 발명할 수 있는 것으로서 그 진보성이 부정된다.

3. 정정 후 제3항 발명의 진보성이 부정되는지 여부

(1) 정정 후 제3항 발명은 정정 후 제1항 발명의 종속항 발명으로서, 추가적인 구성 6, 즉 '상부본체와 하부본체가 서로 상대 슬라이딩되어 양 끝단과 중앙에 가고정될 수 있도록 상부본체에 가이드레일과 하부본체에 돌기를 구비한

다.'라는 구성 외에 정정 후 제1항 발명의 기술적 특징을 그대로 포함하고 있다. 그런데 구성 6 중 '상부본체와 하부본체가 서로 상대 슬라이딩되어 가고정될 수 있도록 상부본체에 가이드레일과 하부본체에 돌기를 구비한다.'라는 구성 자체는 정정 후 특허발명의 출원 당시 주지관용 기술에 해당한다 할 것이다(이러한 사정에 관하여 당사자 사이에 별다른 다툼도 없다(이 사건 제1차 변론기일 조서 참조).). 그리고 구성 6의 나머지 구성부분과 같이 가고정의 위치를 '양 끝단과 중앙'으로 한정하는 정도는, 정정 후 제3항 발명이나 비교대상발명 2, 4와 같은 양방향 멀티슬라이드 휴대단말기에 관한 기술분야에서 그와 같은 양방향 슬라이드 기능을 달성하기 위한 차원에서 통상의 창작능력을 발휘함으로써 적절히 선택할 수 있는 사항에 불과하고, 이를 넘어서는 특별한 기술적 의의가 있다고 보기 어렵다.

(2) 따라서 정정 후 제3항 발명은 통상의 기술자가 비교대상발명 2, 4에다 위와 같은 주지관용 기술을 결합함으로써 용이하게 발명할 수 있다 할 것이므로, 그 진보성이 부정된다.

4. 소 결

(1) 이상을 종합하면, 정정 후 특허발명은 모두 비교대상발명 2, 4에 의하여 그 진보성이 부정되므로, 원고의 나머지 주장에 관하여 더 살펴볼 필요 없이 그 특허가 무효로 되어야 한다.

(2) 그런데 특허무효심판절차에서의 정정청구는 독립된 정정심판청구와 달리 무효심판절차에 편면적으로 결합되어 그에 관한 판단이 특허등록무효 여부의 선결문제가 되는 특수한 형태로서, 그러한 정정청구가 있는 경우 정정의 인정 여부는 특허무효심판에 대한 결정절차에서 함께 심리되는 것이고, 그 결과 독립된 정정심판청구의 경우와 달리 정정청구 부분만이 따로 확정되는 것이 아니라 특허무효심판의 심결이 확정되는 때에 함께 확정된다고 보아야 하는 점(대법원 2009. 1. 15. 선고 2007후1053 판결 참조) 등을 고려하면, 위와 같이 정정 후 특허발명이 모두 그 진보성이 부정되어 특허등록이 무효가 되어야 하는 이상, 이와 결론을 달리한 **이 사건 심결은 이 사건 정정청구에 관한 부분을 포함하여 그 전체가 일체로**

서 취소를 면할 수 없다고 봄이 타당하다.

다. 대법원 단계

□ 주 문

원심판결을 파기하고, 사건을 특허법원에 환송한다.

□ 이 유

상고이유를 판단한다.

1. 구 특허법(2006. 3. 3. 법률 제7871호로 개정되기 전의 것) 제29조 2항은, 특허출원 전에 그 발명이 속하는 기술분야에서 통상의 지식을 가진 사람(이하 '통상의 기술자'라 한다.)이 특허출원 전에 국내에서 공지되었거나 공연히 실시된 발명 또는 특허출원 전에 국내 또는 국외에서 반포된 간행물에 게재되거나 대통령령이 정하는 전기통신회선을 통하여 공중이 이용가능하게 된 발명(이하 '선행기술'이라 한다.)에 의하여 용이하게 발명할 수 있는 것일 때에는 그 발명에 대하여는 특허를 받을 수 없도록 정하고 있다. 위 규정에 의하여 선행기술에 의하여 용이하게 발명할 수 있는 것인지에 좇아 **발명의 진보성 유무를 판단함에 있어서**는, 적어도 선행기술의 범위와 내용, 진보성 판단의 대상이 된 발명과 선행기술의 차이 및 통상의 기술자의 기술수준에 대하여 증거 등 기록에 나타난 자료에 기하여 파악한 다음, 이를 기초로 하여 통상의 기술자가 특허출원 당시의 기술수준에 비추어 진보성 판단의 대상이 된 발명이 선행기술과 차이가 있음에도 그러한 차이를 극복하고 선행기술로부터 그 발명을 용이하게 발명할 수 있는지를 살펴보아야 하는 것이다. **이 경우 진보성 판단의 대상이 된 발명의 명세서에 개시되어 있는 기술을 알고 있음을 전제로 하여 사후적으로 통상의 기술자가 그 발명을 용이하게 발명할 수 있는지를 판단하여서는 아니된다**(대법원 2007. 8. 24. 선고 2006후138 판결, 대법원 2009. 11. 12. 선고 2007후3660 판결, 대법원 2011. 3. 24. 선고 2010후2537 판결 등 참조).

또한 **청구범위에 기재된 청구항이 복수의 구성요소로 되어 있는 경우**에는 각 구성요소가 유기적으로 결합한 전체로서의 기술사상이 진보성 판단의 대상이 되는 것이지 각 구성요소가 독립하여 진보성 판단의 대상이 되는 것은 아니므로, 그 발명의 진보성 여부를 판단함에 있어서는 청구항에 기재된 복수의 구성을 분해한 후 각각 분해된 개별 구성요소들이 공지된 것인지 여부만을 따져서는 안 되고, 특유의 과제 해결원리에 기초하여 유기적으로 결합된 전체로서의 구성의 곤란성을 따져 보아야 할 것이며, 이 때 결합된 전체 구성으로서의 발명이 갖는 특유한 효과도 함께 고려하여야 할 것이다. 그리고 여러 선행기술문헌을 인용하여 발명의 진보성이 부정된다고 하기 위해서는 그 인용되는 기술을 조합 또는 결합하면 해당 발명에 이를 수 있다는 암시, 동기 등이 선행기술문헌에 제시되어 있거나 그렇지 않더라도 해당 발명의 출원 당시의 기술수준, 기술상식, 해당 기술분야의 기본적 과제, 발전경향, 해당 업계의 요구 등에 비추어 보아 통상의 기술자가 용이하게 그와 같은 결합에 이를 수 있다고 인정할 수 있는 경우이어야 한다(대법원 2007. 9. 6. 선고 2005후3284 판결 등 참조).

2. 위 법리와 기록에 비추어 살펴본다.

가. (1) 명칭을 '양방향 멀티슬라이드 휴대단말기'로 하는 이 사건 특허발명(특허등록번호 제719002호)에 대한 특허무효심판절차에서 2012. 11. 22. 정정청구된 청구범위 제1항(이하 '이 사건 제1항 정정발명'이라 하고, 다른 청구항도 같은 방식으로 표시한다.)은 슬라이드형 휴대단말기(원심 판시 '구성 1-①')로서, 디스플레이 창을 구비한 상부본체(원심 판시 '구성 2')와 서로 다른 기능을 갖는 두 개 이상의 키패드를 갖는 하부본체(원심 판시 '구성 3'), 상부본체가 하부본체에 대해 어느 한 방향으로 이동할 때, 하부본체의 다른 방향에 있는 키패드 중 적어도 어느 하나가 개방되고(원심 판시 '구성 4'), 상부본체가 하부본체에 대해 하측으로 상대 슬라이딩될 때, 디스플레이 창의 양쪽에 대칭이 되어 양손 조작이 가능하게 상부본체의 하측부에 제1기능 키패드부를 구비하는(원심 판시 '구성 5') 것을 특징으로 하는 양방향 멀티슬라이드 휴대단말기(원심 판시 '구성 1-②')에 관한 발명이다. 이와 같은 이 사건 제1항 정정발명은 그 구성 가운데 구성 5가 나머지 구성들과 유기적으로 결합함으로써, 상부본체가 하부본체에 대해 양방향으로 상대 슬라이딩될 때 고유의 통신기능 및 멀티미디어 기능을 적절히 사용하게 할 수 있는 인터페이스 구조를 제공하고,

고유의 통신기능뿐만 아니라 게임이나 카메라 동영상을 디스플레이하는 엔터테인먼트 기능까지 각 모드에 맞추어 손쉽게 사용할 수 있어 멀티미디어화 되는 휴대단말기를 제공할 수 있게 되는 특유의 효과를 가지게 된다.

(2) 이에 비하여 한손으로 기능키를 조작하는 사용방식을 전제로 하는 원심 판시 비교대상발명 2, 4에는 이 사건 제1항 정정발명의 구성 5와 동일한 구성은 나타나 있지 아니하다. 다만 비교대상발명 2에는 이 사건 제1항 정정발명의 구성 중 구성 4와 마찬가지로 '덮개를 본체의 상단 방향으로 밀어 올리면 키버튼이 외부로 노출되고, 덮개를 본체의 하단부에 위치시키면 기능키가 외부로 노출되는 구성'이, 비교대상발명 4에는 이 사건 제1항 정정발명의 구성 중 '상부본체의 하측부에 제1기능 키패드부를 포함하는 구성'과 마찬가지로 '정면 폴더의 디스플레이부 하측부에 원형의 기능키와 기능버튼을 배열하는 구성'이 나타나 있기는 하다.

(3) 그런데 **비교대상발명 2의 명세서에** "최근 통신기술의 비약적인 발전에 힘입어 이동통신단말기의 소형화가 이루어짐과 동시에 이동통신단말기 용도의 다양화가 이루어져, 이동통신단말기를 이용한 인터넷 검색, 동영상 재생, 각종 게임 등 다양한 기능수행이 가능해지고 있다. 따라서 이동통신단말기는 보다 많은 양의 정보를 한 번에 출력할 수 있도록 액정화면의 대형화가 요구되어지고 있고, 다양한 신호입력을 위하여 키버튼의 다양화가 요구되어지고 있다."라는 기재가 있으나, 이러한 기술적 과제에 대한 비교대상발명 2에서의 인식은, 위 기재에 이어지는 "폴더형 이동통신단말기의 경우에는 액정화면과 키버튼을 별도의 위치에 구비시킬 수 있으므로 액정화면의 대형화와 키버튼의 다양화를 이룰 수 있지만, 플립형 이동통신단말기나 바형 이동통신단말기의 경우에는 동일한 면에 액정화면과 키버튼이 위치되어야 하므로 액정화면의 대형화와 키버튼의 다양화를 동시에 만족시키는 데에는 한계가 있다."라는 기재 및 "액정화면과 키버튼을 겹치도록 구성하여 액정화면의 대형화와 키버튼의 다양화를 동시에 이룰 수 있는 이동통신단말기를 제공하는 데 목적이 있다."라는 기재에 비추어 보면, **한 손으로 기능키를 조작하는 사용방식을 벗어나 '디스플레이 창의 양쪽에 대칭이 되어 양손 조작**

이 가능하게 하도록 키버튼을 배치한다.'라는 기술사상에는 전혀 미치지 못하고 있음을 알 수 있다.

또한 위에서 보는 바와 같이 **비교대상발명 2는 액정화면의 대형화를 기술적 과제의 한 가지로 삼고 있는데, 비교대상발명 2에서 액정화면이 배치된 덮개에 기능키를 추가하는 시도는 이러한 기술적 과제에 반하는 것**이다. 따라서 위와 같은 <u>비교대상발명 2의 명세서 기재에 근거하여서는, 비교대상발명 2의 본체와 비교대상발명 4의 폴더부를 결합하면 이 사건 제1항 정정발명의 구성 5에 이를 수 있다는 암시·동기 등이 제시되어 있다거나, 이 사건 특허발명의 출원 당시의 기술수준, 기술상식, 해당 기술분야의 기본적 과제, 발전경향, 해당 업계의 요구 등에 비추어 보아 통상의 기술자가 '상부본체가 하부본체에 대해 하측으로 상대 슬라이딩 될 때, 디스플레이 창의 양쪽에 대칭이 되어 양손 조작이 가능'하게 하기 위하여 용이하게 위와 같은 결합에 이를 수 있다고 인정할 수 없고, 기록상 달리 이를 인정할 만한 뚜렷한 사정도 발견되지 아니한다.</u>

(4) <u>그렇다면 이 사건 특허발명의 명세서에 개시된 발명의 내용을 이미 알고 있음을 전제로 하여 사후적으로 판단하지 아니하는 한, 통상의 기술자가 비교대상발명 2, 4로부터 이 사건 제1항 정정발명의 구성 5를 용이하게 도출할 수 없다고 할 것인데, 그러한 사후적 판단은 앞에서 본 것처럼 허용되지 아니한다.</u> **결국** <u>이 사건 제1항 정정발명은 비록 구성 5를 제외한 나머지 구성들이 비교대상발명 2, 4에 나타나 있다고 하더라도 위 비교대상발명들에 의하여 그 진보성이 부정된다고 할 수 없고</u>, 이 사건 제1항 정정발명의 진보성이 부정되지 아니하는 이상, 이 사건 제1항 정정발명을 인용하는 종속항인 이 사건 제3항 정정발명 역시 진보성이 부정된다고 할 수 없다.

나. 그런데도 원심은 이 사건 제1항 및 제3항 정정발명은 비교대상발명 2, 4에 의하여 그 진보성이 부정된다고 판단하였으니, 이러한 원심판결에는 진보성 판단에 관한 법리를 오해하여 판결에 영향을 미친 잘못이 있다. 이를 지적하는 상고이유 주장은 이유가 있다.

3. 그러므로 원심판결을 파기하고, 사건을 다시 심리·판단하도록 원심법원에 환송하기로 하여, 관여 대법관의 일치된 의견으로 주문과 같이 판결한다.

마. 시사점

이 사건은 기술난이도가 낮은 발명일수록 진보성 판단에 있어서 피하여야 할 사후적 고찰에 대한 금지와 선행기술의 결합에 관한 암시 등에 관한 진보성판단기준을 대법원이 다시 한번 제시한 점에 그 의의가 있다.

한편으로는 특허심판원의 무효심판에서 자신의 특허발명이 무효가 아님을 심결 받은 개인발명가인 특허권자가 상대방이 이에 불복하여 소제기된 특허법원 심결취소소송단계에서 특허심판원의 심결만을 믿고 특허심판과는 달리 전문가(예를 들면, 변리사 등)의 도움 없이 스스로 심결취소소송에 임했다가 변론주의에 기초한 특허법원의 소송절차에서 제대로 대응하지 못하여 특허가 무효라는 심결취소의 판결을 선고 받았고, 이후 특허법원의 판결에 불복하여 상고를 제기하면서 대법원 단계에서는 전문 특허대리인의 도움으로 자칫 무효가 될 수 있었던 개인발명가의 소중한 특허권의 유효성을 결국에는 인정받은 사연(?)이 있었던 심판사건이었다.

이 심판사건은 외국의 글로벌 기업과 한국의 개인발명가 간에 양방향 멀티슬라이드 휴대단말기에 관한 침해소송과 그에 따른 손해액 산정 중에 특허무효심판이 제기되어 특허법원 및 대법원까지 진행된 심판사건이었다.

제 3 절 권리범위확인심판

1. 심판개요

특허권자는 업으로서 특허발명을 실시할 권리를 독점하는데(특허법 제94조【특허권의 효력】) 특허권이 유효히 존속하는 기간 중에 행해진 제3자의 특허침해 행위에 대해서 구제받기 위하여 법원에 침해의 소를 제기할 수 있다.

이 경우 특허권자로서는 법원에 대하여 직접적인 침해판단을 받기 전에 침해혐의자 또는 제3자가 실시 중인 기술이 자신의 특허발명 권리범위에 속하는지 또는 그 반대로 특허권에 대하여 침해혐의자나 제3자가 실시 중이거나 실시준비 중인 기술에 대하여 특허발명의 권리범위에 속하는지 여부에 대하여 특허심판원에 전문적이고 공신력 있는 권리속부 여부 판단을 신속히 구함으로써, 그 판단결과에 근거해 당사자 간 조속한 특허분쟁의 해결을 도모하여 소모적인 사법다툼을 미연에 방지할 필요성이 있을 것이다.

이에 따라 특허법 제135조【권리범위 확인심판】는 "특허권자, 전용실시권자 또는 이해관계인은 특허발명의 보호범위를 확인하기 위하여 권리범위 확인심판을 청구할 수 있다."고 규정하여 권리범위 확인심판제도를 운영하고 있다.

2. 주요사례 : 균등요건 - 과제해결의 동일성

가. 사건 개요

□ 발명의 명칭 : 구이김 자동 절단 및 수납장치

□ 절차 경위 : (적극)권리범위확인심판(기각, 구성 간 균등관계 없음) → 심결불복 특허법원 소제기 → 특허법원(기각, 심결지지) → 대법원 상고 → 대법원(파기환송, 과제해결원리가 동일하므로 균등관계 있음)

나. 심판 단계

□ 이 사건 특허발명의 개요

본 발명은 **구이김 자동 절단 및 수납장치에 관한 것**으로, 특히 원료김에 기름과 조미료 등을 가미한 후 구워서 가공한 다수 장 적층형태의 구이김이 투입되었을 때 이를 취식하기에 적당한 크기로 다수 절 등분함과 아울러 그 각각의 절단김을 포장용기 내에 자동 수납할 수 있도록 함으로써 구이김의 절단공정으로부터 수납공정에 이르는 부분공정의 자동화를 구현하여 작업 효율성을 크게 향상시킬 수 있게 한 구이김 자동 절단 및 수납장치에 관한 것이다.

[주요 도면 부호]

1: 구이김 10: 프레임 11: 상판 12: 안내공 20: 절단용 실린더 유닛 21: 절단용 실린 22: 실린더 로드 30: 승강판 31: 안내봉 40: 가압절판 50: 가압봉 560: 가이드케이스 70: 인입작동유닛 72: 실린더 로드 80: 절단날 82: 압출공 83: 날 고정대 90: 포장용기 이송유닛

[도 1] 본 발명 구이김 자동 절단 및 수납장치 전체외관

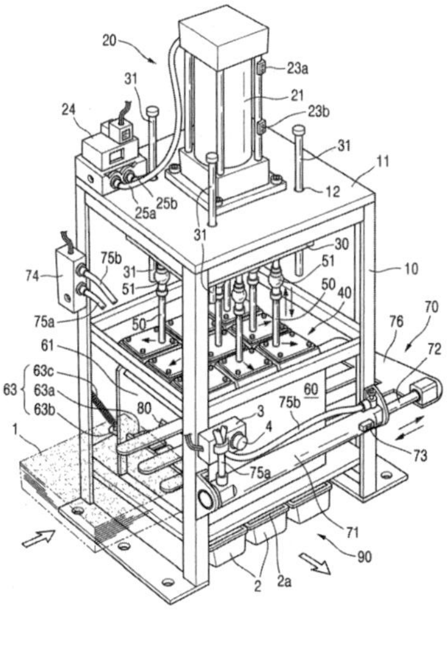

[도 2b] 본 발명 실린더 로드가 하강해 가압절판을 동시에 가압함으로써 구운김이 절단되는 메커니즘

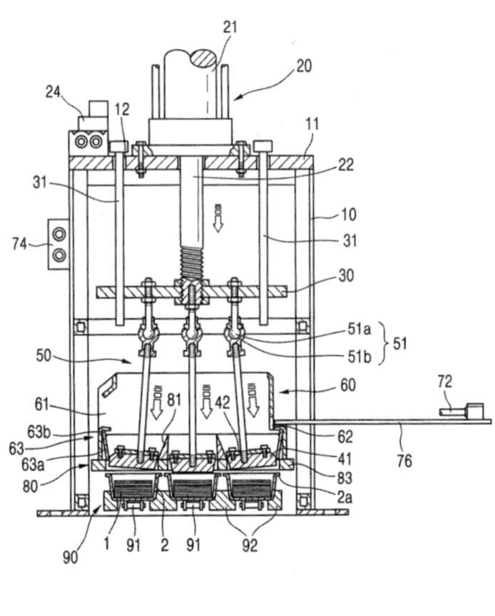

[도 3] 가압절판 및 가이드케이스의 구조 [도 4] 본 발명 장치에 적용된 절단날 및 날 고정대

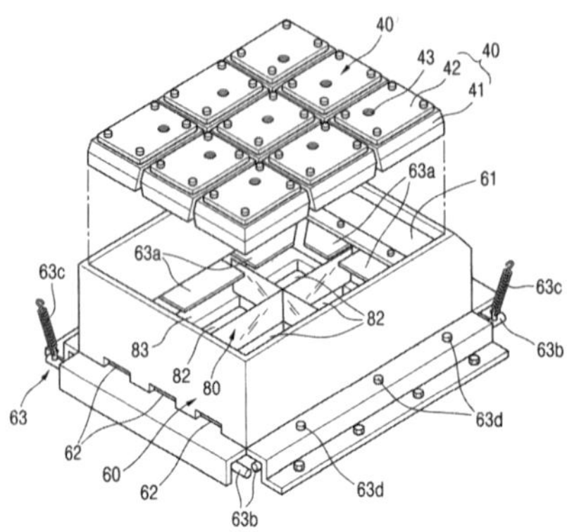

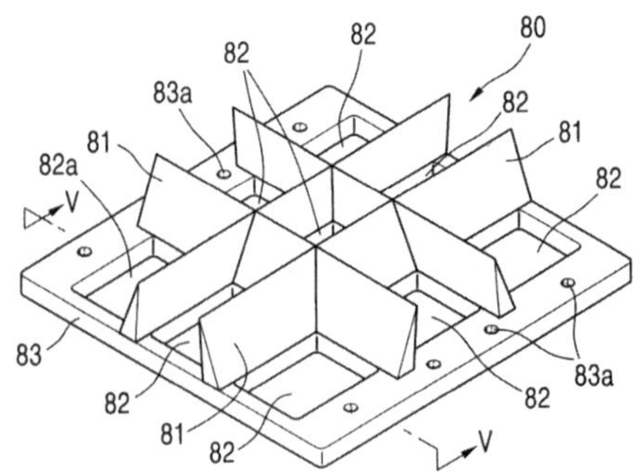

□ 이 사건 특허발명의 청구범위

청구항 1. 장치 각부의 고정 및 지지를 위한 구조물을 이루는 프레임(이하 '구성 1'이라 한다.); ② 상기 프레임의 상부에 고정되어 그 하부에 위치한 소정의 가동체를 연직방향으로 승강작동시키기 위한 구동력을 제공하기 위한 절단용 실린더를 포함하는 절단용 실린더유닛(이하 '구성 2'라 한다.); ③ 상기 절단용 실린더의 실린더 로드의 단부에 결합되어 수평을 유지하며 상기 실린더 로드와 함께 안정적으로 승강작동되는 승강판(이하 '구성 3'이라 한다.); ④ 상기 승강판으로부터 그 하부로 적정간격을 두고 평행을 유지하며 동일 판상에 배치되고 각각 균일 크기로 분할 형성된 다수개의 가압절판(이하 '구성 4'라 한다.); ⑤ 상기 승강판의 승강시 이와 함께 상기 각 가압절판이 일정 이격거리를 유지하며 승강작동될 수 있도록 상기 승강판과 각 가압절판을 상호 연결시켜줌과 아울러 그 승강작동 과정에서 상기 각 가압절판의 간극이 가변적으로 이격될 수 있도록 작동되는 다수개의 가압봉(이하 '구성 5'라 한다.); ⑥ 적층 구이김을 내부로 수용하기 위한 투입구가 일측에 형성되고 그 내측에는 투입중인 구이김을 정확한 절단위치까지 이송하기 위한 인입작동유닛이 구비되어 상기 구이김을 내부로 자동 인입할 수 있게 함과 아울러 상기 가압절판의 승강작동을 안정적으로 안내해주는 가이드케이스(이하 '구성 6'이

라 한다.); ⑦ 상기 **가이드케이스의 하부에 고정 배치되고 아래로 갈수록 그 두께가 선형적으로 넓어지는 격자형의 절단날**(이하 '구성 7'이라 한다.); ⑧ 구이김의 절단개수와 대응되는 다수개의 포장용기를 상기 절단날의 하부에서 동일 판상으로 인접 배치하여 상기 절단 구이김이 해당 포장용기 내에 각각 수납되기까지의 소정시간 동안 머무른 후 후속공정으로 이송되는 포장용기 이송유닛(이하 '구성 8'이라 한다.)을 포함하여 이루어짐을 특징으로 하는 구이김 자동 절단 및 수납장치.

청구항 2. 내지 청구항 6. (생략)

□ 확인대상발명의 요지(2011. 8. 16. 보정된 확인대상발명)

확인대상발명은 **구이김 자동 절단 및 수납장치에 관한 것**으로, 보다 상세하게는 원료김에 기름과 조미료 등을 가미하여 구운 다수 장 적층 형태의 구이김이 투입되었을 때 이를 취식하기에 적당한 크기로 절단하고 그 각각의 절단김을 포장용기 내에 자동 수납할 수 있도록 함으로써 구이김의 절단공정에서 수납공정에 이르는 공정의 자동화를 구현하여 작업의 효율성을 크게 향상시킬 수 있는 구이김 자동 절단 및 수납장치에 관한 것이다.

확인대상발명은 ① 장치 각부의 고정 및 지지를 위한 프레임(110)과(이하 '구성 1'이라 한다.), ② 상기 프레임(110)의 상부에 고정되어 그 하부에 위치한 가동체를 연직방향으로 승강 작동시키는 구동력을 제공하기 위한 절단용 실린더(121)를 포함하는 절단용 실린더유닛(120)(이하 '구성 2'라 한다.), ③ 상기 절단용 실린더(121)의 실린더 로드(122)의 단부에 결합되어 수평을 유지하며 상기 실린더 로드(122)와 함께 승강 작동되는 승강판(130)(이하 '구성 3'이라 한다.), ④ 상기 승강판(130)으로부터 그 하부로 적정 간격을 두고 평행을 유지하며 동일 판상에 배치되고 각각 같은 크기로 분할 형성된 다수개의 가압절판(140)과(이하 '구성 4'라 한다.), ⑤ 상기 승강판(130)의 승강시 이와 함께 상기 각 가압절판(140)이 일정 이격거리를 유지하며 승강 작동될 수 있도록 상기 승강판(130)과 각 가압절판(140)을 상호 연결시켜줌과 아울러 그 승강작동 과정에서 상기 각 가압절판(140)의 간극이 가변적으로 이격될 수 있도록 작동되는 다수개의 가압봉(150)(이하 '구성 5'라 한다.), ⑥ 적층 구이김을 내부로 수용하기 위한 투입구(161)가 일측에 형성되고 그 내측에는 투입중인 구이김을 정확한 절단위치까지 이송하기 위한 인입작동유닛(170)이 구비되어 상기 구이김을 내부로 자동 인입할 수 있게 함과 아울러 상기 가압절판(140)의 승강작동을 안정적으로 안내해주는 가이드케이스(160)(이하 '구성 6'이라 한다.), ⑦ 상기 절단용 실린더(121)의 상하 이동에 연동하고 상기 각 가압절판(140)에 인접하여 수직으로 형성된 격자형의 절단날(180)(이하 '구성 7'이라 한다.), ⑧ 상기 가이드케이스(160)의 하부에 고정 배치되고 아래로 갈수록 그 두께가 선형적으로 넓어지는 경사면을 구비한 격자형 박스(185)(이하 '구성 8'이라 한다.), ⑨ 구이김의 절단개수와 대응되는 다수개의 포장용기를 상기 격자형 박스(185)의 하부에서 동일 판상으로 인접 배치하여 상기 절단 구이김이 해당 포장용기 내에 각각 수납되기까지 소정시간 동안 머무른 후 후속공정으로 이송되는 포장용기 이송유닛(190)(이하 '구성 9'라 한다.)을 포함하여 이루어진 구이김 자동 절단 및 수납장치로 구분할 수 있다

[도 1] 확인대상발명 장치의 전체 외관

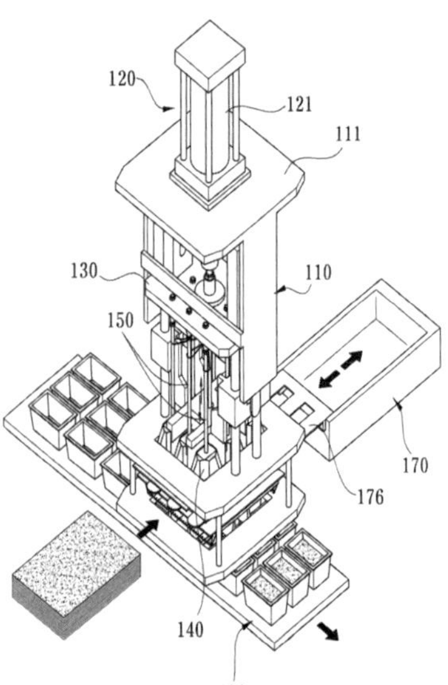

[도 2] 정면도

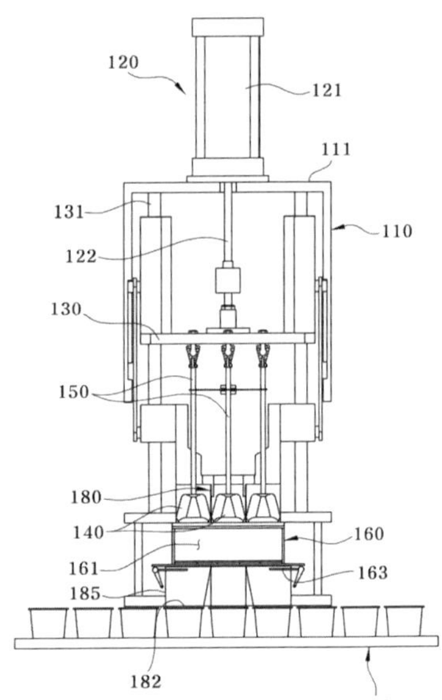

[도 3] 가압절판, 가이드케이스, 절단8날

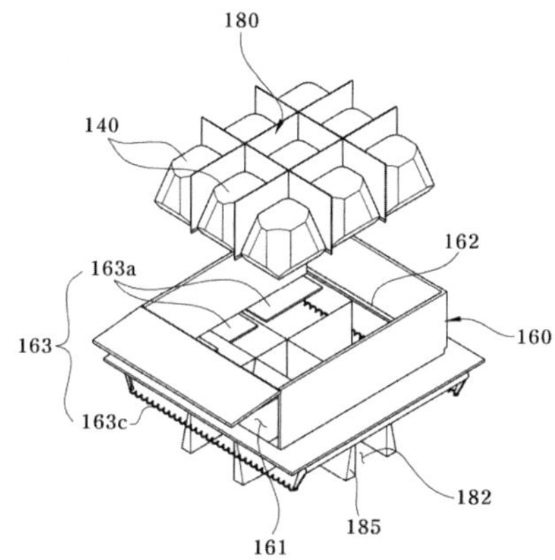

[도 4] 격자형 박스

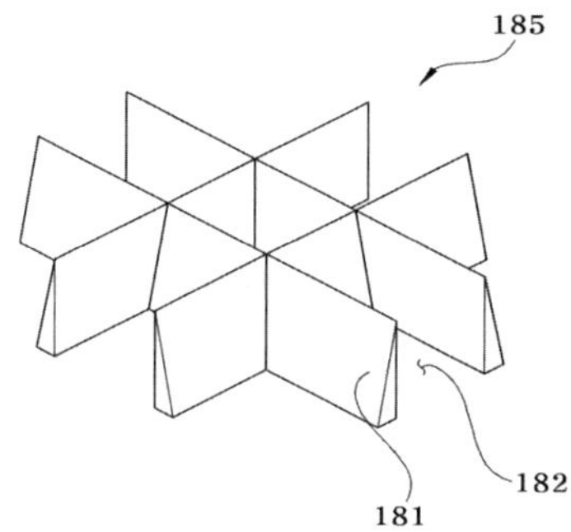

[도 5a] 전체공정 중 선행단계

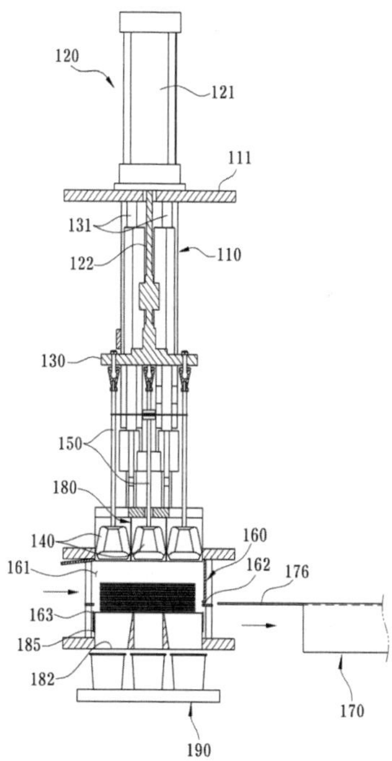

[도 5b] 전체공정 중 후행단계

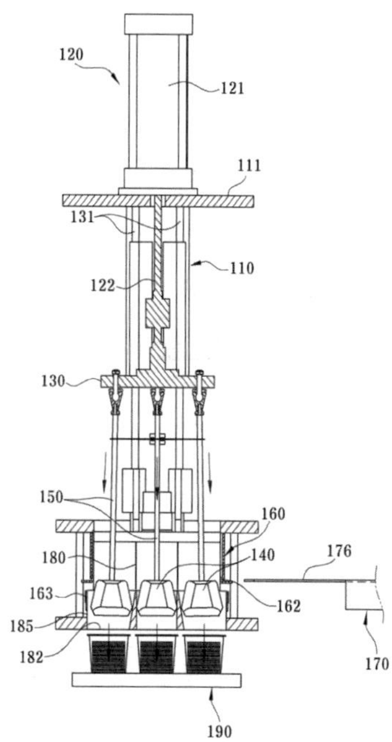

□ 당사자 주장

1. 청구인 주장의 요지

이 사건 제1항 발명의 격자형 절단날은 확인대상발명의 절단날과 격자형 박스와 균등물에 해당하는 등 각각의 구성요소가 사실상 동일하고 그 효과도 동일한 것이므로 확인대상발명은 이 사건 특허발명의 권리범위에 속한다.

2. 피청구인 주장의 요지

확인대상발명의 절단날과 격자형 박스에 대한 구성은 이 사건 특허 제1항 발명과 구성이 다르고 효과 또한 다른 것이므로 권리범위에 속하지 않는 것이다.

□ 판단 요지

1. 확인대상발명이 이 사건 제1항 발명의 권리범위에 속하는지 여부

(1) 기술분야 및 목적의 대비

이 사건 제1항 발명은 구이김을 취식하기에 적당한 크기로 다수 절 등분함과 아울러 그 절단김을 포장용기 내에 자동 수납할 수 있도록 함으로써 구이김의 절단공정으로부터 수납공정에 이르는 공정의 자동화를 구현하여 작업 효율성을 향상시킬 수 있도록 한 구이김 자동 절단 및 수납장치에 관한 것이고, 확인대상발명 또한 구이김의 절단과 포장공정의 자동화를 이루도록 하는 것이므로 양 발명은 구이김의 절단 및 수납공정을 자동화하도록 하는 것이라는 점에서 기술분야 및 목적에 차이가 없다.

(2) 구성 및 효과의 대비

(가) 이 사건 제1항 발명의 구성 1 내지 구성 6 및 구성 8은 확인대상발명의 구성 1 내지 구성 6 및 구성 8과 서로 동일하거나 사실상 동일하다(구체적 설시 이유 생략).

(나) 구성 7은 가이드케이스의 하부에 고정 배치되고 아래로 갈수록 그 두께가 선형적으로 넓어지는 격자형의 절단날에 관한 것으로서, 확인대상발명에는 구성 7의 절단날이 구성된 위치에는 격자형의 박스가 배치되고 절단날은

격자형의 박스 상부에 있는 가압절판에 인접하여 형성하고 있어 구성에 차이가 있으며, 구성 7에서는 절단날이 고정되고 상부의 가압절판의 하강에 따른 압력으로 인하여 김이 절단되는 반면, 확인대상발명에서는 절단날이 하강하여 김이 절단되는 것이므로 **작동방법에 차이가 있고** 그로 인하여 확인대상발명은 김의 절단능력이 뛰어나고 부스러기가 적게 발생하는 효과가 있는 것이므로, **확인대상발명은 구성 7과 차이가 있는 것이고 통상의 기술자가 이를 용이하게 생각해낼 수 있을 정도로 자명한 사항이라고 할 수 없다.**

한편 **청구인**은 확인대상발명의 격자형 절단날(180)과 격자형 박스(185)에 대한 구성은 구성 7의 격자형 절단날(80)과 격자형 박스에 대한 구성으로부터, 단순히 격자형 절단날의 위치를 이동시켜 변경한 것에 불과한 것으로서, 과제의 해결원리가 동일하고 치환이 용이하며 작용효과가 동일한 것이므로 균등한 수단이라고 주장하므로 이를 살펴본다.

이 사건 제1항 발명은 **가압절판(40)이 승·하강 작동하고 하부에 절단날(80)을 고정설치하되 절단날은 격자형박스와 일체로 구성**되는 반면, 확인대상발명은 **가압절판(140) 및 절단날(180)이 승·하강 작동하고 하부에 격자형 박스(185)를 고정설치하고 있어 절단날과 격자형 박스의 구성에 차이**가 있고, 또한 이 사건 제1항 발명은 **가압절판의 하강에 따라 하부에 고정된 절단날(80)에 의해 구이김이 절단**되는 반면, 확인대상발명은 **절단날(180)을 하강하도록 설치하여 구이김을 절단**하는 것이어서 절단공정에 차이가 있으므로, **양 발명은 절단날 및 격자형 박스의 구성에 차이가 있으므로 균등관계에 있다고 할 수 없다.**

또한 청구인은 확인대상발명과 같이 절단용 실린더에 연동하여 동작하는 격자형 절단날은 특허공보인 갑 제4호증에 기재된 바와 같이 주지기술이므로, 이 사건 제1항 발명과 확인대상발명에서 절단날에 대한 구성의 차이는 통상의 기술자에게 단순한 설계변경사항에 불과하다고 주장하나, 위와 같이 하나의 특허공보에 기재되어 있는 사정만으로는 위 기재내용이 주지관용기술에 해당한다고 할 수 없는 것(대법원 2011. 6. 30. 선고 2009후405 판결 참조)이고, 또한 갑 제4호증에서는 단순히 상부에 절단날이 위치하고 있을 뿐 확인대상발명과 같이 하부에 설치되는 격자형 박스에 대한 구성이 없어 확인대상발명과 절단공정 및 구성에 차이가 있는 것이므로 청구인의 주장은 이유가 없다.

(3) 대비 결과

그러므로 이 사건 제1항 발명은 위에서 살펴본 바와 같이 확인대상발명과 기술분야에서는 동일하나 기술구성 및 작용효과에서 차이가 있는 것으로, 확인대상발명은 이 사건 제1항 발명과 기술구성 및 효과에 차이가 있어 이 사건 제1항 발명의 권리범위에 속하지 않는 것으로 판단된다.

다. 특허법원 단계

□ 이 사건 심결의 경위

1. 원고는 피고를 상대로, 확인대상발명은 이 사건 특허발명의 권리범위에 속한다고 주장하면서 적극적 권리범위확인심판을 청구하였다(이하 '이 사건 심판청구'라 한다.).

2. 특허심판원은 확인대상발명이 이 사건 특허발명과는 기술구성 및 효과에 차이가 있어 이 사건 특허발명의 권리범위에 속하지 아니한다는 이유로, 원고의 심판청구를 기각하는 이 사건 심결을 하였다.

□ 이 사건의 쟁점

1. **원고**는, 확인대상발명이 <u>절단날의 형성 위치에 따른 구성의 차이에도 불구하고 이 사건 특허발명과 균등한 관계</u>에 있으므로 이 사건 특허발명의 권리범위에 속한다고 주장하면서 이와 결론을 달리한 이 사건 심결의 취소를 구하고 있다.

2. **피고**는 확인대상발명이 이 사건 특허발명과 구성에 차이가 있고 서로 균등관계에 있다고 할 수도 없으므로 이 사건 특허발명의 권리범위에 속하지 않는다고 다툰다.

3. 따라서 이 사건의 쟁점은 확인대상발명이 구성의 차이에도 불구하고 이 사건 특허발명과 균등한 관계에 있어 그 권리범위에 속하는지 여부이다.

□ 확인대상발명이 이 사건 특허발명의 권리범위에 속하는지 여부

1. 확인대상발명이 이 사건 제1항 발명의 권리범위에 속하는지 여부

(1) 구성의 분석

이 사건 제1항 발명의 '구이김 자동 절단 및 수납장치'는 장치 각부의 고정 및 지지를 위한 구조물을 이루는 프레임(이하 '구성 1'이라 한다.), 프레임의 상부에 고정되어 그 하부에 위치한 소정의 가동체를 연직방향으로 승강 작동시키기 위한 구동력을 제공하는 절단용 실린더를 포함하는 절단용 실린더유닛(이하 '구성 2'라 한다.), 절단용 실린더의 실린더 로드의 단부에 결합되어 수평을 유지하며 실린더 로드와 함께 안정적으로 승강 작동되는 승강판(이하 '구성 3'이라 한다.), 승강판으로부터 그 하부로 적정 간격을 두고 평행을 유지하며 동일 판상에 배치되고 각각 균일 크기로 분할 형성된 다수 개의 가압절판(이하 '구성 4'라 한다.), 승강판의 승강 시 이와 함께 각 가압절판이 일정 이격거리를 유지하며 승강 작동될 수 있도록 승강판과 각 가압절판을 상호 연결시켜줌과 아울러 그 승강 작동 과정에서 각 가압절판의 간극이 가변적으로 이격될 수 있도록 작동되는 다수 개의 가압봉(이하 '구성 5'라 한다.), 적층 구이김을 내부로 수용하기 위한 투입구가 일측에 형성되고 그 내측에는 투입 중인 구이김을 정확한 절단위치까지 이송하기 위한 인입작동 유닛이 구비되어 구이김을 내부로 자동 인입할 수 있게 함과 아울러 가압절판의 승강 작동을 안정적으로 안내해주는 가이드케이스(이하 '구성 6'이라 한다.), 가이드케이스의 하부에 고정 배치되고 아래로 갈수록 그 두께가 선형적으로 넓어지는 격자형의 절단날(이하 '구성 7'이라 한다.), 구이김의 절단개수와 대응되는 다수 개의 포장용기를 절단날의 하부에서 동일 판상으로 인접 배치하여 절단 구이김이 해당 포장용기 내에 각각 수납되기까지의 소정 시간 동안 머무른 후 후속공정으로 이송되는 포장용기 이송유닛(이하 '구성 8'이라 한다.)으로 구성되어 있다.

(2) 구성의 대비

(가) 구성 1 내지 6 및 구성 8의 대비

구성 1 내지 6 및 구성 8은 확인대상발명의 구성 1 내지 6 및 구성 8의 각 구성과 동일하거나 사실상 동일하다(구체적 설시 이유 생략).

(나) 구성 7의 대비

구성 7은 '**가이드케이스의 하부에 고정 배치되고 아래로 갈수록 그 두께가 선형적으로 넓어지는 격자형의 절단날**'로서, 확인대상발명의 '절단용 실린더(121)의 상하 이동에 연동하고 각 가압절판(140)에 인접하여 수직으로 형성된 격자형의 절단날(180)과 가이드케이스(160)의 하부에 고정 배치되고 아래로 갈수록 그 두께가 선형적으로 넓어지는 경사면을 구비한 격자형 박스(185)'에 대응된다.

양 구성은 가이드케이스의 하부에 고정 배치되고 아래로 갈수록 그 두께가 선형적으로 넓어지는 격자형 부재가 비치되며 절단날도 격자형으로 구비된다는 점에서는 같지만, **구성 7은** 절단날이 위 격자형 부재 자체에 형성되어 있는 반면, **확인대상발명의 대응구성은 절단날이 위 격자형 박스와 별도로 각 가압절판에 인접하여 수직으로 형성되어 있다는 점에서 구성상 차이**가 있다.

(다) 대비 결과

위에서 살펴본 바와 같이, 구성 1~6, 8은 확인대상발명에 포함되어 있지만, 구성 7은 확인대상발명에 나타나 있지 아니하므로, 확인대상발명은 문언적으로는 이 사건 제1항 발명의 권리범위에 속하지 않는다.

(3) 균등관계에 해당하는지 여부

(가) 판단기준

확인대상발명에서 특허발명의 특허청구범위에 기재된 구성 중 치환 내지 변경된 부분이 있는 경우에도, 양 발명에서 과제의 해결원리가 동일하고, 그러한 치환에 의하더라도 특허발명에서와 같은 목적을 달성할 수 있고 실질적으로 동일한 작용효과를 나타내며, 그와 같이 치환하는 것이 통상의 기술자라면 누구나 용이하게 생각해 낼 수 있는 정도로 자명하다면, 확인대상발명이 특허발명의 출원 시 이미 공지된 기술과 동일한 기술 또는 통상의 기술자가 공지기술로부터 용이하게 발명할 수 있었던 기술에 해당하거나, 특허발명의 출원절차를 통하여 확인대상발명의 치환된 구성이 특허청구범위로부터 의식적으로 제외된 것에 해당하는 등의 특별한 사정이 없는 한, 확인대상발명은 전체적으로 특허발명의 특허청구범위에 기재된 구성과 균등한 것으로서 여전히 특허발명의 권리범위에 속한다고 보아야 할 것이나(대법원 2000. 7. 28. 선고 97후2200 판결, 대법원 2005. 2. 25. 선고 2004다29194 판결 등 참조), 다만, **여기서 말하는 양 발명에서 과제의 해결원리가 동일하다는 것은 확인대상발명에서 치환된 구성이 특허발명의 비본질적인 부분이어서 확인대상발명이 특허발명의 특징적 구성을 가지는 것을 의미하고, 특허발명의 특징적 구성을 파악함에 있어서는 특허청구범위에 기재된 구성의 일부를 형식적으로 추출할 것이 아니라 명세서의 발명의 상세한 설명의 기재와 출원 당시의 공지기술 등을 참작하여 선행기술과 대비하여 볼 때 특허발명에 특유한 해결수단이 기초하고 있는 과제의 해결원리가 무엇인가를 실질적으로 탐구하여 판단**하여야 한다(대법원 2009. 6. 25. 선고 2007후3806 판결 참조).

(나) 구체적 판단

① 과제해결원리의 동일 여부

이 사건 제1항 발명의 명세서에는 "그 목적은, 원료김에 기름과 조미료 등을 가미한 후 구워서 가공한 다수 장 적층형태의 구이김이 투입되었을 때 이를 취식하기에 적당한 크기로 다수 절 등분함과 아울러 그 각각의 절단김을 포장용기 내에 자동 수납할 수 있도록 함으로써 구이김의 절단공정으로부터 수납공정에 이르는 부분공정의 자동화를 구현하여 작업 효율성을 크게 향상시킬 수 있도록 된 구이김 자동 절단 및 수납장치를 제공함에 있다."('발명이 이루고자 하는 기술적 과제'), "본 발명은 다수 장 적층된 구이김(1)을 자동 절단함과 동시에 그 절단된 구이김(1)을 포장용기(2) 내에 자동 수납할 수 있게 하는 장치로서, 별도의 수작업이 필요치 않은 완전 자동화 장치라 할 수 있다.", "이와 같이 구이김(1)이 절단날(80)상에 정위치 안착된 상태를 유지하면, 소정의 설정시간만큼 경과 후 상기 절단용 실린더(21)가 작동하여 … 각각의 가압절판(40)들이 구이김(1)을 가압하게 되고, 상기 각 가압절판(40)들은 구이김(1)의 절단공정과 함께 격자형의 절단날(80) 사이의 각 압출공(82)의 하부위치(실린더 로드(22)의 하사점과 대응되는 위치)까지 지속적으로 가압된 후 상승함으로써 상기 도 2b에 도시된 바와 같이 각 절단 구이김(1)이 각각의 포장용기(2) 내에 수납 완료되는 것이다."라고 기재되어 있다.

위 각 기재에 의하면, 이 사건 제1항 발명은 구이김의 절단공정으로부터 수납공정에 이르는 공정의 자동화라는 과제를 해결하기 위하여 구이김을 취식(取食)하기에 적당한 크기로 다수 개로 등분함과 '동시에' 그 각각의 절단김을 포장용기 내에 자동 수납하는 원리가 적용되고 있음을 알 수 있고, 이러한 과제해결원리를 달성하기 위한 수단으로 '균일 크기로 분할 형성된 다수 개의 가압절판(구성 4)'과 이에 대응하여 '아래로 갈수록 두께가 선형적으로 넓어지는 격자형의 절단날(구성 7)'을 채택하고 있음을 알 수 있다. 그렇다면 이 사건 **제1항 발명의 특징적 구성은 구성 4의 '가압절판'과 구성 7의 '격자형 절단날'**이다.

이에 비하여, **확인대상발명**은 구이김의 절단과 수납공정의 자동화라는 과제를 해결하기 위해 구이김을 취식하기에 적당한 크기로 절단하고 그 각각의 절단김을 포장용기 내에 자동 수납할 수 있도록 하는 원리를 적용하고 있어 절단과 수납의 각 공정을 자동화하고 있을 뿐 <u>절단과 수납을 동시에 자동으로 수행하는 이 사건 제1항 발명의 과제해결원리를 적용하고 있지는 않다.</u> 그 결과 확인대상발명은 구성 4와 같은 '가압절판'을 채택하면서도 구성 7과 같은 '격자형 절단날'을 채택하지 않고 **'절단날'과 '격자형 박스'를 분리하여 형성하고 있는바, 이 사건 제1항 발명의 특징적 구성 중 하나인 구성 7, 즉 '격자형 절단날'을 결여**하고 있다.

결국, **양 발명은 격자형 부재를 이용하여 구이김의 절단과 수납을 자동화한다는 점에서는 과제해결원리에 공통되는 면이 있으나, 확인대상발명이 이 사건 제1항 발명의 특징적 구성 중 일부를 결여하고 있어**(확인대상발명의 '절단날'과 '격자형 박스'는 이 사건 제1항 발명의 특징적 구성인 '격자형 절단날'과 구조적인 차이를 가지고 있다.) **과제해결원리가 동일하다고 보기는 어렵다.**

② 치환가능성 여부

이 사건 제1항 발명은 그 특징적 구성인 '격자형 절단날'을 채택함으로써 구이김을 분할 절단하는 공정과 절단된 구이김을 수납하는 공정이 분리되지 않고 하나의 공정으로 완료되는 반면, **확인대상발**명은 그에 대응하는 구성이 **'절단날'과 '격자형 박스'로 분리되어 있어 구이김(101)을 분할 절단하는 공정과 절단된 구이김(101)을 수납하는 공정이 별개의 공정으로 나뉘게 된다. 그로 인해 확인대상발명은 '격자형 절단날'을 채택함으로써 절단과 동시에 수납을 자동화하는 이 사건 제1항 발명의 본질적 작용효과를 달성할 수 없다.**

나아가, 위와 같은 **구성의 차이**로 말미암아 이 사건 제1항 발명은 '가압절판'만을 승하강시키는 연결구조만 필요한 반면, 확인대상발명은 '절단날'과 '가압절판'을 각각 승하강시키는 복수의 연결구조가 필요하므로(확인대상발명의 '절단날'은 절단 시 '격자형 박스' 내부로 삽입되지 않는 반면, '가압절판'은 가압 시 '격자형 박스' 내부로 삽입되므로 승하강하는 길이가 달라 승하강을 위한 연결구조가 같을 수 없다.) 이 사건 제1항 발명과 같이 구조를 단순화하고 장치제작을 위한 비용을 절감할 수 있는 효과도 없다.

또한, 이 사건 제1항 발명은 구이김이 격자형 절단날의 상단부에 놓이게 되고 각 가압절판이 구이김을 가압함으로써 절단날이 각 가압절판 사이의 틈으로 삽입되면서 구이김을 절단하는 방식인 반면, 확인대상발명은 구이김이 격자형 박스의 상단부에 놓이게 되고 절단날이 구이김을 가압하여 그에 수직으로 대응되는 격자형 박스의 상단부위와 맞닿거나 근접함으로써 구이김을 절단하는 방식이어서 그 **절단 메커니즘**이 다르다. 즉, 절단날의 방향에서 보았을 때, 이 사건 제1항 발명은 구이김 중 대부분의 면적이 가압절판에 지지되고 절단날이 구이김 중 가압절판에 의해 지지되지 않는 부위를 뚫고 나가 빈 공간을 지나가는 반면(갑 제3호증 11면 도면2b 참조), 확인대상발명은 구이김 중 극히 일부의 면적만 격자형 박스의 상단부에 의해 지지되고 수직으로 형성된 절단날이 구이김 중 격자형 박스의 상단부에 의해 지지되는 부위에 맞닿거나 근접함으로써 절단하는 방식인바(갑 제1호증 22면[도 5b] 참조), 그 **절단방식과 절단날 형상에 확연한 차이가 있어 그로 인한 절단의 작용효과도 다를 수밖에 없다.**

(다) 균등 여부

위에서 본 바와 같이 확인대상발명은 이 사건 제1항 발명과 과제해결원리가 다르고, 그 치환에 의하여 이 사건 제1항 발명과 실질적으로 동일한 작용효과를 나타낸다고 볼 수 없으므로, 서로 **균등관계에 있다고 볼 수 없다**.

(4) 소 결

결국, 확인대상발명은 이 사건 제1항 발명과 그 구성이 다르고, 균등관계에 있지도 아니하므로, 이 사건 제1항 발명의 권리범위에 속하지 아니한다.

2. 확인대상발명이 이 사건 제2~6항 발명의 권리범위에 속하는지 여부

이 사건 제2~6항 발명은 모두 이 사건 제1항 발명의 종속항으로서, 확인대상발명이 이 사건 제1항 발명의 권리범위에 속하지 아니하는 이상, 그 보다 권리범위가 좁은 이 사건 제2~6항 발명의 각 권리범위에도 속하지 아니한다.

□ 결 론

그렇다면, 이 사건 심결은 이와 결론을 같이 하여 적법하고, 그 취소를 구하는 원고의 청구는 이유 없으므로, 이를 기각하기로 한다.

라. 대법원 단계

□ 판단 요지

1. 특허발명과 대비되는 확인대상발명이 특허발명의 권리범위에 속한다고 할 수 있기 위해서는 특허발명의 특허청구범위에 기재된 각 구성요소와 그 구성요소 간의 유기적 결합관계가 확인대상발명에 그대로 포함되어 있어야 한다. 한편 확인대상발명에서 특허발명의 특허청구범위에 기재된 구성 중 변경된 부분이 있는 경우에도, 양 발명에서 과제의 해결원리가 동일하고, 그러한 변경에 의하더라도 특허발명에서와 실질적으로 동일한 작용효과를 나타내며, 그와 같이 변경하는 것이 그 발명이 속하는 기술분야에서 통상의 지식을 가진 자(이하 '통상의 기술자'라고 한다.)라면 누구나 용이하게 생각해 낼 수 있는 정도라면, 특별한 사정이 없는 한 확인대상발명은 특허발명의 특허청구범위에 기재된 구성과 균등한 것으로서

여전히 특허발명의 권리범위에 속한다고 보아야 한다. 그리고 여기서 '양 발명에서 과제의 해결원리가 동일'한지 여부를 가릴 때에는 특허청구범위에 기재된 구성의 일부를 형식적으로 추출할 것이 아니라, 명세서의 발명의 상세한 설명의 기재와 출원 당시의 공지기술 등을 참작하여 선행기술과 대비하여 볼 때 특허발명에 특유한 해결수단이 기초하고 있는 기술사상의 핵심이 무엇인가를 실질적으로 탐구하여 판단하여야 한다(대법원 2009. 6. 25. 선고 2007후3806 판결 등 참조).

2. 원심판결 이유 및 기록에 의하면 다음과 같은 사정들을 알 수 있다.

가. 원심 판시 이 사건 특허발명(특허등록번호 제515442호, 이하 '이 사건 특허발명'이라 한다.)은 명칭을 '구이김 자동 절단 및 수납장치'로 하는 특허발명으로서, 특허청구범위 제1항(이하 '이 사건 제1항 발명'이라고 한다.)의 원심 판시 구성 1 내지 6과 구성 8, 즉 '프레임, 절단용 실린더유닛, 승강판, 가압절판, 가압봉, 가이드케이스 및 포장용기 이송유닛' 등의 구성들은 원심 판시 확인대상발명(이하 '이 사건 확인대상발명'이라 한다.)에 그대로 포함되어 있다.

나. 이 사건 제1항 발명 중 원심 판시 구성 7은 '가이드케이스의 하부에 고정 배치되고 아래로 갈수록 그 두께가 선형적으로 넓어지는 격자형의 절단날'로서, 이는 가이드케이스의 하부에 고정 배치되고 아래로 갈수록 그 두께가 선형적으로 넓어지는 '격자형 부재'와 그러한 격자형 부재와 같은 위치에 고정 배치되는 '격자형 칼날'이 일체로 형성된 것이다.

그런데 이 사건 확인대상발명은 이 사건 제1항 발명의 '격자형 부재' 구성처럼 가이드케이스의 하부에 고정 배치되고 아래로 갈수록 그 두께가 선형적으로 넓어지는 경사면을 구비한 '격자형 박스' 구성을 그대로 가지되, 다만 이 사건 제1항 발명의 '격자형 칼날' 구성을 상하로 이동되는 절단용 실린더에 연동하고 각 가압절판에 인접하여 수직으로 형성되는 '격자형 절단날' 구성으로 변경한 것이다.

따라서 '격자형 부재'와 일체로 형성되어 가이드케이스의 하부에 고정 배치되는 이 사건 제1항 발명의 '격자형 칼날'과 달리, 이 사건 확인대상발명은 '격자형 절단날'이 '격자형 박스'와 분리되어 상하로 이동되도록 가이드케이스의 위쪽에 별도로 배치되는 점에서 차이가 있다.

다. '종래에는 포장용기들의 각 수납공간 사이의 간격만큼 절단된 각각의 적층 김들의 사이를 벌려 놓는 구조를 제시하지 못했지만, 위 적층 김들을 누르는 가압절판들이 격자형 절단날의 외측 경사면을 따라 서로 사이가 벌어지도록 유도함으로써 수납공정까지 자동화할 수 있다.'는 취지가 이 사건 특허발명의 명세서에 기재되어 있다.

이러한 명세서의 기재와 출원 당시 공지기술 등을 종합하여 보면, 이 사건 **제1항 발명에 특유한 해결수단이 기초하고 있는 기술사상의 핵심**은 '절단된 각각의 적층 김들이 하강하면서 가이드케이스의 하부에 고정 배치되는 격자형 부재의 외측 경사면을 따라 서로 사이가 벌어지도록 유도'하는 데에 있다. 그런데 이 사건 **확인대상발명**도 경사면을 구비한 '격자형 박스' 구성에 의해 '절단된 각각의 적층 김들이 하강하면서 가이드케이스의 하부에 고정 배치되는 격자형 박스의 외측 경사면을 따라 서로 사이가 벌어지도록 유도'할 수 있다. 따라서 **이 사건 확인대상발명은 위와 같은 구성의 변경에도 불구하고 해결수단이 기초하고 있는 기술사상의 핵심에서 이 사건 제1항 발명과 차이가 없으므로, 양 발명에서 과제의 해결원리가 동일하**다.

라. 그리고 이 사건 **확인대상발명은 위와 같은 구성의 변경에 의하더라도 '절단된 각각의 적층 김들이 포장용기 내에 정확히 위치하도록 사이를 벌려 놓아 수납공정까지 자동화'한다는 점에서 이 사건 제1항 발명에서와 실질적으로 동일한 작용효과**를 나타낸다.

마. 나아가 **이 사건 확인대상발명처럼 상부에 배치된 칼날이 상하 이동하면서 하부에 고정된 물체를 절단하도록 하는 것은 그 기술분야에서 관용적으로 채택되는 기술수단에 불과하므로, 통상의 기술자라면 누구나 용이하게 그와 같은 구성의 변경을 생각해 낼 수 있다**고 볼 수 있다.

바. 비록 이 사건 확인대상발명에서 '격자형 절단날'이 상하로 이동하기

위해 구조가 다소 복잡해지고 '가압절판'과의 관계에서 구체적인 절단방식이 달라지는 등의 차이가 생긴다고 하더라도, 이는 앞서 본 기술사상의 핵심과 관련 없는 관용적 기술수단을 채택함에 따른 부수적인 것에 불과하다고 보이므로 이러한 차이를 들어 실질적인 작용효과에 차이가 있다고 볼 수 없다.

3. 위와 같은 사정들을 앞서 본 법리에 비추어 살펴보면, 이 사건 확인대상발명은 이 사건 제1항 발명과 동일하거나 균등한 구성요소들과 그 구성요소들 간의 유기적 결합관계를 그대로 포함하고 있으므로 이 사건 제1항 발명의 권리범위에 속한다고 봄이 타당하다.

그럼에도 원심은 이 사건 제1항 발명과 달리 이 사건 확인대상발명에서 절단 공정과 수납 공정을 분리하여 구성함에 따라 구조적인 차이가 있고 이로 인하여 제작 비용 및 절단의 작용효과가 다르다는 이유만을 들어 이 사건 확인대상발명이 이 사건 제1항 발명과 동일하거나 균등한 구성을 모두 갖추고 있지 아니하여 그 권리범위에 속한다고 볼 수 없다고 잘못 판단하였다. 따라서 이러한 원심의 판단에는 특허발명의 보호범위 판단에 관한 법리를 오해하여 판결에 영향을 미친 위법이 있다. 이를 지적하는 상고이유의 주장은 이유 있다.

4. 그러므로 원심판결을 파기하고, 사건을 다시 심리·판단하게 하기 위하여 원심법원에 환송하기로 하여, 관여 대법관의 일치된 의견으로 주문과 같이 판결한다.

마. 시사점

이 사건 심판 및 특허법원 심결취소소송에서는 이 사건 특허발명과 확인대상발명 간의 구성요소의 대비판단에 관한 균등론을 적용함에 있어서 기존의 균등론의 요건의 하나인 "과제해결원리의 동일성" 판단을 "양 발명에서 과제의 해결원리가 동일하다는 것은 확인대상발명에서 치환된 구성이 특허발명의 비본질적인 부분이어서 확인대상발명이 특허발명의 특징적 구성을 가지는 것을 의미한다."는 것에서,

"과제해결원리의 동일성"을 특허청구범위에 기재된 구성의 일부를 형식적으로 추출할 것이 아니라, 명세서의 발명의 상세한 설명의 기재와 출원 당시의 공지기술 등을 참작하여 선행기술과 대비하여 볼 때 **특허발명에 특유한 해결수단이 기초하고 있는 기술사상의 핵심이 무엇인가를 실질적으로 탐구**하여 판단해야 한다는 것으로 기존의 균등판단 개념을 확대하여 판결한 점이 주목되고 있다.

대법원 2012후1132 판결은 균등의 요건을 ⓐ 양 발명에서 과제의 해결원리가 동일하고, ⓑ 구성의 변경에 의하더라도 실질적으로 동일한 작용효과 발생하고, ⓒ 구성을 변경하는 것이 통상의 기술자라면 누구나 용이하게 생각해 낼 수 있는 정도면 양 발명의 구성은 균등하다는 점을 일반적으로도 밝히고 있다.

제 4 절 정정심판

1. 심판개요

정정심판이란 특허권자가 특허권이 설정등록된 후 명세서 또는 도면에 잘못된 기재 또는 불명료한 점이 있거나 특허청구범위가 넓게 기재되어 있어 선행기술에 의하여 무효의 가능성이 있는 경우 이를 정정하기 위해 청구하는 심판을 말한다.

정정심판은 무효심판 또는 침해소송 등과 관련되는 것이 많고, 일반적으로 정정이 인정되어 심결이 확정되면 심판의 대상물인 특허청구범위가 새롭게 설정되어 기존 무효심판이나 권리범위확인심판의 결과에 영향을 줄 수 있다.[4)]

---

4) 따라서 가급적 다른 심판사건에 우선하여 심판한다. 다만, 2001. 7. 1. 이후에는 무효심판이 청구되어 심판원에 계속 중인 때에는 정정심판을 청구할 수 없고, 정정청구를 하여야 한다.

이와 반대로 잘못된 정정의 인정으로 인하여 특허발명의 권리범위가 사후적으로 확장되거나 변경되어 제3자가 입게 될 불측의 손해를 방지하고자 하는 정정무효심판이 있다. 이는 특허발명의 명세서 또는 도면에 대한 정정이 부적법한 경우에 그 정정을 무효로 하는 심판이다.

2. 주요사례 : 신규사항의 추가

가. 사건 개요

□ **발명의 명칭 :** 시공석 고정방법 및 이를 위한 시공석 고정 구조물

□ **절차 경위 :** 정정심판 청구(정정요건 충족, 정정인정) → 정정확정 → 정정무효심판 청구(인용, 정정요건 위배) → 특허법원 제소(기각, 정정요건 위배) → 대법원 제소(기각, 정정요건 위배)

나. 정정심판 단계

□ 이 사건 특허발명의 개요

본 발명은 시공석 고정방법 및 이를 위한 시공석 고정구조물에 관한 것으로, 상세하게는 조립형 철망과 연결유니트를 이용하여 호안, 사면 보호공, 하면 보호공 등에 시공석을 고정시키는 방법 및 이를 위한 토목구조물에 관한 것이다.

본 발명에 따른 시공석 고정구조물을 사용할 경우 하천의 경사면 등에 신속하고 경제적으로 시공석을 고정 설치할 수 있으며, 모듈화되어 있어 상황에 맞게 다양한 형태로 변형사용이 가능한 장점이 있다. 또한, 설치된 구조물의 내구성이 뛰어나고 구조적으로 안정하며, 덮개철망 위로 시공석의 일부가 돌출되어 미관상 뛰어나고, 식생의 도입이 용이하여 친환경적일 뿐만 아니라, 구조물에 하천의 오물이 걸리는 문제가 개선된다.

□ 정정대상 청구범위

【청구항 1】 밑철망, 덮개철망, 옆철망이 구성되어 시공석을 고정하는 망틀에 있어서, 상기 밑철망이 맨하부에 설치되어 시공석을 지지하고, 상기 시공석을 덮는 덮개망에 일정간격으로 상기 밑철망의 격자에 고정설치되어 시공석의 이동을 방지하고 밑철망과 덮개철망을 직접 결속하여 시공석을 고정시키며 구조물의 안정성을 높이는 연결유니트를 포함하여 구성되는 것을 특징으로 하는 시공석 고정구조물.

【청구항 9】 시공석 고정구조물을 설치하고자 하는 곳의 기초를 정리하는 기초정리단계와, 일정크기의 밑철망 혹은 기초망을 포설하는 밑철망포설단계와, 시공석이 배치될 위치를 고려하여 연결유니트를 밑철망과 결합하는 연결유니트설치단계와, 포설된 밑철망 위에 일정규격의 시공석 복수개를 올려놓는 시공석배치단계 및 시공석 위로 덮개철망을 덮고 밑철망과 덮개철망을 연결유니트로 연결한 후 연결유니트를 수축시켜 덮개철망을 시공석에 밀착시키는 덮개철망 설치 및 결속단계를 포함하여 구성되는 것을 특징으로 하는 시공석 고정방법.

□ 도면의 간단한 설명

100: 흡출방지재, 300: 연결유니트, 200: 밑철망, 400: 시공석,
500: 옆철망, 600: 덮개철망

[도 1] 본 발명에 따른 시공석 고정구조물을 설치한 실시예를 도시한 것

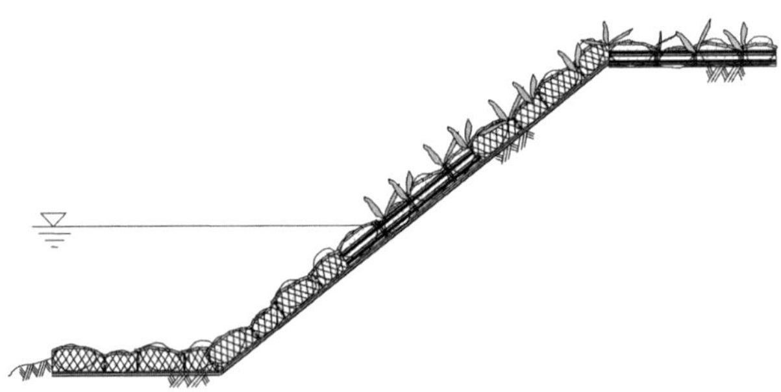

[도 2] 본 발명에 따른 시공석 고정구조물의 개략적인 구성을 나타낸 분리사시도

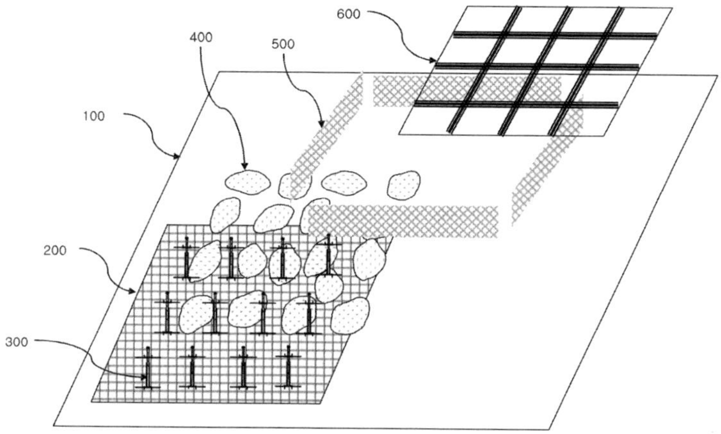

[도 3] 본 발명에 따른 시공석 고정구조물의 각 철망을 결합하는 실시예를 상세히 도시

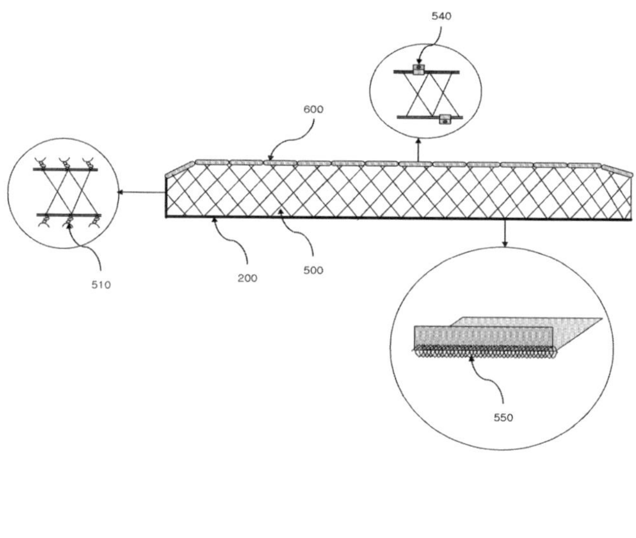

[도 4] 본 발명에 따른 시공석 고정구조물의 밑철망과 연결유니트의 일실시예를 상세히 나타낸 사시도

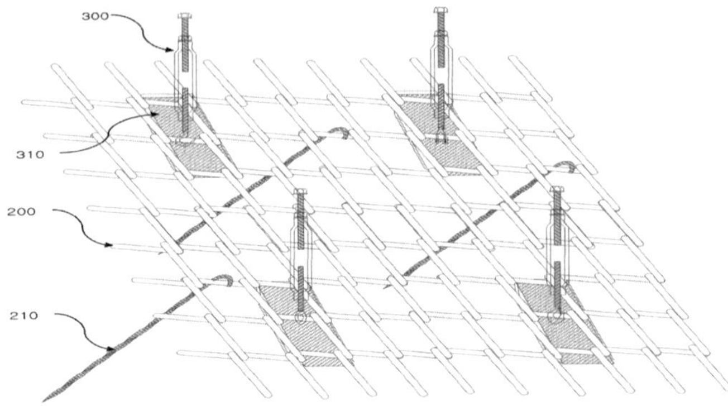

[도 5] 본 발명의 일실시예에 따른 시공석 고정구조물의 측면도 및 분리사시도

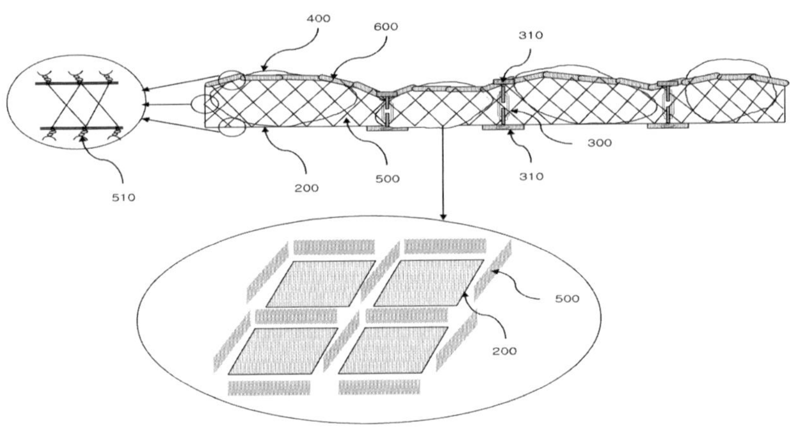

[도 6] 본 발명의 다른 실시예에 따른 시공석 고정구조물의 측면도

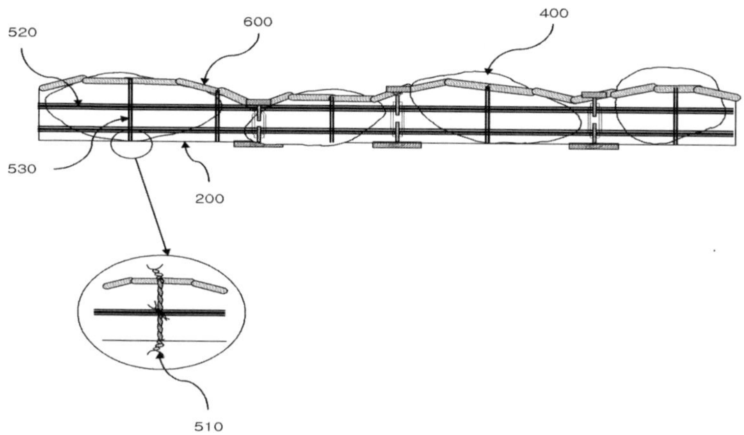

[도 7] 본 발명에 따른 덮개철망의 실시예들을 도시한 평면도

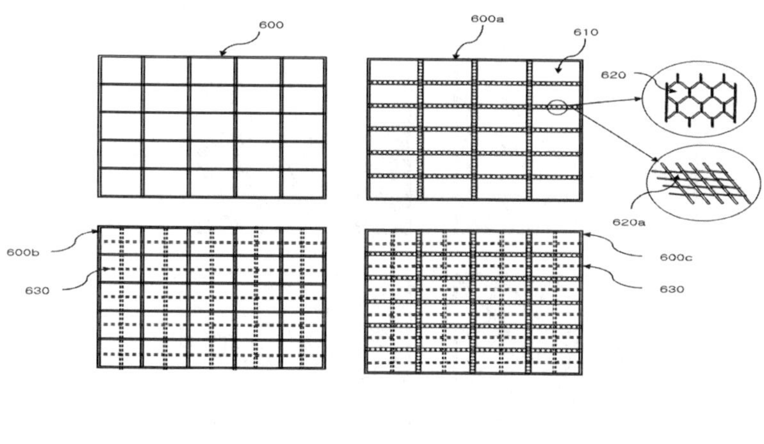

[도 8] 본 발명의 일실시예에 따른 덮개철망이 시공석을 고정하는 모습을 나타낸 평면도

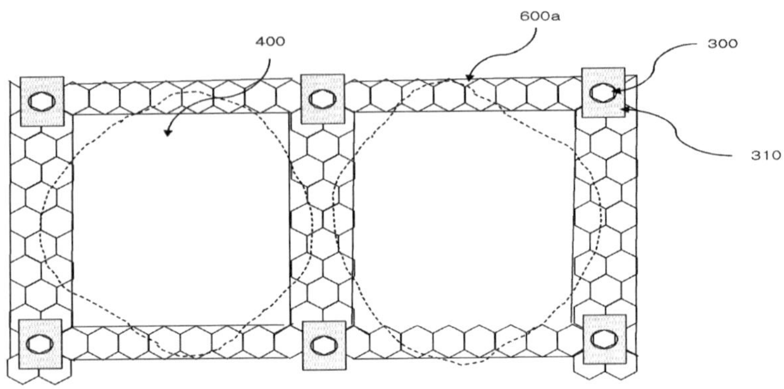

[도 9] 본 발명에 따른 덮개철망의 다른 실시예들을 도시한 평면도

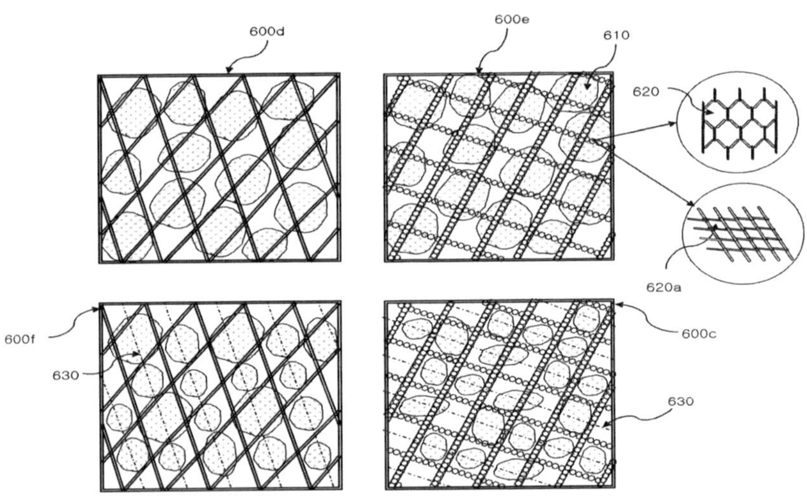

[도 10] 본 발명에 따른 연결유니트의 실시예들을 도시한 측단면도

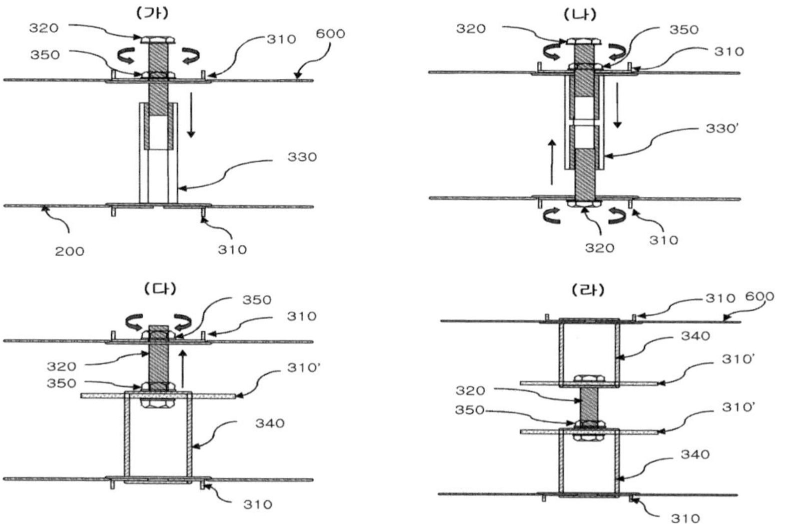

[도 11] 본 발명에 따른 연결유니트의 다른 실시예들을 도시한 측단면도

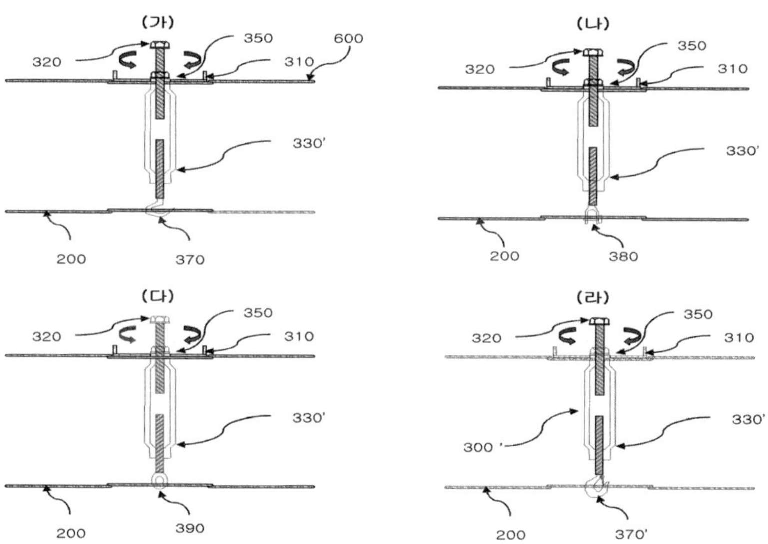

[도 12] 본 발명에 따른 연결유니트의 또 다른 실시예들을 도시한 측단면도

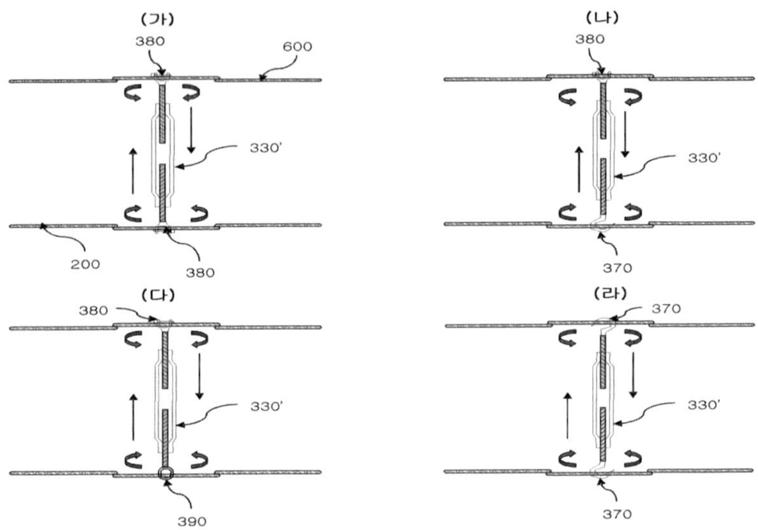

[도 13] 본 발명의 실시예에 따른 연결유니트의 철망 연결부를 상세히 도시한 측단면도

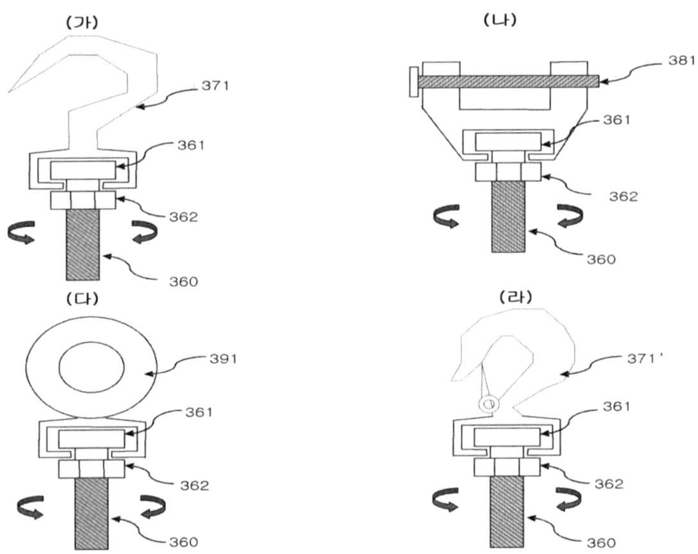

[도 14] 본 발명에 따른 연결유니트의 또 다른 실시예들을 도시한 측단면도

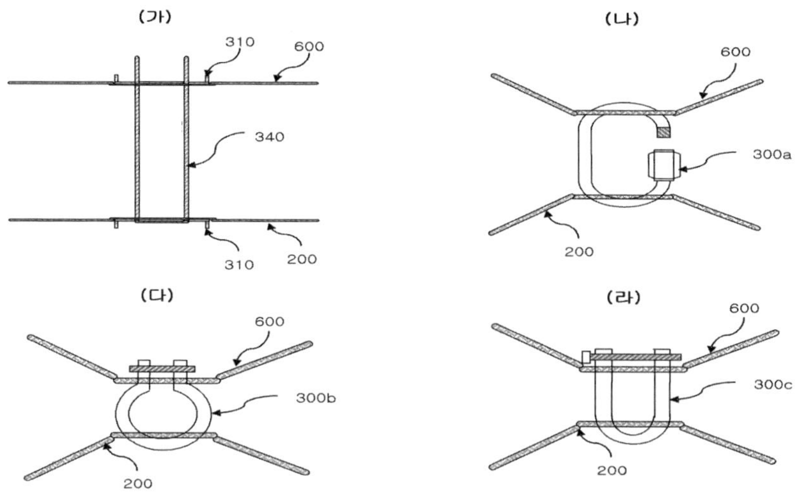

[도 15] 본 발명의 실시예에 따른 시공석 고정구조물이 모듈별로 분리된 모습을 나타낸 분리사시도

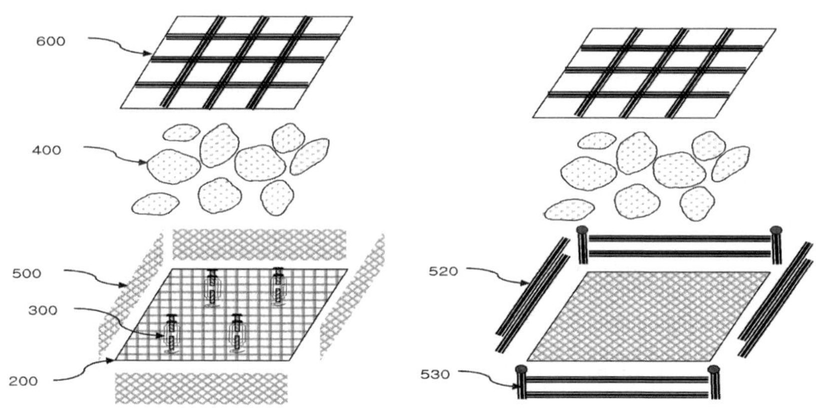

[도 16] 본 발명에 따른 시공석 고정방법을 고정단계별로 나타낸 단계도

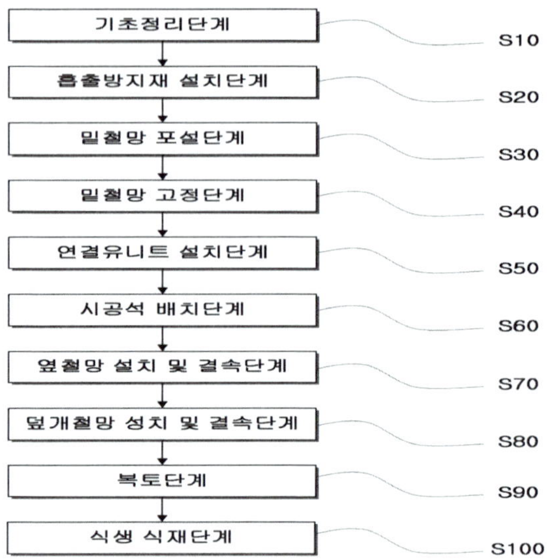

□ 정정에 관한 청구인 주장

이 사건 특허발명에 대하여 정정하고자 하는 사항은 발명의 상세한 설명과 청구항 1 및 9에 대한 것이고, 정정하고자 하는 내용은 이 사건 특허발명의 기본 개념 내지 기술사상인 시공석 하나하나를 개별적으로 고정한다는 것을 보다 명확하게 하기 위한 것이므로 이 사건 정정은 정정 요건을 충족한다.

□ 판단 요지

1. 이 사건 정정의 적법 여부

(1) 발명의 상세한 설명

① 정정내용

발명의 상세한 설명 정정 내용은 밑철망, 윗철망 및 연결유니트를 이용하여 '시공석을 고정한다.'를 밑철망, 윗철망 및 연결유니트를 이용하여 '각각의 시공석을 고정한다.'는 내용으로 정정한 것(이하 '정정사항 1'이라 한다.)으로 그 구체적 내용은 아래와 같다.

정정 전 발명의 상세한 설명	정정 후 발명의 상세한 설명
(갑제2호증 3면 8번째 문단) 상술한 기술적 과제를 달성하기 위한 ~ (중략) ~ 상기 밑철망과 후술할 덮개철망을 결속하여 - - - - - 시공석을 고정시키며 ~ (이하 생략) ~ (갑제2호증 3면 밑에서 2번째 문단) 본 발명에 따른 시공석 고정구조물을 이용한 시공석 고정방법은, ~ (중략) ~ 시공석 위로 덮개철망을 덮고 밑철망과 덮개철망을 연결유니트로 연결하여 - - - - - - - - - - - 결속하는 덮개철망 설치 및 결속단계를 포함하여 구성된다. (갑제2호증 4면 5번째 문단) 본 발명에 따른 토목 구조물은, ~ (중략) ~ 일정간격으로 밑철망(200)의 격자에 고정 설치되어 시공석(400)의 이동을 방지하고 밑철망(200)과 덮개철망(600)을 연결하여 - - - 시공석을 고정시키며 구조물의 안정성을 높이는 연결유니트(300)와, 상기 연결유니트(300)의 사이 사이에 배치되는 복수개의 시공석(400)과, ~ (이하 생략) ~	정정명세서 문단부호 〈0008〉 상술한 기술적 과제를 달성하기 위한 ~ (중략) ~ 상기 밑철망과 후술할 덮개철망을 결속하여 각각의 시공석을 고정시키며 ~ (이하 생략) ~ 정정명세서 문단부호 〈0012〉 본 발명에 따른 시공석 고정구조물을 이용한 시공석 고정방법은, ~ (중략) ~ 시공석 위로 덮개철망을 덮고 밑철망과 덮개철망을 연결유니트로 연결하여 <u>각각의 시공석</u>을 결속하는 덮개철망 설치 및 결속단계를 포함하여 구성된다. 정정명세서 문단부호 〈0019〉 본 발명에 따른 토목 구조물은, ~ (중략) ~ 일정간격으로 밑철망(200)의 격자에 고정 설치되어 시공석(400)의 이동을 방지하고 밑철망(200)과 덮개철망(600)을 연결하여 <u>각각의</u> 시공석을 고정시키며 구조물의 안정성을 높이는 연결유니트(300)와, 상기 연결유니트(300)의 사이 사이에 배치되는 복수개의 시공석(400)과, ~ (이하 생략) ~

② 정정의 적법 여부 판단

정정사항 1은 이 사건 특허발명의 <u>도면 2 등에 도시된 밑철망과 덮개철망을 연결하는 연결유니트 사이사이에 시공석을 배치하고, 각각의 시공석을 상기 밑철망과 덮개철망 및 연결유니트로 고정하는 구성을 그대로 표현한 것</u>이어서, 정정사항 1은 특허발명의 **명세서 또는 도면에 기재된 사항의 범위 내의 정정**이고, 특허청구범위를 실질적으로 확장하거나 변경하는 것이 아니어서 특허법 제136조 제1항 내지 제3항의 정정요건을 충족한다.

(2) 특허청구범위

① 정정내용

이 사건 제1항 및 제9항 특허발명에 대한 정정은 밑철망, 윗철망 및 연결유니트를 이용하여 '시공석을 고정한다.'는 내용을 밑철망, 윗철망 및 연결유니트를 이용하여 '시공석을 각각 고정하고 고정된 각각의 시공석이 돌출되도록 한다.'는 내용으로 정정하고(이하 '정정사항 2'라 한다.), 밑철망과 덮개철망을 연결유니트로 '직접 결속한다.'는 내용을 밑철망과 덮개철망을 연결유니트로 '시공석의 사이 공간을 이용해 직접 결속하여 각각의 시공석이 돌출되도록 한다.'는 것으로 정정하는 것(이하 '정정사항 3'이라 한다.)으로 그 구체적 내용은 아래와 같다.

정정 전 청구항 1 및 청구항 9	정정 후 청구항 1 및 청구항 9
【청구항1】 밑철망, 덮개철망, 옆철망이 구성되어 시공석을 고정하는 망틀에 있어서, 상기 밑철망이 맨하부에 설치되어 시공석을 지지하고, 상기 - - - 시공석을 - - - - - - - - - - - - - - 덮는 덮개-망에 일정간격으로 상기 밑철망의 격자에 고정설치되어 시공석의 이동을 방지하고 밑철망과 덮개철망을- - - - - - - - - - - - - 직접 결속하여 - - - - - - - - - - - - - - - - 시공석을 - - - - - - - - - - 고정시키며 구조물의 안정성을 높이는 연결유니트를 포함하여 구성되는 것을 특징으로 하는 시공석 고정구조물 【청구항9】 시공석 고정구조물을 설치하고자 하는 곳의 기초를 정리하는 기초정리단계와, 일정크기의 밑철망 혹은 기초망을 포설하는 밑철망 포설단계와, 시공석이 배치될 위치를 고려하여 연결유니트를 밑철망과 결합하는 연결유니트설치단계와, 포설된 밑철망 위에 일정규격의 시공석 복수개를 올려놓는 시공석배치단계 및, 시공석 위로 - 덮개철망을 덮고 밑철망과 덮개철망을 - - - - - - - - - - - - -- -- - - -연결유니트로 연결한 후 연결유니트를 수축시켜 - 덮개철망을 시공석에 밀착시키는 덮개철망 설치 및 결속단계를 포함하여 구성되는 것을 특징으로 하는 시공석 고정방법	【청구항1】 밑철망, 덮개철망, 옆철망이 구성되어 시공석을 고정하는 망틀에 있어서, 상기 밑철망이 맨하부에 설치되어 시공석을 지지하고, 상기 <u>각각의 시공석을 일부가 돌출되도록</u> 덮는 덮개철망에 일정간격으로 상기 밑철망의 격자에 고정설치되어 시공석의 이동을 방지하고 밑철망과 덮개철망을 <u>시공석의 사이 공간을 이용해 직접 결속하여 각각의 시공석을 일부가 돌출되도록</u> 고정시키며 구조물의 안정성을 높이는 연결유니트를 포함하여 구성되는 것을 특징으로 하는 시공석 고정구조물 【청구항9】 시공석 고정구조물을 설치하고자 하는 곳의 기초를 정리하는 기초정리단계와, 일정크기의 밑철망 혹은 기초망을 포설하는 밑철망포설단계와, 시공석이 배치될 위치를 고려하여 연결유니트를 밑철망과 결합하는 연결유니트설치단계와, 포설된 밑철망 위에 일정규격의 시공석 복수개를 올려놓는 시공석배치단계 및, 시공석 위로 <u>각각의 시공석을 일부가 돌출되도록 덮는</u> 덮개철망을 덮고 밑철망과 덮개철망을 <u>시공석의 사이 공간을 이용해</u> 연결유니트로 연결한 후 연결유니트를 수축시켜 <u>각각의 시공석의 일부가 돌출되도록</u> 덮개철망을 시공석에 밀착시키는 덮개철망 설치 및 결속단계를 포함하여 구성되는 것을 특징으로 하는 시공석 고정방법

② 정정의 적법 여부 판단

정정사항 2 및 정정사항 3은 모두 정정 전 **발명의 상세한 설명**에 기재된 "상기 연결유니트(300)의 사이사이에 배치되는 복수개의 시공석(400)과"라는 기재나 **발명의 상세한 설명 7면의 기재 및 도면 2 등**에 도시된 연결유니트 사이사이에 각각의 시공석이 배치되어 고정된 구성 등을 **그대로 반영한 것이므로 특허청구범위를 한정하여 명확하게 기재한 것**이다.

따라서 이 사건 정정의 정정사항 2 및 정정사항 3은 특허발명의 명세서 또는 도면에 기재된 사항의 범위 내의 정정이고, 특허청구범위를 실질적으로 확장하거나 변경하는 것이 아니어서 특허법 제136조 제1항 내지 제3항의 정정요건을 충족한다.

2. 결 론

이 사건 정정의 정정사항 1 내지 정정사항 3은 모두 특허법 제136조 제1항 내지 제4항의 정정요건을 충족하는 적법한 정정이다.

다. 정정무효심판 단계

□ 청구인 주장 요지

이 사건 특허발명의 확정심결에 의한 정정은 이 사건 특허발명의 명세서 또는 도면에 기재된 사항의 범위 이내에서 정정된 것이라고 할 수 없고, 특허청구범위를 실질적으로 확장하거나 변경한 것으로 특허법 제136조 제2항 및 제3항의 규정을 위반한 부적법한 정정이므로, 무효되어야 한다.

□ 피청구인 주장 요지

1. 이 사건 특허발명의 명세서 7면 첫번째 문단에 '한편, 본 발명에 따른 시공석 고정방법은 시공석을 배치하기 전에 연결유니트를 설치하지 않고 밑철망 위에 시공석을 배치하고 덮개철망을 시공석 위에 위치시킨 후에 배치된 시공석의 사이 공간을 이용하여 연결유니트를 설치하고 밑철망과 덮개철망을 설치된 연결유니트로 결속한 후 상기 연결유니트를 수축시켜 덮개철망을 시공석에 밀착

시키는 과정으로 구성될 수도 있다.'라고 기재되어 있고, 이 사건 특허발명의 도면 2에도 각각의 시공석 사이사이에 연결유니트가 배치된 구조가 도시되어 있는바, 이 사건 정정 중에서 '시공석 사이 공간을 이용해 각각의 시공석을 고정한다.'는 정정내용은 이 사건 특허발명의 명세서 또는 도면에 포함되는 것이다.

2. 이 사건 특허발명의 명세서 5면 다섯번째 문단에 '시공석의 크기가 다양한 경우 큰 망목(610) 사이에 보조철선(630)을 두어 시공석이 유출되는 것을 방지하는 형태의 덮개철망(600b,600c)이 사용될 수 있다. 이 때 상기 보조철선(630)은 시공석의 표면을 따라 감싸 않는 형태로 변형될 수 있도록 하여 시공석이 상부로 돌출될 수 있도록 한다.', 7면 네번째 문단에 '또한, 설치된 구조물의 내구성이 뛰어나고 구조적으로 안정하며, 덮개철망 위로 시공석의 일부가 돌출되어 미관상 뛰어나고, 식생의 도입이 용이하여 친환경적일 뿐만 아니라, 종래 기술의 단점인 하천의 오물이 걸리는 문제가 개선된다.'라고 기재되어 있고, 이 사건 특허발명의 도면 5에도 각각의 시공석이 덮개철망 위로 돌출된 상태가 도시되어 있는바, 이 사건 정정 중에서 '각각의 시공석 일부가 덮개철망으로부터 돌출되도록 고정된다.'는 정정내용은 이 사건 특허발명의 명세서 또는 도면에 포함되어 있는 내용이다.

□ 판단 요지

1. 이 사건 정정의 적법 여부

(1) 발명의 상세한 설명

(가) 정정내용

발명의 상세한 설명의 정정내용은 밑철망, 덮개철망 및 연결유니트를 이용하여 '시공석을 고정한다.'는 내용을 밑철망, 덮개철망 및 연결유니트를 이용하여 '각각의 시공석을 고정한다.'는 내용으로 정정한 것(이하 '정정사항 1'이라 한다.)이다.

(나) 정정의 적법 여부 판단

특허법 제136조 제2항은 '명세서 또는 도면의 정정은 특허발명의 명세서 또는 도면에 기재된 사항의 범위 이내에서 이를 할 수 있다.'는 취지로 규정하고 있는바, 여기에서 특허발명의 명세서 또는 도면에 기재된 사항(이하 '특허 명세서 등'이라 한다.)이란 특허 명세서 등에 명시적으로 기재되어 있는 사항이나 또는 명시적인 기재가 없더라도 그 발명이 속하는 기술분야에서 통상의 지식을 가진 자(이하 '통상의 기술자'라 한다.)라면 출원시의 기술상식에 비추어 보아 정정된 사항이 특허 명세서 등에 기재되어 있는 것과 마찬가지라고 이해할 수 있는 사항이어야 한다(대법원 2007. 2. 8. 선고 2005후3130 판결 참조).

위 법리를 바탕으로 하여 정정사항 1을 살펴보면, 특허 명세서 등에는 시공석과 관련하여 '일정간격으로 밑철망(200)의 격자에 고정 설치되어 시공석(400)의 이동을 방지하고 밑철망(200)과 덮개철망(600)을 연결하여 시공석을 고정시키며 구조물의 안정성을 높이는 연결유니트(300)'라는 기재만이 있을 뿐이었다가, 이 사건 정정에 이르러 '일정간격으로 밑철망(200)의 격자에 고정 설치되어 시공석(400)의 이동을 방지하고 밑철망(200)과 덮개철망(600)을 연결하여 각각의 시공석을 고정시키며 구조물의 안정성을 높이는 연결유니트(300)'라고 '각각의'라는 기재가 추가되었다. 통상적으로 밑철망과 덮개철망을 연결유니트로 연결하여 시공석을 고정하는 것은 밑철망 위에 시공석을 포설하고 시공석 위로 덮개철망을 덮고 밑철망과 덮개철망을 연결유니트로 연결하여 전체적으로 시공석을 고정할 수도 있고, 전체를 이루는 각각의 시공석을 개별적으로 고정할 수도 있는 등 여러 가지를 상정할 수 있으므로, **특허 명세서 등에 기재된 '시공석을 고정시키며'라는 기재만으로 그것이 통상의 기술자 사이에서 '각각의 시금석을 고정시키며'라는 것으로 자명하게 인식된다고 볼 수는 없다. 결국, 정정사항 1은 추상적 상위개념에 속하는 특허 명세서의 내용을 하위개념에 속하는 구체적 내용을 추가하여 한정한 것으로서, 그 내용이 통상의 기술자에게 출원시의 기술상식에 비추어 보아 정정사항 1이 특허 명세서 등에 기재되어 있는 것과 마찬가지라고 이해할 수 있는 사항이라고는 볼 수 없으므로 신규사항의 추가에 해당**한다.

한편, 피청구인은 이 사건 특허발명의 도면 2에도 각각의 시공석 사이 사이에 연결유니트가 배치된 구조가 도시되어 있다고 주장하나, 이 사건 특허발명의 도면 2는 '본 발명에 따른 시공석 고정구조물의 개략적인 구성을 나타낸 분리사시도이다.'('도면의 간단한 설명'란 참조)라고 기재되어 있는 바와 같이, 이 사건 특허발명의 시공석 고정구조물의 구성요소들이 분리되어 도시되어 있을 뿐, 밑철망과 덮개철망을 연결유니트로 연결하여 각각의 시금석을 고정시키는 것을 나타낸 것으로는 볼 수 없으므로, 피청구인의 위 주장은 받아들일 수 없다.

(2) 특허청구범위

(가) 정정내용

이 사건 제1항 및 제9항 특허발명에 대한 정정은 밑철망, 덮개철망 및 연결유니트를 이용하여 '시공석을 고정한다.'는 내용을 밑철망, 덮개철망 및 연결유니트를 이용하여 '시공석을 각각 고정하고 고정된 각각의 시공석이 돌출되도록 한다.'는 내용으로 정정하고(이하 '**정정사항** 2'라 한다.), 밑철망과 덮개철망을 연결유니트로 '직접 결속한다.'는 내용을 밑철망과 덮개철망을 연결유니트로 '시공석의 사이 공간을 이용해 직접 결속하여 각각의 시공석이 돌출되도록 한다.'는 것으로 정정한 것(이하 '**정정사항** 3'이라 한다.)으로 그 구체적 내용은 아래와 같다.

정정 전 청구항 1 및 청구항 9	정정 후 청구항 1 및 청구항 9
【청구항1】 밑철망, 덮개철망, 옆철망이 구성되어 시공석을 고정하는 망틀에 있어서, 상기 밑철망이 맨하부에 설치되어 시공석을 지지하고, 상기 - - - 시공석을 - - - - - - - - - - - - - - 덮는 덮개망에 일정간격으로 상기 밑철망의 격자에 고정설치되어 시공석의 이동을 방지하고 밑철망과 덮개철망을- - - - - - - - - - - - - 직접 결속하여 - - - - - - - - - - - - - - - - 시공석을 - - - - - - - - - - 고정시키며 구조물의 안정성을 높이는 연결유니트를 포함하여 구성되는 것을 특징으로 하는 시공석 고정구조물	【청구항1】 밑철망, 덮개철망, 옆철망이 구성되어 시공석을 고정하는 망틀에 있어서, 상기 밑철망이 맨하부에 설치되어 시공석을 지지하고, 상기 각각의 시공석을 일부가 돌출되도록 덮는 덮개철망에 일정간격으로 상기 밑철망의 격자에 고정설치되어 시공석의 이동을 방지하고 밑철망과 덮개철망을 시공석의 사이 공간을 이용해 직접 결속하여 각각의 시공석을 일부가 돌출되도록 고정시키며 구조물의 안정성을 높이는 연결유니트를 포함하여 구성되는 것을 특징으로 하는 시공석 고정구조물
【청구항9】 시공석 고정구조물을 설치하고자 하는 곳의 기초를 정리하는 기초정리단계와, 일정크기의 밑철망 혹은 기초망을 포설하는 밑철망포설단계와,	【청구항9】 시공석 고정구조물을 설치하고자 하는 곳의 기초를 정리하는 기초정리단계와, 일정크기의 밑철망 혹은 기초망을 포설하는 밑철망포설단계와,

시공석이 배치될 위치를 고려하여 연결유니트를 밑철망과 결합하는 연결유니트설치단계와, 포설된 밑철망 위에 일정규격의 시공석 복수개를 올려놓는 시공석배치단계 및, 시공석 위로 - 덮개철망을 덮고 밑철망과 덮개철망을 - - - - - - - - - - - - - - - 연결유니트로 연결한 후 연결유니트를 수축시켜 - 덮개철망을 시공석에 밀착시키는 덮개철망 설치 및 결속단계를 포함하여 구성되는 것을 특징으로 하는 시공석 고정방법	시공석이 배치될 위치를 고려하여 연결유니트를 밑철망과 결합하는 연결유니트설치단계와, 포설된 밑철망 위에 일정규격의 시공석 복수개를 올려놓는 시공석배치단계 및, 시공석 위로 각각의 시공석을 일부가 돌출되도록 덮는 덮개철망을 덮고 밑철망과 덮개철망을 시공석의 사이 공간을 이용해 연결유니트로 연결한 후 연결유니트를 수축시켜 각각의 시공석의 일부가 돌출되도록 덮개철망을 시공석에 밀착시키는 덮개철망 설치 및 결속단계를 포함하여 구성되는 것을 특징으로 하는 시공석 고정방법

(나) 정정의 적법여부 판단

특허 명세서 등의 특허청구범위에는 '상기 밑철망이 맨하부에 설치되어 시공석을 지지하고, 상기 시공석을 덮는 덮개철망에 일정간격으로 상기 밑철망의 격자에 고정설치되어 시공석의 이동을 방지하고 밑철망과 덮개철망을 직접 결속하여 시공석을 고정시키며 구조물의 안정성을 높이는 연결유니트를 포함하여 구성되는 것'이라는 기재만이 있을 뿐이었다가, 이 사건 정정에 이르러 '상기 밑철망이 맨하부에 설치되어 시공석을 지지하고, 상기 **각각의** 시공석을 **일부가 돌출되도록** 덮는 덮개철망에 일정간격으로 상기 밑철망의 격자에 고정설치되어 시공석의 이동을 방지하고 밑철망과 덮개철망을 **시공석의 사이 공간을 이용해** 직접 결속하여 **각각의** 시공석을 **일부가 돌출되도록** 고정시키며 구조물의 안정성을 높이는 연결유니트를 포함하여 구성되는 것'이라고 '각각의', '시공석의 사이 공간을 이용해' 및 '**각각의** 시공석을 **일부가 돌출되도록**'이라는 기재가 추가되었다. '각각의'라는 기재가 추가된 것은 앞의 (1) (나)에서 본 바와 같으며, '**각각의** 시공석을 **일부가 돌출되도록**'이라는 기재가 추가된 것은 통상적으로 덮개철망으로 시공석을 덮어 고정하는 경우 각각의 시공석의 일부가 돌출될 수도 있고, 일부의 시공석은 일부가 돌출되지 않을 수도 있는 등 여러 가지를 상정할 수 있으므로, 특허 명세서 등에 기재된 '시공석을 덮는 덮개철망에'라는 기재만으로 그것이 통상의 기술자 사이에서 '**각각의** 시공석을 **일부가 돌출되도록** 덮는 덮개철망'이라는 것으로 자명하게 인식된다고 볼 수는 없다. **결국, 정정사항 2, 3은 추상적 상위개념에 속하는 특허 명세서의 내용을 하위개념에 속하는 구체적 내용을 추가하여 한정한 것으로서, 그 내용이 통상의 기술자에게 출원시의 기술상식에 비추어 보아 정정사항 2, 3이 특허 명세서 등에 기재되어 있는 것과 마찬가지라고 이해할 수 있는 사항이라고는 볼 수 없으므로 신규사항의 추가에 해당**한다.

한편, 피청구인은 이 사건 특허발명의 도면 5에도 각각의 시공석이 덮개철망 위로 돌출된 상태가 도시되어 있다고 주장하나, 이 사건 특허발명의 명세서('도면의 간단한 설명'란 참조)를 보면, '도 5는 본 발명의 일시예에 따른 시공석 고정구조물의 측면도 및 분리사시도이다.'라고 기재되어 있는 바와 같이, 도 5는 본 발명에 따른 일시예의 측면도에 불과한 것으로, 그 일시예 전체의 상태를 나타낸 것으로는 볼 수 없는 것이므로, 청구인의 주장은 받아들일 수 없다.

또한 정정사항 2, 3에서 시공석을 '일부가 돌출되도록'이라는 기재를 추가함으로써사건 제1항 및 제9항 특허발명은 '경제적으로 시공석을 고정할 수 있고, 시공이 용이하며, 구조적으로 안정된 토목구조물을 제공'하는 목적(제3면 '발명이 이루고자 하는 기술적 과제'란 참조)과, '신속하고 경제적으로 시공석을 고정 설치할 수 있으며, 내구성이 뛰어나고 구조적으로 안정'된 효과(제7면 '발명의 효과'란 참조)를 얻는 것인데, 이 사건 제1항 및 제9항 정정발명은 이 사건 제1항 및 제9항 특허발명의 목적과 효과 외에 식생도입이 용이한 시공석 고정을 위한 토목구조물을 제공하는 목적('발명이 이루고자 하는 기술적 과제'란 참조)과, '미관상 뛰어나고, 식생의 도입이 용이하여 친환경적일 뿐만 아니라, 종래 기술의 단점인 하천의 오물이 걸리는 문제가 개선'되는 효과(제7면 '발명의 효과'란 참조)가 추가되는 것이라 할 수 있어, **정정사항 2, 3은 이 사건 특허발명의 목적과 효과를 달라지게 하여 그 효력이 미치는 범위에 차이가 있게 한 것이라 할 수 있으므로, 이와 같은 정정은 청구범위를 실질적으로 변경**한 것이라 할 수 있다.

따라서, 정정사항 2, 3은 신규사항이 추가되어 있을 뿐만 아니라, 청구범위를 실질적으로 변경한 것이라 할 수 있어, 정정요건을 위반한 것이라 할 수 있다.

2. 소　결

이 사건 정정은 특허법 제136조 제2항 및 제3항의 정정요건을 충족하지 못한 것이므로 부적법한 것이어서 무효되어야 할 것이다.

마. 특허법원 단계

□ 정정 내용

이 사건 제1항 발명의 정정은 "시공석을 덮는 덮개망"을 "각각의 시공석을 일부가 돌출되도록 덮는 덮개철망"으로, "시공석을 고정시키는 연결유니트"를 "각각의 시공석을 일부가 돌출되도록 고정시키는 연결유니트"로 정정(이하 정정사항 1이라 한다.)하고, "밑철망과 덮개철망을 직접 결속하는 연결유니트"를 "밑철망과 덮개철망을 시공석의 사이 공간을 이용해 직접 결속하는 연결유니트"로 정정(이하 정정사항 2라 한다.)한 것이다.

□ 판단 요지

1. 명세서 또는 도면의 정정은 특허발명의 명세서 또는 도면에 기재된 사항의 범위 이내에서 할 수 있다(특허법 제136조 제2항 본문).

이 사건 특허발명의 명세서 또는 도면을 전체적으로 살펴보면 일부 시공석의 일부가 덮개철망 위로 돌출되거나 연결유니트가 일부 시공석의 일부를 덮개철망 위로 돌출되도록 고정한다는 취지의 기재는 있지만(4면 아래에서 5~4행, 5면 5문단 2~3행, 7면 발명의 효과 3행, 8면 청구항 5 아래에서 2~1행, 10면 도 1, 12면 도 5, 6 등), 더 나아가 <u>각각의 시공석 일부가 덮개철망 위로 돌출되거나 연결유니트가 각각의 시공석 일부를 덮개철망 위로 돌출되도록 고정한다는 취지의 기재까지는 찾아볼 수 없다. 시공석의 윗부분이 평편한 경우 등에는 시공석이 덮개철망 위로 전혀 돌출될 수 없으므로 각각의 시공석 일부가 덮개철망 위로 돌출되기 위해서는 시공석의 형상 등 조건에 관한 기재가 있어야 함에도 이 사건 특허발명의 명세서에는 각각의 시공석 일부가 덮개철망 위로 돌출되기 위하여 필요한 조건에 관한 기재가 전혀 없다</u>. 오히려 이 사건 특허발명의 명세서에는 본 발명은 … 경제적으로 시공석을 고정할 수 있고, 시공이 용이 … 한 시공석 고정을 위한 토목구조물 및 시공석 고정방법을 제공하는 것을 목적으로 한다(3면 발명이 이루고자 하는 기술적 과제 1~3행), 본 발명에 따른 시공석 고정용 구조물을 이용할 경우 하천의 경사면 등에 신속하고 경제적으로 시공석을 고정 설치할 수 있으며, … (7면 발명의 효과 1~2행)라고 기재되어 있는바, **각각의 시공석 일부가 덮개철망 위로 돌출되도록 연결유니트를 설치하는 구성은 이 사건 특허발명의 위와 같은 목적 및 효과와는 배치되는 것이어서, 통상의 기술자로서는 이 사건 특허발명을 각각의 시공석 일부가 덮개철망 위로 돌출되도록 연결유니트를 설치하는 것이라고 이해하기는 어렵다**.

따라서 **정정사항** 1은 이 사건 특허발명의 **명세서 또는 도면에 기재된 사항의 범위를 넘는 신규사항**에 해당한다.

이에 대하여 원고는, 이 사건 정정은 연결유니트가 각각의 시공석을 고정함으로써, 즉 연결유니트 사이에 하나의 시공석이 고정되게 함으로써 각각의 시공석 일부가 덮개철망 위로 돌출되도록 하는 것으로서, 그와 같은 구성은 이 사건 특허발명 명세서의 4면 5문단 4행의 "연결유니트의 사이 사이에 배치되는 복수개의 시공석", 7면 발명의 효과 3행의 "덮개철망 위로 시공석의 일부가 돌출되어"라는 기재 및 도 1, 2, 5, 6, 8 등에 개시되어 있어 정정사항 1은 신규사항이 아니라는 취지의 주장을 한다.

"연결유니트의 사이 사이에 배치되는 복수개의 시공석"은 연결유니트 사이에 시공석이 하나씩 있는 경우뿐만 아니라 여러 개 있는 경우, 즉 연결유니트에 의하여 시공석을 개별적으로 고정하는 경우뿐만 아니라 시공석을 전체적으로 고정하는 경우도 포함하고, "덮개철망 위로 시공석의 일부가 돌출되어" 각각의 시공석 일부가 돌출되는 경우뿐만 아니라 일부 시공석만 돌출되는 경우를 포함하며, 도 1, 5, 6, 8은 측면(도 1, 5, 6) 또는 상면(도 8) 등 한 방향에서만 볼 수 있는 일부 시공석의 시공상태만을 보여줄 뿐 각각의(모든) 시공석의 상태를 보여주지는 못하고, 도 2는 시공석 고정 구조물의 개략적인 구성을 나타내는 분리사시도로서 결합상태에서 연결유니트 사이에 시공석이 하나씩 배치되는지, 각각의(모든) 시공석 일부가 돌출되는지를 보여주지 못하며, 한편 연결유니트가 각각의 시공석을 고정하는 구성으로부터 각각의 시공석 일부가 덮개철망 위로 돌출되는 구성이 당연히 도출되는 것도 아니고, 달리 원고의 위 주장을 뒷받침할 만한 근거를 찾을 수 없으므로, 원고의 위 주장은 받아들일 수 없다.

2. 소결론

이 사건 제1항 발명의 정정은 이 사건 특허발명의 명세서 또는 도면에 기재된 사항의 범위를 넘는 신규사항에 해당하는 정정사항 1로 인하여, 정정사항 2의 적법 여부에 관하여 더 나아가 살필 필요 없이 특허법 제136조 제2항에 위반되어 부적법하다.

□ 이 사건 정정의 적법 여부

이 사건 제1항 발명의 정정은 부적법하고, 하나의 정정으로 정정한 사항이 여러 개일지라도 그 정정은 일체로 취급되므로 이 사건 정정의 일부가 부적법한 이상, 이 사건 정정은 그 전부가 부적법하여 허용될 수 없다.

바. 대법원 단계

□ 상고이유에 대한 판단

1. 특허발명의 명세서 또는 도면의 정정은 그 명세서 또는 도면에 기재된 사항의 범위 이내에서 할 수 있다(특허법 제136조 제2항). 여기서 '명세서 또는 도면에 기재된 사항'이라 함은 거기에 명시적으로 기재되어 있는 것뿐만 아니라 기재되어 있지는 않지만 출원 시의 기술상식으로 볼 때 그 발명이 속하는 기술분야에서 통상의 지식을 가진 사람(이하 '통상의 기술자'라 한다.)이면 명시적으로 기재되어 있는 내용 자체로부터 그와 같은 기재가 있는 것과 마찬가지라고 명확하게 이해할 수 있는 사항을 포함하지만, 그러한 사항의 범위를 넘는 신규사항을 추가하여 특허발명의 명세서 또는 도면을 정정하는 것은 허용될 수 없다.

2. 원심은, 명칭을 '시공석 고정방법 및 이를 위한 시공석 고정구조물'로 하는 이 사건 특허발명(특허등록번호 생략)에 대하여 원심판시 이 사건 정정청구 전 특

허청구범위 제1항의 '시공석을 덮는 덮개망'을 '각각의 시공석을 일부가 돌출되도록 덮는 덮개철망'으로, '시공석을 고정시키는 연결유니트'를 '각각의 시공석을 일부가 돌출되도록 고정시키는 연결유니트'로 정정한 것은, 아래와 같은 이유로 이 사건 특허발명의 명세서 등에 기재된 범위를 넘는 신규사항의 추가에 해당하므로, 특허법 제136조 제2항에 위배되어 부적법하다고 판단하였다.

가. 이 사건 특허발명의 명세서에는 '연결유니트의 사이 사이에 배치되는 복수 개의 시공석' 및 '덮개철망 위로 시공석의 일부가 돌출되어'라는 기재가 있으나, 여기에는 연결유니트 사이에 시공석이 하나씩 있는 경우뿐만 아니라 여러 개 있는 경우, 즉 연결유니트에 의하여 시공석을 개별적으로 고정하는 경우뿐만 아니라 시공석을 전체적으로 고정하는 경우도 포함되고, 덮개철망 위로 각각의 시공석의 일부가 돌출되는 경우뿐만 아니라 일부 시공석만 돌출되는 경우도 포함된다. 또한 특허발명의 도면에도 일부 시공석의 시공상태나 개략적인 구성만이 나타나 있을 뿐 각각의 시공석의 일부가 돌출되는 것은 나타나 있지 않다.

나. 그 밖에 이 사건 특허발명의 명세서 등을 전체적으로 살펴보더라도, 각각의 시공석이 덮개철망 위로 일부씩 돌출되거나 연결유니트를 각각의 시공석의 일부가 돌출되도록 고정한다는 취지의 기재는 찾아볼 수 없고, 달리 통상의 기술자가 명세서 등의 내용으로부터 그와 같이 설치하는 것으로 이해하기는 어렵다.

3. 상고이유 주장은, 당초의 특허발명의 명세서 및 도면의 기재는 시공석이 연결유니트에 의하여 전체적으로 고정되는 경우와 개별적으로 고정되는 경우를 모두 포함하는 것이고, 각각의 시공석 일부가 돌출되는 경우뿐 아니라 일부 시공석만 돌출되는 경우도 함께 포함되어 있던 것인데 이 사건 정정에 의하여 시공석이 개별적으로 고정되는 경우 및 각각의 시공석의 일부가 돌출되는 경우로 한정하는 것이므로, 이는 신규사항의 추가에 해당하지 않는다는 취지이다.

그러나 앞서 본 바와 같이, <u>명세서 또는 도면에 명시적으로 기재되어 있거나</u>

통상의 기술자가 그와 같은 기재가 있는 것과 마찬가지라고 명확하게 이해할 수 있는 사항의 범위 이내에서만 정정이 허용될 뿐이므로, **상위개념을 하위개념으로 정정하였다고 하더라도 그 정정이 위 범위를 넘어서는 경우에는 신규사항의 추가에 해당하여 허용될 수 없다.** 기록에 의하여 알 수 있는 당초의 이 사건 특허발명의 명세서와 도면의 기재 및 이 사건 정정청구의 내용을 대비하여 보면, 원심이 앞서 본 바와 같은 이유로 이 사건 정정이 신규사항의 추가에 해당한다고 판단한 것은 정당하다. 원심판결에는 상고이유 주장과 같은 명세서 등의 정정요건에 관한 법리오해 등의 위법이 있다고 할 수 없다.

사. 시사점

정정의 기준 요건 및 그 범위에 대해서는 대법원 판례(대법원 2014. 2. 13. 선고 2012후627 등)가 이론적 기준을 밝히고 있지만, 실무적으로 이 기준을 적용하는 데 있어서는 다소 어려운 점이 있다.

정정은 기본적으로 그 정정으로 인하여 발명의 기술적 사상(발명의 목적 및 효과)에 변경이 없고, 정정전 명세서 및 도면의 범위 내에서(발명의 구성)에서 할 수 있으나, 그러한 정정이 제3자에게 불측의 손해를 주지 말아야 한다는 기본전제가 있다.

심판실무자로서 정정요건을 적용하는 데 있어서 정정권자의 당초 발명에 대한 이익에 중점을 둘 것인지 또는 등록 공시된 권리의 법적안정성에 기반한 제3자의 이익에 중점을 둘 것인지에 대해 특허심판원 심판부간 다소의 미묘한(?) 이견차이가 있다. 물론 이론적으로는 특허권자와 제3자 간의 이익을 형량하여 특허법상 정정제도의 취지에 맞도록 운영하는 것이 바람직할 것이다.

그러나 어떠한 관점에서 정정을 바라보느냐에 따라 이러한 실무적 판단에 완전한 일치를 보기가 현실적으로 어렵다고 생각된다. 이는 마치 본원발명과 비교대상발명 간 대비시에 진보성이 있는지 또는 선행기술로부터 용이하게 결합할 수 있는지 여부의 판단과도 일응 사뭇 유사한 난제의 쟁점인 것 같기도 하다.

실무적으로 특허심판원은 정정의 요건을 엄격하게 적용하여 왔으나, 특허법원과 대법원은 발명자 입장에 서서 정정의 요건을 완화한 측면이 있었다. 이를 특허업계에서는 소위 정정의 요건 및 그 인정범위가 이제는 명세서의 준보정(準補正)에까지 가까워지지 않았느냐는 비판도 일고 있다.

최근 특허심판원도 정정의 요건 및 그 인정범위에 관해서는 종전보다 다소 완화하여 운영하고 있는 실정이다. 그러나 이 심판사건은 특허심판원 어느 한 심판부에서 정정심판으로 관련 정정을 인정하였다가 이해관계인으로부터 정정무효심판이 제기되자 심판합의체 구성원이 다르지만 원래 정정심판에서 정정을 인용한 같은 심판부에서 기존 정정을 무효라 하여 심결한 사건이고, 이를 특허법원과 대법원에서 정정무효의 심결을 지지하여 정정을 인정하지 않은 다소 정정인정 여부에 대한 그 결과가 상치되었던 흥미로운 심판사례이다.

참고문헌

R·E·F·E·R·E·N·C·E·S

- 김원준, 특허법 Patent Law, 新論社, 2013.
- 곽준영·이상철, 조문별·쟁점별 특허판례, 제7판, 특허심판원, 2015.
- 송상현·박익환, 민사소송법(신정5판), 박영사, 2008.
- 임병웅, 이지 특허법(제10판), 한빛지적소유권센터, 2012.
- 정상조·박성수, 특허법 주해Ⅱ, 박영사, 2010.
- 특허심판원, 심판편람, 2014년 제11판.
- 특허청 특허심사2국, 공직기강 판례 100선, 2015.
- 국가법령정보센터 http://www.law.go.kr/main.html
- 국가법령정보센터 http://www.law.go.kr/nwPrecSc.do?menuId=3&p1=&subMenu=5&nwYn=1&section=&tabNo=&query=; http://casenote.kr

특허심판관련 특허법 규정

제 1 조(목적) 이 법은 발명을 보호·장려하고 그 이용을 도모함으로써 기술의 발전을 촉진하여 산업발전에 이바지함을 목적으로 한다.

제 2 조(정의) 이 법에서 사용하는 용어의 뜻은 다음과 같다.

1. “발명”이란 자연법칙을 이용한 기술적 사상의 창작으로서 고도(高度)한 것을 말한다.
2. “특허발명”이란 특허를 받은 발명을 말한다.
3. “실시”란 다음 각 목의 구분에 따른 행위를 말한다.

가. 물건의 발명인 경우: 그 물건을 생산·사용·양도·대여 또는 수입하거나 그 물건의 양도 또는 대여의 청약(양도 또는 대여를 위한 전시를 포함한다. 이하 같다)을 하는 행위

나. 방법의 발명인 경우: 그 방법을 사용하는 행위

다. 물건을 생산하는 방법의 발명인 경우: 나목의 행위 외에 그 방법에 의하여 생산한 물건을 사용·양도·대여 또는 수입하거나 그 물건의 양도 또는 대여의 청약을 하는 행위

제 3 조(미성년자 등의 행위능력) ① 미성년자·피한정후견인 또는 피성년후견인은 법정대리인에 의하지 아니하면 특허에 관한 출원·청구, 그 밖의 절차(이하 “특허에 관한 절차”라 한다)를 밟을 수 없다. 다만, 미성년자와 피한정후견인이 독립하여 법률행위를 할 수 있는 경우에는 그러하지 아니하다.

② 제1항의 법정대리인은 후견감독인의 동의 없이 상대방이 청구한 심판 또는 재심에 대한 절차를 밟을 수 있다.

제 4 조(법인이 아닌 사단 등) 법인이 아닌 사단 또는 재단으로서 대표자나 관리인이 정하여져 있는 경우에는 그 사단 또는 재단의 이름으로 출원심사의 청구인, 심판의 청구인·피청구인 또는 재심의 청구인·피청구인이 될 수 있다.

제 5 조(재외자의 특허관리인) ① 국내에 주소 또는 영업소가 없는 자(이하 “재외자”라 한다)는 재외자(법인의 경우에는 그 대표자)가 국내에 체류하는 경우를 제외하고는 그

재외자의 특허에 관한 대리인으로서 국내에 주소 또는 영업소가 있는 자(이하 "특허관리인"이라 한다)에 의해서만 특허에 관한 절차를 밟거나 이 법 또는 이 법에 따른 명령에 따라 행정청이 한 처분에 대하여 소(訴)를 제기할 수 있다.

② 특허관리인은 위임된 권한의 범위에서 특허에 관한 모든 절차 및 이 법 또는 이 법에 따른 명령에 따라 행정청이 한 처분에 관한 소송에서 본인을 대리한다.

제6조(대리권의 범위) 국내에 주소 또는 영업소가 있는 자로부터 특허에 관한 절차를 밟을 것을 위임받은 대리인은 특별히 권한을 위임받아야만 다음 각 호의 어느 하나에 해당하는 행위를 할 수 있다. 특허관리인의 경우에도 또한 같다.

1. 특허출원의 변경·포기·취하
2. 특허권의 포기
3. 특허권 존속기간의 연장등록출원의 취하
4. 신청의 취하
5. 청구의 취하
6. 제55조 제1항에 따른 우선권 주장 또는 그 취하
7. 제132조의3에 따른 심판청구
8. 복대리인의 선임

제7조(대리권의 증명) 특허에 관한 절차를 밟는 자의 대리인(특허관리인을 포함한다. 이하 같다)의 대리권은 서면으로써 증명하여야 한다.

제7조의2(행위능력 등의 흠에 대한 추인) 행위능력 또는 법정대리권이 없거나 특허에 관한 절차를 밟는 데 필요한 권한의 위임에 흠이 있는 자가 밟은 절차는 보정(補正)된 당사자나 법정대리인이 추인하면 행위를 한 때로 소급하여 그 효력이 발생한다.

제8조(대리권의 불소멸) 특허에 관한 절차를 밟는 자의 위임을 받은 대리인의 대리권은 다음 각 호의 어느 하나에 해당하는 사유가 있어도 소멸하지 아니한다.

1. 본인의 사망이나 행위능력의 상실
2. 본인인 법인의 합병에 의한 소멸
3. 본인인 수탁자(受託者)의 신탁임무 종료
4. 법정대리인의 사망이나 행위능력의 상실
5. 법정대리인의 대리권 소멸이나 변경

제9조(개별대리) 특허에 관한 절차를 밟는 자의 대리인이 2인 이상이면 특허청장 또는 특허심판원장에 대하여 각각의 대리인이 본인을 대리한다.

제10조(대리인의 선임 또는 개임 명령 등) ① 특허청장 또는 제145조 제1항에 따라 지정된

심판장(이하 "심판장"이라 한다)은 특허에 관한 절차를 밟는 자가 그 절차를 원활히 수행할 수 없거나 구술심리(口述審理)에서 진술할 능력이 없다고 인정되는 등 그 절차를 밟는 데 적당하지 아니하다고 인정되면 대리인을 선임하여 그 절차를 밟을 것을 명할 수 있다.

② 특허청장 또는 심판장은 특허에 관한 절차를 밟는 자의 대리인이 그 절차를 원활히 수행할 수 없거나 구술심리에서 진술할 능력이 없다고 인정되는 등 그 절차를 밟는 데 적당하지 아니하다고 인정되면 그 대리인을 바꾸어 선임할 것을 명할 수 있다.

③ 특허청장 또는 심판장은 제1항 및 제2항의 경우에 변리사로 하여금 대리하게 할 것을 명할 수 있다.

④ 특허청장 또는 심판장은 제1항 또는 제2항에 따라 대리인을 선임하거나 대리인을 바꾸어 선임할 것을 명령한 경우에는 제1항에 따른 특허에 관한 절차를 밟는 자 또는 제2항에 따른 대리인이 그 전에 특허청장 또는 특허심판원장에 대하여 한 특허에 관한 절차의 전부 또는 일부를 무효로 할 수 있다.

제11조(복수당사자의 대표) ① 2인 이상이 특허에 관한 절차를 밟을 때에는 다음 각 호의 어느 하나에 해당하는 사항을 제외하고는 각자가 모두를 대표한다. 다만, 대표자를 선정하여 특허청장 또는 특허심판원장에게 신고하면 그 대표자만이 모두를 대표할 수 있다.

1. 특허출원의 변경·포기·취하
2. 특허권 존속기간의 연장등록출원의 취하
3. 신청의 취하
4. 청구의 취하
5. 제55조 제1항에 따른 우선권 주장 또는 그 취하
6. 제132조의3에 따른 심판청구

② 제1항 단서에 따라 대표자를 선정하여 신고하는 경우에는 대표자로 선임된 사실을 서면으로 증명하여야 한다.

제12조(「민사소송법」의 준용) 대리인에 관하여는 이 법에 특별한 규정이 있는 경우를 제외하고는 「민사소송법」 제1편 제2장 제4절을 준용한다.

제16조(절차의 무효) ① 특허청장 또는 특허심판원장은 제46조에 따른 보정명령을 받은 자가 지정된 기간에 그 보정을 하지 아니하면 특허에 관한 절차를 무효로 할 수 있다. 다만, 제82조 제2항에 따른 심사청구료를 내지 아니하여 보정명령을 받은 자가 지정된 기간에 그 심사청구료를 내지 아니하면 특허출원서에 첨부한 명세서에 관한

보정을 무효로 할 수 있다.

② 특허청장 또는 특허심판원장은 제1항에 따라 특허에 관한 절차가 무효로 된 경우로서 지정된 기간을 지키지 못한 것이 보정명령을 받은 자가 책임질 수 없는 사유에 의한 것으로 인정될 때에는 그 사유가 소멸한 날부터 2개월 이내에 보정명령을 받은 자의 청구에 따라 그 무효처분을 취소할 수 있다. 다만, 지정된 기간의 만료일부터 1년이 지났을 때에는 그러하지 아니하다.

③ 특허청장 또는 특허심판원장은 제1항 본문·단서에 따른 무효처분 또는 제2항 본문에 따른 무효처분의 취소처분을 할 때에는 그 보정명령을 받은 자에게 처분통지서를 송달하여야 한다.

제17조(절차의 추후보완) 특허에 관한 절차를 밟은 자가 책임질 수 없는 사유로 다음 각 호의 어느 하나에 해당하는 기간을 지키지 못한 경우에는 그 사유가 소멸한 날부터 14일 이내에 지키지 못한 절차를 추후 보완할 수 있다. 다만, 그 기간의 만료일부터 1년이 지났을 때에는 그러하지 아니하다.

1. 제132조의3에 따른 심판의 청구기간
2. 제180조 제1항에 따른 재심의 청구기간

제18조(절차의 효력 승계) 특허권 또는 특허에 관한 권리에 관하여 밟은 절차의 효력은 그 특허권 또는 특허에 관한 권리의 승계인에게 미친다.

제19조(절차의 속행) 특허청장 또는 심판장은 특허에 관한 절차가 특허청 또는 특허심판원에 계속(係屬) 중일 때 특허권 또는 특허에 관한 권리가 이전되면 그 특허권 또는 특허에 관한 권리의 승계인에 대하여 그 절차를 속행(續行)하게 할 수 있다.

제20조(절차의 중단) 특허에 관한 절차가 다음 각 호의 어느 하나에 해당하는 경우에는 특허청 또는 특허심판원에 계속 중인 절차는 중단된다. 다만, 절차를 밟을 것을 위임받은 대리인이 있는 경우에는 그러하지 아니하다.

1. 당사자가 사망한 경우
2. 당사자인 법인이 합병에 따라 소멸한 경우
3. 당사자가 절차를 밟을 능력을 상실한 경우
4. 당사자의 법정대리인이 사망하거나 그 대리권을 상실한 경우
5. 당사자의 신탁에 의한 수탁자의 임무가 끝난 경우
6. 제11조 제1항 각 호 외의 부분 단서에 따른 대표자가 사망하거나 그 자격을 상실한 경우
7. 파산관재인 등 일정한 자격에 따라 자기 이름으로 남을 위하여 당사자가 된 자가

그 자격을 잃거나 사망한 경우

제21조(중단된 절차의 수계) 제20조에 따라 특허청 또는 특허심판원에 계속 중인 절차가 중단된 경우에는 다음 각 호의 구분에 따른 자가 그 절차를 수계(受繼)하여야 한다.

1. 제20조 제1호의 경우: 사망한 당사자의 상속인·상속재산관리인 또는 법률에 따라 절차를 속행할 자. 다만, 상속인은 상속을 포기할 수 있을 때까지 그 절차를 수계하지 못한다.
2. 제20조 제2호의 경우: 합병에 따라 설립되거나 합병 후 존속하는 법인
3. 제20조 제3호 및 제4호의 경우: 절차를 밟을 능력을 회복한 당사자 또는 법정대리인이 된 자
4. 제20조 제5호의 경우: 새로운 수탁자
5. 제20조 제6호의 경우: 새로운 대표자 또는 각 당사자
6. 제20조 제7호의 경우: 같은 자격을 가진 자

제22조(수계신청) ① 제20조에 따라 중단된 절차에 관한 수계신청은 제21조 각 호의 어느 하나에 해당하는 자가 할 수 있다. 이 경우 그 상대방은 특허청장 또는 제143조에 따른 심판관(이하 "심판관"이라 한다)에게 제21조 각 호의 어느 하나에 해당하는 자에 대하여 수계신청할 것을 명하도록 요청할 수 있다.

② 특허청장 또는 심판장은 제20조에 따라 중단된 절차에 관한 수계신청이 있으면 그 사실을 상대방에게 알려야 한다.

③ 특허청장 또는 심판관은 제20조에 따라 중단된 절차에 관한 수계신청에 대하여 직권으로 조사하여 이유 없다고 인정하면 결정으로 기각하여야 한다.

④ 특허청장 또는 심판관은 결정 또는 심결의 등본을 송달한 후에 중단된 절차에 관한 수계신청에 대해서는 수계하게 할 것인지를 결정하여야 한다.

⑤ 특허청장 또는 심판관은 제21조 각 호의 어느 하나에 해당하는 자가 중단된 절차를 수계하지 아니하면 직권으로 기간을 정하여 수계를 명하여야 한다.

⑥ 제5항에 따른 기간에 수계가 없는 경우에는 그 기간이 끝나는 날의 다음 날에 수계가 있는 것으로 본다.

⑦ 특허청장 또는 심판장은 제6항에 따라 수계가 있는 것으로 본 경우에는 그 사실을 당사자에게 알려야 한다.

제23조(절차의 중지) ① 특허청장 또는 심판관이 천재지변이나 그 밖의 불가피한 사유로 그 직무를 수행할 수 없을 때에는 특허청 또는 특허심판원에 계속 중인 절차는 그 사유가 없어질 때까지 중지된다.

② 당사자에게 일정하지 아니한 기간 동안 특허청 또는 특허심판원에 계속 중인 절차를 속행할 수 없는 장애사유가 생긴 경우에는 특허청장 또는 심판관은 결정으로 장애사유가 해소될 때까지 그 절차의 중지를 명할 수 있다.

③ 특허청장 또는 심판관은 제2항에 따른 결정을 취소할 수 있다.

④ 제1항 또는 제2항에 따른 중지나 제3항에 따른 취소를 하였을 때에는 특허청장 또는 심판장은 그 사실을 각각 당사자에게 알려야 한다.

제24조(중단 또는 중지의 효과) 특허에 관한 절차가 중단되거나 중지된 경우에는 그 기간의 진행은 정지되고, 그 절차의 수계통지를 하거나 그 절차를 속행하였을 때부터 다시 모든 기간이 진행된다.

제28조(서류제출의 효력발생시기) ① 이 법 또는 이 법에 따른 명령에 따라 특허청장 또는 특허심판원장에게 제출하는 출원서, 청구서, 그 밖의 서류(물건을 포함한다. 이하 이 조에서 같다)는 특허청장 또는 특허심판원장에게 도달한 날부터 제출의 효력이 발생한다.〈개정 2014. 6. 11.〉

② 제1항의 출원서, 청구서, 그 밖의 서류를 우편으로 특허청장 또는 특허심판원장에게 제출하는 경우에는 다음 각 호의 구분에 따른 날에 특허청장 또는 특허심판원장에게 도달한 것으로 본다. 다만, 특허권 및 특허에 관한 권리의 등록신청서류와 「특허협력조약」 제2조(vii)에 따른 국제출원(이하 "국제출원"이라 한다)에 관한 서류를 우편으로 제출하는 경우에는 그 서류가 특허청장 또는 특허심판원장에게 도달한 날부터 효력이 발생한다.〈개정 2014. 6. 11.〉

1. 우편물의 통신일부인(通信日附印)에 표시된 날이 분명한 경우: 표시된 날
2. 우편물의 통신일부인에 표시된 날이 분명하지 아니한 경우: 우체국에 제출한 날을 우편물 수령증에 의하여 증명한 날

③ 삭제〈1998. 9. 23.〉

④ 제1항 및 제2항에서 규정한 사항 외에 우편물의 지연, 우편물의 망실(亡失) 및 우편업무의 중단으로 인한 서류제출에 필요한 사항은 산업통상자원부령으로 정한다.〈개정 2014. 6. 11.〉

제28조의2(고유번호의 기재) ① 특허에 관한 절차를 밟는 자 중 산업통상자원부령으로 정하는 자는 특허청장 또는 특허심판원장에게 자신의 고유번호의 부여를 신청하여야 한다.

② 특허청장 또는 특허심판원장은 제1항에 따른 신청을 받으면 신청인에게 고유번호를 부여하고, 그 사실을 알려야 한다.

③ 특허청장 또는 특허심판원장은 특허에 관한 절차를 밟는 자가 제1항에 따라 고유번호를 신청하지 아니하면 그에게 직권으로 고유번호를 부여하고, 그 사실을 알려야 한다.

④ 제2항 또는 제3항에 따라 고유번호를 부여받은 자가 특허에 관한 절차를 밟는 경우에는 산업통상자원부령으로 정하는 서류에 자신의 고유번호를 적어야 한다. 이 경우 이 법 또는 이 법에 따른 명령에도 불구하고 그 서류에 주소(법인인 경우에는 영업소의 소재지를 말한다)를 적지 아니할 수 있다.

⑤ 특허에 관한 절차를 밟는 자의 대리인에 관하여는 제1항부터 제4항까지의 규정을 준용한다.

⑥ 고유번호의 부여 신청, 고유번호의 부여 및 통지, 그 밖에 고유번호에 관하여 필요한 사항은 산업통상자원부령으로 정한다.

제28조의3(전자문서에 의한 특허에 관한 절차의 수행) ① 특허에 관한 절차를 밟는 자는 이 법에 따라 특허청장 또는 특허심판원장에게 제출하는 특허출원서, 그 밖의 서류를 산업통상자원부령으로 정하는 방식에 따라 전자문서화하고, 이를 정보통신망을 이용하여 제출하거나 이동식 저장장치 등 전자적 기록매체에 수록하여 제출할 수 있다.

② 제1항에 따라 제출된 전자문서는 이 법에 따라 제출된 서류와 같은 효력을 가진다.

③ 제1항에 따라 정보통신망을 이용하여 제출된 전자문서는 그 문서의 제출인이 정보통신망을 통하여 접수번호를 확인할 수 있는 때에 특허청 또는 특허심판원에서 사용하는 접수용 전산정보처리조직의 파일에 기록된 내용으로 접수된 것으로 본다.

④ 제1항에 따라 전자문서로 제출할 수 있는 서류의 종류·제출방법, 그 밖에 전자문서에 의한 서류의 제출에 필요한 사항은 산업통상자원부령으로 정한다.

제28조의4(전자문서 이용신고 및 전자서명) ① 전자문서로 특허에 관한 절차를 밟으려는 자는 미리 특허청장 또는 특허심판원장에게 전자문서 이용신고를 하여야 하며, 특허청장 또는 특허심판원장에게 제출하는 전자문서에 제출인을 알아볼 수 있도록 전자서명을 하여야 한다.

② 제28조의3에 따라 제출된 전자문서는 제1항에 따른 전자서명을 한 자가 제출한 것으로 본다.

③ 제1항에 따른 전자문서 이용신고 절차, 전자서명 방법 등에 관하여 필요한 사항은 산업통상자원부령으로 정한다.

제28조의5(정보통신망을 이용한 통지 등의 수행) ① 특허청장·특허심판원장·심판장·심판관 또는 심사관은 제28조의4 제1항에 따라 전자문서 이용신고를 한 자에게 서류의

통지 및 송달(이하 “통지등”이라 한다)을 하려는 경우에는 정보통신망을 이용하여 통지등을 할 수 있다.

② 제1항에 따라 정보통신망을 이용하여 한 서류의 통지등은 서면으로 한 것과 같은 효력을 가진다.

③ 제1항에 따른 서류의 통지 등은 그 통지 등을 받을 자가 자신이 사용하는 전산정보처리조직을 통하여 그 서류를 확인한 때에 특허청 또는 특허심판원에서 사용하는 발송용 전산정보처리조직의 파일에 기록된 내용으로 도달한 것으로 본다.

④ 제1항에 따라 정보통신망을 이용하여 하는 통지등의 종류·방법 등에 관하여 필요한 사항은 산업통상자원부령으로 정한다.

제29조(특허요건) ① 산업상 이용할 수 있는 발명으로서 다음 각 호의 어느 하나에 해당하는 것을 제외하고는 그 발명에 대하여 특허를 받을 수 있다.

1. 특허출원 전에 국내 또는 국외에서 공지(公知)되었거나 공연(公然)히 실시된 발명
2. 특허출원 전에 국내 또는 국외에서 반포된 간행물에 게재되었거나 전기통신회선을 통하여 공중(公衆)이 이용할 수 있는 발명

② 특허출원 전에 그 발명이 속하는 기술분야에서 통상의 지식을 가진 사람이 제1항 각 호의 어느 하나에 해당하는 발명에 의하여 쉽게 발명할 수 있으면 그 발명에 대해서는 제1항에도 불구하고 특허를 받을 수 없다.

③ 특허출원한 발명이 다음 각 호의 요건을 모두 갖춘 다른 특허출원의 출원서에 최초로 첨부된 명세서 또는 도면에 기재된 발명과 동일한 경우에 그 발명은 제1항에도 불구하고 특허를 받을 수 없다. 다만, 그 특허출원의 발명자와 다른 특허출원의 발명자가 같거나 그 특허출원을 출원한 때의 출원인과 다른 특허출원의 출원인이 같은 경우에는 그러하지 아니하다.

1. 그 특허출원일 전에 출원된 특허출원일 것
2. 그 특허출원 후 제64조에 따라 출원공개되거나 제87조 제3항에 따라 등록공고된 특허출원일 것

④ 특허출원한 발명이 다음 각 호의 요건을 모두 갖춘 실용신안등록출원의 출원서에 최초로 첨부된 명세서 또는 도면에 기재된 고안(考案)과 동일한 경우에 그 발명은 제1항에도 불구하고 특허를 받을 수 없다. 다만, 그 특허출원의 발명자와 실용신안등록출원의 고안자가 같거나 그 특허출원을 출원한 때의 출원인과 실용신안등록출원의 출원인이 같은 경우에는 그러하지 아니하다.

1. 그 특허출원일 전에 출원된 실용신안등록출원일 것

2. 그 특허출원 후 「실용신안법」 제15조에 따라 준용되는 이 법 제64조에 따라 출원공개되거나 「실용신안법」 제21조 제3항에 따라 등록공고된 실용신안등록출원일 것

⑤ 제3항을 적용할 때 다른 특허출원이 제199조 제2항에 따른 국제특허출원(제214조 제4항에 따라 특허출원으로 보는 국제출원을 포함한다)인 경우 제3항 본문 중 "출원서에 최초로 첨부된 명세서 또는 도면"은 "국제출원일까지 제출한 발명의 설명, 청구범위 또는 도면"으로, 같은 항 제2호 중 "출원공개"는 "출원공개 또는 「특허협력조약」 제21조에 따라 국제공개"로 본다.

⑥ 제4항을 적용할 때 실용신안등록출원이 「실용신안법」 제34조 제2항에 따른 국제실용신안등록출원(같은 법 제40조 제4항에 따라 실용신안등록출원으로 보는 국제출원을 포함한다)인 경우 제4항 본문 중 "출원서에 최초로 첨부된 명세서 또는 도면"은 "국제출원일까지 제출한 고안의 설명, 청구범위 또는 도면"으로, 같은 항 제2호 중 "출원공개"는 "출원공개 또는 「특허협력조약」 제21조에 따라 국제공개"로 본다.

⑦ 제3항 또는 제4항을 적용할 때 제201조 제4항에 따라 취하한 것으로 보는 국제특허출원 또는 「실용신안법」 제35조 제4항에 따라 취하한 것으로 보는 국제실용신안등록출원은 다른 특허출원 또는 실용신안등록출원으로 보지 아니한다.

제36조(선출원) ① 동일한 발명에 대하여 다른 날에 둘 이상의 특허출원이 있는 경우에는 먼저 특허출원한 자만이 그 발명에 대하여 특허를 받을 수 있다.

② 동일한 발명에 대하여 같은 날에 둘 이상의 특허출원이 있는 경우에는 특허출원인 간에 협의하여 정한 하나의 특허출원인만이 그 발명에 대하여 특허를 받을 수 있다. 다만, 협의가 성립하지 아니하거나 협의를 할 수 없는 경우에는 어느 특허출원인도 그 발명에 대하여 특허를 받을 수 없다.

③ 특허출원된 발명과 실용신안등록출원된 고안이 동일한 경우 그 특허출원과 실용신안등록출원이 다른 날에 출원된 것이면 제1항을 준용하고, 그 특허출원과 실용신안등록출원이 같은 날에 출원된 것이면 제2항을 준용한다.

④ 특허출원 또는 실용신안등록출원이 다음 각 호의 어느 하나에 해당하는 경우 그 특허출원 또는 실용신안등록출원은 제1항부터 제3항까지의 규정을 적용할 때에는 처음부터 없었던 것으로 본다. 다만, 제2항 단서(제3항에 따라 준용되는 경우를 포함한다)에 해당하여 그 특허출원 또는 실용신안등록출원에 대하여 거절결정이나 거절한다는 취지의 심결이 확정된 경우에는 그러하지 아니하다.

1. 포기, 무효 또는 취하된 경우
2. 거절결정이나 거절한다는 취지의 심결이 확정된 경우

⑤ 발명자 또는 고안자가 아닌 자로서 특허를 받을 수 있는 권리 또는 실용신안등록을 받을 수 있는 권리의 승계인이 아닌 자가 한 특허출원 또는 실용신안등록출원은 제1항부터 제3항까지의 규정을 적용할 때에는 처음부터 없었던 것으로 본다.

⑥ 특허청장은 제2항의 경우에 특허출원인에게 기간을 정하여 협의의 결과를 신고할 것을 명하고, 그 기간에 신고가 없으면 제2항에 따른 협의는 성립되지 아니한 것으로 본다.

제42조(특허출원) ① 특허를 받으려는 자는 다음 각 호의 사항을 적은 특허출원서를 특허청장에게 제출하여야 한다.〈개정 2014. 6. 11.〉

1. 특허출원인의 성명 및 주소(법인인 경우에는 그 명칭 및 영업소의 소재지)
2. 특허출원인의 대리인이 있는 경우에는 그 대리인의 성명 및 주소나 영업소의 소재지[대리인이 특허법인·특허법인(유한)인 경우에는 그 명칭, 사무소의 소재지 및 지정된 변리사의 성명]
3. 발명의 명칭
4. 발명자의 성명 및 주소

② 제1항에 따른 특허출원서에는 발명의 설명·청구범위를 적은 명세서와 필요한 도면 및 요약서를 첨부하여야 한다.〈개정 2014. 6. 11.〉

③ 제2항에 따른 발명의 설명은 다음 각 호의 요건을 모두 충족하여야 한다.〈개정 2014. 6. 11.〉

1. 그 발명이 속하는 기술분야에서 통상의 지식을 가진 사람이 그 발명을 쉽게 실시할 수 있도록 명확하고 상세하게 적을 것
2. 그 발명의 배경이 되는 기술을 적을 것

④ 제2항에 따른 청구범위에는 보호받으려는 사항을 적은 항(이하 "청구항"이라 한다)이 하나 이상 있어야 하며, 그 청구항은 다음 각 호의 요건을 모두 충족하여야 한다.〈개정 2014. 6. 11.〉

1. 발명의 설명에 의하여 뒷받침될 것
2. 발명이 명확하고 간결하게 적혀 있을 것

⑤ 삭제〈2014. 6. 11.〉

⑥ 제2항에 따른 청구범위에는 보호받으려는 사항을 명확히 할 수 있도록 발명을 특정하는 데 필요하다고 인정되는 구조·방법·기능·물질 또는 이들의 결합관계 등을 적어야 한다.〈개정 2014. 6. 11.〉

⑦ 삭제〈2014. 6. 11.〉

⑧ 제2항에 따른 청구범위의 기재방법에 관하여 필요한 사항은 대통령령으로 정한다.〈개정 2014. 6. 11.〉

⑨ 제2항에 따른 발명의 설명, 도면 및 요약서의 기재방법 등에 관하여 필요한 사항은 산업통상자원부령으로 정한다.〈개정 2014. 6. 11.〉

제42조의2(특허출원일 등) ① 특허출원일은 명세서 및 필요한 도면을 첨부한 특허출원서가 특허청장에게 도달한 날로 한다. 이 경우 명세서에 청구범위는 적지 아니할 수 있으나, 발명의 설명은 적어야 한다.

② 특허출원인은 제1항 후단에 따라 특허출원서에 최초로 첨부한 명세서에 청구범위를 적지 아니한 경우에는 제64조 제1항 각 호의 구분에 따른 날부터 1년 2개월이 되는 날까지 명세서에 청구범위를 적는 보정을 하여야 한다. 다만, 본문에 따른 기한 이전에 제60조 제3항에 따른 출원심사 청구의 취지를 통지받은 경우에는 그 통지를 받은 날부터 3개월이 되는 날 또는 제64조 제1항 각 호의 구분에 따른 날부터 1년 2개월이 되는 날 중 빠른 날까지 보정을 하여야 한다.

③ 특허출원인이 제2항에 따른 보정을 하지 아니한 경우에는 제2항에 따른 기한이 되는 날의 다음 날에 해당 특허출원을 취하한 것으로 본다.

제43조(요약서) 제42조 제2항에 따른 요약서는 기술정보로서의 용도로 사용하여야 하며, 특허발명의 보호범위를 정하는 데에는 사용할 수 없다.

제44조(공동출원) 특허를 받을 수 있는 권리가 공유인 경우에는 공유자 모두가 공동으로 특허출원을 하여야 한다.

제45조(하나의 특허출원의 범위) ① 특허출원은 하나의 발명마다 하나의 특허출원으로 한다. 다만, 하나의 총괄적 발명의 개념을 형성하는 일 군(群)의 발명에 대하여 하나의 특허출원으로 할 수 있다.

② 제1항 단서에 따라 일 군의 발명에 대하여 하나의 특허출원으로 할 수 있는 요건은 대통령령으로 정한다.

제46조(절차의 보정) 특허청장 또는 특허심판원장은 특허에 관한 절차가 다음 각 호의 어느 하나에 해당하는 경우에는 기간을 정하여 보정을 명하여야 한다. 이 경우 보정명령을 받은 자는 그 기간에 그 보정명령에 대한 의견서를 특허청장 또는 특허심판원장에게 제출할 수 있다.

1. 제3조 제1항 또는 제6조를 위반한 경우
2. 이 법 또는 이 법에 따른 명령으로 정하는 방식을 위반한 경우
3. 제82조에 따라 내야 할 수수료를 내지 아니한 경우

제47조(특허출원의 보정) ① 특허출원인은 제66조에 따른 특허결정의 등본을 송달하기 전까지 특허출원서에 첨부한 명세서 또는 도면을 보정할 수 있다. 다만, 제63조 제1항에 따른 거절이유통지(이하"거절이유통지"라 한다)를 받은 후에는 다음 각 호의 구분에 따른 기간(제3호의 경우에는 그 때)에만 보정할 수 있다.

1. 거절이유통지(거절이유통지에 대한 보정에 따라 발생한 거절이유에 대한 거절이유통지는 제외한다)를 최초로 받거나 제2호의 거절이유통지가 아닌 거절이유통지를 받은 경우: 해당 거절이유통지에 따른 의견서 제출기간
2. 거절이유통지에 대한 보정에 따라 발생한 거절이유에 대하여 거절이유통지를 받은 경우: 해당 거절이유통지에 따른 의견서 제출기간
3. 제67조의2에 따른 재심사를 청구하는 경우: 청구할 때

② 제1항에 따른 명세서 또는 도면의 보정은 특허출원서에 최초로 첨부한 명세서 또는 도면에 기재된 사항의 범위에서 하여야 한다. 이 경우, 외국어특허출원에 대한 보정은 최종 국어번역문(제42조의3 제6항 전단에 따른 정정이 있는 경우에는 정정된 국어번역문을 말한다) 또는 특허출원서에 최초로 첨부한 도면(도면 중 설명부분은 제외한다)에 기재된 사항의 범위에서도 하여야 한다.

③ 제1항 제2호 및 제3호에 따른 보정 중 청구범위에 대한 보정은 다음 각 호의 어느 하나에 해당하는 경우에만 할 수 있다.

1. 청구항을 한정 또는 삭제하거나 청구항에 부가하여 청구범위를 감축하는 경우
2. 잘못 기재된 사항을 정정하는 경우
3. 분명하지 아니하게 기재된 사항을 명확하게 하는 경우
4. 제2항에 따른 범위를 벗어난 보정에 대하여 그 보정 전 청구범위로 되돌아가거나 되돌아가면서 청구범위를 제1호부터 제3호까지의 규정에 따라 보정하는 경우

④ 제1항 제1호 또는 제2호에 따른 기간에 보정을 하는 경우에는 각각의 보정절차에서 마지막 보정 전에 한 모든 보정은 취하된 것으로 본다.

⑤ 외국어특허출원인 경우에는 제1항 본문에도 불구하고 제42조의3 제2항에 따라 국어번역문을 제출한 경우에만 명세서 또는 도면을 보정할 수 있다.

제51조(보정각하) ① 심사관은 제47조 제1항 제2호 및 제3호에 따른 보정이 같은 조 제2항 또는 제3항을 위반하거나 그 보정(같은 조 제3항 제1호 및 제4호에 따른 보정 중 청구항을 삭제하는 보정은 제외한다)에 따라 새로운 거절이유가 발생한 것으로 인정하면 결정으로 그 보정을 각하하여야 한다. 다만, 제67조의2에 따른 재심사의 청구가 있는 경우 그 청구 전에 한 보정인 경우에는 그러하지 아니하다.

② 제1항에 따른 각하결정은 서면으로 하여야 하며, 그 이유를 붙여야 한다.

③ 제1항에 따른 각하결정에 대해서는 불복할 수 없다. 다만, 제132조의3에 따른 특허거절결정에 대한 심판에서 그 각하결정(제67조의2에 따른 재심사의 청구가 있는 경우 그 청구 전에 한 각하결정은 제외한다)에 대하여 다투는 경우에는 그러하지 아니하다.

제57조(심사관에 의한 심사) ① 특허청장은 심사관에게 특허출원을 심사하게 한다.

② 심사관의 자격에 관하여 필요한 사항은 대통령령으로 정한다.

제62조(특허거절결정) 심사관은 특허출원이 다음 각 호의 어느 하나의 거절이유(이하 "거절이유"라 한다)에 해당하는 경우에는 특허거절결정을 하여야 한다.

1. 제25조·제29조·제32조·제36조 제1항부터 제3항까지 또는 제44조에 따라 특허를 받을 수 없는 경우
2. 제33조 제1항 본문에 따른 특허를 받을 수 있는 권리를 가지지 아니하거나 같은 항 단서에 따라 특허를 받을 수 없는 경우
3. 조약을 위반한 경우
4. 제42조 제3항·제4항·제8항 또는 제45조에 따른 요건을 갖추지 아니한 경우
5. 제47조 제2항에 따른 범위를 벗어난 보정인 경우
6. 제52조 제1항에 따른 범위를 벗어난 분할출원인 경우
7. 제53조 제1항에 따른 범위를 벗어난 변경출원인 경우

제63조(거절이유통지) ① 심사관은 제62조에 따라 특허거절결정을 하려면 특허출원인에게 거절이유를 통지하고, 기간을 정하여 의견서를 제출할 수 있는 기회를 주어야 한다. 다만, 제51조 제1항에 따라 각하결정을 하려는 경우에는 그러하지 아니하다.

② 심사관은 청구범위에 둘 이상의 청구항이 있는 특허출원에 대하여 제1항 본문에 따라 거절이유를 통지할 때에는 그 통지서에 거절되는 청구항을 명확히 밝히고, 그 청구항에 관한 거절이유를 구체적으로 적어야 한다.

제64조(출원공개) ① 특허청장은 다음 각 호의 구분에 따른 날부터 1년 6개월이 지난 후 또는 그 전이라도 특허출원인이 신청한 경우에는 산업통상자원부령으로 정하는 바에 따라 그 특허출원에 관하여 특허공보에 게재하여 출원공개를 하여야 한다.

1. 제54조 제1항에 따른 우선권 주장을 수반하는 특허출원의 경우: 그 우선권 주장의 기초가 된 출원일
2. 제55조 제1항에 따른 우선권 주장을 수반하는 특허출원의 경우: 선출원의 출원일
3. 제54조 제1항 또는 제55조 제1항에 따른 둘 이상의 우선권 주장을 수반하는 특허

출원의 경우: 해당 우선권 주장의 기초가 된 출원일 중 최우선일

4. 제1호부터 제3호까지의 어느 하나에 해당하지 아니하는 특허출원의 경우: 그 특허출원일

② 제1항에도 불구하고 다음 각 호의 어느 하나에 해당하는 경우에는 출원공개를 하지 아니한다.

1. 명세서에 청구범위를 적지 아니한 경우
2. 제42조의3 제2항에 따른 국어번역문을 제출하지 아니한 경우(외국어특허출원의 경우로 한정한다)
3. 제87조 제3항에 따라 등록공고를 한 특허의 경우

③ 제41조 제1항에 따라 비밀취급된 특허출원의 발명에 대해서는 그 발명의 비밀취급이 해제될 때까지 그 특허출원의 출원공개를 보류하여야 하며, 그 발명의 비밀취급이 해제된 경우에는 지체 없이 제1항에 따라 출원공개를 하여야 한다. 다만, 그 특허출원이 설정등록된 경우에는 출원공개를 하지 아니한다.

④ 제1항의 출원공개에 관하여 출원인의 성명·주소 및 출원번호 등 특허공보에 게재할 사항은 대통령령으로 정한다.

제66조(특허결정) 심사관은 특허출원에 대하여 거절이유를 발견할 수 없으면 특허결정을 하여야 한다.

제67조의2(재심사의 청구) ① 특허출원인은 그 특허출원에 관하여 특허거절결정등본을 송달받은 날부터 30일(제15조 제1항에 따라 제132조의3에 따른 기간이 연장된 경우 그 연장된 기간을 말한다) 이내에 그 특허출원의 명세서 또는 도면을 보정하여 해당 특허출원에 관한 재심사(이하 "재심사"라 한다)를 청구할 수 있다. 다만, 재심사를 청구할 때에 이미 재심사에 따른 특허거절결정이 있거나 제132조의3에 따른 심판청구가 있는 경우에는 그러하지 아니하다.

② 특허출원인은 제1항에 따른 재심사의 청구와 함께 의견서를 제출할 수 있다.

③ 제1항에 따라 재심사가 청구된 경우 그 특허출원에 대하여 종전에 이루어진 특허거절결정은 취소된 것으로 본다. 다만, 재심사의 청구절차가 제16조 제1항에 따라 무효로 된 경우에는 그러하지 아니하다.

④ 제1항에 따른 재심사의 청구는 취하할 수 없다.

제68조(심판규정의 심사에의 준용) 특허출원의 심사에 관하여는 제148조 제1호부터 제5호까지 및 제7호를 준용한다.

제78조(심사 또는 소송절차의 중지) ① 특허출원의 심사에 필요한 경우에는 심결이 확정될

때까지 또는 소송절차가 완결될 때까지 그 심사절차를 중지할 수 있다.

② 법원은 소송에 필요한 경우에는 특허출원에 대한 특허여부결정이 확정될 때까지 그 소송절차를 중지할 수 있다.

③ 제1항 및 제2항에 따른 중지에 대해서는 불복할 수 없다.

제91조(허가 등에 따른 특허권의 존속기간의 연장등록거절결정) 심사관은 제90조에 따른 특허권의 존속기간의 연장등록출원이 다음 각 호의 어느 하나에 해당하는 경우에는 그 출원에 대하여 연장등록거절결정을 하여야 한다.

1. 그 특허발명의 실시가 제89조 제1항에 따른 허가등을 받을 필요가 있는 것으로 인정되지 아니하는 경우
2. 그 특허권자 또는 그 특허권의 전용실시권이나 등록된 통상실시권을 가진 자가 제89조 제1항에 따른 허가 등을 받지 아니한 경우
3. 연장신청의 기간이 제89조에 따라 인정되는 그 특허발명을 실시할 수 없었던 기간을 초과하는 경우
4. 연장등록출원인이 해당 특허권자가 아닌 경우
5. 제90조 제3항을 위반하여 연장등록출원을 한 경우

제94조(특허권의 효력) 특허권자는 업으로서 특허발명을 실시할 권리를 독점한다. 다만, 그 특허권에 관하여 전용실시권을 설정하였을 때에는 제100조 제2항에 따라 전용실시권자가 그 특허발명을 실시할 권리를 독점하는 범위에서는 그러하지 아니하다.

제97조(특허발명의 보호범위) 특허발명의 보호범위는 청구범위에 적혀 있는 사항에 의하여 정하여진다.

제127조(침해로 보는 행위) 다음 각 호의 구분에 따른 행위를 업으로서 하는 경우에는 특허권 또는 전용실시권을 침해한 것으로 본다.

1. 특허가 물건의 발명인 경우: 그 물건의 생산에만 사용하는 물건을 생산·양도·대여 또는 수입하거나 그 물건의 양도 또는 대여의 청약을 하는 행위
2. 특허가 방법의 발명인 경우: 그 방법의 실시에만 사용하는 물건을 생산·양도·대여 또는 수입하거나 그 물건의 양도 또는 대여의 청약을 하는 행위

제7장 심 판

제132조의2(특허심판원) ① 특허·실용신안·디자인·상표에 관한 심판과 재심 및 이에 관한 조사·연구 사무를 관장하게 하기 위하여 특허청장 소속으로 특허심판원을 둔다.

② 특허심판원에 원장과 심판관을 둔다.

③ 특허심판원의 조직과 정원 및 운영에 필요한 사항은 대통령령으로 정한다.

제132조의3(특허거절결정 등에 대한 심판) 특허거절결정 또는 특허권의 존속기간의 연장등록거절결정을 받은 자가 결정에 불복할 때에는 그 결정등본을 송달받은 날부터 30일 이내에 심판을 청구할 수 있다.

제132조의4 삭제〈2001. 2. 3.〉

제133조(특허의 무효심판) ① 이해관계인 또는 심사관은 특허가 다음 각 호의 어느 하나에 해당하는 경우에는 무효심판을 청구할 수 있다. 이 경우 청구범위의 청구항이 둘 이상인 경우에는 청구항마다 청구할 수 있다. 다만, 특허권의 설정등록일부터 등록공고일 후 3개월 이내에는 누구든지 다음 각 호(제2호는 제외한다)의 어느 하나에 해당한다는 이유로 무효심판을 청구할 수 있다.

1. 제25조, 제29조, 제32조, 제36조 제1항부터 제3항까지, 제42조 제3항 제1호 또는 같은 조 제4항을 위반한 경우
2. 제33조 제1항 본문에 따른 특허를 받을 수 있는 권리를 가지지 아니하거나 제44조를 위반한 경우
3. 제33조 제1항 단서에 따라 특허를 받을 수 없는 경우
4. 특허된 후 그 특허권자가 제25조에 따라 특허권을 누릴 수 없는 자로 되거나 그 특허가 조약을 위반한 경우
5. 조약을 위반하여 특허를 받을 수 없는 경우
6. 제47조 제2항 전단에 따른 범위를 벗어난 보정인 경우
7. 제52조 제1항에 따른 범위를 벗어난 분할출원인 경우
8. 제53조 제1항에 따른 범위를 벗어난 변경출원인 경우

② 제1항에 따른 심판은 특허권이 소멸된 후에도 청구할 수 있다.

③ 특허를 무효로 한다는 심결이 확정된 경우에는 그 특허권은 처음부터 없었던 것으로 본다. 다만, 제1항 제4호에 따라 특허를 무효로 한다는 심결이 확정된 경우에는 특허권은 그 특허가 같은 호에 해당하게 된 때부터 없었던 것으로 본다.

④ 심판장은 제1항에 따른 심판이 청구된 경우에는 그 취지를 해당 특허권의 전용실시권자나 그 밖에 특허에 관하여 등록을 한 권리를 가지는 자에게 알려야 한다.

제133조의2(특허무효심판절차에서의 특허의 정정) ① 제133조 제1항에 따른 심판의 피청구인은 제136조 제1항 각 호의 어느 하나에 해당하는 경우에만 제147조 제1항 또는 제159조 제1항 후단에 따라 지정된 기간에 특허발명의 명세서 또는 도면에 대하여 정

정청구를 할 수 있다. 이 경우 심판장이 제147조 제1항에 따라 지정된 기간 후에도 청구인이 증거서류를 제출함으로 인하여 정정청구를 허용할 필요가 있다고 인정하는 경우에는 기간을 정하여 정정청구를 하게 할 수 있다.

② 제1항에 따른 정정청구를 하였을 때에는 해당 무효심판절차에서 그 정정청구 전에 한 정정청구는 취하된 것으로 본다.

③ 심판장은 제1항에 따른 정정청구가 있을 때에는 그 청구서의 부본을 제133조 제1항에 따른 심판의 청구인에게 송달하여야 한다.

④ 제1항에 따른 정정청구에 관하여는 제136조 제2항부터 제5항까지 및 제7항부터 제11항까지, 제139조 제3항 및 제140조 제1항·제2항·제5항을 준용한다. 이 경우 제136조 제9항 중 "제162조 제3항에 따른 심리의 종결이 통지되기 전(같은 조 제4항에 따라 심리가 재개된 경우에는 그 후 다시 같은 조 제3항에 따른 심리의 종결이 통지되기 전)에"는 "제136조 제5항에 따른 통지가 있을 때에는 지정된 기간에"로 본다.

⑤ 제4항을 적용할 때 제133조 제1항에 따른 특허무효심판이 청구된 청구항을 정정하는 경우에는 제136조 제4항을 준용하지 아니한다.

제134조(특허권 존속기간의 연장등록의 무효심판) ① 이해관계인 또는 심사관은 제92조에 따른 특허권의 존속기간의 연장등록이 다음 각 호의 어느 하나에 해당하는 경우에는 무효심판을 청구할 수 있다.

1. 특허발명을 실시하기 위하여 제89조에 따른 허가등을 받을 필요가 없는 출원에 대하여 연장등록이 된 경우
2. 특허권자 또는 그 특허권의 전용실시권 또는 등록된 통상실시권을 가진 자가 제89조에 따른 허가 등을 받지 아니한 출원에 대하여 연장등록이 된 경우
3. 연장등록에 따라 연장된 기간이 그 특허발명을 실시할 수 없었던 기간을 초과하는 경우
4. 해당 특허권자가 아닌 자의 출원에 대하여 연장등록이 된 경우
5. 제90조 제3항을 위반한 출원에 대하여 연장등록이 된 경우

② 이해관계인 또는 심사관은 제92조의5에 따른 특허권의 존속기간의 연장등록이 다음 각 호의 어느 하나에 해당하면 무효심판을 청구할 수 있다.

1. 연장등록에 따라 연장된 기간이 제92조의2에 따라 인정되는 연장의 기간을 초과한 경우
2. 해당 특허권자가 아닌 자의 출원에 대하여 연장등록이 된 경우
3. 제92조의3제3항을 위반한 출원에 대하여 연장등록이 된 경우

③ 제1항 및 제2항에 따른 심판의 청구에 관하여는 제133조 제2항 및 제4항을 준용한다.

④ 연장등록을 무효로 한다는 심결이 확정된 경우에는 그 연장등록에 따른 존속기간의 연장은 처음부터 없었던 것으로 본다. 다만, 연장등록이 다음 각 호의 어느 하나에 해당하는 경우에는 해당기간에 대해서만 연장이 없었던 것으로 본다.

1. 연장등록이 제1항 제3호에 해당하여 무효로 된 경우: 그 특허발명을 실시할 수 없었던 기간을 초과하여 연장된 기간
2. 연장등록이 제2항 제1호에 해당하여 무효로 된 경우: 제92조의2에 따라 인정되는 연장의 기간을 초과하여 연장된 기간

제135조(권리범위 확인심판) ① 특허권자, 전용실시권자 또는 이해관계인은 특허발명의 보호범위를 확인하기 위하여 특허권의 권리범위 확인심판을 청구할 수 있다.

② 제1항에 따른 특허권의 권리범위 확인심판을 청구하는 경우에 청구범위의 청구항이 둘 이상인 경우에는 청구항마다 청구할 수 있다.

제136조(정정심판) ① 특허권자는 다음 각 호의 어느 하나에 해당하는 경우에는 특허발명의 명세서 또는 도면에 대하여 정정심판을 청구할 수 있다. 다만, 특허의 무효심판 또는 정정의 무효심판이 특허심판원에 계속되고 있는 경우에는 그러하지 아니하다.

1. 청구범위를 감축하는 경우
2. 잘못 기재된 사항을 정정하는 경우
3. 분명하지 아니하게 기재된 사항을 명확하게 하는 경우

② 제1항에 따른 명세서 또는 도면의 정정은 특허발명의 명세서 또는 도면에 기재된 사항의 범위에서 할 수 있다. 다만, 제1항 제2호에 따라 잘못된 기재를 정정하는 경우에는 출원서에 최초로 첨부된 명세서 또는 도면에 기재된 사항의 범위에서 할 수 있다.

③ 제1항에 따른 명세서 또는 도면의 정정은 청구범위를 실질적으로 확장하거나 변경할 수 없다.

④ 제1항에 따른 정정 중 같은 항 제1호 또는 제2호에 해당하는 정정은 정정 후의 청구범위에 적혀 있는 사항이 특허출원을 하였을 때에 특허를 받을 수 있는 것이어야 한다.

⑤ 심판관은 제1항에 따른 심판청구가 다음 각 호의 어느 하나에 해당한다고 인정하는 경우에는 청구인에게 그 이유를 통지하고, 기간을 정하여 의견서를 제출할 수 있는 기회를 주어야 한다.

1. 제1항 각 호의 어느 하나에 해당하지 아니한 경우
2. 제2항에 따른 범위를 벗어난 경우
3. 제3항 또는 제4항을 위반한 경우

⑥ 제1항에 따른 정정심판은 특허권이 소멸된 후에도 청구할 수 있다. 다만, 특허를 무효(제133조 제1항 제4호에 의한 무효는 제외한다)

⑦ 특허권자는 전용실시권자, 질권자와 제100조 제4항·제102조 제1항 및 「발명진흥법」 제10조 제1항에 따른 통상실시권을 갖는 자의 동의를 받아야만 제1항에 따른 정정심판을 청구할 수 있다.

⑧ 특허발명의 명세서 또는 도면에 대하여 정정을 한다는 심결이 확정되었을 때에는 그 정정 후의 명세서 또는 도면에 따라 특허출원, 출원공개, 특허결정 또는 심결 및 특허권의 설정등록이 된 것으로 본다.

⑨ 청구인은 제162조 제3항에 따른 심리의 종결이 통지되기 전(같은 조 제4항에 따라 심리가 재개된 경우에는 그 후 다시 같은 조 제3항에 따른 심리의 종결이 통지되기 전)에 제140조 제5항에 따른 심판청구서에 첨부된 정정한 명세서 또는 도면에 대하여 보정할 수 있다.

⑩ 특허발명의 명세서 또는 도면에 대한 정정을 한다는 심결이 있는 경우 특허심판원장은 그 내용을 특허청장에게 알려야 한다.

⑪ 특허청장은 제10항에 따른 통보가 있으면 이를 특허공보에 게재하여야 한다.

제137조(정정의 무효심판) ① 이해관계인 또는 심사관은 제133조의2 제1항, 제136조 제1항 또는 이 조 제3항에 따른 특허발명의 명세서 또는 도면에 대한 정정이 다음 각 호의 어느 하나의 규정을 위반한 경우에는 정정의 무효심판을 청구할 수 있다.
1. 제136조 제1항 각 호의 어느 하나의 규정
2. 제136조 제2항부터 제4항까지의 규정(제133조의2 제4항에 따라 준용되는 경우를 포함한다)

② 제1항에 따른 심판청구에 관하여는 제133조 제2항 및 제4항을 준용한다.

③ 제1항에 따른 무효심판의 피청구인은 제136조 제1항 각 호의 어느 하나에 해당하는 경우에만 제147조 제1항 또는 제159조 제1항 후단에 따라 지정된 기간에 특허발명의 명세서 또는 도면의 정정을 청구할 수 있다.

④ 제3항에 따른 정정청구에 관하여는 제133조의2 제2항부터 제4항까지의 규정을 준용한다. 이 경우 제133조의2 제3항 중 "제133조 제1항"은 "제137조 제1항"으로 본다.

⑤ 제1항에 따라 정정을 무효로 한다는 심결이 확정되었을 때에는 그 정정은 처음부터 없었던 것으로 본다.

제138조(통상실시권 허락의 심판) ① 특허권자, 전용실시권자 또는 통상실시권자는 해당 특허발명이 제98조에 해당하여 실시의 허락을 받으려는 경우에 그 타인이 정당한 이유 없이 허락하지 아니하거나 그 타인의 허락을 받을 수 없을 때에는 자기의 특허발명의 실시에 필요한 범위에서 통상실시권 허락의 심판을 청구할 수 있다.

② 제1항에 따른 청구가 있는 경우에 그 특허발명이 그 특허출원일 전에 출원된 타인의 특허발명 또는 등록실용신안과 비교하여 상당한 경제적 가치가 있는 중요한 기술적 진보를 가져오는 것이 아니면 통상실시권을 허락하여서는 아니 된다.

③ 제1항에 따른 심판에 따라 통상실시권을 허락한 자가 그 통상실시권을 허락받은 자의 특허발명을 실시할 필요가 있는 경우 그 통상실시권을 허락받은 자가 실시를 허락하지 아니하거나 실시의 허락을 받을 수 없을 때에는 통상실시권을 허락받아 실시하려는 특허발명의 범위에서 통상실시권 허락의 심판을 청구할 수 있다.

④ 제1항 및 제3항에 따라 통상실시권을 허락받은 자는 특허권자, 실용신안권자, 디자인권자 또는 그 전용실시권자에게 대가를 지급하여야 한다. 다만, 자기가 책임질 수 없는 사유로 지급할 수 없는 경우에는 그 대가를 공탁하여야 한다.

⑤ 제4항에 따른 통상실시권자는 그 대가를 지급하지 아니하거나 공탁을 하지 아니하면 그 특허발명, 등록실용신안 또는 등록디자인이나 이와 유사한 디자인을 실시할 수 없다.

제139조(공동심판의 청구 등) ① 동일한 특허권에 관하여 제133조 제1항, 제134조 제1항·제2항 또는 제137조 제1항의 무효심판이나 제135조 제1항의 권리범위 확인심판을 청구하는 자가 2인 이상이면 모두가 공동으로 심판을 청구할 수 있다.

② 공유인 특허권의 특허권자에 대하여 심판을 청구할 때에는 공유자 모두를 피청구인으로 하여야 한다.

③ 특허권 또는 특허를 받을 수 있는 권리의 공유자가 그 공유인 권리에 관하여 심판을 청구할 때에는 공유자 모두가 공동으로 청구하여야 한다.

④ 제1항 또는 제3항에 따른 청구인이나 제2항에 따른 피청구인 중 1인에게 심판절차의 중단 또는 중지의 원인이 있으면 모두에게 그 효력이 발생한다.

제140조(심판청구방식) ① 심판을 청구하려는 자는 다음 각 호의 사항을 적은 심판청구서를 특허심판원장에게 제출하여야 한다.

1. 당사자의 성명 및 주소(법인인 경우에는 그 명칭 및 영업소의 소재지)

2. 대리인이 있는 경우에는 그 대리인의 성명 및 주소나 영업소의 소재지[대리인이 특허법인·특허법인(유한)인 경우에는 그 명칭, 사무소의 소재지 및 지정된 변리사의 성명]
3. 심판사건의 표시
4. 청구의 취지 및 그 이유

② 제1항에 따라 제출된 심판청구서의 보정은 그 요지를 변경할 수 없다. 다만, 다음 각 호의 어느 하나에 해당하는 경우에는 그러하지 아니하다.

1. 제1항 제1호에 따른 당사자 중 특허권자의 기재를 바로잡기 위하여 보정(특허권자를 추가하는 것을 포함하되, 청구인이 특허권자인 경우에는 추가되는 특허권자의 동의가 있는 경우로 한정한다)하는 경우
2. 제1항 제4호에 따른 청구의 이유를 보정하는 경우
3. 특허권자 또는 전용실시권자가 청구인으로서 청구한 제135조에 따른 권리범위 확인심판에서 심판청구서의 확인대상 발명(청구인이 주장하는 피청구인의 발명을 말한다)의 설명서 또는 도면에 대하여 피청구인이 자신이 실제로 실시하고 있는 발명과 비교하여 다르다고 주장하는 경우에 청구인이 피청구인의 실시 발명과 동일하게 하기 위하여 심판청구서의 확인대상 발명의 설명서 또는 도면을 보정하는 경우

③ 제135조 제1항에 따른 권리범위 확인심판을 청구할 때에는 특허발명과 대비할 수 있는 설명서 및 필요한 도면을 첨부하여야 한다.

④ 제138조 제1항에 따른 통상실시권 허락의 심판의 심판청구서에는 제1항 각 호의 사항 외에 다음 사항을 추가로 적어야 한다.

1. 실시하려는 자기의 특허의 번호 및 명칭
2. 실시되어야 할 타인의 특허발명·등록실용신안 또는 등록디자인의 번호·명칭 및 특허나 등록 연월일
3. 특허발명·등록실용신안 또는 등록디자인의 통상실시권의 범위·기간 및 대가

⑤ 제136조 제1항에 따른 정정심판을 청구할 때에는 심판청구서에 정정한 명세서 또는 도면을 첨부하여야 한다.

제140조의2(특허거절결정에 대한 심판청구방식) ① 제132조의3에 따라 특허거절결정에 대한 심판을 청구하려는 자는 제140조 제1항에도 불구하고 다음 각 호의 사항을 적은 심판청구서를 특허심판원장에게 제출하여야 한다.

1. 청구인의 성명 및 주소(법인인 경우에는 그 명칭 및 영업소의 소재지)

2. 대리인이 있는 경우에는 그 대리인의 성명 및 주소나 영업소의 소재지[대리인이 특허법인·특허법인(유한)인 경우에는 그 명칭, 사무소의 소재지 및 지정된 변리사의 성명]

3. 출원일 및 출원번호

4. 발명의 명칭

5. 특허거절결정일

6. 심판사건의 표시

7. 청구의 취지 및 그 이유

② 제1항에 따라 제출된 심판청구서를 보정하는 경우에는 그 요지를 변경할 수 없다. 다만, 다음 각 호의 어느 하나에 해당하는 경우에는 그러하지 아니하다.

1. 제1항 제1호에 따른 청구인의 기재를 바로잡기 위하여 보정(청구인을 추가하는 것을 포함하되, 그 청구인의 동의가 있는 경우로 한정한다)하는 경우

2. 제1항 제7호에 따른 청구의 이유를 보정하는 경우

제141조(심판청구의 각하) ① 심판장은 다음 각 호의 어느 하나에 해당하는 경우에는 기간을 정하여 그 보정을 명하여야 한다.

1. 심판청구서가 제140조 제1항 및 제3항부터 제5항까지 또는 제140조의2 제1항을 위반한 경우

2. 심판에 관한 절차가 다음 각 목의 어느 하나에 해당하는 경우

가. 제3조 제1항 또는 제6조를 위반한 경우

나. 제82조에 따라 내야 할 수수료를 내지 아니한 경우

다. 이 법 또는 이 법에 따른 명령으로 정하는 방식을 위반한 경우

② 심판장은 제1항에 따른 보정명령을 받은 자가 지정된 기간에 보정을 하지 아니하면 결정으로 심판청구를 각하하여야 한다.

③ 제2항에 따른 결정은 서면으로 하여야 하며, 그 이유를 붙여야 한다.

제142조(보정할 수 없는 심판청구의 심결각하) 부적법한 심판청구로서 그 흠을 보정할 수 없을 때에는 피청구인에게 답변서 제출의 기회를 주지 아니하고, 심결로써 그 청구를 각하할 수 있다.

제143조(심판관) ① 특허심판원장은 심판이 청구되면 심판관에게 심판하게 한다.

② 심판관의 자격은 대통령령으로 정한다.

③ 심판관은 직무상 독립하여 심판한다.

제144조(심판관의 지정) ① 특허심판원장은 각 심판사건에 대하여 제146조에 따른 합의

체를 구성할 심판관을 지정하여야 한다.

② 특허심판원장은 제1항의 심판관 중 심판에 관여하는 데 지장이 있는 사람이 있으면 다른 심판관에게 심판하게 할 수 있다.

제145조(심판장) ① 특허심판원장은 제144조 제1항에 따라 지정된 심판관 중에서 1명을 심판장으로 지정하여야 한다.

② 심판장은 그 심판사건에 관한 사무를 총괄한다.

제146조(심판의 합의체) ① 심판은 3명 또는 5명의 심판관으로 구성되는 합의체가 한다.

② 제1항의 합의체의 합의는 과반수로 결정한다.

③ 심판의 합의는 공개하지 아니한다.

제147조(답변서 제출 등) ① 심판장은 심판이 청구되면 심판청구서 부본을 피청구인에게 송달하고, 기간을 정하여 답변서를 제출할 수 있는 기회를 주어야 한다.

② 심판장은 제1항의 답변서를 받았을 때에는 그 부본을 청구인에게 송달하여야 한다.

③ 심판장은 심판에 관하여 당사자를 심문할 수 있다.

제148조(심판관의 제척) 심판관은 다음 각 호의 어느 하나에 해당하는 경우에는 그 심판에서 제척된다.

1. 심판관 또는 그 배우자이거나 배우자이었던 사람이 사건의 당사자 또는 참가인인 경우
2. 심판관이 사건의 당사자 또는 참가인의 친족이거나 친족이었던 경우
3. 심판관이 사건의 당사자 또는 참가인의 법정대리인이거나 법정대리인이었던 경우
4. 심판관이 사건에 대한 증인, 감정인이거나 감정인이었던 경우
5. 심판관이 사건의 당사자 또는 참가인의 대리인이거나 대리인이었던 경우
6. 심판관이 사건에 대하여 심사관 또는 심판관으로서 특허여부결정 또는 심결에 관여한 경우
7. 심판관이 사건에 관하여 직접 이해관계를 가진 경우

제149조(제척신청) 제148조에 따른 제척의 원인이 있으면 당사자 또는 참가인은 제척신청을 할 수 있다.

제150조(심판관의 기피) ① 심판관에게 공정한 심판을 기대하기 어려운 사정이 있으면 당사자 또는 참가인은 기피신청을 할 수 있다.

② 당사자 또는 참가인은 사건에 대하여 심판관에게 서면 또는 구두로 진술을 한 후에는 기피신청을 할 수 없다. 다만, 기피의 원인이 있는 것을 알지 못한 경우 또는 기피의 원인이 그 후에 발생한 경우에는 그러하지 아니하다.

제151조(제척 또는 기피의 소명) ① 제149조 또는 제150조에 따라 제척 또는 기피 신청을 하려는 자는 그 원인을 적은 서면을 특허심판원장에게 제출하여야 한다. 다만, 구술심리를 할 때에는 구술로 할 수 있다.

② 제척 또는 기피의 원인은 신청한 날부터 3일 이내에 소명하여야 한다.

제152조(제척 또는 기피 신청에 관한 결정) ① 제척 또는 기피 신청이 있으면 심판으로 결정하여야 한다.

② 제척 또는 기피 신청의 대상이 된 심판관은 그 제척 또는 기피에 대한 심판에 관여할 수 없다. 다만, 의견을 진술할 수 있다.

③ 제1항에 따른 결정은 서면으로 하여야 하며, 그 이유를 붙여야 한다.

④ 제1항에 따른 결정에 대해서는 불복할 수 없다.

제153조(심판절차의 중지) 제척 또는 기피 신청이 있으면 그 신청에 대한 결정이 있을 때까지 심판절차를 중지하여야 한다. 다만, 긴급한 경우에는 그러하지 아니하다.

제153조의2(심판관의 회피) 심판관이 제148조 또는 제150조에 해당하는 경우에는 특허심판원장의 허가를 받아 그 사건에 대한 심판을 회피할 수 있다.

제154조(심리 등) ① 심판은 구술심리 또는 서면심리로 한다. 다만, 당사자가 구술심리를 신청하였을 때에는 서면심리만으로 결정할 수 있다고 인정되는 경우 외에는 구술심리를 하여야 한다.

② 삭제〈2001. 2. 3.〉

③ 구술심리는 공개하여야 한다. 다만, 공공의 질서 또는 선량한 풍속에 어긋날 우려가 있으면 그러하지 아니하다.〈개정 2014. 6. 11.〉

④ 심판장은 제1항에 따라 구술심리로 심판을 할 경우에는 그 기일 및 장소를 정하고, 그 취지를 적은 서면을 당사자 및 참가인에게 송달하여야 한다. 다만, 해당 사건의 이전 심리에 출석한 당사자 및 참가인에게 알렸을 때에는 그러하지 아니하다.〈개정 2014. 6. 11.〉

⑤ 심판장은 제1항에 따라 구술심리로 심판을 할 경우에는 특허심판원장이 지정한 직원에게 기일마다 심리의 요지와 그 밖에 필요한 사항을 적은 조서를 작성하게 하여야 한다.〈개정 2014. 6. 11.〉

⑥ 제5항의 조서에는 심판의 심판장 및 조서를 작성한 직원이 기명날인하여야 한다.〈개정 2014. 6. 11.〉

⑦ 제5항의 조서에 관하여는 「민사소송법」 제153조·제154조 및 제156조부터 제160조까지의 규정을 준용한다.〈개정 2014. 6. 11.〉

⑧ 심판에 관하여는 「민사소송법」 제143조·제259조·제299조 및 제367조를 준용한다.

⑨ 심판장은 구술심리 중 심판정 내의 질서를 유지한다.〈신설 2014. 6. 11.〉

제155조(참가) ① 제139조 제1항에 따라 심판을 청구할 수 있는 자는 심리가 종결될 때까지 그 심판에 참가할 수 있다.

② 제1항에 따른 참가인은 피참가인이 그 심판의 청구를 취하한 후에도 심판절차를 속행할 수 있다.

③ 심판의 결과에 대하여 이해관계를 가진 자는 심리가 종결될 때까지 당사자의 어느 한쪽을 보조하기 위하여 그 심판에 참가할 수 있다.

④ 제3항에 따른 참가인은 모든 심판절차를 밟을 수 있다.

⑤ 제1항 또는 제3항에 따른 참가인에게 심판절차의 중단 또는 중지의 원인이 있으면 그 중단 또는 중지는 피참가인에 대해서도 그 효력이 발생한다.

제156조(참가의 신청 및 결정) ① 심판에 참가하려는 자는 참가신청서를 심판장에게 제출하여야 한다.

② 심판장은 참가신청이 있는 경우에는 참가신청서 부본을 당사자 및 다른 참가인에게 송달하고, 기간을 정하여 의견서를 제출할 수 있는 기회를 주어야 한다.

③ 참가신청이 있는 경우에는 심판으로 그 참가 여부를 결정하여야 한다.

④ 제3항에 따른 결정은 서면으로 하여야 하며, 그 이유를 붙여야 한다.

⑤ 제3항에 따른 결정에 대해서는 불복할 수 없다.

제157조(증거조사 및 증거보전) ① 심판에서는 당사자, 참가인 또는 이해관계인의 신청에 의하여 또는 직권으로 증거조사나 증거보전을 할 수 있다.

② 제1항에 따른 증거조사 및 증거보전에 관하여는 「민사소송법」 중 증거조사 및 증거보전에 관한 규정을 준용한다. 다만, 심판관은 다음 각 호의 행위는 하지 못한다.

1. 과태료의 결정
2. 구인(拘引)을 명하는 행위
3. 보증금을 공탁하게 하는 행위

③ 증거보전신청은 심판청구 전에는 특허심판원장에게 하고, 심판계속 중에는 그 사건의 심판장에게 하여야 한다.

④ 특허심판원장은 심판청구 전에 제1항에 따른 증거보전신청이 있으면 그 신청에 관여할 심판관을 지정한다.

⑤ 심판장은 제1항에 따라 직권으로 증거조사나 증거보전을 하였을 때에는 그 결과를 당사자, 참가인 또는 이해관계인에게 통지하고, 기간을 정하여 의견서를 제출할

수 있는 기회를 주어야 한다.

제158조(심판의 진행) 심판장은 당사자 또는 참가인이 법정기간 또는 지정기간에 절차를 밟지 아니하거나 제154조 제4항에 따른 기일에 출석하지 아니하여도 심판을 진행할 수 있다.

제159조(직권심리) ① 심판에서는 당사자 또는 참가인이 신청하지 아니한 이유에 대해서도 심리할 수 있다. 이 경우 당사자 및 참가인에게 기간을 정하여 그 이유에 대하여 의견을 진술할 수 있는 기회를 주어야 한다.

② 심판에서는 청구인이 신청하지 아니한 청구의 취지에 대해서는 심리할 수 없다.

제160조(심리 · 심결의 병합 또는 분리) 심판관은 당사자 양쪽 또는 어느 한쪽이 동일한 둘 이상의 심판에 대하여 심리 또는 심결을 병합하거나 분리할 수 있다.

제161조(심판청구의 취하) ① 심판청구는 심결이 확정될 때까지 취하할 수 있다. 다만, 답변서가 제출된 후에는 상대방의 동의를 받아야 한다.

② 둘 이상의 청구항에 관하여 제133조 제1항의 무효심판 또는 제135조의 권리범위 확인심판을 청구하였을 때에는 청구항마다 취하할 수 있다.

③ 제1항 또는 제2항에 따른 취하가 있으면 그 심판청구 또는 그 청구항에 대한 심판청구는 처음부터 없었던 것으로 본다.

제162조(심결) ① 심판은 특별한 규정이 있는 경우를 제외하고는 심결로써 종결한다.

② 제1항의 심결은 다음 각 호의 사항을 적은 서면으로 하여야 하며, 심결을 한 심판관은 그 서면에 기명날인하여야 한다.

1. 심판의 번호
2. 당사자 및 참가인의 성명 및 주소(법인인 경우에는 그 명칭 및 영업소의 소재지)
3. 대리인이 있는 경우에는 그 대리인의 성명 및 주소나 영업소의 소재지[대리인이 특허법인·특허법인(유한)인 경우에는 그 명칭, 사무소의 소재지 및 지정된 변리사의 성명]
4. 심판사건의 표시
5. 심결의 주문(제138조에 따른 심판의 경우에는 통상실시권의 범위·기간 및 대가를 포함한다)
6. 심결의 이유(청구의 취지 및 그 이유의 요지를 포함한다)
7. 심결연월일

③ 심판장은 사건이 심결을 할 정도로 성숙하였을 때에는 심리의 종결을 당사자 및 참가인에게 통지하여야 한다.

④ 심판장은 필요하다고 인정하면 제3항에 따라 심리종결을 통지한 후에도 당사자 또는 참가인의 신청에 의하여 또는 직권으로 심리를 재개할 수 있다.

⑤ 심결은 제3항에 따른 심리종결통지를 한 날부터 20일 이내에 한다.

⑥ 심판장은 심결 또는 결정이 있으면 그 등본을 당사자, 참가인 및 심판에 참가신청을 하였으나 그 신청이 거부된 자에게 송달하여야 한다.

제163조(일사부재리) 이 법에 따른 심판의 심결이 확정되었을 때에는 그 사건에 대해서는 누구든지 동일 사실 및 동일 증거에 의하여 다시 심판을 청구할 수 없다. 다만, 확정된 심결이 각하심결인 경우에는 그러하지 아니하다.

제164조(소송과의 관계) ① 심판장은 심판에서 필요하면 그 심판사건과 관련되는 다른 심판의 심결이 확정되거나 소송절차가 완결될 때까지 그 절차를 중지할 수 있다.

② 법원은 소송절차에서 필요하면 특허에 관한 심결이 확정될 때까지 그 소송절차를 중지할 수 있다.

③ 법원은 특허권 또는 전용실시권의 침해에 관한 소가 제기된 경우에는 그 취지를 특허심판원장에게 통보하여야 한다. 그 소송절차가 끝났을 때에도 또한 같다.

④ 특허심판원장은 제3항에 따른 특허권 또는 전용실시권의 침해에 관한 소에 대응하여 그 특허권에 관한 무효심판 등이 청구된 경우에는 그 취지를 제3항에 해당하는 법원에 통보하여야 한다. 그 심판청구서의 각하결정, 심결 또는 청구의 취하가 있는 경우에도 또한 같다.

제165조(심판비용) ① 제133조 제1항, 제134조 제1항·제2항, 제135조 및 제137조 제1항의 심판비용의 부담은 심판이 심결에 의하여 종결될 때에는 그 심결로써 정하고, 심판이 심결에 의하지 아니하고 종결될 때에는 결정으로써 정하여야 한다.

② 제1항의 심판비용에 관하여는「민사소송법」제98조부터 제103조까지, 제107조 제1항·제2항, 제108조, 제111조, 제112조 및 제116조를 준용한다.

③ 제132조의3, 제136조 또는 제138조에 따른 심판비용은 청구인이 부담한다.

④ 제3항에 따라 청구인이 부담하는 비용에 관하여는「민사소송법」제102조를 준용한다.

⑤ 심판비용액은 심결 또는 결정이 확정된 후 당사자의 청구에 따라 특허심판원장이 결정한다.

⑥ 심판비용의 범위·금액·납부 및 심판에서 절차상의 행위를 하기 위하여 필요한 비용의 지급에 관하여는 그 성질에 반하지 아니하는 범위에서「민사소송비용법」중 해당 규정의 예에 따른다.

⑦ 심판의 대리를 한 변리사에게 당사자가 지급하였거나 지급할 보수는 특허청장이 정하는 금액의 범위에서 심판비용으로 본다. 이 경우 여러 명의 변리사가 심판의 대리를 한 경우라도 1명의 변리사가 심판대리를 한 것으로 본다.

제166조(심판비용액 또는 대가에 대한 집행권원) 이 법에 따라 특허심판원장이 정한 심판비용액 또는 심판관이 정한 대가에 관하여 확정된 결정은 집행력 있는 집행권원과 같은 효력을 가진다. 이 경우 집행력 있는 정본은 특허심판원 소속 공무원이 부여한다.

제170조(심사규정의 특허거절결정에 대한 심판에의 준용) ① 특허거절결정에 대한 심판에 관하여는 제47조 제1항 제1호·제2호, 제51조, 제63조, 제63조의2 및 제66조를 준용한다. 이 경우 제51조 제1항 본문 중 "제47조 제1항 제2호 및 제3호에 따른 보정"은 "제47조 제1항 제2호에 따른 보정(제132조의3의 특허거절결정에 대한 심판청구 전에 한 것은 제외한다)"으로, 제63조의2 본문 중 "특허청장"은 "특허심판원장"으로 본다.

② 제1항에 따라 준용되는 제63조는 특허거절결정의 이유와 다른 거절이유를 발견한 경우에만 적용한다.

제171조(특허거절결정에 대한 심판의 특칙) 특허거절결정 또는 특허권의 존속기간의 연장등록거절결정에 대한 심판에는 제147조 제1항·제2항, 제155조 및 제156조를 적용하지 아니한다.

제172조(심사의 효력) 심사에서 밟은 특허에 관한 절차는 특허거절결정 또는 특허권의 존속기간의 연장등록거절결정에 대한 심판에서도 그 효력이 있다.

제176조(특허거절결정 등의 취소) ① 심판관은 제132조의3에 따른 심판이 청구된 경우에 그 청구가 이유 있다고 인정할 때에는 심결로써 특허거절결정 또는 특허권의 존속기간의 연장등록거절결정을 취소하여야 한다.

② 심판에서 제1항에 따라 특허거절결정 또는 특허권의 존속기간의 연장등록거절결정을 취소할 경우에는 심사에 부칠 것이라는 심결을 할 수 있다.

③ 제1항 및 제2항에 따른 심결에서 취소의 기본이 된 이유는 그 사건에 대하여 심사관을 기속한다.

제177조 삭제〈1995. 1. 5.〉

제178조(재심의 청구) ① 당사자는 확정된 심결에 대하여 재심을 청구할 수 있다.

② 제1항의 재심청구에 관하여는 「민사소송법」 제451조 및 제453조를 준용한다.

제184조(재심에서의 심판규정의 준용) 심판에 대한 재심의 절차에 관하여는 그 성질에 반하지 아니하는 범위에서 심판의 절차에 관한 규정을 준용한다.

제185조(「민사소송법」의 준용) 재심청구에 관하여는 「민사소송법」 제459조 제1항을 준용

한다.

제186조(심결 등에 대한 소) ① 심결에 대한 소 및 심판청구서나 재심청구서의 각하결정에 대한 소는 특허법원의 전속관할로 한다.

② 제1항에 따른 소는 다음 각 호의 자만 제기할 수 있다.

1. 당사자
2. 참가인
3. 해당 심판이나 재심에 참가신청을 하였으나 신청이 거부된 자

③ 제1항에 따른 소는 심결 또는 결정의 등본을 송달받은 날부터 30일 이내에 제기하여야 한다.

④ 제3항의 기간은 불변기간으로 한다.

⑤ 심판장은 주소 또는 거소가 멀리 떨어진 곳에 있거나 교통이 불편한 지역에 있는 자를 위하여 직권으로 제4항의 불변기간에 대하여 부가기간을 정할 수 있다.

⑥ 심판을 청구할 수 있는 사항에 관한 소는 심결에 대한 것이 아니면 제기할 수 없다.

⑦ 제162조 제2항 제5호에 따른 대가의 심결 및 제165조 제1항에 따른 심판비용의 심결 또는 결정에 대해서는 독립하여 제1항에 따른 소를 제기할 수 없다.

⑧ 제1항에 따른 특허법원의 판결에 대해서는 대법원에 상고할 수 있다.

제187조(피고적격) 제186조 제1항에 따라 소를 제기하는 경우에는 특허청장을 피고로 하여야 한다. 다만, 제133조 제1항, 제134조 제1항·제2항, 제135조 제1항, 제137조 제1항 또는 제138조 제1항·제3항에 따른 심판 또는 그 재심의 심결에 대한 소를 제기하는 경우에는 그 청구인 또는 피청구인을 피고로 하여야 한다.

제188조(소 제기 통지 및 재판서 정본 송부) ① 법원은 제186조 제1항에 따른 소 또는 같은 조 제8항에 따른 상고가 제기되었을 때에는 지체 없이 그 취지를 특허심판원장에게 통지하여야 한다.

② 법원은 제187조 단서에 따른 소에 관하여 소송절차가 완결되었을 때에는 지체 없이 그 사건에 대한 각 심급(審級)의 재판서 정본을 특허심판원장에게 보내야 한다.

제189조(심결 또는 결정의 취소) ① 법원은 제186조 제1항에 따라 소가 제기된 경우에 그 청구가 이유있다고 인정할 때에는 판결로써 해당 심결 또는 결정을 취소하여야 한다.

② 심판관은 제1항에 따라 심결 또는 결정의 취소판결이 확정되었을 때에는 다시 심리를 하여 심결 또는 결정을 하여야 한다.

③ 제1항에 따른 판결에서 취소의 기본이 된 이유는 그 사건에 대하여 특허심판원을 기속한다.

제215조(둘 이상의 청구항이 있는 특허 또는 특허권에 관한 특칙) 둘 이상의 청구항이 있는 특허 또는 특허권에 관하여 제65조 제6항, 제84조 제1항 제2호, 제85조 제1항 제1호(소멸의 경우만 해당한다), 제101조 제1항 제1호, 제104조 제1항 제1호·제3호·제5호, 제119조 제1항, 제133조 제2항·제3항, 제136조 제6항, 제139조 제1항, 제181조, 제182조 또는 「실용신안법」 제26조 제1항 제2호·제4호·제5호를 적용할 때에는 청구항마다 특허가 되거나 특허권이 있는 것으로 본다.

제216조(서류의 열람 등) ① 특허 또는 심판에 관한 증명, 서류의 등본 또는 초본의 발급, 특허원부 및 서류의 열람 또는 복사가 필요한 자는 특허청장 또는 특허심판원장에게 신청할 수 있다.

② 특허청장 또는 특허심판원장은 제1항의 신청이 있더라도 설정등록 또는 출원공개되지 아니한 특허출원에 관한 서류, 그 특허출원의 제132조의3에 따른 특허거절결정에 대한 심판에 관한 서류와 공공의 질서 또는 선량한 풍속에 어긋나거나 공중의 위생을 해칠 우려가 있는 것은 허가하지 아니할 수 있다.

제217조(특허출원 등에 관한 서류 등의 반출 및 감정 등의 금지) ① 특허출원·심사·심판·재심에 관한 서류 또는 특허원부는 다음 각 호의 어느 하나에 해당하는 경우에만 외부로 반출할 수 있다.

1. 제58조 제1항 또는 제2항에 따른 선행기술의 조사 등을 위하여 특허출원 또는 심사에 관한 서류를 반출하는 경우
2. 제217조의2 제1항에 따른 특허문서 전자화업무의 위탁을 위하여 특허출원·심사·심판·재심에 관한 서류 또는 특허원부를 반출하는 경우
3. 「전자정부법」 제32조 제2항에 따른 온라인 원격근무를 위하여 특허출원·심사·심판·재심에 관한 서류 또는 특허원부를 반출하는 경우

② 특허출원·심사·심판 또는 재심으로 계속 중인 사건의 내용이나 특허여부결정·심결 또는 결정의 내용에 관하여는 감정·증언하거나 질의에 응답할 수 없다.

제218조(서류의 송달) 이 법에 규정된 서류의 송달절차 등에 관하여 필요한 사항은 대통령령으로 정한다.

제219조(공시송달) ① 서류를 송달받을 자의 주소나 영업소가 분명하지 아니하여 송달할 수 없는 경우에는 공시송달(公示送達)을 하여야 한다.

② 공시송달은 서류를 송달받을 자에게 어느 때라도 발급한다는 뜻을 특허공보에 게재하는 것으로 한다.

③ 최초의 공시송달은 특허공보에 게재한 날부터 2주일이 지나면 그 효력이 발생한

다. 다만, 같은 당사자에 대한 이후의 공시송달은 특허공보에 게재한 날의 다음 날부터 효력이 발생한다.

제224조의2(불복의 제한) ① 보정각하결정, 특허여부결정, 심결, 심판청구서나 재심청구서의 각하결정에 대해서는 다른 법률에 따른 불복을 할 수 없으며, 이 법에 따라 불복할 수 없도록 규정되어 있는 처분에 대해서는 다른 법률에 따라 불복을 할 수 없다.

② 제1항에 따른 처분 외의 처분의 불복에 대해서는 「행정심판법」 또는 「행정소송법」에 따른다.

제227조(위증죄) ① 이 법에 따라 선서한 증인, 감정인 또는 통역인이 특허심판원에 대하여 거짓으로 진술·감정 또는 통역을 한 경우에는 5년 이하의 징역 또는 1천만원 이하의 벌금에 처한다.

② 제1항에 따른 죄를 범한 자가 그 사건의 심결이 확정되기 전에 자수한 경우에는 그 형을 감경 또는 면제할 수 있다.

특허심판관련 민사소송법 규정

제 1 조(민사소송의 이상과 신의성실의 원칙) ① 법원은 소송절차가 공정하고 신속하며 경제적으로 진행되도록 노력하여야 한다.

② 당사자와 소송관계인은 신의에 따라 성실하게 소송을 수행하여야 한다.

제51조(당사자능력 · 소송능력 등에 대한 원칙) 당사자능력(當事者能力), 소송능력(訴訟能力), 소송무능력자(訴訟無能力者)의 법정대리와 소송행위에 필요한 권한의 수여는 이 법에 특별한 규정이 없으면 민법, 그 밖의 법률에 따른다.

제52조(법인이 아닌 사단 등의 당사자능력) 법인이 아닌 사단이나 재단은 대표자 또는 관리인이 있는 경우에는 그 사단이나 재단의 이름으로 당사자가 될 수 있다.

제55조(미성년자 · 한정치산자 · 금치산자의 소송능력) 미성년자·한정치산자 또는 금치산자는 법정대리인에 의하여서만 소송행위를 할 수 있다. 다만, 미성년자 또는 한정치산자가 독립하여 법률행위를 할 수 있는 경우에는 그러하지 아니하다.

제98조(소송비용부담의 원칙) 소송비용은 패소한 당사자가 부담한다.

제99조(원칙에 대한 예외) 법원은 사정에 따라 승소한 당사자로 하여금 그 권리를 늘리거나 지키는 데 필요하지 아니한 행위로 말미암은 소송비용 또는 상대방의 권리를 늘리거나 지키는 데 필요한 행위로 말미암은 소송비용의 전부나 일부를 부담하게 할 수 있다.

제100조(원칙에 대한 예외) 당사자가 적당한 시기에 공격이나 방어의 방법을 제출하지 아니하였거나, 기일이나 기간의 준수를 게을리 하였거나, 그 밖에 당사자가 책임져야 할 사유로 소송이 지연된 때에는 법원은 지연됨으로 말미암은 소송비용의 전부나 일부를 승소한 당사자에게 부담하게 할 수 있다.

제101조(일부패소의 경우) 일부패소의 경우에 당사자들이 부담할 소송비용은 법원이 정한다. 다만, 사정에 따라 한쪽 당사자에게 소송비용의 전부를 부담하게 할 수 있다.

제102조(공동소송의 경우) ① 공동소송인은 소송비용을 균등하게 부담한다. 다만, 법원은 사정에 따라 공동소송인에게 소송비용을 연대하여 부담하게 하거나 다른 방법으로

부담하게 할 수 있다.

② 제1항의 규정에 불구하고 법원은 권리를 늘리거나 지키는 데 필요하지 아니한 행위로 생긴 소송비용은 그 행위를 한 당사자에게 부담하게 할 수 있다.

제103조(참가소송의 경우) 참가소송비용에 대한 참가인과 상대방 사이의 부담과, 참가이의신청의 소송비용에 대한 참가인과 이의신청 당사자 사이의 부담에 대하여는 제98조 내지 제102조의 규정을 준용한다.

제107조(제3자의 비용상환) ① 법정대리인·소송대리인·법원사무관등이나 집행관이 고의 또는 중대한 과실로 쓸데없는 비용을 지급하게 한 경우에는 수소법원은 직권으로 또는 당사자의 신청에 따라 그에게 비용을 갚도록 명할 수 있다.

② 법정대리인 또는 소송대리인으로서 소송행위를 한 사람이 그 대리권 또는 소송행위에 필요한 권한을 받았음을 증명하지 못하거나, 추인을 받지 못한 경우에 그 소송행위로 말미암아 발생한 소송비용에 대하여는 제1항의 규정을 준용한다.

③ 제1항 및 제2항의 결정에 대하여는 즉시항고를 할 수 있다.

제108조(무권대리인의 비용부담) 제107조 제2항의 경우에 소가 각하된 경우에는 소송비용은 그 소송행위를 한 대리인이 부담한다.

제111조(상대방에 대한 최고) ① 법원은 소송비용액을 결정하기 전에 상대방에게 비용계산서의 등본을 교부하고, 이에 대한 진술을 할 것과 일정한 기간 이내에 비용계산서와 비용액을 소명하는 데 필요한 서면을 제출할 것을 최고(催告)하여야 한다.

② 상대방이 제1항의 서면을 기간 이내에 제출하지 아니한 때에는 법원은 신청인의 비용에 대하여서만 결정할 수 있다. 다만, 상대방도 제110조 제1항의 확정결정을 신청할 수 있다.

제112조(부담비용의 상계) 법원이 소송비용을 결정하는 경우에 당사자들이 부담할 비용은 대등한 금액에서 상계(相計)된 것으로 본다. 다만, 제111조 제2항의 경우에는 그러하지 아니하다.

제116조(비용의 예납) ① 비용을 필요로 하는 소송행위에 대하여 법원은 당사자에게 그 비용을 미리 내게 할 수 있다.

② 비용을 미리 내지 아니하는 때에는 법원은 그 소송행위를 하지 아니할 수 있다.

제134조(변론의 필요성) ① 당사자는 소송에 대하여 법원에서 변론하여야 한다. 다만, 결정으로 완결할 사건에 대하여는 법원이 변론을 열 것인지 아닌지를 정한다.

② 제1항 단서의 규정에 따라 변론을 열지 아니할 경우에, 법원은 당사자와 이해관계인, 그 밖의 참고인을 심문할 수 있다.

③ 이 법에 특별한 규정이 있는 경우에는 제1항과 제2항의 규정을 적용하지 아니한다.

제135조(재판장의 지휘권) ① 변론은 재판장(합의부의 재판장 또는 단독판사를 말한다. 이하 같다)이 지휘한다.

② 재판장은 발언을 허가하거나 그의 명령에 따르지 아니하는 사람의 발언을 금지할 수 있다.

제136조(석명권(釋明權) · 구문권(求問權) 등) ① 재판장은 소송관계를 분명하게 하기 위하여 당사자에게 사실상 또는 법률상 사항에 대하여 질문할 수 있고, 증명을 하도록 촉구할 수 있다.

② 합의부원은 재판장에게 알리고 제1항의 행위를 할 수 있다.

③ 당사자는 필요한 경우 재판장에게 상대방에 대하여 설명을 요구하여 줄 것을 요청할 수 있다.

④ 법원은 당사자가 간과하였음이 분명하다고 인정되는 법률상 사항에 관하여 당사자에게 의견을 진술할 기회를 주어야 한다.

제140조(법원의 석명처분) ① 법원은 소송관계를 분명하게 하기 위하여 다음 각호의 처분을 할 수 있다.

1. 당사자 본인 또는 그 법정대리인에게 출석하도록 명하는 일
2. 소송서류 또는 소송에 인용한 문서, 그 밖의 물건으로서 당사자가 가지고 있는 것을 제출하게 하는 일
3. 당사자 또는 제3자가 제출한 문서, 그 밖의 물건을 법원에 유치하는 일
4. 검증을 하고 감정을 명하는 일
5. 필요한 조사를 촉탁하는 일

② 제1항의 검증·감정과 조사의 촉탁에는 이 법의 증거조사에 관한 규정을 준용한다.

제143조(통역) ① 변론에 참여하는 사람이 우리말을 하지 못하거나, 듣거나 말하는 데 장애가 있으면 통역인에게 통역하게 하여야 한다. 다만, 위와 같은 장애가 있는 사람에게는 문자로 질문하거나 진술하게 할 수 있다.

② 통역인에게는 이 법의 감정인에 관한 규정을 준용한다.

제145조(화해의 권고) ① 법원은 소송의 정도와 관계없이 화해를 권고하거나, 수명법관 또는 수탁판사로 하여금 권고하게 할 수 있다.

② 제1항의 경우에 법원·수명법관 또는 수탁판사는 당사자 본인이나 그 법정대리인의 출석을 명할 수 있다.

제146조(적시제출주의) 공격 또는 방어의 방법은 소송의 정도에 따라 적절한 시기에 제출하여야 한다.

제148조(한쪽 당사자가 출석하지 아니한 경우) ① 원고 또는 피고가 변론기일에 출석하지 아니하거나, 출석하고서도 본안에 관하여 변론하지 아니한 때에는 그가 제출한 소장·답변서, 그 밖의 준비서면에 적혀 있는 사항을 진술한 것으로 보고 출석한 상대방에게 변론을 명할 수 있다.

② 제1항의 규정에 따라 당사자가 진술한 것으로 보는 답변서, 그 밖의 준비서면에 청구의 포기 또는 인낙의 의사표시가 적혀 있고 공증사무소의 인증을 받은 때에는 그 취지에 따라 청구의 포기또는 인낙이 성립된 것으로 본다.

③ 제1항의 규정에 따라 당사자가 진술한 것으로 보는 답변서, 그 밖의 준비서면에 화해의 의사표시가 적혀 있고 공증사무소의 인증을 받은 경우에, 상대방 당사자가 변론기일에 출석하여 그 화해의 의사표시를 받아들인 때에는 화해가 성립된 것으로 본다.

제149조(실기한 공격·방어방법의 각하) ① 당사자가 제146조의 규정을 어기어 고의 또는 중대한 과실로 공격 또는 방어방법을 뒤늦게 제출함으로써 소송의 완결을 지연시키게 하는 것으로 인정할 때에는 법원은 직권으로 또는 상대방의 신청에 따라 결정으로 이를 각하할 수 있다.

② 당사자가 제출한 공격 또는 방어방법의 취지가 분명하지 아니한 경우에, 당사자가 필요한 설명을 하지 아니하거나 설명할 기일에 출석하지 아니한 때에는 법원은 직권으로 또는 상대방의 신청에 따라 결정으로 이를 각하할 수 있다.

제150조(자백간주) ① 당사자가 변론에서 상대방이 주장하는 사실을 명백히 다투지 아니한 때에는 그 사실을 자백한 것으로 본다. 다만, 변론 전체의 취지로 보아 그 사실에 대하여 다툰 것으로 인정되는 경우에는 그러하지 아니하다.

② 상대방이 주장한 사실에 대하여 알지 못한다고 진술한 때에는 그 사실을 다툰 것으로 추정한다.

③ 당사자가 변론기일에 출석하지 아니하는 경우에는 제1항의 규정을 준용한다. 다만, 공시송달의 방법으로 기일통지서를 송달받은 당사자가 출석하지 아니한 경우에는 그러하지 아니하다.

제152조(변론조서의 작성) ① 법원사무관 등은 변론기일에 참여하여 기일마다 조서를 작성하여야 한다. 다만, 변론을 녹음하거나 속기하는 경우 그 밖에 이에 준하는 특별한 사정이 있는 경우에는 법원사무관 등을 참여시키지 아니하고 변론기일을 열 수

있다.

② 재판장은 필요하다고 인정하는 경우 법원사무관 등을 참여시키지 아니하고 변론기일 및 변론준비기일 외의 기일을 열 수 있다.

③ 제1항 단서 및 제2항의 경우에는 법원사무관 등은 그 기일이 끝난 뒤에 재판장의 설명에 따라 조서를 작성하고, 그 취지를 덧붙여 적어야 한다.

제153조(형식적 기재사항) 조서에는 법원사무관 등이 다음 각호의 사항을 적고, 재판장과 법원사무관등이 기명날인한다. 다만, 재판장이 기명날인할 수 없는 사유가 있는 때에는 합의부원이 그 사유를 적은 뒤에 기명날인하며, 법관 모두가 기명날인할 수 없는 사유가 있는 때에는 법원사무관 등이 그 사유를 적는다.

1. 사건의 표시
2. 법관과 법원사무관 등의 성명
3. 출석한 검사의 성명
4. 출석한 당사자·대리인·통역인과 출석하지 아니한 당사자의 성명
5. 변론의 날짜와 장소
6. 변론의 공개여부와 공개하지 아니한 경우에는 그 이유

제154조(실질적 기재사항) 조서에는 변론의 요지를 적되, 특히 다음 각호의 사항을 분명히 하여야 한다.

1. 화해, 청구의 포기·인낙, 소의 취하와 자백
2. 증인·감정인의 선서와 진술
3. 검증의 결과
4. 재판장이 적도록 명한 사항과 당사자의 청구에 따라 적는 것을 허락한 사항
5. 서면으로 작성되지 아니한 재판
6. 재판의 선고

제158조(조서의 증명력) 변론방식에 관한 규정이 지켜졌다는 것은 조서로만 증명할 수 있다. 다만, 조서가 없어진 때에는 그러하지 아니하다.

제198조(종국판결) 법원은 소송의 심리를 마치고 나면 종국판결(終局判決)을 한다.

제202조(자유심증주의) 법원은 변론 전체의 취지와 증거조사의 결과를 참작하여 자유로운 심증으로 사회정의와 형평의 이념에 입각하여 논리와 경험의 법칙에 따라 사실주장이 진실한지 아닌지를 판단한다.

제203조(처분권주의) 법원은 당사자가 신청하지 아니한 사항에 대하여는 판결하지 못한다.

제205조(판결의 효력발생) 판결은 선고로 효력이 생긴다.

제208조(판결서의 기재사항 등) ① 판결서에는 다음 각호의 사항을 적고, 판결한 법관이 서명날인하여야 한다.

1. 당사자와 법정대리인
2. 주문
3. 청구의 취지 및 상소의 취지
4. 이유
5. 변론을 종결한 날짜. 다만, 변론 없이 판결하는 경우에는 판결을 선고하는 날짜
6. 법원

② 판결서의 이유에는 주문이 정당하다는 것을 인정할 수 있을 정도로 당사자의 주장, 그 밖의 공격·방어방법에 관한 판단을 표시한다.

③ 제2항의 규정에 불구하고 제1심 판결로서 다음 각호 가운데 어느 하나에 해당하는 경우에는 청구를 특정함에 필요한 사항과 제216조 제2항의 판단에 관한 사항만을 간략하게 표시할 수 있다.

1. 제257조의 규정에 의한 무변론 판결
2. 제150조 제3항이 적용되는 경우의 판결
3. 피고가 제194조 내지 제196조의 규정에 의한 공시송달로 기일통지를 받고 변론기일에 출석하지 아니한 경우의 판결

④ 법관이 판결서에 서명날인함에 지장이 있는 때에는 다른 법관이 판결에 그 사유를 적고 서명날인하여야 한다.

제211조(판결의 경정) ① 판결에 잘못된 계산이나 기재, 그 밖에 이와 비슷한 잘못이 있음이 분명한 때에 법원은 직권으로 또는 당사자의 신청에 따라 경정결정(更正決定)을 할 수 있다.

② 경정결정은 판결의 원본과 정본에 덧붙여 적어야 한다. 다만, 정본에 덧붙여 적을 수 없을 때에는 결정의 정본을 작성하여 당사자에게 송달하여야 한다.

③ 경정결정에 대하여는 즉시항고를 할 수 있다. 다만, 판결에 대하여 적법한 항소가 있는 때에는 그러하지 아니하다.

제216조(기판력의 객관적 범위) ① 확정판결(確定判決)은 주문에 포함된 것에 한하여 기판력(旣判力)을 가진다.

② 상계를 주장한 청구가 성립되는지 아닌지의 판단은 상계하자고 대항한 액수에 한하여 기판력을 가진다.

제218조(기판력의 주관적 범위) ① 확정판결은 당사자, 변론을 종결한 뒤의 승계인(변론 없이 한 판결의 경우에는 판결을 선고한 뒤의 승계인) 또는 그를 위하여 청구의 목적물을 소지한 사람에 대하여 효력이 미친다.

② 제1항의 경우에 당사자가 변론을 종결할 때(변론 없이 한 판결의 경우에는 판결을 선고할 때)까지 승계사실을 진술하지 아니한 때에는 변론을 종결한 뒤(변론 없이 한 판결의 경우에는 판결을 선고한 뒤)에 승계한 것으로 추정한다.

③ 다른 사람을 위하여 원고나 피고가 된 사람에 대한 확정판결은 그 다른 사람에 대하여도 효력이 미친다.

④ 가집행의 선고에는 제1항 내지 제3항의 규정을 준용한다.

제248조(소제기의 방식) 소는 법원에 소장을 제출함으로써 제기한다.

제249조(소장의 기재사항) ① 소장에는 당사자와 법정대리인, 청구의 취지와 원인을 적어야 한다.

② 소장에는 준비서면에 관한 규정을 준용한다.

제259조(중복된 소제기의 금지) 법원에 계속되어 있는 사건에 대하여 당사자는 다시 소를 제기하지 못한다.

제266조(소의 취하) ① 소는 판결이 확정될 때까지 그 전부나 일부를 취하할 수 있다.

② 소의 취하는 상대방이 본안에 관하여 준비서면을 제출하거나 변론준비기일에서 진술하거나 변론을 한 뒤에는 상대방의 동의를 받아야 효력을 가진다.

③ 소의 취하는 서면으로 하여야 한다. 다만, 변론 또는 변론준비기일에서 말로 할 수 있다.

④ 소장을 송달한 뒤에는 취하의 서면을 상대방에게 송달하여야 한다.

⑤ 제3항 단서의 경우에 상대방이 변론 또는 변론준비기일에 출석하지 아니한 때에는 그 기일의 조서등본을 송달하여야 한다.

⑥ 소취하의 서면이 송달된 날부터 2주 이내에 상대방이 이의를 제기하지 아니한 경우에는 소취하에 동의한 것으로 본다. 제3항 단서의 경우에 있어서, 상대방이 기일에 출석한 경우에는 소를 취하한 날부터, 상대방이 기일에 출석하지 아니한 경우에는 제5항의 등본이 송달된 날부터 2주 이내에 상대방이 이의를 제기하지 아니하는 때에도 또한 같다.

제267조(소취하의 효과) ① 취하된 부분에 대하여는 소가 처음부터 계속되지 아니한 것으로 본다.

② 본안에 대한 종국판결이 있은 뒤에 소를 취하한 사람은 같은 소를 제기하지 못

한다.

제288조(불요증사실) 법원에서 당사자가 자백한 사실과 현저한 사실은 증명을 필요로 하지 아니한다. 다만, 진실에 어긋나는 자백은 그것이 착오로 말미암은 것임을 증명한 때에는 취소할 수 있다.

제289조(증거의 신청과 조사) ① 증거를 신청할 때에는 증명할 사실을 표시하여야 한다.

② 증거의 신청과 조사는 변론기일 전에도 할 수 있다.

제292조(직권에 의한 증거조사) 법원은 당사자가 신청한 증거에 의하여 심증을 얻을 수 없거나, 그 밖에 필요하다고 인정한 때에는 직권으로 증거조사를 할 수 있다.

제299조(소명의 방법) ① 소명은 즉시 조사할 수 있는 증거에 의하여야 한다.

② 법원은 당사자 또는 법정대리인으로 하여금 보증금을 공탁하게 하거나, 그 주장이 진실하다는 것을 선서하게 하여 소명에 갈음할 수 있다.

③ 제2항의 선서에는 제320조, 제321조 제1항·제3항·제4항 및 제322조의 규정을 준용한다.

제303조(증인의 의무) 법원은 특별한 규정이 없으면 누구든지 증인으로 신문할 수 있다.

제306조(공무원의 신문) 제304조와 제305조에 규정한 사람 외의 공무원 또는 공무원이었던 사람을 증인으로 하여 직무상 비밀에 관한 사항을 신문할 경우에 법원은 그 소속 관청 또는 감독 관청의 동의를 받아야 한다.

제308조(증인신문의 신청) 당사자가 증인신문을 신청하고자 하는 때에는 증인을 지정하여 신청하여야 한다.

제319조(선서의 의무) 재판장은 증인에게 신문에 앞서 선서를 하게 하여야 한다. 다만, 특별한 사유가 있는 때에는 신문한 뒤에 선서를 하게 할 수 있다.

제320조(위증에 대한 벌의 경고) 재판장은 선서에 앞서 증인에게 선서의 취지를 밝히고, 위증의 벌에 대하여 경고하여야 한다.

제321조(선서의 방식) ① 선서는 선서서에 따라서 하여야 한다.

② 선서서에는 "양심에 따라 숨기거나 보태지 아니하고 사실 그대로 말하며, 만일 거짓말을 하면 위증의 벌을 받기로 맹세합니다."라고 적어야 한다.

③ 재판장은 증인으로 하여금 선서서를 소리내어 읽고 기명날인 또는 서명하게 하며, 증인이 선서서를 읽지 못하거나 기명날인 또는 서명하지 못하는 경우에는 참여한 법원사무관 등이나 그 밖의 법원공무원으로 하여금 이를 대신하게 한다.

④ 증인은 일어서서 엄숙하게 선서하여야 한다.

제327조(증인신문의 방식) ① 증인신문은 증인을 신청한 당사자가 먼저 하고, 다음에 다

른 당사자가 한다.

② 재판장은 제1항의 신문이 끝난 뒤에 신문할 수 있다.

③ 재판장은 제1항과 제2항의 규정에 불구하고 언제든지 신문할 수 있다.

④ 재판장이 알맞다고 인정하는 때에는 당사자의 의견을 들어 제1항과 제2항의 규정에 따른 신문의 순서를 바꿀 수 있다.

⑤ 당사자의 신문이 중복되거나 쟁점과 관계가 없는 때, 그 밖에 필요한 사정이 있는 때에 재판장은 당사자의 신문을 제한할 수 있다.

⑥ 합의부원은 재판장에게 알리고 신문할 수 있다.

제333조(증인신문규정의 준용) 감정에는 제2절의 규정을 준용한다. 다만, 제311조 제2항 내지 제7항, 제312조 및 제321조 제2항의 규정은 그러하지 아니하다.

제356조(공문서의 진정의 추정) ① 문서의 작성방식과 취지에 의하여 공무원이 직무상 작성한 것으로 인정한 때에는 이를 진정한 공문서로 추정한다.

② 공문서가 진정한지 의심스러운 때에는 법원은 직권으로 해당 공공기관에 조회할 수 있다.

③ 외국의 공공기관이 작성한 것으로 인정한 문서에는 제1항 및 제2항의 규정을 준용한다.

제357조(사문서의 진정의 증명) 사문서는 그것이 진정한 것임을 증명하여야 한다.

제358조(사문서의 진정의 추정) 사문서는 본인 또는 대리인의 서명이나 날인 또는 무인(拇印)이 있는 때에는 진정한 것으로 추정한다.

제359조(필적 또는 인영의 대조) 문서가 진정하게 성립된 것인지 어떤지는 필적 또는 인영(印影)을 대조하여 증명할 수 있다.

제364조(검증의 신청) 당사자가 검증을 신청하고자 하는 때에는 검증의 목적을 표시하여 신청하여야 한다.

제367조(당사자신문) 법원은 직권으로 또는 당사자의 신청에 따라 당사자 본인을 신문할 수 있다. 이 경우 당사자에게 선서를 하게 하여야 한다.

제369조(출석 · 선서 · 진술의 의무) 당사자가 정당한 사유 없이 출석하지 아니하거나 선서 또는 진술을 거부한 때에는 법원은 신문사항에 관한 상대방의 주장을 진실한 것으로 인정할 수 있다.

제374조(그 밖의 증거) 도면·사진·녹음테이프·비디오테이프·컴퓨터용 자기디스크, 그 밖에 정보를 담기 위하여 만들어진 물건으로서 문서가 아닌 증거의 조사에 관한 사항은 제3절 내지 제5절의 규정에 준하여 대법원규칙으로 정한다.

제451조(재심사유) ① 다음 각호 가운데 어느 하나에 해당하면 확정된 종국판결에 대하

여 재심의 소를 제기할 수 있다. 다만, 당사자가 상소에 의하여 그 사유를 주장하였거나, 이를 알고도 주장하지 아니한 때에는 그러하지 아니하다.

1. 법률에 따라 판결법원을 구성하지 아니한 때
2. 법률상 그 재판에 관여할 수 없는 법관이 관여한 때
3. 법정대리권·소송대리권 또는 대리인이 소송행위를 하는 데에 필요한 권한의 수여에 흠이 있는 때. 다만, 제60조 또는 제97조의 규정에 따라 추인한 때에는 그러하지 아니하다.
4. 재판에 관여한 법관이 그 사건에 관하여 직무에 관한 죄를 범한 때
5. 형사상 처벌을 받을 다른 사람의 행위로 말미암아 자백을 하였거나 판결에 영향을 미칠 공격 또는 방어방법의 제출에 방해를 받은 때
6. 판결의 증거가 된 문서, 그 밖의 물건이 위조되거나 변조된 것인 때
7. 증인·감정인·통역인의 거짓 진술 또는 당사자신문에 따른 당사자나 법정대리인의 거짓 진술이 판결의 증거가 된 때
8. 판결의 기초가 된 민사나 형사의 판결, 그 밖의 재판 또는 행정처분이 다른 재판이나 행정처분에 따라 바뀐 때
9. 판결에 영향을 미칠 중요한 사항에 관하여 판단을 누락한 때
10. 재심을 제기할 판결이 전에 선고한 확정판결에 어긋나는 때
11. 당사자가 상대방의 주소 또는 거소를 알고 있었음에도 있는 곳을 잘 모른다고 하거나 주소나 거소를 거짓으로 하여 소를 제기한 때

② 제1항 제4호 내지 제7호의 경우에는 처벌받을 행위에 대하여 유죄의 판결이나 과태료부과의 재판이 확정된 때 또는 증거부족 외의 이유로 유죄의 확정판결이나 과태료부과의 확정재판을 할 수 없을 때에만 재심의 소를 제기할 수 있다.

③ 항소심에서 사건에 대하여 본안판결을 하였을 때에는 제1심 판결에 대하여 재심의 소를 제기하지 못한다.

제452조(기본이 되는 재판의 재심사유) 판결의 기본이 되는 재판에 제451조에 정한 사유가 있을 때에는 그 재판에 대하여 독립된 불복방법이 있는 경우라도 그 사유를 재심의 이유로 삼을 수 있다.

제498조(판결의 확정시기) 판결은 상소를 제기할 수 있는 기간 또는 그 기간 이내에 적법한 상소제기가 있을 때에는 확정되지 아니한다.

사항색인

표·그림 및 기재서식 색인

판례색인

저자 소개

김 민 희

수도전기공고 전자응용과
건국대학교 전기공학과
건국대학교 대학원 법학석사·법학박사
Univ. of Washington, School of Law V.S.(2yrs.)
기술고등고시 제24회 최연소 및 수석합격
특허청 전기·통신·영상과 심사관
특허청 특허심판원 심판관
특허법원 기술심리관
특허청 영상기기과 심사과장
　　　네트워크심사팀 심사팀장
　　　특허심사정책과 과장
　　　통신심사과 과장
특허청 특허심판원 심판8부 심판장
　　　특허심판원 심판8부 수석심판장(전기·통신)

〈주요 저서 및 논문〉

특허민법개론(개정신판), 특허청, 금강인쇄정보, 2012
"미국에서의 Patent Troll 관련 최근 쟁점과 판결"
"한국·미국 특허청의 청구범위 해석기준에 관한 고찰"
"미국의 문언침해에 있어서 청구범위해석 보조수단의 적용에 관한 고찰"
"미국에 있어서의 Patent Troll에 관한 연구"
"특허침해소송에 있어서의 선사용의 항변에 관한 연구" 등
"특허침해분쟁에 관한 연구"(Ph.D.)
"특허권 침해의 민사법적 구제"(M.A.)

실무와 사례로 살펴본

특허심판

초판인쇄 2016년 1월 2일
초판발행 2016년 1월 5일

지은이 김민희
펴낸이 박노일

총괄기획 김중용
편 집 심성보

펴낸곳 pnc publishing and culture 피엔씨미디어
경기도 고양시 일산동구 강송로 153 310-1501
등록 제396-2012-000203호
전 화 070)7550-3758 팩 스 02)718-8554
홈페이지 www.pncmedia.co.kr 이메일 pnc@pncmedia.co.kr
ISBN 979-11-5730-257-4 93360

정 가 25,000원